·高等学校公共基础课“十三五”规划教材

生涯规划

—— 探索与管理

CAREER PLANNING

—— EXPLORATION AND MANAGEMENT

主　编　黄俊毅
副主编　卢梅丽　林雪治　沈华玉

厦门大学出版社 XIAMEN UNIVERSITY PRESS
国家一级出版社
全国百佳图书出版单位

图书在版编目(CIP)数据

生涯规划:探索与管理/黄俊毅主编.—厦门:厦门大学出版社，2016.7(2021.8 重印)
ISBN 978-7-5615-6113-3

Ⅰ.①生… Ⅱ.①黄… Ⅲ.①职业选择 Ⅳ.①C913.2

中国版本图书馆 CIP 数据核字(2016)第 153797 号

出 版 人 郑文礼
责任编辑 陈进才
装帧设计 李嘉彬
技术编辑 许克华

出版发行 厦门大学出版社
社 址 厦门市软件园二期望海路 39 号
邮政编码 361008
总 编 办 0592-2182177 0592-2181406(传真)
营销中心 0592-2184458 0592-2181365
网 址 http://www.xmupress.com
邮 箱 xmupress@126.com
印 刷 厦门集大印刷有限公司

开本 787mm×1092mm 1/16
印张 20
字数 480 千字
印数 19 901～21 500 册
版次 2016 年 7 月第 1 版
印次 2021 年 8 月第 6 次印刷
定价 45.00 元

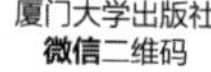

厦门大学出版社
微信二维码

厦门大学出版社
微博二维码

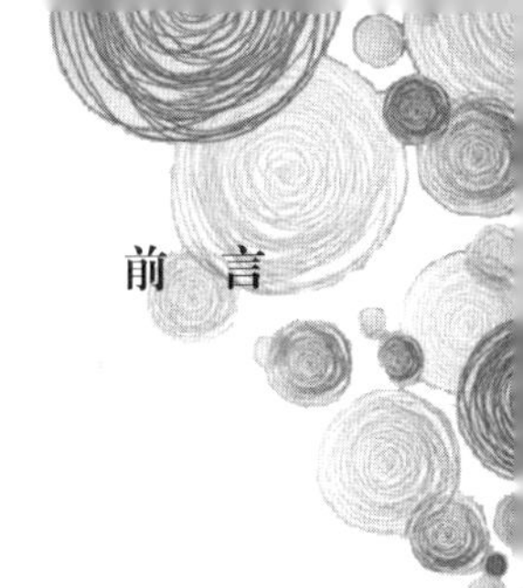

前 言

一、高校职业指导课程的兴起

近年来，职业指导课程在我国高校教学中日益获得重视。2007年，教育部明确要求将“大学生职业发展与就业指导”课程列入教学计划并对教学要求做出了具体的规定(教高厅〔2007〕7号通知)。随后，各大高校陆续开设了职业指导课程，一般包括职业规划和就业指导两门课，有些高校还会由实习与就业办辅以各种竞赛、讲座、咨询等活动。一批专任教师、职业指导师纷纷加入了授课教师的队伍，高校职业指导教育取得了长足的进步。

高校职业指导教育的兴起，主要是源于日益严峻的大学生就业形势。国务院及各级相关部门都出台了各项措施力促大学生就业。职业指导教育能有效地帮助学生及早进行职业定位，积极规划大学生活，为就业做好准备。再者，学生的自我意识在大学阶段获得了极大的觉醒，伴随着青春岁月的成长，迷茫与困惑也随之而来。职业规划理念能帮助学生思考大学阶段的困惑，指引大学生以理性规划掌握自己的人生，做自己的主人，快乐地生活与学习。

然而，职业指导教育在我国起步较晚，学生的职业意识淡薄，职业成熟度较低。在大学，很少独立开设一门课程来指导学生怎样管理好自己，管理好自己的学习、工作和人生以及如何获得成功与幸福。在家庭教育方面，大多数父母的教育都太过于功利，学生们都被安排着走同一条道路，学生的特质、兴趣和特长往往得不到应有的重视。一方面是现实的迫切需求，另一方面是教育的滞后和不足，因此，高校开展职业指导教育显得十分紧迫和重要。

二、从职业指导向生涯辅导的转变

高校职业指导有日渐转向生涯辅导的趋势。从注重稳定的职业选择向注重变化的职业生涯转变；从只关注职前问题，到关注职业早期、中期和晚期的发展问题；从注重单一的职业生涯，转变为将职业生涯与个人的家庭、休闲统合考虑；从注重教导式的诊断、提建议指导向注重来访者主动参与、辅导者协助的辅导转变；从以民间、社会为主，过渡到学校、政府、企业的全面参与，职业指导发展到职业辅导，又逐渐转向生涯辅导。

在职业指导阶段，面向大学生讲授职业生涯规划的理念和方法时，我们提出了课程的三个目的：关注学生特质并进行价值引导，引导学生审视使自己成为独特自我的个性特征；唤醒学生职业意识并促进其职业精神要素生成和人生发展；帮助制定适合自己的职业方向、目标及相应的计划，以避免就业的盲目性，降低就业失败的可能，并提供咨询、指导与教育，为个人的职业成功与满足提供最有效率的路径。

本教材的再次修订，正是从职业指导向生涯辅导的一次尝试。从教材内容来看，虽然离生涯辅导的要求还有很大的距离，但希望此次修订是一个好的开始，起码我们开始了这个转变的过程。为此，我们增加了阐述生涯、生命、生活与职业的关系，以及“职业生涯管理的议题”。当然，鉴于工作在生涯中的基础性地位，作为面向大学生的生涯辅导课程，同时以满足课堂教学为主，本教材仍然将重点放在“大学生职业生涯规划”。

生涯辅导阶段的到来，对课程、教材和教师都提出了更高的新要求。黄中天教授在其所著《生涯规划——体验式学习》一书中，提出了生涯辅导的六个主题。结合多年授课经验以及个人的体悟，本人十分认同这些主题，并认为这些主题也应成为本门课程的教学内容。这些主题包括：生涯决策能力的发展；自我概念的发展；个人价值观的发展；选择的自由；重视个体差异；对外界变迁的因应。这些主题将是本门课程及教材日后努力的方向。

三、本教材的特色及说明

本教材由本校任课教师共同编写，他们都有较丰富的教学和实战经验。作为一门技能必修课，本教材紧扣“有效教学”的目标，有针对性地设置了多个环节来保证教学效果。例如：每章的导入案例、课后练习、体验活动、阅读思考，以及穿插在正文中的课堂阅读、课堂讨论、课堂思考、课堂测评等，这些环节的设计能更好地引导教与学活动，帮助教师进行课堂教学设计，促进师生在课堂上充分交流、分享和反馈，克服传统课堂单纯讲授的模式，引导学生思考和表达真实的自己，逐步确立以自己为主体、对自己负责的职业规划和生涯管理理念。

值得一提的是本教材的第七章“教学评估”，这部分内容主要是经验总结，还不成体系，且与教材内容不是很搭配，但这是本教学团队向“有效教学”理念的一次努力。在本章以及“附录二”中，我们原原本本地呈现了学生的作业、学生的问题和老师的点评，甚至围绕生涯教育的主题和思维教学的难点，设置了一些可用

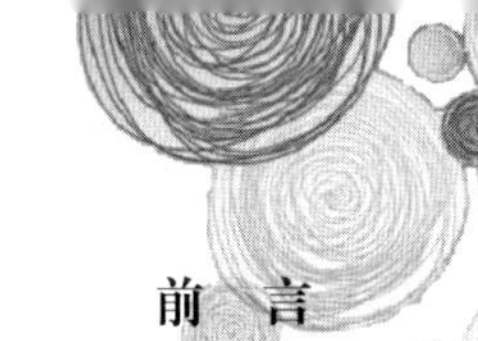

于课堂评估的问题。为了避免职业指导课或生涯辅导课流于形式，编者希望本章能起到抛砖引玉的作用，让大家一起来关注和研究教学效果的评估。

本教材适用于大学生职业生涯规划的指导与教学，特别是低年级学生，也可供在就业、职业发展和大学生活方面有困惑的学生自学与参考。本教材在编写过程中，参阅了大量的国内外文献资料和许多专家学者的研究成果，在此对这些作者致以诚挚的谢意。书中也引用了一些同类教材或网络的资料，本人对这些编著者表示感谢，并对未能一一做好引注深表歉意。由于作者水平有限，书中难免有错漏不妥之处，对理论和方法的研究还带有一定探索性，敬请读者和同行批评指正。

黄俊毅

厦门大学嘉庚学院

2016 年 6 月于厦门

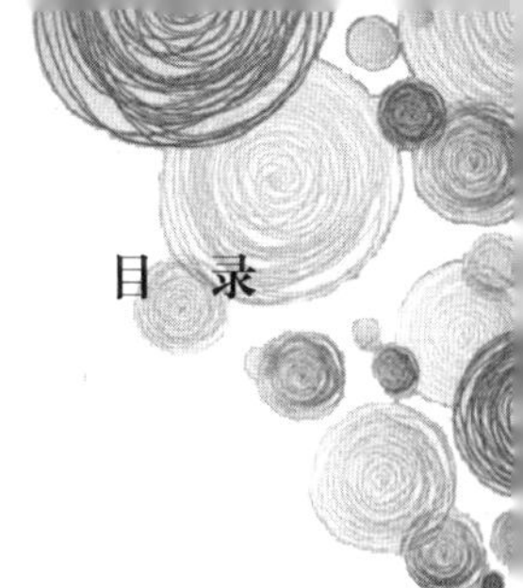

目　　录

第一篇　生涯规划概念及意义

第二篇　大学生职业生涯规划

第三篇　职业生涯管理的议题

附　　录

生涯规划概念及意义

【本篇导读】

本篇主要阐述职业生涯规划的基本概念和必要性。只有清楚概念才能做正确的事,也只有从思想上真正认识规划的重要性,才能有效地做事。职业生涯规划不同于单纯的知识传授课程,它需要学生参与其中,在理解和认可职业规划理念和方法的基础上,从自身自觉地行动起来,这样才能使本门课程真正对学生的学习和生活产生积极的影响,否则只能流于形式。

【学习要点】

了解生涯、生命、生活的含义及其与职业的关系;了解工作、职业与职业生涯的含义及其区别;理解生涯意识、生涯成熟度、生命教育等概念及其重要意义;理解内部与外部职业生涯;掌握职业生涯规划与管理的概念;理解就业和工作的意义;掌握职业生涯规划与管理对社会、组织和大学生的积极意义。

【关键术语】

生涯;生命;生活;生涯意识;生涯成熟度;生命教育;工作;职业;职业生涯;内部职业生涯;外部职业生涯;职业生涯彩虹图;生命发展阶段模型;工作轮职业生涯管理;职业生涯规划

第一章　基本概念

【引导案例】

有一只猫，他一直不停地追求……

这只猫出生在皇宫里，被称为"虎虎"。虎虎是皇帝的宠物，他尽享荣华富贵，却并不快乐，因为整天只能生活在笼子里，没有自由。

所以，有一次趁皇帝带他散步时，他逃离了皇宫，但一直受到围追堵截。终于有一天，他逃到了一艘大轮船上，成了船长的猫。船长不知道他原来的名字，就称他为"哥伦布"。哥伦布追随船长游历了整个世界，却并不快乐，因为航行是船长的梦想，而不是自己的。

于是，一次船长带他下船游玩时，哥伦布躲起来再也没有上船，留在了一个马戏团里。一位驯兽师发现了他，并开始训练他，叫他"棒猫——亚历山大"。亚历山大付出了很多努力，成为驯兽师最好的搭档，可以骑脚踏车穿过有火圈的钢丝绳。驯兽师为此十分自豪，但亚历山大并不快乐，因为他觉得自己只是主人赚钱的工具。

有一次趁主人不注意，他溜走了，来到一家敬老院。老人们疼惜地轮流着抱他、宠他、给他东西吃，他们叫他"大黑"。他就这样成为敬老院里的宠物。但大黑并不快乐，因为这不是他想要的生活。

他想要什么呢？他离开了老人们的怀抱和温暖，开始寻找。他现在是一只野猫，随心所欲地流浪，却也不快乐，因为他找不到自己真正需要什么。

直到有一天他遇到了自己的梦想——一只小花猫妮妮，他才清醒地意识到：自己想要过的生活，就是娶这只小花猫，一起奋斗，一起生活，和她共度一生。于是，他通过各种努力，终于实现了这个梦想，和妮妮组建了一个家庭，并且有了许多孩子。他成了妮妮口中的"勇勇"。他们全家幸福地生活在一起，直到和妮妮一起老去……

这一次，他没有再选择逃离，因为拥有自己的梦想、并为梦想努力拼搏的人生，就已经足够了。①

生命只有一次，明白自己想要什么并过上自己想过的生活，才能让我们的生命充满希望和快乐。莎士比亚曾说："人的一生是短暂的，但如果卑劣地过这短暂的一生，那就太漫长了。"人的一生有生理上的长短，更有生命价值与尊严的宽窄和厚薄，能否积极主动地掌握自己的人生才是关键。好好掌握自己的人生的前提是，对生命、生活与生涯的了解以及对生涯规划与管理的认知。本章将介绍生涯规划的基本概念，掌握这些概念是重视和做好生涯规划和管理的前提。

---

① 黄中天：《生涯规划——体验式学习》，高等教育出版社2009年版，第7页。

第一节　生涯、生命与生活

一、生涯与职业

1. 生涯及生涯规划

对生涯(career)一词的解释有很多。英文"career",从字源上看,来自罗马字 via carraria 及拉丁字 carrus,意思是两轮马车,可引申为道路,也就是人生的发展道路。从中文理解,"生",即一个人的生命,"涯",则有边界的含义。因此,生涯指人的一生的经历和发展道路。

生涯发展研究大师舒伯(Super)认为:所谓生涯,是指一个人在一生中扮演的角色的综合及结果。从舒伯的职业生涯彩虹图(图 1-1)可以看出,生涯是我们从出生到终老的一段过程,这一过程具有阶段性;一个人在生涯发展中要同时扮演多个角色,工作者仅是其中的一个角色而已。因此,生涯规划是对人生各个阶段的规划以及对扮演和平衡好多个生活角色的管理。

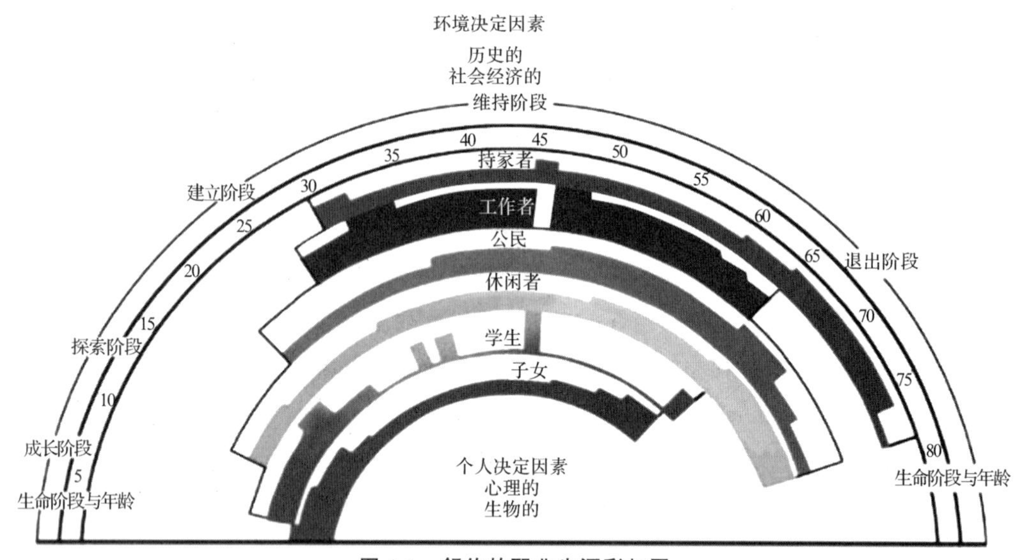

图 1-1　舒伯的职业生涯彩虹图

2. 生涯意识与成熟度

唤醒生涯意识,是做好生涯规划的前提。生涯意识,就是一个人对生涯的基本态度、基本观点和立场。首先,你必须认识到生涯是一个发展过程,它呈现出阶段性的特点,各个阶段彼此互动、密切关联。其次,必须意识到每个人都有属于自己的生涯道路,每个人扮演的角色类别和水平不同,其人生价值的实现也就不同。相信个人努力还是怨天尤人,将导致完全不同的两种人生。我们所要确立的生涯意识,就是一种主人意识(我的生涯我做主),就是一种责任意识(我要自己做规划),就是一种奋斗意识(奋斗并快乐着)。

通过生涯规划与管理,不断提高生涯成熟度,并最终得以应对生涯变化及过上自己想要的生活。生涯成熟度是生涯发展与规划的一个重要概念。舒伯认为，生涯成熟度是指个人在生涯发展历程中所达到的进度，或是个人面对生涯发展任务的准备度，包括六个向度：职业选择的取向、个人特质具体化、职业偏好的一致性、搜集资料与规划的能力、职业偏好的睿智、职业独立性。据一份调查，77%的大学生对"如何规划自己的职业生涯"毫无头绪或仅有初步的了解，因此，帮助大学生提高生涯成熟度是生涯辅导和职业规划教育的重要目标。

3. 职业是生涯的基础

关于生涯及生涯规划的诸多定义中，有些定义比较局限地把生涯限定为职业生涯（occupational career），生涯规划即为职业生涯规划。我们认为，生涯是指人一生的经历，职场经历只是生涯的一部分。生涯规划是全方位的，包括工作、健康、财富、婚姻、人际关系等，这些部分彼此联系。

虽说工作只是生涯的一部分，但工作是生涯规划的基础。在工作中，个人赚取应得的报酬、享受生活、理财致富、广结善缘或追寻理想的朋友及爱人。对大多数人而言，职业规划是生涯规划的第一步，没有稳定的经济基础和适合的工作，人生的其他规划都不切实际或难以实现。

职业发展是人生成长的关键要素，成功的生涯一般都建立在成功的职业的基础上。马克·吐温是作家，最后成为一代文豪；巴顿是军人，最后成为一代名将；李宁是运动员，最后成为世界冠军；范冰冰是演员，最后成为演艺明星……几乎没有人能离开他的职业而获得成功，成功者的背景是其职业。职业能促进自我成长和自我实现，从而让你遇见更好的自己，也获得更好的人生。

4. 职业生涯与人生需求

职业生涯大部分是从20岁左右开始的，到60多岁结束，也就是说，人一生中真正从事职业活动是35～40年的时间，占一生生命历程的40%～50%（以平均70岁寿命为基数）。因此可以说，每个人生命的很大一部分时间是在职业生涯中度过的。

马斯洛所提出的人的生理、安全、社交、尊重和自我实现等5个层次的需求（见图1-2），

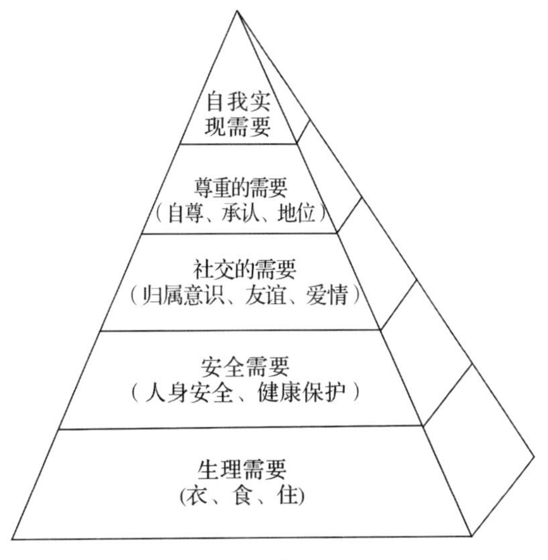

图1-2　马斯洛的需要层次理论

都可以通过职业生涯得到满足。但在职业生涯的不同阶段,人生需求的侧重点各有不同。刚参加工作时,可能主要看重物质生活需要的满足;但随着基本生活需求的基本满足,会不断提高对高层次需要的程度,更希望获得别人的肯定、尊重,获得荣誉、地位,发挥自我才干,实现自我人生理想,而这一切的获得都离不开职业生涯这个平台。

二、生命与职业

1. 生命及其发展阶段

(1)生命与生命教育

生命是一个由出生、成长、衰老、死亡组成的连续过程,这一过程充满了生理和心理各个方面的复杂变化。人的生命有生理上的长短,更有生命价值与尊严的宽窄和厚薄。在生命的过程里,存在着太多需要不断去探究的问题。一直以来,生物学、遗传学、热力学、法律、政治学、宗教、文化与哲学等领域都没有停止对生命的关注和思索。

生命教育是一种多层次的认识生命本质、理解生命意义、提升生命价值的教育。1968年美国学者杰·唐纳·华特士(J. Donald Walters)首次提出生命教育的思想,几十年来该理念的实践在全球已得到迅速发展。目前生命教育主要针对青少年而展开,黄中天教授在其著作中指出,生命教育主要包括以下方面:认识生命的可贵、珍惜生命的存在、欣赏生命的美好、尊重生命的个性、创造生命的价值、了解人生的挫折和苦难、悲天悯人和承担责任。

【课堂阅读】

◇ 2015年4月25日,尼泊尔发生8.1级地震。有位网友写下了评论:“今次事件告诉我们,意外和明天不知道哪个会先来。人活着是偶然,而死亡是必然。我们永远都不知道,每一天是不是自己的最后一天。其实,对于生命而言,除了生死没有什么。”

【课堂讨论】

◇ 去一趟墓园,如烈士陵园、名人墓地、公共墓地或是村庄的坟地,并结合清明节的扫墓活动,或者关于亲友逝世的经历,谈谈自己对生命、死亡的体验与认识。

◇ 谈谈你对如何达到“把活着的每一天看作生命的最后一天”的认识。

◇ 马丁·路德·金说,“生命的意义在于活得充实,而不在于活得长久”,你怎么看?

(2)生命发展的阶段

生命发展存在阶段性,这是生涯研究的重要内容。一般生命历程可划分婴幼儿、儿童、少年、青年、中年、老年六个不同的发展阶段,了解不同发展阶段的生理与心理,才能够在学习、工作和生活中善待自己。然而,我们对生命发展变化的认识,大都侧重在对生理变化的关注,而忽略了对心理需求的满足。

埃里克森是最早、也是最有影响力的研究生命发展问题的学者之一。他认为,人的心理发展可分为8个阶段(见表1-1),而每个阶段都会遇到某种“危机”,刺激人们的成长或阻碍其发展。比如说,婴儿的学习和生存全靠他人,在良好的环境下,婴儿会对父母和其他人建立起信任;反之,婴儿就会对世界产生根本的不信任感,且终身难以消除。最终,每个发展阶段中正面经历与负面经历的比重大小会决定最后结果的性质。

表 1-1　埃里克森的 8 个生命发展阶段模型

发展阶段	年龄
1. 基本信任或不信任	婴儿期
2. 自信或害羞、怀疑	1～3 岁
3. 创造或捣乱	4～5 岁
4. 自立或自卑	7～11 岁
5. 懂事或不懂事	少年期和青春期
6. 亲和或孤僻	青年期
7. 多谋善断或故步自封	中年期
8. 乐天知命或怨天尤人	成熟期(老年)期

【课堂阅读】

◇　孔子曰:“吾十有五而志于学,三十而立,四十而不惑,五十而知天命,六十而耳顺,七十从心所欲不逾矩。”

◇　王国维谈人生三大境界,第一境界是“昨夜西风凋碧树。独上西楼,望尽天涯路”。第二境界是“衣带渐宽终不悔,为伊消得人憔悴”。第三境界是“众里寻她千百度。蓦然回首,那人却在灯火阑珊处”。

【课堂讨论】

◇　俗话说:“三岁看大,七岁看老。”你认同吗?

2. 生命发展与职业发展的关系

生涯、生活与梦想都以生命存在为前提。生命的存在受自然环境和社会环境的影响,也跟个人对健康的关注和管理有关。成功的职业生涯离不开健康的生命,身心健康同样离不开科学的职业生涯管理。职场竞争与压力日渐增大,如果无法很好地进行压力管理、时间管理、休闲管理,以及对人际关系、个人理财和身心健康等方面进行管理,将可能需要牺牲健康来获取职业成功。

【课堂阅读】

◇　“过劳死”是因为工作时间长,劳动强度加重,心理压力大,存在精疲力竭的亚健康状态,最后由于积重难返,突然引发身体潜在的疾病急性恶化,救治不及时而危及生命。据一些媒体调查,制造、金融、教育、媒体人群健康透支最严重;加班严重的行业有媒体、法律、IT、交通运输、广告、快速消费品行业和房地产业,这些行业出现不少过劳死案例。

◇　据经济之声《央广财经评论》报道,过劳死的事件层出不穷,从刚刚入职普华永道的女硕士,到富士康的工人;从淘宝网店的店主,到媒体从业者,似乎什么样的行业都有过劳死的风险。巨大的工作压力导致我国每年过劳死的人数达 60 万人,从数量上来讲,中国已超越日本,成为“过劳死”第一大国,每天约超过 1600 人因劳累引发疾病离开这个世界。更令人担心的是,现在逐步成为社会中坚力量的“80 后”成为过劳死的高危人群。

◇ 另有调查发现，超过七成的“80后”认为自己处于“过劳”的状态。现在，就连“90后”也已踏上“疲惫人生”之旅。工作是生活的重要组成部分，但工作并不是生活的全部，为什么这么多人会忽视身体健康舍命工作呢？根本原因就是社会的压力。有调查显示，将近20%的人赞同用健康换取金钱或职位这种方式，还有超过4成的人不认同，但认为必须要这么做。由此可见，人们对于社会的压力已经习以为常，寻求自我提升，舍弃身体健康，似乎已经成为一种必要的选择。但是人生是一次长跑，跑到终点，才是最终的胜利。“年轻时拿命换钱，年老时拿钱换命”这样的恶性循环，不应该再出现在我们的生命中。

生命发展与职业发展是紧密依存、相互影响的，它们交织在一起，可能互相促进，也可能互相制约。人们在其生命的不同阶段，要面对职业生涯的不同任务和不同的发展问题。25岁职场新人的职业生涯诉求和预期，显然与45岁的经理和65岁的高管有着天壤之别。莱文森的生命周期模型(见图1-3)，对我们从总体上理解成年人生命的发展、把握职业生涯与生命阶段的关系等，有着极其重要的作用。

莱文森认为，人的生命周期有4个时期：成年前期、青年期、中年期、老年期。每个时期都由稳定期和转型期交替组成。稳定期通常持续6～7年，人们追求能实现其人生重要价值的目标。稳定并不是指安静下来，而是指人们试图建立期望的生活方式。由于生活方式不可能永远合乎心意，因此就需要有一个调整期，对已经建立的生活方式提出质疑，重新进行评价，考虑生活中的各个部分并做出改变或调整。稳定与转型、人生价值与生活方式等都与职业发展紧密相关，甚至在很大程度上是由职业发展所决定的。

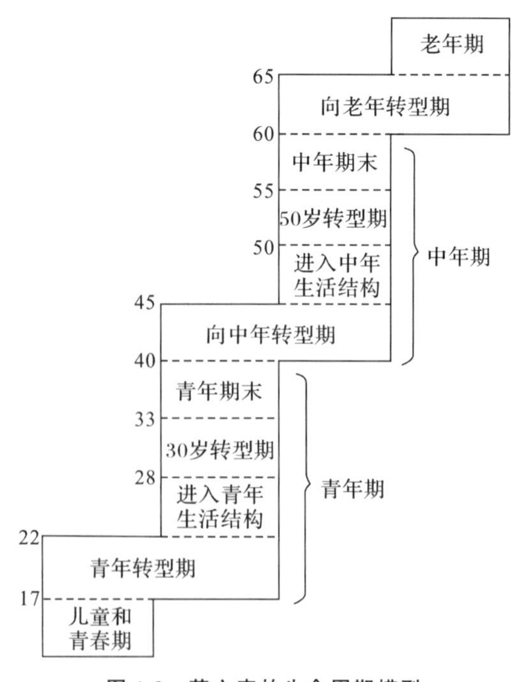

图1-3　莱文森的生命周期模型

三、生活与职业

1. 生活

生活最重要的是"活",生命的重点是"命"。生命讲究的是尊严和价值,而生活看重的是心态和品质。生活是生命的活动,生涯是生命的过程。一般来讲,生涯重点在于职业生涯,生活重点则在于职业生涯之外。生涯是一个的人生经历,生命和生活的质量在很大程度上取决于生涯。打个比方,"生命是一张画布,需要生涯去描绘,画上去的便是生活"。

【课堂思考】

◇　有网友说:"生命是一张画布,随便你在上面怎么画,你可以将幸福画上去,也可以把那些别人对我们的闲言碎语画到上面,画上去的便是生活。"

◇　有网友说:"生命是一条艰险的峡谷,只有勇敢生活的人才能通过。我们要学会做自己生命的主角,学会接受并过滤生活。"

◇　有网友说:"生活的理想是为了理想的生活。"

2. 生活状态与职业发展的关系

一个人的生活状态需要时间、金钱和情感的支持,不同的工作能够给予人的时间、金钱和情感是不同的,这就决定了不同职业人的不同生活状态。有些工作是朝九晚五的,有些工作却要披星戴月;有些工作简单而重复,有些工作复杂而多变;有些工作要面对冷冰冰的数据和机械,有些工作则要面对形形色色的人和人际关系。选择怎么样的工作,以及在这份工作上的表现,将决定着日后的生活方式,以及对这种生活方式的满足程度。

与其他简单的活动相比,工作要求更多的时间投入,需要发挥出更多的体力、智力及情感,对许多人而言,它提供了更巨大的满足感或不满足感。如图1-4所示,工作是生命和生活方式的中心,它就像一个轮子的轮轴,生活中其他重要的方面都围绕着这个轴心运转。而生活是否满足,职业是否成功,很大程度上取决于你是否对职业生涯进行了有效的规划和管理。

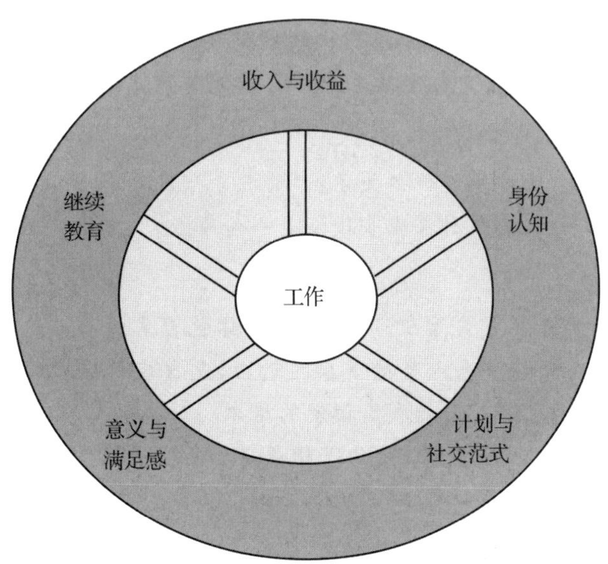

图1-4　工作轮

成功的生涯需要平衡个人、家庭与事业的关系，生活平衡也是成功的职业生涯的重要指标。工作与家庭生活在很多方面相互交叉，随着职场女性和双职工家庭的日渐增多，它们之间的角色冲突日渐成为社会热门话题。工作可能会要求我们付出大量时间和精力，甚至筋疲力尽；与此同时，家庭——配偶、子女或父母——又要求我们给予关照和支持。想想你是否会把工作中的情绪、压力或行为模式带回家里，想想你有多少次因为工作而错过了孩子的生日会，想想你是否曾经为了陪伴家人而放弃好的工作机会。

【课堂讨论】

◇ 职业成功是否代表着生活幸福？

◇ 如果有一份工作，可以使你获得高收入、高声望，但要求你牺牲很多与家人、朋友、爱人相处的时间，你是否会接受？

◇ 你最看重工作的晋升机会、自由时间、稳定性、挑战性还是其他？

◇ “工作是为了生活”还是“生活是为了工作”？

第二节　工作、职业与职业生涯

一、工作与职业

1. 工作

这里探讨的工作是指“有偿工作”，而不包括无偿的义务性工作。我们对“有偿工作”的认识，仅仅起源于约300年前的英国工业革命。之前，农业经济笼罩着整个世界，要区分工作和家庭，在很大程度上讲是毫无意义的。

工作的词语意义，首先是与“游戏”或“娱乐”相对而言的，是指“为特定目的而耗费体力或脑力”；其次是指“一个人为谋生所做之事”，也就是现在社会通常所说的“就业”。一个人拥有一份工作，就意味着他必然要减少休闲、娱乐的时间，也意味着他在这个社会上有了生存的基础。

【课堂讨论】

◇ 工作与休闲、生活方式是什么关系？

◇ 对你而言，工作仅是一种谋生手段还是一份事业？

【课堂阅读】

◇ 什么样的工作才能成为事业。对于工作，你是否真心喜欢？是否不计回报？是否可以延续终生？让一个人坚持下来的动力，是自我价值实现的满足感。如何激发一种源动力，靠的是对兴趣和价值观的追求。如果说工作为的是薪水，升迁为的是社会尊重，那么，拥有事业则是为了释放自己所有的能量。

【课堂思考】

◇ 选择工作就是选择将来的自己。

◇ 既然你不必为了生存而工作，那你为什么不寻求一份事业？

2. 职业

(1)定义

职业的一般词义,是指一个人所从事的行业、专业或领域,或一个人长期从事的稳定性工作。一份工作可能是暂时的、临时性的。而职业则包含较长的一段从业经历,也指稳定性的工作。另外,工作解释的仅是"一个人做什么",当工作发生在一整套的制度安排下,其中包括为执行常规性的职责和义务而付给酬金时,便有了职业。现代"打工心态"盛行,然而职业规划强调不是"打零工",而是在充分探索相关职业的职责与义务、岗位要求与工作条件的基础上,选择一份能发挥所长也能从中获得满足感的职业。

在英语中,"职业"有多种讲法,如 job、work、occupation、vocation、profession、position 等,它们都代表了某一层次、某一方面的职业。"vocation"和"occupation"是职业在英文中的两种专门词语表达,前者强调内在的、心理上的使命感,即自觉受到昭示且具有适于做某种工作的特定"天赋"或神召"天职";后者强调一种外在的、客观的占据状态,即由于社会制度安排或外在分工环境约束,是一个人所从事的需要永久性地耗用时间、精力于其上的社会事务或工作。

在各类职业中,一些需要接受高深教育或训练的专门职业,如律师、建筑师、医师、教师或会计师等,用专业(profession)来表达。在体育娱乐界,一些为赚钱或谋生而全职从事某些专业技艺活动的人,称作职业选手(professional),与业余爱好者或非职业选手(amateur)相对。

我们还可以从两个角度来理解职业。第一,从组织角度而言,职业是组织提供的一系列职位或一个职业等级链。如实习生、一般职员、领班、主管、部门经理、公司经理、区域经理等。第二,从个人角度而言,职业是一个人一生所从事的相关工作经历。职业必须是能获得提升的、专业性的和稳定的。个人是职业的拥有者,或者可以把职业看作是一种员工与组织互相拥有的状态。组织拥有的职业管理系统能帮助他们规划和管理员工的职业,而员工也会自主规划和管理他们的职业,不仅仅完全根据组织所指定的框架。成功的职业生涯规划必须综合考虑组织需求和个人特质。

【课堂阅读】

阿鲁族的出现

阿鲁族,是指打工、兼差、赚外快的人,即"赚外快一族"的正名。"阿鲁"二字源于日文外来语(アルバイト,读成 arubaito),它代表一种为追求幸福生活而做兼职的生存选择。

中国青年报社会调查中心通过清华大学媒介调查实验室,对 3092 人进行的调查显示,在金融危机下,83.8%的人有做兼职的想法,仅 7.4%的人明确表示没有想过做兼职。根据上海市人力资源部门曾经做过的一项随机调查显示,现在上海市的职场上每五个上班族中大概就有一个是"阿鲁族"。

老板不加薪水、公司用人节制、劳退新制增加负担,加上升官的职位有限……阿鲁族有一长串理由,往上看无望,只好看左右,接点私活已是公开的秘密。

媒体工作人员、会计师、接线员、律师、咨询顾问人员、高校教师、大学生等时间弹性较大的行业,比较盛产兼职。

特别需要注意的是,在互联网称王、无线互联网强力来袭的今日,越来越多的年轻人透过网络,以天马行空的创意,在实现个性自我的过程中成功赚取高额外快,如女孩陈潇网上“出售”时间、一枚回旋针换房等。而时下最IN的阿鲁应该算是“手机阿鲁族”了，参与其中的多是年轻群族，他们利用自己对手机秒杀的熟练操控，和网络开店的经验，用手机买，用电脑卖，将“手机阿鲁”的经济头脑发挥到了极致。

网友“巴士阿伯”觉得，“年轻人就是要打拼，不要总想着天上掉馅饼，有时间兼职是一种福气，像我们早班变晚班，日班变夜班，五加二白加黑，不是在上班，就是在上班的路上！”

图 1-5 阿鲁族

图文来源：互动百科 http://www.baike.com/wiki/%E9%98%BF%E9%B2%81%E6%97%8F。

网友“废话一箩筐”则有不同想法，她认为“阿鲁族”是“牺牲自由和时间换取幸福，难道这也能叫幸福吗？”

社会上对新生的“阿鲁族”似乎存在歧视，“有正当工作不做，却只顾赚外快”，这在人们眼里似乎成了有违道德的事情。对于老板们来说，则更显“不道德”了：“给了工资你还要到外面兼职，不如直接辞了工作让他去‘兼职’算了。”

中山大学社会学与社会工作系博导、政治与公共事务管理学院副院长蔡禾却不这样认为，“只要不违法，与本职工作不相冲，利用下班时间兼职有什么不可”。他从个人角度分析，认为“阿鲁族”并不是普遍认为压力最大的“80后”“90后”，“它更多的集中出现于人力资本相对高的群体”。他认为，由于白领人群的职业特点和专业层次，让他们能够接触到很多兼职机会，越是工作时间不受严格限制的，兼职机会就越多。

【课堂讨论】

◇ 为什么会出现“阿鲁族”？

◇ 你认为“阿鲁族”是一种为追求幸福生活的生存选择吗？

◇ “阿鲁族”有没有可能会是未来的一种职业形式？

【课堂思考】

◇ 我们要规划的不是临时性的工作，而是一份稳定的职业，它发生在社会中、组织中，并不断发展。

(2)职业的社会学和经济学意义

职业具有特定的社会学和经济学意义，是众多学者研究的主要内容之一。管理学中所理解的职业概念仅限于组织中，社会学家和经济学家所使用的职业概念则宽泛得多，涉及个人生活中的方方面面，而不仅仅是个人的组织生活和专业经历。

职业的社会学意义主要包括：职业是社会分工体系中的一种社会位置；职业产生于社会需要；职业是已经成为模式并与工作相关的人群关系和社会关系；职业同权力和利益紧密相连，每一种职业(群体)在社会分工中都有自身的位置和作用，因此也拥有对他人的权力和经济收益权；职业是国家确定和认可的。

职业的经济学意义主要包括：职业是社会分工体系中劳动者获得的一种劳动角色；职业具有连续性和稳定性；职业具有经济性，劳动者通过职业活动获取经济收入，并以此满足自己和家人的生活需要，职业身价主要受制于市场供求关系的影响。

根据上述观点，我们可以理解就业市场上的很多现象，如铅字排版工、算盘高手等一些为老一辈人所津津乐道的职业为什么会消失，而程序设计师、发型师等新兴职业层出不穷？大学生为什么不是职业？律师为什么会成为热门职业？为什么会有一些冷门专业？教师的收入为什么没有流行歌手高？我们为什么会根据职业去认识一个人？为什么从事同一职业的人具有一些共性等。

【课堂讨论】

◇ 职业有高低贵贱之分吗？

◇ 如果你喜欢的工作，大家却觉得不体面，怎么办？

◇ 观看日本电影《入殓师》，你有何想法？你是否愿意从事入殓师职业？

二、职业生涯

1. 定义

职业生涯就是指一个人一生中从事职业的全部历程。这整个历程可以是间断的，也可以是连续的。它包含一个人所有的工作、职业、职位的外在变更，以及对工作态度、体验等的内在变更。

在英语中，职业生涯(career)的词义有两个：其一是指生命历程或人生经历，其二是指谋生之道或职业，合起来可译为“职业生涯”，即与工作或职业相关的整个人生经历。另外，职业生涯一词本身还有“升迁”或“进步”的意思，因此，说到“职业生涯”不是指稀里糊涂过完一生，而是包含强调“谋求社会地位提升”或“追求事业成功”的意思。

上述职业生涯的定义包含以下基本含义：

(1)职业生涯是个体的行为经历，而非群体或组织的行为经历。

(2)职业生涯是一个人一生经历的与工作有关的经验方式，工作经历包括职位、职务经验和工作任务。

(3)职业生涯是指人的一生中与工作相关的活动、行为、态度、价值观和愿望的有机整体。

(4)职业生涯是时间概念,指职业生涯期。职业生涯表现为连续性的分阶段、分等级的职业经历。

(5)职业生涯蕴含着具体的职业内容,是一个动态的、发展的概念。

(6)职业生涯分为狭义和广义两种。狭义的职业生涯是指直接从事职业工作的这段时间,其上限从任职前的职业学习和培训开始;广义的职业生涯是指从职业能力的获得、职业兴趣的培养、选择职业、就职,直至最后完全退出职业劳动的完整的职业发展过程,其上限是从零岁人生起点开始。中国学生的职业意识普遍较为单薄,其实选择大学专业以及大学的专业学习或出国留学等都是职业生涯的一部分。

【课堂思考】

◇ 职位、职业和职业生涯的区别

职业生涯包含了雇佣时间的跨度,这期间涉及一个或几个职业,而在每个职业中又可以有一系列的职位。职位是在某一职业中的一个岗位。一个人可以在某一职业中陆续拥有一系列的职位。例如,网络管理员是一个职位,信息技术是一种职业,而从数据录入员做到网络管理员的过程则展现了一个人的职业生涯。我们所要规划和管理的不是一份工作或一个职位,而是职业的发展,即职业生涯,是人生的一段重要的经历和过程。

2. 内部和外部职业生涯

职业生涯是与工作相关的整个人生经历。"与工作相关的经历"是很广泛的,包括主观和客观因素两个方面,即内部职业生涯和外部职业生涯。这两部分互相关联,都是职业生涯规划和管理的对象。

(1)外部职业生涯是指与工作有关的客观事件或情境,如工作岗位、工作职责或行为以及与工作相关的各种决策。

(2)内部职业生涯是指对与工作相关的事件的主观解释,如工作志向、期望、价值观、各种需求以及特殊工作经历的感受。

表 1-2 展示了一个人的内部职业生涯与外部职业生涯的经历。外部职业生涯是指经历一种职业的过程,包括应聘、培训、晋升、解雇、退休等各个阶段,是职业生涯的客观过程。而内部职业生涯更多地注重所取得的成功满足主观感情的程度以及工作事务与家庭义务、个人休闲等其他需求的平衡,也就是说,内心的自我实现感,这是职业生涯的心路历程。

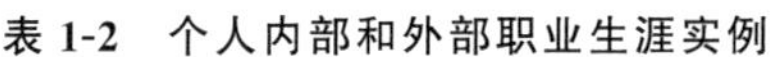

表 1-2 个人内部和外部职业生涯实例

客观/外部经历	主观/内部经历
14～17 岁，物理、化学课成绩优秀	对科学学科感兴趣
23 岁，从某校物理系毕业，进入某机械公司	享受解决技术问题的乐趣
23～28 岁，几次提升至管理岗位	感到无趣，需要新的激励
28 岁，辞退工作，攻读博士学位	享受研究乐趣，成果突出
32 岁，获得学位，就职于大型外国企业	享受工作，憧憬未来
35 岁，经济动荡，企业变革	希望安全和专业提升
35 岁，担任某高校助教	适应专业教学与科研工作
36 岁，获得国家级研究课题	希望获得更多研究支持
39 岁，至另一高校，副教授	正确选择，渴望成就
45 岁，完成首部专著，教授	厌倦学术研究，追求实用
48 岁，成为管理咨询顾问	感到管理工作浪费时间
52 岁，重新回到学校，专职教学	对工作感到自豪
65 岁，从学校退休	

3. 职业成功、职业满足与职业选择

对内部职业生涯的评估具有主观性，是一个人对他或她自己的职业发展、晋升和目标实现的自我感觉，因此内部职业的满足取决于内在的感情和个人价值观。俗话说："女怕嫁错郎，男怕入错行。"内部职业是职业生涯规划的第一步，主要是根据自我个性特征选择适合自己的职业方向。

对外部职业成果的评估主要取决于个人在组织中的等级层次、晋升速度、职业声望、专业资格和收入等，是其他人或组织如何认知个人职业发展、晋升和目标实现。通过外部评价职业成果更为客观，但外部评价取决于评估者观察的角度。外部职业生涯规划主要是选择职业目标和发展路径。

通过对外部职业生涯的规划和管理，希望能够达成生涯成功(career success)；通过对内部职业生涯的规划和管理，希望能够达成生涯满足(career satisfaction)。职业生涯规划与管理就是要帮助个人实现职业满足与职业成功的。而这一切都需要从职业选择(career choice)开始，大学阶段的职业生涯规划至关重要。

【课堂阅读】

高薪贫困症

有些白领薪水高，但因为各种过高的债务和生活成本，常出现收入不抵支出的"相对贫困"现象，及由此带来的紧张焦虑感。从个人职业生涯发展的角度来说，可以理解为部分职场人拥有较高的收入，但职业价值感不足。由于职业规划不清晰，内心诉求未得到满足，家人期望未得到满足，因而产生职业心理焦虑。

第三节　职业生涯管理与规划

一、职业生涯管理

1. 定义

职业生涯管理(career management)是指个人和组织对职业历程的规划、职业发展的促进等一系列活动的过程,包括职业生涯决策、设计、发展和开发等内容。而职业生涯管理又属于管理学人力资源管理的一个方向,涉及管理学、人力资源管理、心理学、社会学、经济学等学科领域。

2. 主要内容

(1)职业生涯规划(career planning),包括明确自己的核心价值取向,探索性格、兴趣与能力类型,确立职业发展战略目标,设计职业发展轨迹和路径,形成分阶段渐进实施的具体行动方案。

(2)职业生涯开发(career development),包括职业生涯不同发展阶段所进行的职业基础素质教育、职业技能培训和其他培训活动。如大学的专业学习、毕业后在工作单位的在岗或脱岗培训、根据职业发展需求和个人兴趣选择和参加社会培训、开发第二技能等。

(3)职业生涯调控(career controlling),包括在职业发展过程中根据内外情势随机应变,对规划实施情况进行跟踪监控,对短期与长期、局部与全局、个人与组织、个人与家庭等一系列矛盾和冲突进行平衡协调等。

3. 管理要旨——工作并快乐着

职业生涯管理的基本宗旨,简单地说,就是让人们"工作并快乐着"。在当今社会,无论对于个人追求幸福生活和事业成功,还是对于组织实现人力资源管理战略,抑或对社会和谐稳定和经济持续发展来说,职业生涯管理都具有越来越重要的现实意义。

工作并快乐着,这是我们每个人的美好愿望。人们大都感到劳动辛苦、工作有压力,但这主要不是由劳动、工作本身引起的,而是因为关于"劳动为了什么"或"为什么而工作"等这样的基本问题没有搞清楚。职业生涯管理强调工作本身的内在价值、人生追求的内在意义,在很大程度上就是帮助人们端正工作态度,树立积极向上的工作人生观和工作价值观。

现代职场中的员工有几个认为自己是快乐的?他们表达了诸多抱怨与无奈,大都难以从职业中获取满足感,更无法从工作中激发激情与寻找生活的意义。这正是因为他们欠缺职业生涯规划和管理的正确理念,没有掌握将这种理念运用于实践的方法。

二、职业生涯规划

1. 定义

职业生涯规划(career planning)是在了解自己的基础上确定适合自己的职业方向和目标,制定相应的计划,以避免就业的盲目性,降低就业失败的可能性,为个人的职业成功和满足提供最有效率的路径。

对该定义的理解,必须把握以下要点:

要点1:职业生涯规划包括两大要点,即“衡外情,量己力”。

要点2:职业生涯规划的重点在于拟定目标与计划。

要点3:职业生涯规划不仅仅针对职场晋升,还应该着重于实现心理上的满足。

要点4:职业生涯规划是一个不断发展和调整的过程,要考虑个人、家庭、组织和社会等多方面的因素。

要点5:发挥优点与特长,选择适合自己的职业道路。

【课堂讨论】

◇　为什么要首先从“了解自己”开始规划个人职业生涯?

◇　说说你的优点和缺点,并谈谈你更了解自己的优点还是缺点。

2. 认知误区

大学生对职业生涯规划的理解往往存在以下误区:

误区1:找工作就是首先到处搜集信息,到处托人找关系。

职业规划有两个重点,即“衡外情,量己力”,而首要的任务是内省,即了解自己。就业信息与社会关系是求职面试的关键因素,但并不是择业与职业发展的首要因素。谋求一份职业首先应从分析自身个性特征入手,如果合适,自当去追求,如果不合适,宁可放弃。个人职业生涯规划建立在个体差异的基础上,它无从抄袭也无需应付。

误区2:职业规划主要是针对晋升的。

晋升计划是职业发展规划的重要组成部分,反映了个人职业生涯的成功。但职业生涯管理包括对内部和外部职业生涯的管理,职业规划不仅仅是针对晋升的,还应着重于实现心理上的满足。

误区3:赶紧纠错补缺,以找到一份好工作。

职业规划的理念是发挥优点与特长,选择适合自己的职业道路。中国传统教育强调纠错补缺,并以此来定义学生是否是一个“好孩子”,以完美来定义进步。但事实上,大多数人的缺点不少,而且很多缺点都是很难改变。当人们把时间和精力都放在弥补缺点时,就无暇顾及增强和发挥自己的优点和天赋。而优点和天赋则更容易保证一个人的成功。当然,这并不意味着我们可以不必注意自己的缺点,而是从职业规划的理念出发,扬长避短。

误区4:职业规划主要思考职业发展问题,与家庭状况无关。

大学生职业生涯规划受制于多种因素的影响,不仅必须考虑宏观的就业形势、社会经济状况等,还必须考虑组织需求和家庭状况。成功的职业规划必须平衡个人、事业和家庭的需求。很多大学生在完成职业规划时要么完全听从家长的安排,要么完全不和家长商量。虽然两代人之间的沟通很难,但考虑父母需求以及沟通的过程是十分必要的。来自不同家庭的孩子以及父母对孩子在感情、时间和金钱上的不同需求将直接影响个人的职业规划。

误区5:职业规划是一成不变的,无需调整与修改。

职业规划是一个不断发展的过程,保持灵活性,适时地评估与调整是必要的。整个社会大环境在发生变化,职业本身在发生变化,个人本身也在发生变化,如何应对这些变化,唯一的办法就是做好规划和准备。有效的职业生涯规划必须处理好稳定性与灵活性之间的关系。

误区 6:职业规划等于创业计划。

创业是职业生涯的一部分,但创业计划不同于也不能替代职业规划。职业规划更关注你是否适合创业,是否选择了一个合适自己的创业道路,是否了解并准备迎接创业者的艰辛与挑战以及创业者的心路历程等。

误区 7:我已经找到工作了,无需做职业规划。

职业规划主要是帮助个人思考什么是适合自己的工作,并指导个人在职场上做一个有目标、有追求、有准备的人,并不仅仅是帮助你找到一份工作。更何况职业生涯是一个长期的过程,找到一份工作仅仅只是个开始而已。

3. 规划主体

职业生涯规划的主体可以是国家、组织和个人。改革开放以前,我国在特定的历史条件下,提倡组织成员与个人应当无条件服从国家或组织的需要与安排。如今在市场经济条件下,个人的尊严、命运与权利得到了重视,大学生毕业后进入职业市场进行双向选择,企业也必须重视员工职业生涯的自主选择与开发。

(1)社会对职业生涯的规划是指国家根据地区、行业和人才的布局,对人才的需求、培养、引进和发展等所做的总体规划。如三峡工程导致的人口迁徙、国家会计学院的建立等。就个人而言,必须适应环境,善用社会资源,学会在社会大环境变化下求发展。

(2)组织对职业生涯的规划是指在职业匹配过程中,组织对个体的职业选择进行指导和组织对职业匹配过程的规划。组织必须塑造相互尊重的组织文化,适时进行职业指导,帮助员工开发职业发展方案和措施;根据员工特点,将合适的人放在合适的岗位上;把员工的个人需求与组织需要统一起来,做到人尽其才,并最大限度地调动员工的积极性。

(3)个体对职业生涯的规划是指在职业匹配过程中,个人根据自身的个性、能力、素质、家庭、婚姻和年龄等因素进行职业设计与职业选择。本课程主要从个人角度对个人职业生涯进行规划。这要求个人自身必须有准确的职业定位,理性思考,积极探索并充满自信。

国家、组织和个人构成职业生涯的三维规划。职业生涯的发展是社会、组织和个人相互作用的结果,有效的职业生涯规划必须综合考虑社会、组织和个人因素。大学生虽然还未进入社会和职场,但在进行职业生涯规划的过程中,必须适当考虑社会形势与组织需求,这样才能抓住机遇和规避风险,并实现个人需求与职业要求的平衡。当然,作为面向大学生的职业规划教育,必须首先强调大学生个体的主体地位和作用,每个人都必须根据自己的实际情况拟定一份适合自己的职业生涯规划书。

课后练习

1.以自己的亲友为例,谈谈职业发展与生涯、生命、生活的关系。

2.工作、职业和职业生涯各自对应的英文单词是什么,试简要分析它们的区别。

3.有个即将毕业的大学生说:“我已经找到一份工作了,没必要做职业规划。”这一说法是否正确?为什么?

第二章　重要意义

【引导案例】

这是一份放在某人才网站上的简历。从其个人工作经历来看,旅游行业应该可以开出较好的薪水来聘请她。但从其求职意向来看,她并不想在旅游行业就业。那她是否可以如愿以偿地找到一份法律或法务类工作呢?

陈××在旅游行业工作了8年之后,为什么放弃自己耕耘已久的行业,重新谋求一份自己完全没有工作经历、门槛又相对较高的职业?她面临的问题是"找不到工作,还是找不到适合自己的工作,又或是找不到自己"?

该求职者陈××面临两大矛盾,即(1)自己与职业;(2)理想与现实。她并不是找不到工作,而是找不到自己。她边工作边通过自学考试获得了法律本科学历,是一个有理想、有追求的年轻人,可以推测从事法律或法务相关的工作是她的梦想,但为什么工作了11年之后才重拾这个梦想呢?她没有错,职业也没有错,但她找不到想要的工作;理想没有错,现实也没有错,但理想与现实渐行渐远。

规划能够缩小理想和现实的距离,能够让你早日找到适合自己的职业。在工作11年之后,陈××陷入这种窘境,是她在职业生涯早期缺乏职业规划意识和技能所致。陈××刚踏入社会工作时,可能为了生存的压力,只能选择就业门槛相对较低的旅游业,这或许是没有办法的选择。反观现在的大学生,大多数人并非没得选,学习职业生涯规划的意识和技能能够帮助学生及早做出规划,而不需等没得选的时候再来后悔。

对于陈××,她该如何来面对这个问题?首先,她仍然可以重新做职业生涯规划,在增加对自己和职业了解的基础上,选择更现实和适合的道路。但更为现实的选择可能是调整,而不是重新规划。例如根据积累的旅游业一线工作经历,她可以选择培训、咨询等工作;或者参加司法考试,勇敢地去追求自己的梦想。规划和调整,这是职业生涯管理的两大内容。在人生和职场变化如此快速的当今社会,规划能让我们保持一定的方向感,调整则能更好地让我们不断接近理想。

陈××简历(本科/法律/11年经验)

目前供职情况:我目前处于离职状态(或还未就业状态),可立即上岗。

基本情况(820925)

姓名:	陈××	出生日期:	1980-××-××	性别:	女
身份证:	×××××	户口:	×××	婚姻状况:	未婚
工作经验:	11年经验	视力:	良好	身高:	×××
目前月薪:	6000～8000元	专业职称:	中级职称	政治面貌:	×××
家庭住址:	××××××××××			工作时间:	2000年
通讯地址:	××××××××××				
手机号码:	×××××	个人主页:			
电话号码:	×××××	电子邮箱:	×××××		
电脑水平:	熟悉word、excel等办公软件的应用				

教育背景

时间	学校	专业	学历
2009年9月—2010年7月	××大学	法律	本科(自学考试)
2008年9月—2009年8月	××大学	法律	大专(自学考试)
1995年9月—1997年6月	××中专学校	财会	中专(全日制普通高校)

工作经历

时间	单位	职务
2007年8月—2008年9月	××××餐厅	副总经理
工作描述:酒楼开业前期筹备(人员招聘、培训、采购、财务监控等);酒楼开业后负责楼面管理及厨房出品,监管财务。		
2005年10月—2007年7月	××××旅行社(业务部)	业务部经理
于南京设立办事处,招揽华东地区旅游业务		
2003年10月—2005年9月	××××酒店(销售部)	销售部经理
工作描述:制定销售策略和工作计划,带领部门销售人员完成销售任务。定期对下属进行绩效评估,按照奖惩制度实施奖惩,并组织实施培训,提高销售人员的素质。		
2000年2月—2003年9月	××××旅行社(观光部)	导游
工作描述:接待公司客户,带领来厦游客参观游览,带领厦门游客赴国内各地旅游。		

培训经历

时间	机构	主题
2010年10月—2010年10月	××××培训机构	主题:企业教练培训
发现自身的盲点、明确自己的目标,改变固有的思维、行为模式,成为教练型管理者。		
2010年3月—2010年6月	××××旅游局	主题:国家中级导游培训
中国古代文学、中国旅游知识		
2004年12月—2005年1月	××××	主题:机动车驾驶培训
2004年3月—2004年6月	××××旅游局(旅游培训中心)	主题:旅行社经理资格培训
2003年3月—2003年3月	××××旅游局(旅游培训中心)	主题:国家导游人员资格培训

自我评价:	性格开朗外向,工作认真积极,与同事相处和睦,有较强的组织协调及沟通能力。

求职意向

工作地点:	××市
意向行业:	法律
意向岗位:	律师/法务类

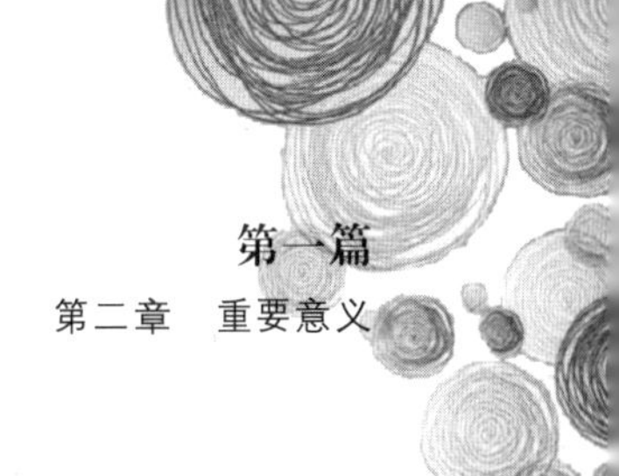

第一节　就业与工作的积极意义

一、成长与独立的需求

成长与独立是大学阶段的重要主题之一。大学生在这一阶段总是极力摆脱父母的束缚，但又存在严重的依赖心理，这常常使他们困惑不已。其实，不管个人是否愿意，成长的过程从未停止，你终将会成为一个成年人。而作为一个成年人，你必须学会独立，独立也就意味着成长。独立包括经济独立和自主决策两个方面。成长与独立意识较高的学生往往能做出有效的职业生涯规划，克服依赖心理，做自己命运的主人是职业规划的思想前提。

大学生首先必须把自己当作一个自主独立的个体，一个能够自行决策并承担决策后果的成年人，一个能够进行积极探索和理性思考的决策者。大学生成长意识不强，他们"想长大"却"不想长那么大"：他们想象大人那样自由地去恋爱和选择，却无法像大人那样去承担和执行；他们一味任性地要父母"不要管他们"，却希望父母能够"替他们擦屁股"，甚至在必要的时候"替他们负责"。不愿理性、痛苦地思考而宁愿选择没有思索的人生，这严重阻碍了大学生做出一份有效的职业生涯规划。

是时候该想一想，毕业后，你将如何生存？你准备找怎么样的工作？你想要什么样的生活方式？你必须学会处理对自己、对世界的一些信息，必须克服以自我为中心的习惯而学会与他人相处共事，你必须懂得处理个人选择与社会机会的关系等。总之，大学生们从此刻开始，必须像个成年人那样去思考和行动。

【课堂思考】

◇　"你以为，未来你不想，它就不来了吗？"

◇　对于未来，最大的问题不是无法预言，而是毫无意识和故意逃避。

【课堂阅读】

◇　"读大学选专业，选的是父母喜欢的专业而不是自己喜欢的专业。参加课后活动与选修选修课，选择那些容易过并且分数高的课程而并不是自己喜欢而不太轻松的课。选工作，选的是轻松并且赚钱多的工作而不是自己当初执着的那份工作。那凭什么抱怨一直找不到自己喜欢的工作呢？"

二、就业的积极意义

从哲学意义上讲，人由工作而定义。劳动是人区别于其他低等动物的根本标志，工作是人类发挥自我潜能和实现价值的基本途径，也就是说，人需要通过劳动成为真正意义上的人。尤其是在现代社会，一个人的职业发展路径在相当程度上支配和决定着人生成败之命运，职业生涯的价值实现就是一个人生命意义或人生价值的主旋律。

作为一个成年人有一个明显的变化，那就是要自己谋生，重要活动和大多数时间将花费在工作上,工作决定着经济收入、时间分配、社会关系网、个人成就等,选择怎样的工作将决定着过怎样的生活方式以及对这种生活方式的满足程度。具体而言,就业是大多数人一生中一段重要的经历,从精神层面的角度来看,可充实生活、实现个人理想;就经济上的意义而言,可满足个人欲望、供应家庭需求;就社会层面的意义来说,更可促进国家建设,创造源源不断的经济生产力。

【课堂讨论】

◇　你一生花在工作上的时间有多长?

◇　没有工作,意味着什么?

◇　职业选择和职业表现,对生活有何影响?

三、工作的基本回报

1. 工资

工资是工作的重要组成部分。一般来说,生活水平主要由工资水平决定。保有一份工作就能够拥有一份收入,这份收入还在很大程度上决定着物质生活的丰富程度。

2. 安全

对于很多人来说,稳定性是工作的重要组成部分。工作的稳定性意味着不必担忧生计,不会遭遇失业、调职或转业。在环境日益变化的今天,工作的稳定性不仅取决于努力工作,更取决于很好的工作适应性以及不断提高的工作技能。

3. 人际关系

人际关系就是通过思想与行为与他人的交流和联系,对于很多人而言,这是他们工作的主要价值。参加工作,加入社会,融入人群,克服自我中心的意识,学会与其他人相处和共事。工作使我们向有共同兴趣的其他人学习。观察周围的朋友可以发现,个人交际圈很大程度上受制于职业性质。

4. 工作挑战

人们可以从工作中了解自己的兴趣和能力,提高自我认识,然后进一步通过工作发挥自己的能力,满足自己的兴趣,最终完成自我实现。有些人认为多样性而不是单调的工作十分重要,而有些人则认为这并不重要,工作环境、工作条件、工作方式等都可以影响个人对工作的满意程度。但不管怎么样,享受工作带来的挑战是非常重要的人生体验和个人成就感的来源。

【课堂讨论】

◇　人为什么要工作?

◇　如果你中了巨额彩票,还会去工作吗?

◇　不用工作就很幸福吗?

【课堂思考】

◇　工作本身是具有激励性的。

◇　工作能够也应当让人获得乐趣。

◇　工作在本质上是为了满足他人的需求,员工的终极目标是要为公司创造价值。只

有当你对公司和社会更有价值的时候，你的价值才会被认可，你的事业才会有发展。

很多即将毕业的大学生对就业充满恐惧。其实想要经营一个成功快乐的职业生涯，对就业必须有更积极的认知。职场充满挑战，有机会也有危机，是丰富人生的淬炼所，尤其是在学识、人格、思想都达到一定成熟度的时期，进入就业市场，正如同进入人生的另一个缤纷的世界，不必恐慌，只要提前做好规划与准备，就能享受工作世界的快乐和成就。有人言，三十岁以前，在工作中学经验；四十岁以前，在工作上交朋友；四十岁以后，靠累积的人脉升职或创业。

就业是另一学习的开始。社会是人生最好的大学，虽然其中不乏尔虞我诈，但也有温情互助的一面。职场竞争日趋激烈，就业后更不能放弃学习的动力与欲望：要学习待人处事之道和专研工作上的专业领域，更要找得良师益友，虚心学习，以求成长。总之，因应未来就业环境的改变与发展趋势，就业者更应以积极、健康的心态投入就业市场。在校大学生对上述就业和职业发展的积极意义的认知程度，将在很大程度上决定着他们是否会重视职业生涯规划，也将决定着他们日后毕业是否能够热爱工作。

第二节　职业生涯规划的重要性

一、职业生涯规划和决策制定的重要性

罗伯特·洛克在其职业生涯规划教材中提出了“职业生涯规划和决策制定真的值得学习吗”这个问题，并做出了回答。首先，在当今世界，我们面临着各种不确定性，而机会总是留给有准备的人，缺乏职业生涯规划的人将只能依靠运气救助自己。其次，并非所有的学生都能对某个职业做出明确的选择，而学习的职业生涯决策过程能终身受用。第三，职业生涯关系到人生的大部分时间、自我认同感、收入来源，还有绝大部分的生理和心理的幸福感。一个人所要做的工作占用了毕生最好的年华，让人赖以为生，并且界定了你是一个怎样的人；它决定了一个人大部分的生活风格和身心健康。它是如此重要，因此职业决策决不能让别人代劳。

在大学阶段，学生们有各种各样的困扰，既有关于大学生活的，也有关于日后就业的。很多学生对于如何过好大学生活并没有过多的想法，甚至充满困惑。他们迷茫于校园的学习、社团和恋爱等活动。对于就业问题，有些人同样充满困惑：为什么很多人认为“上了大学就能找个好工作”，而上了大学后却发现周围充满了“大学生就业难”的言论和事实。毕业后出国、考研还是就业？如果就业，究竟什么样的职业才适合自己？是否应该先就业再择业……这些问题让大学生们十分迷茫。职业规划属于自我管理和自我教育的一个重要构成部分，而现阶段的中国十分缺乏自我教育课程。关于大学阶段的困惑，包括成长问题和就业压力等，职业规划的理念和方法将可以为当代大学生提供关键帮助，指明思考与行动的方向。

【课堂阅读】

◇　美国著名人力资源顾问罗杰·安德森曾经对100对退休老人进行问卷调查。其中

一道题目是“回顾你的一生,你最大的遗憾是什么?”调查的结果令人吃惊,90%的老人认为:“一生中最大的遗憾是选错了职业!”

二、职业生涯规划对个人的积极意义

职业生涯活动将伴随一个人的大半生,职业规划是人生规划的基础和核心,拥有成功的职业生涯才能实现完美人生。大学阶段能为整个职业生涯奠定坚实的基础,如何激发大学生的学习动机,使其产生强烈的求知欲,充实地过好大学生活,为迈入社会做好充分的准备呢?职业生涯规划是有效的方法之一。大学生首先要认识到职业规划的重要意义,才能切实有效地使用这一方法积极地进行自我提高和自我管理,从而成就自己成功而幸福的人生。

1. 加强自我探索,使学生审视能使自己成为独特自我的个性特征

在“为大学而来,为大学而去”的高中时期,学生的自我意识并不强。在中国的传统家庭教育中,我们都被要求走同一条道路,不是“当大官”就是“发大财”。其实,每个人都是不同的,适合每个人的路必然也是不同的,职业规划正是建立在个体差异的基础上。学生在规划自身职业发展道路时,必须首先充分认识自身独特的个性特征,职业规划绝不是千篇一律、人云亦云、一哄而上。

在大学阶段,学生正处于20岁左右的年纪,与来自不同地方的同龄人朝夕共处一室,自我意识得到极大觉醒。有效的职业生涯规划将会引导学生正确认识自身的个性特质、现有与潜在的能力优势,从而有利于大学生及早消除就业、择业中的误区,重新对自己的价值进行定位,挖掘与激发潜能,寻找适合自己和能够更好地发挥自己专长的道路,做出长远规划,实现积极的人生价值。

2. 引导就业探索,使学生关注就业市场和社会变化以及家庭需求

现阶段的中国是一个快速发展的发展中国家,经济、社会等各个方面都面临着巨大的变革,大学生所处的就业市场更是瞬息万变。凡事“预则立,不预则废”,职业规划能够引导学生关注就业市场需求及其变化,帮助学生找到自身特点、优势、专业特点,以及与社会需求的最佳结合点,根据主客观条件设计出合理且可行的职业生涯发展方向,从而让学生更有效率地学习而不至于“死读书”。职业规划还能够让学生明确奋斗目标,调整就业的期望值,提高大学生的择业能力,以应对未来变化,迎接就业市场激烈的竞争,避免在择业当中出现高不成低不就,最后只好盲目就业的现象。

职业规划还将要求学生对各自的家庭状况进行探索,了解家庭在择业和职业发展中能够提供什么帮助和存在哪些障碍,“穷人家”的孩子和“富人家”的孩子的职业发展道路有很大的不同。另外,父母对孩子在金钱、时间和情感上的需求也是需要考虑的因素,本课程鼓励学生加强与父母沟通。虽然有时沟通往往很难,但这是一个必要的过程,因为能否有效地平衡个人与家庭需求是一份有效的职业生涯规划的重要标准。

3. 促进理性规划,使学生追求理想并制定有效的学习与职业发展计划

哈罗德·孔茨说:“计划工作是一座桥梁,它把我们所处的这岸和我们要去的对岸连接起来,以克服这一天堑。”计划工作能够为组织指明方向与建立协调,帮助降低环境变化的冲击以及设立控制与评估的标准,同时为组织成员提供一种激励。规划是计划的一种形式,其

重要性如计划一样，对一个国家如此，对一个组织如此，对大学生个人生涯同样如此。有没有规划的人生将会出现不一样的结局(Planning makes a difference.)。如果一个人缺乏规划，那其实就是在规划着失败(If you fail to plan，Then you plan to fail.)。

职业规划能够使学生树立明确的职业发展目标与职业理想，评估个人目标与现实之间的差距，促进学生学会如何运用科学的方法和采取可行的步骤与措施，不断增强职业竞争力。大学生只有建立明确的目标和计划，掌握自我完善的方法和途径，才能将旺盛的精力投入学习之中。职业生涯规划可以增强发展的目的性与计划性，提升成功的机会。在职场上，如果缺乏规划，你可能将接受一份自己不喜欢的工作，也可能将花费大量时间和金钱用于不需要的培训与教育，更不可能从每天的工作中得到满足，更不用谈追求幸福人生了。

【课堂阅读】

◇ 由中国人口宣传教育中心全国青少年健康人格工程课题组对北京地区学生进行的一对一的访谈调查结果显示：大学生中有一半对未来没有明确的规划；三成与父母不沟通；有四分之一的大学生表示在与父母出现矛盾才主动沟通；近一半的大学生在社会交往中缺乏安全感；约两成大学生对现实生活感到空虚不安；六成大学生觉得孤独。

三、职业生涯规划对社会的积极意义

失业是社会动荡的重要根源之一。据不完全统计，每年就业市场上新增加的劳动力，大学生就占了超过60%的比例。如果能够很好地解决大学生就业问题，就可以为社会稳定和发展奠定良好的基础。另一方面，大学生就业后仍然会面临职业发展的问题，例如个人需求与组织要求的矛盾、个人发展与家庭状况的矛盾等，这些问题都将影响个人健康和组织可持续发展。职业生涯规划能促进大学生及早为就业做准备，帮助平衡个人、家庭与事业的需求，从而有助于构建和谐社会。

1. 有助于解决大学生就业难的问题

首先，市场经济下的教育体制发生了重大变革，大学生的就业率已成为检验高等院校办学质量的一个重要指标。近年来，高等院校招生规模的持续扩大，继续再教育的普及，市场经济的发展等因素使得大学生的就业形势日益严峻，有的大学毕业生“一毕业就失业”，即使就业了也会频繁跳槽。在这样的背景下，上至国务院，下至各级人才管理中心，纷纷出台各项措施促进大学生就业。各高校逐渐提高对大学生就业问题的关注，在大学阶段提供有针对性的职业生涯规划指导被广泛认为是解决大学生就业难问题的有效措施。

2. 有助于实现组织人力资源的优化配置

不同的职业和岗位对从业者有不同的要求，不同的人对职业的期望值也不同，通过职业规划将两者优化组合，才能做到人尽其才。再者，当人们从事自己所喜爱或适合的工作时，才会全身心地投入，才能够充分发挥身上的潜能，因此，职业规划能够提高员工的幸福指数和调动员工的积极性，从而提高劳动生产率，增加企业长期的经济效益。

3. 有助于促进个人与社会的适应发展

大学生就业不是单纯地找工作，应该是正确的、科学的职业选择和有责任的职业理想规划与实施。职业规划能够帮助大学生树立正确的人生观、价值观和就业观，鼓励大学生追求理想、立志成才、建功立业，引导大学生正确认识社会竞争和自身在社会中的价值，从而促进社会发展和进步。另一方面，社会的需要决定职业的范围、层次和性质，职业规划引导着大学生将自身状况和现实相结合，根据社会发展的需要正确择业，促使职业人不断调整自己的职业目标，与社会需要相适应，从而为社会和谐提供保障。

成功的职业生涯设计对于大学生的择业乃至一生的发展都有重要的意义。本课程教授的策略和信息会使大学生在接下来的工作中大展拳脚，不管是想在公司中节节高升，还是想成为"拒绝上班"者中的一员(寻求当老板的乐趣，视自由、自主和选择的权利为最高价值)。本课程会介绍很多实际有效的步骤来推动职业的发展，帮助大学生寻找最适合自己的工作。它还会指引大学生前往信息和知识的源头，使大学生今后再也不会做出盲目的选择，并主宰自己职业的发展。

【课堂阅读】

◇ 根据教育部统计，近年来高校毕业生数量逐年攀升：2007 年全国高校毕业生为 495 万，2013 年毕业生人数达到 699 万人，2014 年毕业生人数继续走高，达到 727 万。而据预测，2015 届毕业生预计将达到 750 万。

◇ 中国具有第三方公正性的教育数据咨询公司麦可思(MyCOS)发布了《2013 年大学生就业报告》。报告显示：2012 届本科毕业生半年后的就业率为 91.5%，就业满意度为 58%。根据对 2009 届毕业生的调查，三年后他们的就业满意度为 40%。

【课堂讨论】

◇ 有人说"上大学找个好工作"，也有人说"大学生就业难"，你怎么看？

◇ 有人说"在美国，大学生毕业时充满骄傲"，也有人说"在中国，一毕业就失业，大学生毕业时充满哀伤"，你怎么看？

第三节　职业生涯管理的必要性

一、通过有效的个人职业生涯管理，实现职业成功与满足

就个人而言，很多人正处于对将来职业选择和发展的迷茫状态中。而这种迷茫来自于环境的不确定性，学习职业生涯管理正是为了应对这种不确定性的。常言道"计划永远赶不上变化"或者"唯一不变的就是变化"，但如果连基本的计划都没有，那如何去应对变化呢？计划不否认变化也不能消除变化，但职业生涯规划和管理可帮助个人抓住环境变化所带来的机会并化解环境存在的威胁，从而更有利于实现职业成功与个人满足。

1. 随着社会、经济、技术和文化等环境的急剧变化，个人职业中不稳定和不确定的因素增多，职业的成功和满足将属于那些了解自己、懂得应对变化和创造机会、能够从失败中学习经验的那些人。

2. 职业将变得更加难以预测，职业的成功和满足将属于那些具有灵活性和适应性的人

才。以前,终身职业是职业模式的原始形态;现在,在同一个组织中一直工作下去不仅是不现实的,而且也不一定是理想的职业模式。

如今,再也没有人能够手捧一个打不碎的“铁饭碗”。如果在世界上有一个比你更便宜或质量更好的替代品,你就处于危险之中。达尔文是正确的,因为如果你的进化速度不及周遭的环境,你就会被淘汰出局。

近年来,许多公司获取了更多的技术知识,为了在成本竞争日益激烈的市场上生存,他们渐渐不再依靠大量固定的员工。如果将来的工作环境注定会愈加多变,如果单一的可预测的职业发展路线会被碾碎成一场由无数微小零碎工作机会组成的暴风雪,我们应该怎样做才能给自己一个更有把握的生存机会?

3. 21世纪的新雇员将变得更加积极和自信,有效的职业管理能帮助他们实现职业目标和人生价值。有研究表明,近年来新雇员对工作表现出更高的期望,也更加注重在工作中发挥个性与满足兴趣,他们的职业定位更为多元,不仅关注工作的稳定性、趣味性、挑战性,更关注工作的自由度及其与个人休闲生活的相容度。

【课堂讨论】

◇　网络经济、经济全球化、业务外包、制造业萎缩、教育大众化等对就业的影响。

◇　你相信“铁饭碗”吗?

◇　你对于工作的期望和态度与你父母相比,是否有根本性的不同?

◇　毕业后的第一份工作,你可以接受的月薪是多少?

◇　你觉得参加工作是否就意味着失去自由?

◇　在一个公司中,你觉得晋升重要,还是自由、健康、休闲等更重要?

二、通过有效的人力资源管理,保证组织的稳定和长期获利

员工是组织最重要的资产,理解员工的职业需求和问题,有助于有效地管理人力资源,从而保证组织的稳定和长期获利。职业发生在特定的社会组织中,尤其是在经济组织中。组织结构形成了内部路线路,提供确定的职位、职位之间的相互关系、胜任这些职位所必需的品质以及引导人们沿着路线图前进的机制。通过这种方式,组织可以领导并控制个人职业规划和管理。

另外,企业需要关注不同阶段员工的家庭责任问题,员工也会评估自己接受这份工作是否还有足够的时间兼顾家庭。工作与家庭的关系的确影响了企业及其员工的职业规划。虽然职业生涯管理并不一定就能解决企业中复杂的人力资源问题,但缺乏对职业生涯管理的理解和有效运用则会加剧这些问题,给雇主和雇员带来不良的后果。

课后练习

1. 一个已经毕业的大学生要是没有工作,这意味着什么?职业选择和职业发展对你的生活有何影响?试举例说明。

2. 某大学新生说:“我出身富裕家庭,爸妈已经帮我安排好了一切,职业规划对我而言没有任何意义。”你是否赞同他的看法,为什么?

3. 有人说:“规划规划,纸上画画,墙上挂挂。”也有人说:“计划赶不上变化。”你如何看待职业生涯规划这一方法的有效性。

【体验活动】

我的生涯①

首先,请坐下来回想,你的记忆是从何时开始的?

第一步:

在回忆起来的往事中,你觉得有哪些事是父母等家人长辈规划决定的?

1. 请一一写下来,比如所就读的小学,每日的三餐吃什么……

2. 然后逐项向父母求证确认。自己所想和父母所说有何相同和不同的地方呢?

3. 请将你的感想写下来。

第二步:

在回忆起来的往事中,你觉得有哪些事是老师、朋友规划决定的?

1. 请一一写下来,比如选择读文科还是理科班,去哪里春游……

2. 可以向老师、朋友和家人求证实际情形是否如此。

3. 有没有发现一些你不知道的细节?

第三步:

在回忆起来的往事中,你觉得有哪些事是自己规划决定的?

1. 请凭第一回忆印象一一写下来,比如有目的地存钱买了第一本自己想看的书,中学期间加入自己选择的兴趣小组……

2. 然后逐项确认这些是受哪些因素的影响。

3. 请概括自己的领悟。

以前的生涯是这样走来的,现在的生涯是什么样的呢?未来的生涯你又准备如何应对呢?

【阅读思考】

大学生就业遭遇重重“壁垒”:社会关系、地域、户口、名校……②

据新华社济南6月18日电　社会关系壁垒、地域壁垒、户口壁垒、名校壁垒……据调查,除一些有形的限制条件外,一些大学生在求职路上还会遇到种种无形的壁垒,就业路因此变得更加不平坦。

离毕业还有半年时间,山东一家医学院校的应届毕业生李平就开始四处撒网找工作,在应聘投简历的同时,还要到处找关系,包括老师、师兄等,只要能拉上关系,就要去

① 黄中天:《生涯规划——体验式学习》,高等教育出版社2009年版,第18页。

② 《厦门晚报》,2006年6月19日。

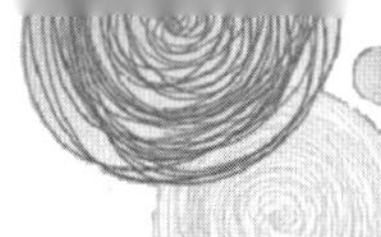

试一下。李平说:“我家在农村,父母根本没有能力帮忙找工作。”

有关人士分析认为,在当前大学生就业难度加大的背景下,来自农村和城市低保家庭的贫困大学生往往处于相对劣势的地位。除了社会关系壁垒外,还有诸如地域壁垒、户口壁垒、名校壁垒等横亘在大学生就业路上。山东应届毕业生高星对记者说:“很多地区都有地方保护,外地学生一律不要。沿海一个县级市来我们系招老师,第一个条件就要是要本地学生,本地的来一个要一个。”

有的毕业生告诉记者,为了找工作,不得已只能与用人单位签订一些“不平等条约”,例如,几年内不得考研、不能调出,违约要交一定的违约金等。有的企业公开声明只要“七大名校”的学生,其他学校毕业生连报名资格都没有。

现象 1:“为什么我们不愿到基层去”

近几年,为了鼓励大学生到基层就业,国家出台了不少政策,例如大学生志愿服务西部计划、农村教育硕士、农村教师特设岗位等。但是部分大学生对到基层就业还有种种顾虑。

山东师范大学计算机系毕业生小武算了一笔账:大学学费每年 3960 元,住宿费 500 元,再加上生活费一年最少 8000 元,4 年就是 5 万元。他说:“我父母都是农民,前几年学费都是借来的,大学三年级时贷款 5000 元。我还有一个正在读高中二年级的弟弟,马上也要上大学,家庭经济负担很重。我当然要考虑读大学的投入产出比。如果去基层支教,我的经济压力太大了。”

学中文的应届毕业生刘冰说:“到基层去,条件苦点我倒不怕,就怕找不到沟通的对象,精神上寂寞是最可怕的,这让我承受不了。所以我宁可在大城市找个一般的岗位,也不愿意到一个需要我的地方去。现在,我找工作心态很实际,只能是先就业再择业,理想是离我很远的事。”

除了经济压力、精神需求等问题之外,大学生对到基层就业还有一些现实的生活顾虑。聊城大学毕业生孔铭说:“我今年 23 岁,要谈恋爱、结婚、生子,要养家、买房、赡养老人,这些生活问题都要考虑。下去几年,人生的几件大事就要耽误了。几年后再回到城里来,恐怕连找对象都难了。”

现象 2:“女大学生无奈选择相亲”

如今,不少大学生在就业压力的推动下,正品尝一道爱情快餐——相亲。

悦儿就读于河北某高校工商管理专业,今年大四。大三暑假的时候,她就在家人的陪同下,去见了第一个相亲对象。这个男孩比悦儿学历低,是个大专生,家里有个塑料泡沫厂,是当地最大的家具城的股东,男孩毕业后一直帮父母打理生意,经济实力不错。

“我很快就要毕业了,这样的生活真是梦寐以求啊! 不为找工作和生活发愁,能安心在家做少奶奶。”“少奶奶?”“是啊!”悦儿说,“我周围很多女生也都这么想的,但不是每个人都有机会罢了。”

实际上,悦儿在学校有过一个男友,但悦儿的父母坚决不同意。男孩的父亲都是工薪阶层,收入不高。父母说,毕业后男孩自己的工作还是未知数,别说帮着悦儿了。起初,悦儿很反对父母的“功利”做法,但经历了一番辛苦的考公务员、应聘之后,她的想法慢慢变了:“物质也是很重要的。没有物质支撑的爱情怎么能长久?”

现在的悦儿也很认同"相亲"了。也许是心里有这个"底",相比较宿舍那些只能自己打拼的女生而言,她的压力要小得多。她说:"目前就业形势不佳,我们又不是名牌大学毕业,又是女生,一点儿优势也没有……"

这周,悦儿要相亲的人是妈妈托人介绍的。这个男生也是今年毕业,家庭背景很好,父亲是当地某银行支行的行长。如果能成,悦儿的工作有可能就解决了。

2. 成都女研究生当保姆①

昨日,来自四川高校的15名大学生正式进入成都家庭开始家政服务,这其中不仅有科班出身的大学生,也有英语过了八级的专业大学生。毕业于成都某高校生物系的研究生黄艳因为进入家政行业而引起颇大争议。记者昨日就此采访部分高校大学生,学生们对黄艳的做法感到不可理喻。据悉,这是大学生首次进入成都家庭。

生物系研究生当保姆

昨日,由成都某家政公司组织的15名大学生首次进入成都家庭。她们除了做一些日常家务外,还负责辅导孩子。

15名大学生保姆中最引人注意的是毕业于某高校生物系的研究生黄艳,老家在德阳的她从小成绩优秀,英语已过了六级,她曾利用暑假和节假日从事过多次家政工作。

黄艳戴着眼镜,穿着一件白色衬衣,长相斯文,她已和一名在成都的"老外"达成意向,她主要负责老外孩子的汉语学习,并带孩子参观成都的历史人文。黄艳说,这几天她正在抓紧看一些有关成都历史书籍,包括学习制作川味菜品,因为老外一家对川菜十分感兴趣。

是家政行业的进步

记者昨日就此对部分高校学生进行了采访,绝大多数学生对黄艳的选择表示无法理解。某高校一位姓张的同学说,再难找工作,也不可能让一个研究生给别人带娃娃。而另外一位学生则认为,黄艳或许是一个书呆子,又或许是没有能力,所以无法找到工作。

在媒体从业的张女士认为,研究生做保姆是一种对社会和公众资源的浪费。要解决目前高端家政人才紧缺的问题,并不是鼓动非家政专业的大学生进入家政行业,而是由家政学院培养真正的高级家政人才,以免人才和公众资源的浪费。

四川省社科院陈教授认为,文化程度高的大学生加入到家政队伍中,是家政行业的一大进步——既为大学生提供了就业岗位,又填补了家政专业领域的人员空缺。但是,大学生应尽量避免盲目当普通意义上的保姆,因为这样容易大材小用,还有可能错过就业时机。

成都市劳动和社会保障局有关人士说,大学生保姆虽然是服务于相对很窄的群体,

① 《海峡导报》,2006年6月18日。

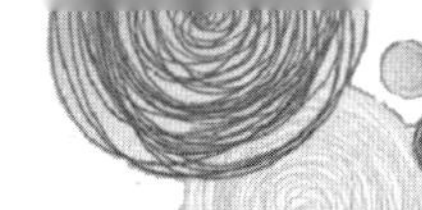

但“窄众”就业仍有“钱”途。成都每年至少需要1万至2万高素质家政服务员才能弥补市场空白。

找工作很困难

记者：你是研究生，为什么想到当保姆？

黄艳：毕业后感到找工作很困难，尤其是自己的生物专业在国内少有人问津，7年大学生活，并不富裕的家庭至少也用了8万元左右，我不能坐等工作，找个事干倒也能减轻家庭负担。

记者：你对做保姆有信心吗？

黄艳：我虽然没有真正从事过家政行业，但大部分家务活都干过，一般的做饭、洗衣应该没问题，但不敢说把菜烧得多好。

记者：你做保姆，你的同学、家人怎么看你？

黄艳：我把我的想法告诉了要好的同学，一个研究生竟然去干保姆，他们都觉得不可思议。我父母一开始也认为我是一个没出息的人，白拿钱供我读书，通过我的解释，他们现在不反对，也不支持。

记者：你以后会长期做保姆这一行吗？

黄艳：如果做得好，我会长期干这一行，其实保姆也有年薪10万元的。我想以后自己开一家主要针对高级白领家庭的家政公司，或者到家政学院当家政老师。如果一年以后我从事这行没有什么起色，我会自动放弃，再找别的工作。

阅读上述两则材料，思考以下问题：

(1)你如何看待大学生就业形势？你是否对就业感到害怕？

(2)你对“女大学生无奈选择相亲”的现象有何看法？

(3)材料反映了职业的什么特性？

(4)你是否准备考研？你对研究生黄艳从事家政行业持支持还是反对意见，为什么？

(5)造成黄艳现状的原因有哪些，主要原因是什么？你对她有何建议？

第二篇 大学生职业生涯规划

【本篇导读】

本篇主要阐述大学生职业生涯规划的过程与方法。职业生涯规划是在了解自己的基础上确定适合自己的职业方向、目标，并制定相应的计划，本篇旨在帮助学生发展职业规划能力。本课程主要遵循"人职匹配"的职业生涯规划和分析方法，在搜集关于自我和环境信息的基础上进行决策，即拟定目标和开发有效的实施方案，最后做出评估和调整。在这一过程中，需要采用信息探索和认知信息加工技术，同时需要借助各种心理测试工具和拟定目标与计划的相关技术方法。

第十章是相对独立的一章。该章主要针对大学低年级学生所提出的一些问题，涉及大学生活、专业学习、家庭冲突与个人困惑等方面，运用职业规划的理念和方法，同时结合教师本人的一些经验，做出一点解答，望能及时地解除学生的困惑，使学生能尽早适应和积极融入大学学习与生活，以理性和沟通的态度面对一切困难，做自己命运的主人，尽快规划自己的人生，为择业、就业与职业发展奠定坚实基础，并有效地谋取人生成功与幸福。

【学习要点】

理解人职匹配的意义、理念和方法；了解大学生职业生涯规划的阶段特征与影响因素；理解和掌握自我探索和环境探索的重要性与内容；理解价值观、性格、兴趣和能力以及生活方式的概念，通过心理测试探索自我个性特征类型，并思考与目标职业的匹配度；了解社会、家庭与职业环境探索的重要性及内容；理解产业结构、职业特征、岗位特性、经济环境、家庭状况对职业规划的影响；掌握职业信息探索和职业发展评估的方法；了解目标的类型与积极意义；掌握拟定一个有效的目标和计划的方法；理解目标定位的重要性与方法；理解不同的职业发展路径和无边界职业生涯；掌握开发行动计划的方法。

【关键术语】

人职匹配；规模模型；障碍性因素；自我认知；元认知技能；周哈里窗；价值观；性格；气质；兴趣；能力；可迁移技能；生活方式；价值观内化；心理测试；产业结构；职位；职业信息库；家庭需求；女性角色；职业心态；SWOT 分析；生涯决策；决策风险；决策压力；有效性；目标；目标定位；行动计划；成功同心圆；刺猬理念三环图；职业发展路径；无边界职业生涯

第三章 规划过程

【引导案例】

王先生是2000届大学毕业生,刚毕业时,由于不知道如何正确地规划自己的职业,在没有多加考虑的基础上,又迫于就业压力,就匆匆与一家公司签约做销售。两年来,他虽然也被提升为销售主管,但总感到自己的工作越来越难做,不是因为他没有能力,而是因为他从心底里就不喜欢这个职业,他的理想是做一名律师,这也与他的本科专业相适应,但是让他放弃眼前的工作,似乎又有些舍不得。

黄先生是一家公司的总经理,日前他将一名优秀员工提拔为部门主管,但这名员工却突然提出离职,这让他十分费解和为难。把优秀员工提拔作管理人员是现实中很多企业领导人的奖励办法,但这种做法有时会导致这些人辞职或不再像以前那样开心地工作。其实,他所提拔的这名员工属于追求个人独立自主、自我奋斗的成就需要者,也不愿意从事沟通与协调的工作,这类员工往往会认为"我自己更倾向于做技术,当不当经理无所谓"。因此,当被提升为部门主管时,他立刻感到了"不舒服",索性提出离职。

不管是个人的职业选择和发展,还是组织中的选人、用人和留人,都会涉及一个问题,即人和岗位之间是否匹配。王先生迫于就业压力,选择了自己不喜欢的职业,当他在销售的道路上越走越远、越走越成功时,他就越难受、越难以做出改变。在组织内,领导者如果不了解员工,就无法很好地留用,即使是有心栽培,也难以获得员工的心,并最终在互相误解中分道扬镳。这都是因为缺乏对职业生涯规划的理念和方法的了解所导致的。

第一节 人职匹配

一、人职匹配的概念

1. 人职匹配的含义

职业生涯理论的核心和基础是人与职业的匹配。正如帕森斯、霍兰德和舒伯等人所说,职业选择是个人人格在工作世界中的表露和延伸,个人通过职业选择来寻求自我概念(Self-Concept)的实现,选择职业就是选择将来的自己。因此,选择职业的关键就在于个人特质与特定岗位的要求是否相配,即"人职匹配",这应该作为职业选择的重要指导原则。

【课堂思考】

◇ 适合自己的,就是最好的!

2. 理解自我概念

要理解人职匹配，就必须先理解"自我概念"[①]。当我们认为自己是个怎样的人时，例如"我的能力是不错的，只是恒心不够罢了"，则此时为自己制造出了"自我概念"。顾名思义，自我概念就是自己对自己的看法。艾莉森(Ann Ellenson)指出："自我概念乃是个人所持有的特殊角度——是个人筛选和过滤事件，使结果听起来、看起来都能符合自我经验的参考架构。"

第一，自我概念是生命的核心，也是生涯发展的凭借。对于任何一个想要有所成就的人或只是想活得舒坦的人而言，了解自己"想要什么、喜欢什么、适合什么、擅长什么"等，并且能坦然面对"自己"是非常重要的。那些不能知道自我的各个构面，又不能接受自我的人，就会陷入自欺欺人的恶性旋涡中，最终导致失败或不满意的人生。

第二，人们常会将自我概念扩大到某些外界的具体或抽象的事物上，即你的选择意味着你是个怎么样的人。例如你是开跑车的还是开老爷车的，你是喝茶、喝咖啡还是喝白开水，你会选择加入登山协会还是自行车协会等。工作的选择往往也体现了自我概念，所以选择工作就是选择将来的自己。人们一旦选择能够代表自己是个怎么样的人的事物，就会获得自我认同感(identification)，于是就比较能够获得对该事物或生活的满足感。

第三，职业生涯规划建立在个体差异(individual difference)的基础上，而自我概念使个体差异更为明显。所谓个体差异，是指人与人之间基于遗产、环境等先天、后天因素的不同而形成的身心功能上的差异。正是因为每个人都不一样，所以适合每个人的职业就不一样，人职匹配意义就在于此。但个体差异并不意味着无法对人进行分类，虽然不存在完全相同的人，但人与人之间还是具有一些相似性。我们将借助于各种分类技术，对个体类型与职业类型进行匹配分析，从而辅导个体找到适合自己的职业。

第四，拥有积极的自我概念对于成功实施生涯规划十分重要。自我概念的形成受早期的生活经验、年龄与成熟度、文化背景与社会地位、性别等因素的影响。库柏·史密斯(Cooper Smith)曾指出自我概念在生命早期就已成型，在10岁左右，一个人对自己的看法已经相当稳定，而环境的变化只会导致自我评价的暂时改变，一切很快又会回到原来的自我概念。但现实生活中，自我概念会自行增强或减弱。有积极的自我概念的人，由于信心十足、自我期望高，因此表现也十分优异；而优异的结果往往又增强他的自我概念，使他相信自己的确是优秀的。如此良性循环下去，这个人就能很好地适应环境。而具有消极自我概念的人就恰恰相反。

【课堂阅读】

◇ 让过去的你，预见未来的你。韩国导演郭在容在《我的野蛮女友》中想说的是"现在的自己想遇见未来的人"；但后来他拍了《我的机器人女友》，这是因为原来人们真正想的是"过去的自己遇见未来的人"。只有在过去才能改变现在，否则现在预见未来的人也无法把握。

---

① 黄中天：《生涯规划——体验式学习》，高等教育出版社2009年版，第174～177页。

二、人职匹配的意义

职业生涯管理的要旨是"工作并快乐着",职业规划也是为了实现一个既成功又满足的职业生涯,这就需要在人职匹配的基础上做出选择与行动。相关研究也指出,人和环境的适配性或一致性将会增加个体的工作满意度、稳定性和成就感。如果能够实现人职匹配,那将能从工作中获得满足,赋予工作以意义,获得天生的力量与激情,并发挥全部才能实现自我。

首先,个人对职业的满足通常取决于三个要素:所做的工作是否是感兴趣的;是否在工作中充分发挥了自己的才能;个性是否与工作相吻合。其次,职业心理学家勃兰特研究认为,"事业成功和智力的相关度是 0.18,和学习成绩的相关度是 0.32,和个性的相关度为 0.72。"可见,真正了解自己的个性及兴趣,并接受相关知识的教育和培训,从事相关的职业,不仅能够很快取得成功,而且会使人有较强的成就感和满足感。这也就是进行职业生涯规划的意义。

【课堂阅读】

◇ 弗洛伊德在《文明及其不满》中说:"如果是出于自由意志的选择,为了谋生而从事的日常工作会带来非比寻常的满足感。也就是说,通过升华,工作能从个人喜好或直觉冲动中发掘潜力,这种潜力保留了原始的力量,或者由于其内在原因比寻常的力量来得更为强烈。"

◇ 洛克菲勒在给儿子的一封信上说:"……天堂和地狱都由自己建造,如果你赋予工作意义,无论工作如何,你都会感到快乐。……如果你不喜欢做的话,任何简单的事情,都会变得困难无趣。当你叫喊着这个工作很累人时,即使你不卖力气,你也会感到筋疲力尽。反之,就大不相同。……如果你视工作是一种乐趣,人生就是天堂;如果你视工作是一种义务,人生就是地狱。"

三、人职匹配的方法

如何实现人与职业的匹配呢?在技术方法上主要采用类型与类型的匹配,即将人的个性特征分为几种类型,同时也将职业分为几种类型,然后分析个性特征类型与职业类型之间的匹配性,最后根据人职匹配的分析结果选择职业目标与发展道路。

为此,可以采用一些心理测试工具辅助学生了解自己并识别个性特征类型。接着,探索外部环境,要求学生收集自身专业与就业市场的相关信息,鼓励学生与父母多沟通,通过实习与实践进一步探索职业信息。在对信息进行搜集和分析的基础上,进行人职匹配分析,最后采用一定的决策方法和计划方法,拟定目标与开发方案。这样做并非鼓励学生对号入座,而是通过该方法引导学生探索自我和思考适合自己的发展方向。

我们将上述许多理论和理念揉进职业生涯规划过程,从而为学生提供一个职业规划的综合途径。综上所述,职业生涯规划的基本思路如图 3-1 所示。

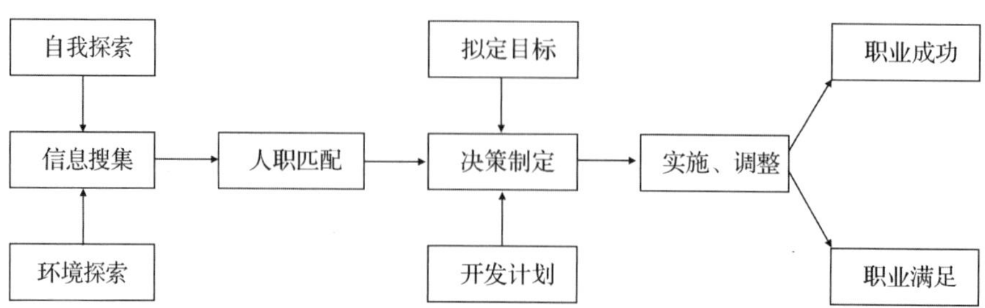

图 3-1　职业生涯规划基本思路

第二节　规划模型

一、职业生涯规划模型

模型能更好地解释现实，并为行动提供指南。格林豪斯提出了一个职业生涯规划模型，如图 3-2 所示。该模型构建在人职匹配的基础上，描绘了职业规划过程中相互关联的各个要素与步骤，并集中于问题解决和决策制定，为人们规划和管理职业生涯提供了思考方向和行动指南。当然，并非所有人都能按照该模型规划和管理好自己的职业生涯，但该模型引导人们在信息收集的基础上，设定目标与开发计划，最后进行反馈、评估与调整，其最终目的是要产生令个人满意的生涯结果。

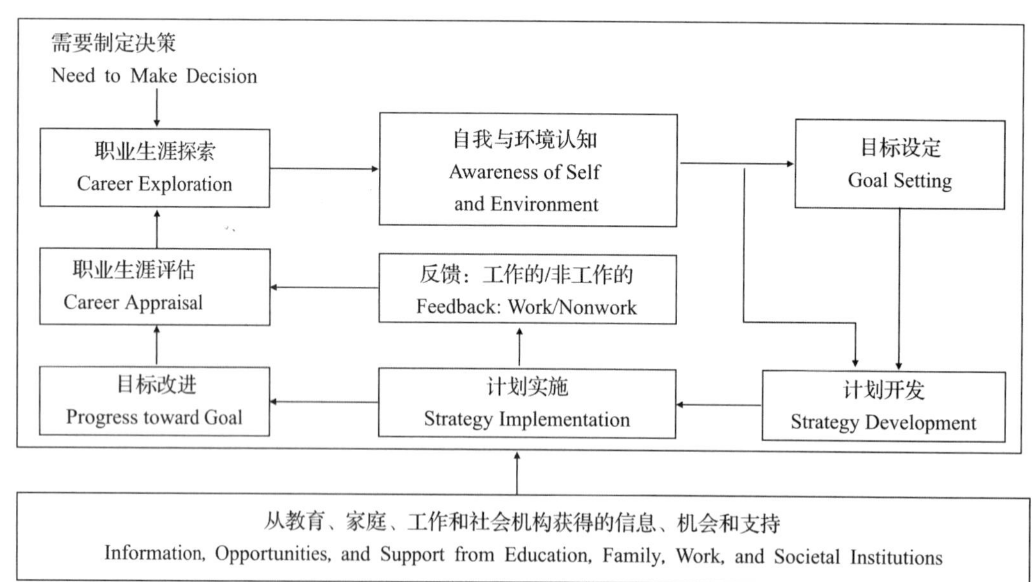

图 3-2　职业生涯规划模型

二、规划模型解释

1. 认识问题,承担责任

只有当意识到问题的存在时,才能开始解决诸如职业生涯规划之类的问题。有些学生以为只要去上课就万事大吉,这些学生中很多人没能完成学业,即使完成了也会接二连三地犯错误。职业生涯规划是一种有效的认识自我、掌控未来的方法,关系人一生的成功与幸福。当认识到自己需要设立职业目标时,必须全身心投入到职业规划过程中,并积极地筹划未来。学生对规划过程的主动参与和负责任的态度是有效的职业规划的重要前提。

2. 搜集信息

与职业规划相关的信息包括了解自己与了解环境两部分。只有通过信息搜集和分析过程,才能够认识自我价值观、兴趣和特长,以及环境存在的机会和威胁等,信息越充分准确,决策就越科学合理,求职行动也会越有效率、成功机会越大。如果对自己一无所知,对主修专业所知甚少,是难以做出职业选择和发展计划的;如果对就业市场充满不切实际的幻想,难免会磕磕碰碰或遭遇挫折失败。决策的质量取决于在决策中收集和运用了多少信息。

对自己和环境特征的完整而准确的认知将有助于设定合适的目标和开发有效的计划。而人的认知水平主要取决于所获得的信息数量和质量以及对信息的解读。试想,如果一个人对会计工作不甚了解,就根本无法评估其兴趣和能力是否与该工作吻合;当对自己的动机和能力知之甚少的情况下,也无法决定是从事会计技术工作还是谋求管理岗位。相关研究也指出,信息获取和认知水平有助于设定满意的目标、构建清晰的职业路径、形成切实的工作期望和获得更高的职业满足感。

(1)了解自己。对自己做真实的评估可能是人一生中最难的事情。一个人需要有自知之明,自我概念清晰才能对自己的职业选择和前景做出合理的判断。通过对自我的探索,可以了解或更进一步理清自己喜欢或不喜欢什么,希望从工作和生活中获得什么,自身的优劣势、特长与局限各是什么。通过自我了解,还能更好地平衡工作、家庭、个人休闲之间的关系,从而追求和获得自己想要的生活方式。

(2)了解环境。社会环境的许多方面都会影响职业的选择,比如家庭、他人、学校、经济、政治制度、媒体、宗教组织等。地理环境同样会造成影响。对职业规划来说,经济环境通常是最直接的影响因素。更多地了解不同类型的组织和工作,才能对社会和职场有更为现实的认知,才能得到更多的职业生涯机会,提高职业适应性和灵活性。对于大学生而言,需要了解所读专业以及家庭对自己的需求、期望和支持或阻碍等。还需要了解这份工作的报酬能否为自己提供想要的生活,能否使心理满足,能否应对工作中的挑战和承担工作责任,能否处理好工作的要求和可能遇到的挫折,做这类工作的人通常需具有哪些特征,这个领域的用人需求是否稳定,它需要怎样的教育背景等问题。

3. 制定决策

决策制定主要包括设定目标和开发计划两部分。需要对收集到的关于自己和职业前景的所有信息加以整理,以选择职业方向。学生往往难以进行目标定位和开发有效的计划,这主要还是源于信息不够或对信息的解读不力。再者,新的信息可能会改变一个人的职业生涯决策。工作上的抉择并非一劳永逸,人对各种职业前景的喜好程度也不会一成不变,最初对被选职业的排序也会随之更改。

(1)设定目标。职业生涯目标是一个人期望获得的与职业生涯相关的结果。目标对人生具有重大的导向作用,一个清晰、有挑战性而又可实现的目标将是一个重要的激励因素。相关研究发现,明确的目标和计划能提高职业的灵活性、对工作的投入程度和求职的成功率。很多大学生在自由的校园内无所适从,他们往往混迹于同龄人群体中而无所事事,时常感叹无聊没劲,结果一晃就毕业了,然后感叹时间过得很快而自己却什么都没学到,其实主要的原因正是缺乏目标。新生活从选定新的方向开始,有了目标才能有努力的方向,给自己设定一个目标,从而使大学生活和学习更有效率,也使自己勇于追求理想或在求职时做好足够准备。

(2)开发计划。职业生涯计划是有助于实现目标的一系列行动。对于大学生而言,不仅要关注大学四年的发展计划,包括学习以及参加社团、实践与实习等活动,同时也必须关注各类组织中不同的职业发展路径。另外,还需要关注自己的休闲、健康、财富、家庭、个人情感等方面。在职业生涯规划中,需要运用一些方法找出那些可能吸引自己的潜在职业选择,然后在多个执行方案中进行理性抉择。

4. 实施计划

这部分包括执行决定,并对执行结果和计划结果进行评估与反馈,在必要时候做出调整。

(1)执行计划。执行意味着将自己的职业决策付诸实施。有些人的职业生涯规划过程在完成规划书后就停止了。对有些学生来说,这样也许已经足够,可是若不行动,选择有何意义?关于职业规划的行动部分大致包括教育培训、获取工作经验、求职就业准备、提高沟通能力、保住工作等。

(2)获得反馈。人们总是需要知道自己的计划进行得怎么样,这就需要反馈。有建设性的反馈能够使人们判断目标与计划是否得到实现,更可以监控职业发展,及时修正目标和计划,并做出适时的调整。最直接的反馈莫过于当开始工作后,意识到自己对这项职业选择是什么样的情绪反应。如果这个人的个性特征跟工作吻合,其内在的感觉会是比较正面的,会感到满足,有成就感。随着合适的工作所带来的金钱和地位上的回报,会更为自信。

(3)一个循环动态的过程。评估和反馈获得的信息又成为职业信息搜集的一部分,进一步加强了对自己和环境的认知,从而也使职业生涯规划成为一个循环。原本看上去不错的工作一旦着手做,可能感觉并不好,即使是最好的职业选择也会遇到挫折失意,有可能开始怀疑目标是否不切合实际,计划是否是个错误的构想。再者,职业生涯发展是一个长期的动态过程,所处的环境会变,对自己和世界的认知也在不断发展变化。由于错误或变化所带来的这种不好的感觉也许是个信号:应该重做职业决策。事实上,职业规划的过程永远不会结束,它可以随时重新开始。在工作带来的负面感受下,又回到职业规划的最初阶段,意识到职业上存在着问题,需要重复至少是一部分的职业决策过程。在重复职业规划过程时,可能会在那份糟糕的工作上暂时停留一段时间,但为了自己的身体和情感健康,终将选择更换工作。反馈使个人的职业决策模型更具动态和更加开放。

5. 大学生职业生涯规划步骤

意识和责任、对环境的了解、自我认识、备选职业、有关职业前景的信息、人职匹配、目标与计划、决策、实施、反馈或再评估等是职业生涯规划的关键要素。借鉴该模型，大学生职业生涯规划的具体过程包括如下步骤：

（1）自我认知，包括探索自我价值观、性格、兴趣和能力类型。

（2）环境认知，包括探索社会环境、就业市场、家庭信息和职业认知。

（3）确立目标，包括制定短、中、长期目标和人生目标。

（4）选择策略，包括拟定教育或培训、技能与潜能开发、人脉积累等计划。

（5）评估与调整，对所选目标职业与道路进行评估，必要时需要开发第二方案。

第三节　影响因素

一、内在的影响因素

1. 健康状况

健康是最具影响力的因素，几乎所有的职业都需要健康的身体。健康状况直接影响个人的职业选择和发展。所有用人单位对健康都有明确的要求，在就业协议或劳动合同上也有关于身体的要求，不少单位在签订协议之前还要体检，只有合格才能被录用。有的大学生就是因为血压、肝功能、视力等项目体检不合格而失去了就业良机。所以，一方面，大学生应该加强身体锻炼，提高身体素质；另一方面，对于身体有残疾或健康状况不佳的学生，应针对自身状况做出合适的职业选择。

2. 性格特征

不同气质、性格、能力的人适合不同类型的工作。如多血质的人较适合做管理、记者、外交等，不适合做过细、单调的机械性工作。个性特征最好能与工作的性质和要求相匹配。再如价值取向，价值观直接影响大学生的就业观。时下不少大学生受功利主义、实用主义等潮流的影响，在选择工作单位时缺乏长远规划，过多考虑眼前待遇、地区、行业，没有艰苦创业的精神准备，求闲、求稳心理突出。

3. 职业兴趣

由于兴趣爱好和个人经历的不同，人的职业兴趣也有很大的差异。有人喜欢具体工作，例如室内设计、园林、美容、机械维修等；有人喜欢抽象和创造性工作，例如经济分析、新产品开发、社会调查和科学研究等。职业兴趣对职业选择和职业发展都有一定的影响。

4. 教育背景

职业发展受到正规教育和专业训练的影响，一个人所受的教育程度直接影响其职业的选择方向、成功的概率以及将来的职业发展。很多人的职场升迁受制于学历水平，于是选择进一步深造。研究表明，教育的成功与社会阶层的晋升呈明显的正相关，教育是改变社会阶层的主要动力。当然，用人单位的选才在关注教育资格的同时，也看重发展的潜能。

5. 个人负担

负担是指对家人、朋友或社会所承担的财务等方面的义务。职业的选择一定程度上会受各种义务的影响，对于刚毕业的大学生而言，工资收入很显然会成为择业的主要考虑因素，但当工作几年后，金钱可能就不那么重要了。

6. 性别

虽然现在提倡男女平等，招聘信息也不能出现性别歧视，但性别因素仍然在职业发展中起着十分重要的作用。图3-3、图3-4分别显示了男性与女性的职业线，表3-1列举了男性与女性职业发展的几个主要特点(廖泉文，2003)。女性职业发展的两个高峰，一个是就业后的6～8年间，即女性就业后但还未生育；另一个是在36岁以后的十余年间，此时孩子基本长大，自身精力仍充沛，事业辉煌通常在此时期。女性职业线的低谷通常是生育前期和抚养孩子的8年间。特别值得一提的是，女性所面临的工作角色与家庭角色的冲突是一个十分复杂的社会问题，需要全社会的共同努力。

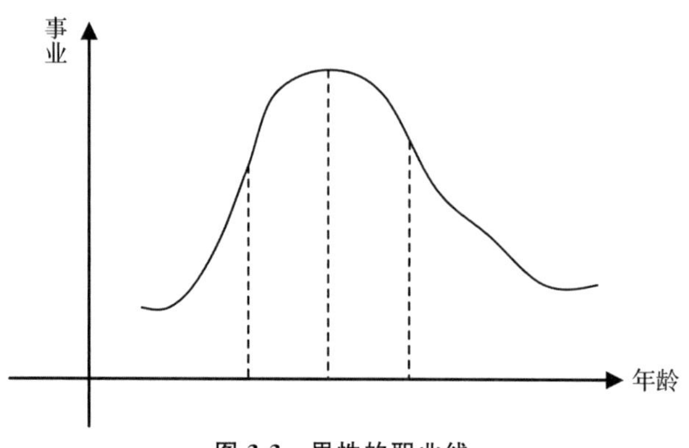

图3-3 男性的职业线

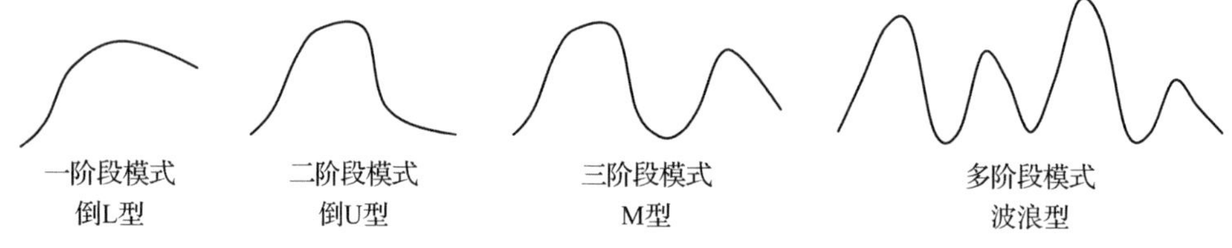

图3-4 女性的职业线

表3-1 男性与女性的职业发展特点

性别	男性	女性
职业发展特点	①职业辉煌的顶点通常在中年期。 ②成功的年龄与其从事的职业关系密切。 ③职业成功与配偶的教育背景关系小，与个人的教育背景关系大。 ④职业成功与个人家庭背景关系较大。	①两个高峰和一个低谷。 ②就业面窄，发展速度缓慢，婚姻状况对女性职业发展有较大的影响。

7. 年龄

对工作的看法和态度、对机会尝试的勇气、胜任工作的能力和经验，不同年龄阶段的人都有所不同，因此，对职业的选择和成功的概率也有所不同。

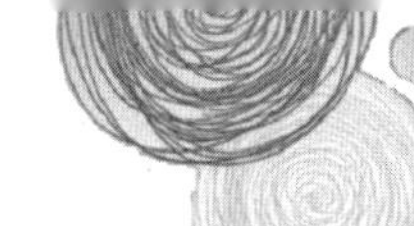

二、外在的影响因素

1. 家庭

家庭对个人的职业选择和职业发展都有较大的影响。首先，家庭的教育方式影响个人认知世界的方法；其次，父母是孩子最早观察模仿的对象，他们必然会受到父母职业技能的熏陶；最后，父母的价值观、态度、行为、人际关系等对个人的职业选择有着较大的直接和间接影响。社会上常常出现艺术世家、教育世家、商贾世家等，也就是这个道理。另外，家长的就业观念和人际关系网络也会对孩子的择业和就业产生影响。

2. 朋友、同龄群体

朋友、同龄群体的工作价值观、工作态度、行为特点等不可避免地会影响个人对职业的偏好和选择，以及职业变换的机会。有些人在某一个领域取得成功，可能当初就是他的朋友带他进入这个行业的。大学生职业生涯决策也往往表现出受同宿舍同学、中学好友或表哥表姐等的影响。

3. 社会环境

社会环境，例如流行的工作价值观、社会舆论、政治经济形势、国家就业政策、社会经济发展趋势、地区产业结构的变动和企业环境等，无疑对个人的职业选择有着极大的影响。例如，“五十年代当兵，七十年代做工人，九十年代干个体”。又如，每年的职业地位排序对高考志愿和就业选择有着相当大的影响。再如，2008 年金融危机，我国出现了城镇新增就业人数增速下降、沿海企业的用工需求出现下滑、企业现有的岗位流失严重等新形势，这更进一步加剧了大学生就业难的境况。

课后练习

1. 根据个性特征选择职业的理论依据和现实意义何在？

2. 大学生职业生涯规划包含哪几个步骤？每一步又包含哪些具体内容？

3. 在职业生涯规划的影响因素中，哪些因素对你影响最大？哪些因素严重阻碍了你做出一份有效地职业规划？

第四章　自我探索

【引导案例】

有一本有趣的童话故事书，名叫《我是谁》。书里面有一个不知道自己是什么动物的小地鼠，不断寻找自己是谁。它首先跟松鼠学爬树，因为它很羡慕松鼠可以爬到高高的树枝上，看远处的风景。但不管它怎么努力，总是没有办法像松鼠一样爬得又快又高，好几次摔下来，还差点跌断腿。

后来它又跟小狗学赛跑，还没跑多远，就累得气喘吁吁。最后，它又跟夜莺学唱歌，但是它一开口，动物就会都跑光。它很难过，觉得自己是森林王国里最没用的动物，只好挖个洞躲起来。

有一天，浣熊妈妈家里失火了，浣熊宝宝逃生不及还被困在屋里，由于火势太大，没人可以靠近救援。就在这千钧一发之际，小地鼠发现自己挖的洞与浣熊妈妈家不远，灵机一动，就挖地洞穿透浣熊家的地板，救出了浣熊宝宝。从浣熊妈妈感激的眼神中，小地鼠发现了自己的价值，也找到了自己。①

你是否有类似小地鼠这样的经历和感受？可能因为羡慕某人而想成为某人，但百般努力之后发现自己根本就不是那样的人，然后就茫然无措甚至觉得自己一无是处。盲目羡慕、妄自菲薄都源于我们对自己的不了解。世界上没有完全相同的两片树叶，世界上的每个人都是独特的个体。职业生涯规划建立在个体差异的基础上，了解独特的自己是职业生涯规划的第一步。

第一节　自我认知

一、自我认知及其重要性

1. 自我认知

为了实现人职匹配，进行有效的职业生涯规划，我们首先必须了解自己。很多学生在职业咨询时问的第一个问题是："哪个专业能保证我毕业后可以找到一份薪金优厚的工作？"这是在为自己的生涯决策寻找外部信息，他们把注意力放在环境探索上。其实，从"自我探索"开始将获得更好的效果，因为从了解自己开始可以把注意力放在决策者身上，毕竟自己才是对职业选择负责任的人。

---

① 彭思舟：《把自己卖个好价钱》，哈尔滨出版社2002年版，第20页。

自我认知是关于对自己的个性特征的态度以及对自己的过去、现在和未来的感知，包括生理自我、心理自我、情感自我、社会自我和理想自我。清楚认识自己是制定确实可行的目标的前提。但并不是所有人都对自己有正确的认识，因此也就忽略了一些工作机会。有些人低估了自己，有些人则高估了自己。一个人对自己的认识在很大程度上受周围人的影响。家庭、朋友和老师如果可以多些鼓励的话，就会形成一个正面的自我认知；相反，则会形成一个负面的自我认知。

2. 自我认知的重要性

职业生涯规划始于你对自己的了解，并把对自己的了解结合到职场的现实中，这样才能够有针对性地选择那些能让自己兴奋和充满热情的培训项目和职业类型。兴奋和热情是潜在的雇主最看重的两项指标。即使所选择的职业领域在市场中是竞争最激烈的，由于个人表现出的对所选择职业的献身精神、激情和自豪感，你也能脱颖而出。

如果对自己的价值观、兴趣和技能有更清晰、更敏锐、更坚定的自我认知，就更可能解决生涯问题和制定生涯决策。当你去研究自己的内部自我——人格时，你会发现哪些东西让你感兴趣，哪些东西让你产生动力并且精力充沛，你的优势和不足在哪里，什么对你是最重要的……如果对这些问题有足够的了解，你就能够缩小需要寻找的信息的范围，这样你不就必把时间和精力浪费在对你而言并不重要的职业或与你的兴趣和技能不吻合的职业上。

越是了解自己的人，在生活中困惑越少，如果不了解自己，我们就会常常抱怨，甚至陷入窘境。虽然很多人正处于对自己的迷茫状态中，但我们对外部世界和内部自我的探索从未停止过。自我认知是职业生涯规划的基础，在职业生涯中了解自己的人将获得更多对自己生活的控制从而实现职业成功与满足。只有自己才能做出适合自己的决策。本课程将花费大量的时间，指导学生走进自己的内心世界，积极探索以形成一个正确而正面的自我认知。

【课堂阅读】

◇ 俗话说："找到你喜欢的职业，一生中不必忙于其他。"大多数人会花费25%的成年时光忙于工作。如果工作不符合你的技能和兴趣，那你有可能体验到身心压力，还会产生挫折感和厌倦。既然找到恰当的职业如此重要，那为什么许多人依然待在自己不适合的岗位呢？原因有很多，包括金钱需要、对改变和失业的担心，以及技能的缺乏。找到一个有成就感的、满意的职业需要自我意识和自我认知。评估自己的人格、价值观、技能和兴趣，并寻找一个能带给自己最佳结果的职业，这从来都不会太早，也不会太晚。许多职业都能够提供财政稳定之外的个人成就感。

【课堂讨论】

◇ 只有两种工作你可以坚持做好：一是你喜欢的工作，你对它有极强的兴趣；二是你觉得有价值的工作，出于责任感和使命感去从事的事业。

◇ 了解自己并不是为了改变自己，而是为了谅解自己。

二、改善我们的自我知识

里尔登(Reardon)等人认为，在我们逐渐了解自己以便解决生涯问题和做出生涯决策的过程中，有一些事情是我们可以做到的。首先，我们可以确保对自己有积极的态度，不让消极的想法干扰我们思考自己的价值观、兴趣和技能。我们需要确保能更积极地思考自己，并且越清晰准确越好。其次，我们需要知道怎样提高自我认知的质量，改善我们的自我知识。

1. 更积极地思考自己

首先，我们应避免过度概括自己过去的经验；其次，应避免过于依赖他人对我们的价值观、兴趣和技能的看法；第三，应避免在处于情绪危机时制定生涯决策；第四，充分利用那些包含在现有的生涯干预服务中的各种工具；第五，可通过在不同的工作环境中得到的各种工作经历来发展对自己清晰的自我形象，同时还要注意自己对这些工作经验的感受以及别人的反馈。

2. 增进自我知识的方法

自我知识的信息基于一个人的经历，基于能回忆的日常生活中所发生的事件。必须明白的是，过去的经历很重要，回忆同样重要。尽可能多地寻找或获得不同的生涯或生活经历非常重要，即使那些经历和经验是让人不喜欢的或不愉快的，但它们依然会增加一个人的自我知识。加工和谈论这些经历与经验，以及反思与经历有关的感受也很重要，因为它们是自我知识的基石，可以澄清一个人的价值观、兴趣和技能。另外，我们还需要思考自己的价值观、兴趣和技能之间的关系是什么，把这三者彼此联系起来，用更复杂的方式思考自我知识，这样才有意义；此外，改善与生涯决策有关的自我知识是一个终生的过程，永远不会结束。每个新的生活事件和经历都会增加个人的价值观、兴趣和技能的信息存储。而且没有任何生活经历会被浪费掉——宝贵的经验有时来源于那些最开始被认为是失败的经历。有些学生说自己选择了错误的专业或找错了工作，这常常只是短期的评价；从长远来看，这些经历能够明确和澄清个人的职业旅程。

三、我是谁

“我是谁”、“我从哪里来”、“我要到哪里去”……这些可能是人类永恒的课题，也是关于自我认同的最根本问题。即使不做职业决策，一个人最终也必须对这个问题的回答负责。在古希腊阿波罗神庙的一个巨大石柱上刻着苏格拉底的一句名言——“人哪，认识你自己。”卢梭称这一碑铭“比伦理学家们的一切巨著都更为重要、更为深奥”。老子也说：“知人者智，自知者明；胜人者力，自胜者强。”

古今中外关于“我是谁”这个命题的解释有很多，以周围环境来定义一个人，即个人是周围环境的一部分，周围环境也构成了个人，这就是“你”。如图 4-1 所示，构成个人的要素也就是影响着其成长的因素。首先是遗传，一个人从父辈那遗传的外貌或智力，而不是指财富，如常说的音乐世家、书香门第等；其次是物质环境，如南北方人的差异等，识别环境正负影响十分重要；再次是文化背景，如餐桌礼仪、性别差异等，因为文化差异，个人的言行举止有时可能难以被周围的人所接受；最后是个人经历，当做出一个决策的时候，以往的经历可能会增加你的信心，也可能让你感到害怕，对过往经历的探索有助于提高对自己职业追求的认识。例如，某大学生说：“我做法医是遵从我父亲的遗愿。”

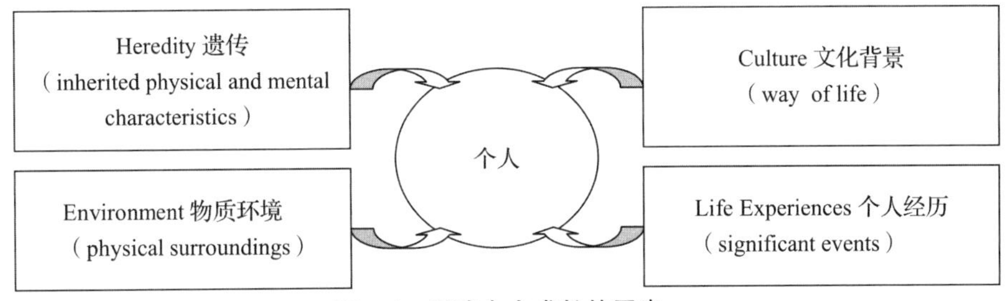

图 4-1　影响个人成长的因素

影响个人成长的这四个因素是客观存在的，已经发生并对个人产生了影响，所以，至今为止一个人的个性特征已经形成，改不了或难以改变。心理学家认为，人的个性形成于童年且相对稳定。个性不是一天生成的，也不可能突然发生转变，很久以来就一直有一些个性测试，其结果都相当准确。从这个角度而言，更突显了人职匹配的重要意义，也是人职匹配职业规划方法的重要假设前提。其实，人的个性特征并不是改不了，而是人们相信在很多情况下根本没必要改变，正视自己和接受自己可能更为重要，在了解自己的基础上做好规划和自我管理，才是更为可行和有效率的策略。当然，如果觉得自己存在一些必须改变的个性缺陷，不妨尝试改变，这在下文会提及。

【课堂讨论】

◇　谈谈对你影响最大的三个人和三件事。

◇　分别用一句话形容你的父亲和母亲。

◇　描述遗传、文化背景、物质环境和个人经历如何影响你的兴趣和职业选择。例如某个学生说："小时候跟很多表兄妹一起住在古厝里，以后希望能够找到能跟同事一起开心工作的职业。"

四、你了解自己吗

心理学研究显示，人常常不了解自己，却又急于了解自己。有人说，"最了解你的人是你自己"；也有人说，"最不了解自己的也是自己"。心理学家提出一个模式，即"周哈里窗(Johari Window)"来解释这个现象。我们也可以利用"周哈里窗"来透视自我。

如图 4-2 所示，"周哈里窗"中的第一象限是盲目我，如霸道不讲理、易生气等他人知道但自己未知的自我部分；第二象限是开放我，如长相、身材等他人和自己都知道的自我部分；第三象限是隐藏我，如内心秘密、身体隐疾等他人未知而自己知道的自我部分；第四象限是未知我，如一些潜能、欲望等他人和自己都未知的自我部分。需要注意的是，这四个象限面积的大小会因为个人的自我反省、坦诚、回馈及顿悟的程度不同而改变。例如，较为了解自己也愿意袒露心声的人，第二象限会比较大；反之，则第四象限比较大。

【课堂阅读】

◇　你眼中的别人，就是未知的"你"。你所有的人际关系都是一面镜子，透过它们你可能认识到真正的自己。你与每个人的关系，都反映出你与自己的关系。很多时候，

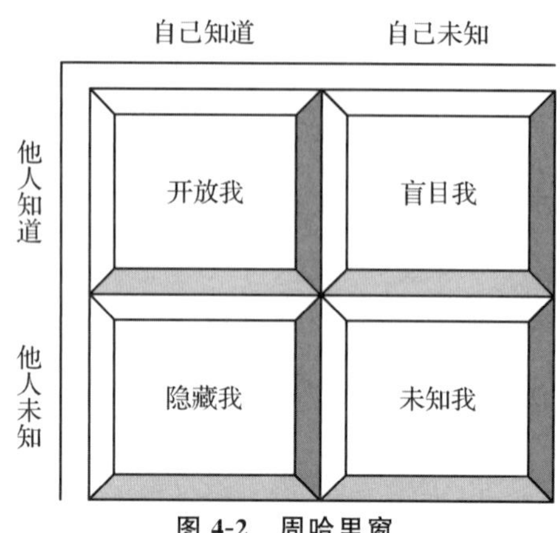

图 4-2　周哈里窗

你是什么样的人，就会认为别人是什么样的；你不能容忍他人的部分，就是不能容忍自己的部分；你的内在本质是什么，就会被什么样的人吸引；你对外排斥什么，就会对内排斥什么。一般而言，如果你爱发脾气，就会认为别人常惹你生气；那些能与我们相处愉快的人，正反映了我们喜欢且接受的内在自我；那些我们不喜欢的人，也反映了我们不愉快且不接受的内在自我；越接近事实的指控，你就越有可能为之辩护和发火。

五、如何了解自己

现在，许多心理测试工具和帮助人们探索自我的书籍都非常受欢迎，因为人们都渴望认清自己。提供专业的认知指导并不属于本课程的主体内容，但本课程的一些建议可以让你在生活和学习中关注自己、认识自己。

人生至要之事是发现自己，可以多阅读有关心理学、名人传记、文化人类学及管理学中有关人类行为的书籍，这有助于掌握人性。如果不喜欢阅读，可以多观看一些影片剧集，通过比较剧中人物、自己和周围的人来了解自己。如果这些都不喜欢，还可以通过与师长好友沟通，多和他们聊聊天，从他人的行为和评价中认识自我。此外，有必要偶尔与孤独、沉思为伍，自查内省是自我认知的重要途径，写日记也是十分有效的方式。

此外，还可以通过科学的测验和各种有趣的心理测试工具来了解自己。本课程也借助了一些职业心理测试工具，希望能帮助学生明确自我个性特征类型，但任何测试提供的结果都只能是一个参考，绝不是最终的答案。有研究表明，综合运用表达性的测量和评估性的测量有助于人们改善对自我个性特征的认识，但客观的测量如心理测验或职业咨询专家提供的测验，可能没有自我审视和反思有用。

另外，教育的一个重要功能就是自我探索。上大学以来，可能会日渐对自己的某些方面觉得满意，同时越来越讨厌自己的某些想法，因为在与同龄人相处时，能使自我意识极大地觉醒，使人日渐了解自己。生活经验以及那些到目前为止塑造生活的各种事件，都是有关个人信息的有效资源。不断地探索自我，不仅仅是就业前的重要大事，也是人生不容忽视的课题。因为，在人生未来的赛程中，自己就是主角，自己是最好的朋友，也可能是最大的敌人。

人的一切行为都受到心理特点的影响，职业活动也不例外。人生的重大决定，须由心来规划的。从个人角度出发，职业与心理学有关。就职业规划而言，我们所要了解的这个心理特点主要是指个性特征(Personality)，包括个性倾向性和个性心理特征，前者如价值观、兴趣，后者如性格、能力等。个性存在于人的内心世界，且不容易为别人所发现，它决定着个人如何影响环境和对环境做出反应，与职业选择、职业成功、职业满意紧密相关。

【体验活动】

盘点自我

以下练习主要是让你回顾过去的经历，帮助你探讨自己目前的感受和态度，以便使你更好地了解自我，这个练习将有助于你完成“自我探索”。先从练习 1 开始，这一步帮你搞清楚目前身处何处。练习 2 让你回顾生活的重心是什么。练习 3 让你了解自己的兴趣所在。练习 4 让你发现自己的强项(在后面的不同职业对性格的要求中，可以根据这里的回答完成个性拼图游戏)。练习 5 鼓励你根据自己对各种职业地位的认识，对不同职业的选择偏好进行排序。

练习 1　你目前身处何处

把你的回答记录在纸上。请仔细、诚实地填写下面的空格。请对自己诚实，不要为了取悦其他人而做出回答。也不要选择理想的自己，应该选择现实的你，即大部分时候你真实的想法是什么。尽量凭直觉回答，在回答前考虑时间越长，就越可能是对自己的真实感觉做出了修饰。

我是________________________________

我需要________________________________

我想要________________________________

我目前职业生涯阶段是________________________________

我想在下列方面改变自己________________________________

如果未来 5 年内一切都顺利的话，我将从事下列工作________________________________

如果未来 5 年内一切不顺利的话，我将从事下列工作________________________________

回顾过去的工作和志愿活动，哪些是我最喜欢的，哪些是我最不喜欢的？是否存在某种规律性？________________________________

练习 2　你的生活重心是什么

回顾有关人生轨迹的情况，我们可以注意到，不同的人生阶段有着不同的侧重点。这些对人生阶段的描述有助于说明问题，我们可以把个人生活和职业阶段的高点和低点连成一条曲线。为换新工作，可以在曲线的拐点上用特殊的符号标识出来哪些重大事件、进入或改变了你生活的重要指导者或人物。为了帮助你回忆，每个阶段中分别记录三项重要的记忆，即活动、人物、事件。

0～12岁(试着回忆朋友、生日派对、节日、学校的活动等。想一想什么事是最让你难以忘怀的?)

1. ______
2. ______
3. ______
4. ______

13～19岁

1. ______
2. ______
3. ______
4. ______

20岁～29岁

1. ______
2. ______
3. ______
4. ______

30岁以上

1. ______
2. ______
3. ______
4. ______

现在你把这些记忆点标到生命曲线上(图4-3)。可以用一些符号代表记忆的类型,如A=人物,B=事件,C=工作。

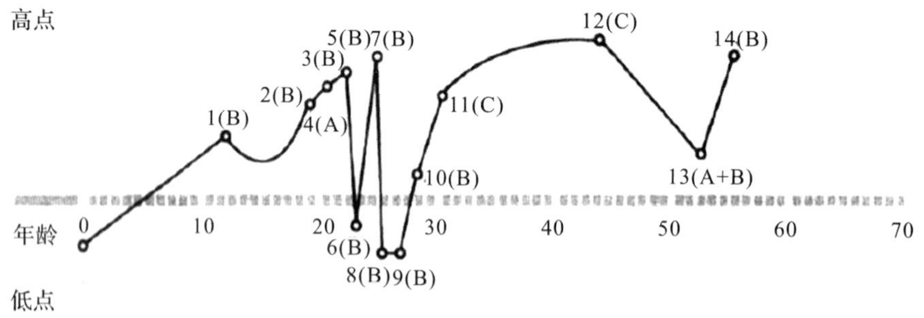

图4-3 生命线法

1(B)六年级获得领导能力奖(12岁)。

2(B)大学二年级被选为学生大使前往法国(19岁)。

3(B)大学四年级在法国度过(21岁)。

4(A)遇到了我生命中的重要人物(21岁)。

5(B)在纽约读研究生(22岁)。

6(B)从纽约搬家到密苏里(失去了许多朋友和关系)(23岁)。

7(B)第一个正式的工作(并非我理想的职业)(24 岁)。

8(B)被解雇(一个最典型的性骚扰案例)(25 岁)。

9(B)失业 9 个月之后,在职业计划中心担任志愿工作并学到了许多新的技能(26 岁)。

10(B)确认了我的理想职业(职业顾问)并开始认真地求职(27 岁)。

11(C)成功找到了一份我的完美工作(30 岁)。

12(C)不断在工作中学习并且开始探索更多的职业选择和职业拓展机会(44 岁)。

13(A+B)开始应对父母的年迈和我自己的中老年身体变化的问题(50～54 岁)。

14(B)开始寻求生活和工作的平衡,为社区做贡献,开始计划更多的休闲和终身学习计(55 岁)。

15(B)开始关注退休的可能性与挑战(55 岁以上)。

现在请画出你自己的人生轨迹:

高点

年龄 0 10 20 30 40 50 60 70

低点

练习 3:发现你的兴趣

1. 在学校里你喜欢哪些课程?
2. 你常阅读哪些类型的书籍或杂志?
3. 干什么事你最有兴趣,你是怎样使用我的闲暇时间的?
4. 你做过哪些工作(包括志愿工作)? 你喜欢做哪些工作?

练习 4:描述自己

在下面形容词上做出标号,圆圈代表像你,叉号代表不像你。注意这个形容词清单分为六个部分:现实性的、调查性的、艺术气质、社会性的、企业家气质、传统式的。

现实性的

务实　执着　矫健　随和　质朴　直率　稳定　脚踏实地　自强自助

调查性的

谨慎　内向　自信　好奇　精细　独立　书卷气　追求目标　善于分析

艺术气质

感情　灵活　本色　情绪化　创造性　理想主义　不拘小节　想象力丰富　善于形容描述

社会性的

善良　友好　最甜　乐于助人　善解人意　深入思考　受人欢迎　善于合作　老练成熟　积极回应他人

企业家气质

进取　果断　热情　精力充沛　勇于冒险　咄咄逼人　雄心勃勃　善于说服　有竞争性

传统式的

理智　谦和　坚持　彻底　高效　服从　细致　可信赖　井井有条　注重细节

请查看你画圆圈的形容词。哪一组形容词能最好地描述你?绝大多数形容词都是积极的个性特征。这个练习让你有机会了解自己积极个性的一面。

请在下面空格中标出 6 组形容词中你选出形容词最多的组名,按顺序排列。

1. ________　2. ________　3. ________

每一组形容词都描述某一特定类型的人。你愿意和哪一类人打交道?请按顺序标出你最愿意与之交往的人。

1. ________　2. ________　3. ________

练习 5:职业社会地位的思考

请用数字标出下列职业在你心目中的社会地位的顺序。

例如,用 1 标出你心目中最有地位的职业,至于如何定义"最有地位"则由你个人决定。比如你认为保证社会秩序和安全是最有意义,你可以选择警官为 1,那第 20 号职业则代表你认为是社会意义最小的。

______行政助理

______农场管理员

______律师

______汽车修理工

______电脑操作人员

______建筑工人
______牙医助手
______医生
______工程师
______理发师
______园林设计师
______导演
______音乐家
______管道修理工
______警官
______精神科护士
______公立学校教师
______餐厅经理
______机械技师
______销售人员

思考一下,这些职位的哪些特点给你留下最深的印象,对你最有价值。然后思考一下你是如何定义它们的社会地位的。你是基于它们可能带来的收入、所需要的教育程度,还是它们的社会评价而做出的选择?你认为你的选择是否以个人偏好为中心?比如说,你将音乐家圈定在你的前5个选择中,你这样做是因为你喜欢音乐吗?事实上在这个练习中不存在正确或错误的选择。你的排序反映出你的某种基本倾向。如果大多数靠前的选择都是基于收入的,那么你可能倾向于追求一种财务上的安全感。如果你排前的选择都是与服务性职业有关(如医生、公立学校教师),你的追求又不一样。

练习总结

请用一段简短的文字回答下面的问题:我学到了哪些关于自己的东西?我目前的人生阶段是什么?我的人生阶段与我的职业生涯规划有什么关系?我现在的感受如何?

第二节 价值观探索

一、价值观是什么

1. 价值观的实质

价值观是一个比较抽象的概念,哲学家们对此也进行了大量的讨论,因而价值观拥有了非常广阔的含义。下面这三条准则可以有助于我们理解什么是价值观:首先,价值观是一种假设的理论建构。价值观是一种客观推断,它由人们对自己的目标或外界事物的正确选择得来。价值观也是一种主观显示,它是人们的信仰、兴趣、需求、渴望的外在体现。其次,价值观意味着我们应该怎么做或什么是我们应该做的。价值观是与伦理行为、活动和道义联系在一起的。最后，价值观是一种激励手段。价值观影响着工作，在人们生活中起到很大的作用。

2. 价值观的含义

为了便于理解和运用，我们给对价值观下一个非常简单的定义，即价值观就是个人所看重的东西、想获得的东西，或是某些你认为应该去做的事情。也就是说，价值观就是人们赋予事物的重要性、优点或者实用性。当一个人说某样东西对自己很重要或者意义重大时，其实就是在陈述一种价值观。价值观影响着一个人对人、对事、对物的看法，进而影响着这个人生活中的很多行为。

【课堂思考】

◇　你想要什么？

◇　你不想要什么？

◇　你关注什么，记得什么？

◇　对你而言，什么是好事？

◇　对你而言，什么东西更重要？

◇　为了什么，你宁可放弃什么？

观察一下自己已有的或者希望拥有的物品的性质，例如衣服、饰品、电子产品等；再想一想自己崇拜的人物的特征，如勇敢、果断、有创造力、仁爱、有道德行为等，这些体现了对个人而言非常重要的价值观。一般来说，一个人对某些行为或社会状况所持的赞许感觉越强烈，就会越珍视它。比如，最近是否有一些新闻让你感到兴奋或者愤怒？是否有些活动或事件让你感到振奋？在生活中出现的哪些遭遇会促使你采取行动？所有这些都是一个人的价值观的指示器。

【课堂讨论】

◇　如果明天就是世界末日，此时此刻你最想做什么？

◇　平常看报纸或浏览网页，你最关注哪类新闻？

◇　如果你有一百万，你打算怎么花这些钱？

◇　你觉得生命中最重要的东西是什么，金钱、权力、声望、工作、家庭还是朋友？

◇　列举你生命中最重要的 5 个人。

◇　列举你生命中最重要的 5 种事物。

3. 价值观的形成

(1)影响因素

个人的价值观大都从亲密的社会关系中习得，包括家庭、学校、朋友等，特别是童年的家庭环境。儿童通过观察父母、老师和其他成年人，模仿大人们的行为并接受大人们的价值观。许多父母无意识地形成的消费价值观及对物质利益的追求，影响着孩子们的日常选择。成年后，我们开始将这些价值观进行整理和筛选，并可能在青春叛逆期拒绝某些家庭的价值观而发展出某些自己的价值观。一个人的物质生活环境和文化背景与价值观的形成同样关系密切，如果一个人从小生活的社区，崇尚实用主义、利他主义、创造性、顺从，而不是理想主义、个人主义、纪律、固执，那将来也会形成跟他们一样的价值观，如同农村孩子与城市孩子、中国北方人与南方人的价值观念明显存在差异。

此外，政府、媒体和宗教信仰等也会对价值观的形成产生影响，如“八荣八耻”的社会主义荣辱观、基督教的“救赎论”以及现代一些媒体网络对青少年的影响等。必须承认，媒体和新生文化已经成为垃圾价值观的载体（Pipher，1996）。娱乐性质的媒体是一个众多消费者汇集的电子村庄，在这里，孩子们接触到了与父母教给他们的完全不一样的价值观。电子村形成了“一个没有围城的家园”（Pipher，1997），父母必须时刻警惕并保护孩子免受垃圾价值观的侵蚀，如暴力行为等。思考上述影响因素，作为已经是成年人的大学生，对自己的价值观进行澄清和再确认是十分必要的。

在探索价值观时，必须注意一个问题，即价值观内化现象。这是一个心理学术语，简单地讲，就是把别人的价值观，通常是父母或亲密朋友的价值观内化为自己的。曾有个父亲一直怀着“参加奥运会”的梦想，但终究未能实现。当他不断地把这个梦想告诉女儿并持续高强度地训练她时，他的这个缺憾将成为女儿的价值观。这属于环境对价值观的影响，正如“孟母三迁择邻处”的故事一样。价值观内化现象可能导致你所探索出来的价值观不是你真实想要的，而是属于其他人的，甚至可能扭曲了你的价值观。当然，你可以帮助他人实现他们的理想，但这最终不一定会带来双方都满意的结局。

【课堂阅读】

◇ 日本教育家渡边和子谈到孩子的价值观。一位母亲带着三岁大的孩子，从正在进行水管作业的工人们身边走过。她边走边告诉孩子：“多亏叔叔们的辛苦劳动，宝宝才能喝上甘甜的水哦。来跟叔叔说句谢谢再走吧！”又一位母亲带着小孩，从同一个地方经过。她这样对孩子说：“宝宝要是不学习，长大就只能干这种活哦。”价值观就是这样由父母教给孩子的。第一位母亲在孩子心中种下的，是人与人需要互相扶持、对劳动心存感激的观念；第二位母亲则赋予孩子对职业的偏见，以及以学历论高低的价值观。

（2）价值观的构建

你可能看到成百上千种价值观，你也可能感到自己有许多个人价值观，但是其中一些比较模糊。和以前的年代相比，在今天，我们面临的诱惑和信息要多得多，因此个人要形成清晰的价值体系可能要更难一些。你需要通过大量的思考和自我反省才能明确地表达出对自己而言重要的价值，在辨别和明确自己的价值观的过程中经常会遇到困难，学会理解你自己的价值体系可能是一个需要花费一生时间的过程。Raths 等（1966）在其著作《价值观与教学活动：教学中的价值观》中，提出了建构价值观的七条标准（见表 4-1）。你也可以通过课后练习“澄清你的价值观”的步骤，探索和明确自己的价值观。

表 4-1　构建价值观的七条标准

选择(第一条标准)	1. 自由的选择。
	2. 从各种可能的选择中进行选择。
	3. 对每种可能选择的后果进行深思熟虑后做出的选择。
赞赏(第二条标准)	4. 珍爱自己的选择,并为此选择感到满意。
	5. 愿意公开并确认自己的选择。
行动(第三条标准)	6. 按照自己的选择来行动。
	7. 以某种生活方式,不断重复坚持自己的价值观。

在表 4-1 中,选择价值观的依据是人们的认知能力。人们必须在不屈服于外界压力的条件下做出自由的选择,不被任何人强迫,自己拥有这些价值观,它们正如你的一部分。对价值观的评价着重于个人的感情水平,关键是要避免把一个人的价值观强加到另一个人身上。落实价值观是关联到个人的外部行为,而不应只停留在口头上。价值观决不仅仅是空想或浪漫理想化地想象一生该如何度过,而是通过如何使用自己的时间和生活反映出来的。价值观不应该随着时间和外界形势的变化而变化,人们自己选择价值观,并且落实自己的选择。如果上述七条标准都没有达到,那么说明价值观的定向不明确或价值观正处于"形成时期"。

4. 价值观与职业规划

首先,人各有志,每个人的价值观都不同,因此,每个人对工作或职业所带来的金钱、权力、声望等的看法也不一。如果你有清晰的价值观,它将帮助你识别生命中最重要的东西是什么,进而能够保证你拟定一个切实可行且是自己真正想要实现的目标。你的核心价值观是目标定位的基础和来源,假设你看重领导的机会,但公司无法提供这样的机会,你将不会获得满足感。选择一份能够满足你的价值观的工作,让生活在你的价值观里,这才是明智的做法。

其次,不管人们对事物持什么样的看法,其价值取向都是有意义的,也应该被尊重。从这个角度讲,个人的价值观没有对错之分,只要你认为它们是对的,它们就将引导你人生的方向。但也不是你对人、对事的所有想法都可以看作是你的价值观,它必须是一种强烈的想法和信仰,为你所坚持,不受他人影响,并足以长时间引导你的行为。例如:自从 1776 年美国《独立宣言》提出自由、平等和民主的观念,一直到现在它们仍然是美国社会的主流价值观。成熟、独立和成功的人总是根据自己的价值观而行动,而不是依照别人的价值观行动。只有这样,人们才能从无谓的自责和犹豫中解放出来。

再次,价值观是一种具有明确的目的性、自觉性和坚定性的职业选择的态度和行为,对一个人职业目标和择业动机起着决定性的作用。是什么原因影响一些人坚持多年学习进入如医学或法律职业,而另一些人却寻求最快、最容易的方式挣钱?是什么原因影响一些人花费多年钻研一项专业并在某一领域积累自己的声望,而在中途又改换了职业?为什么留美博士回国后放弃到研究所工作的机会而开办一家养猪场?上述问题的回答都是价值观。你的价值观经常是一种无意识的、却左右你的决定的力量。价值观是一种深植于你内心的信念，它会在你面对抉择时影响你的思考，为你在评估信息和选择时提供一个框架。如果你重视身体健康，就会挤出时间去锻炼，进行积极的自我肯定，并摄入适当的营养。如果你重视职业满足，你就会花时间检查你的价值观并且做出与之相吻合的职业选择。

最后，价值观是人们衡量社会上某种职业优劣和重要性的内心尺度，是个人对待职业的一种信念，并为其进行职业选择、努力工作提供充分的理由。人们在进行职业生涯规划时会思考：我怎样才能从脑海中那么多的可能性中做出一个合适的职业选择？这一点恰恰证明了解你的价值观是多么重要。比如你已经确认经济回报、帮助他人和职业稳定是自己最重要的三个价值；你正在考虑成为一个主持人、一个演员或是一个歌手。你可能能够胜任所有这三个职业，甚至你可以同时从事这三个职业。为了确定一个发展方向，你必须决定哪一个职业能够最好地满足自己这三个最高价值。这样的选择方式最有可能获得职业上的成功和幸福。

【课堂讨论】

◇ 有一个学生说："我有许多梦想：我想当一名教师，教书育人；我想当一名医生，治病救人；我想当一名律师，为正义的一方辩护……"请问她的价值观是什么？对她而言什么最重要？如果无法找到这样的工作，她会怎么样？

二、你的价值观类型是什么

1. 个人价值观

思考以下 6 个基本的价值观取向，他们由戈登·奥尔波特、菲利普·弗农、加德纳·林德芮于 1960 年提出，是一个历史悠久且被广泛应用的价值观目录。

(1)理性。理性类型的人以发现真理为主要乐趣。为了达到这一目标，他们会采取实验、批判、推理以及智力的方法。这种类型的人渴望去认识、推理，渴望整齐有序、系统化的知识与思想，不会因为事物的外表或者是否有用作出判断。

(2)经济。经济类型的人更看重事物是否有用以及是否实际。他们非常拥护商业世界的价值观：生产、销售、消费产品及积累有形财富。这一类型的人希望教育是有用的，他们认为不实用的教育是浪费。与那些控制他人(政治类型)和服务他人(社会类型)的人相比，他们的兴趣更多的是在财富方面超越他人。

(3)审美。审美类型的人很重视外形与和谐。他们从优雅、对称、恰当的立场来判断每一次经历。生活被看作是各种事物的发展过程以及对它们的印象，是因为生活而享受生活。这是审美类型的人的典型特征，不论他是不是一个艺术家。

(4)社会。在给予别人呵护、照顾他人方面，社会类型的人一向是被描绘为具有利他精神、博爱的。他们认为，只有对他人的爱和关心才是唯一恰当与合适的人与人之间的关系。与理性类型的人和审美类型的人相比，该类型的人更热情、更有人情味、更接近宗教类型的人的虔诚态度。

(5)政治。政治类型的人主要对权力、个人的影响力和名誉感兴趣。这种类型的人并不一定活动于政治领域，你可以在任何职业领域里发现他们。在任何一个职业领域里的领导人，他们生活的大部分都是在竞争和奋斗，一般都具有很高的权力欲望。所以许多思想家一向把权力看作是工作的最基本和普遍的动力。

(6)宗教。宗教类型的人关心的是所有经验的统一。他们是神秘的,渴望将世界理解为一个统一体,并且认为自己也是这个统一体的一部分。这一类型的人中有一部分是以一种积极参与生活并肯定生活的方式来实现自己的宗教信仰的,另一部分则是通过回避生活、自我克制和自我反省来实现信仰的。宗教是人类价值体系的重要来源,世界上的各种宗教对于我们探索生活的价值和意义都有巨大的贡献。

2. 工作价值

工作价值是指你能从一份工作中获得的回报和满足。你常常会觉得"某些职业就是比另一些职业要好",这反映的正是你的工作价值观类型。如果你在职业生活中找到了自己的价值,那么工作就会变得有意义、有目的。如果你的工作没有使你得到满足,生活就会变得乏味、单调而令人烦躁。

每个人希望从工作中获得的回报是不同的,每一份工作对个人价值观的满足程度也是不同的。工作价值观通常都与某种职业紧密相连,并且是你与职业类型进行匹配的基础。例如,如果创造性对你来说是一项重要的工作价值,那么,建筑师、设计师、广告创意人员、工程师和表演艺术家们的工作就是以创造性为显著特征的,而独立、变化、旅行、被认可和有影响力则被认为是记者这一职业的工作价值。当你认为某项很重要的价值在一项职业里缺失的时候,就会出现职业错位的现象。

一份工作能够提供给你的价值是多样的,表 4-2 提供了一些工作价值类型。首先,每个人可能都有几个自己所看重的价值,你必须确认哪些价值类型是你真正想要的,哪些可以不要。其次,在一种职业选择中,满足个体所有重要的价值观是不可能的,因此你必须对那些你认为重要的价值类型进行排序,从最重要到最不重要。最后,分析你的目标职业是否能够满足这些价值,哪些能够满足,哪些没办法满足。或者,你也可以思考能够满足自己最重要的那几个价值观的工作类型有哪些,而这些工作中,哪些可能成为你可行的目标职业。

表 4-2 主要工作价值类型

A. 经济收入	B. 稳定性	C. 独立自主	D. 创造性
E. 管理与领导	F. 工作环境	G. 人际关系	H. 成就感
I. 社会奉献	J. 知识性	K. 社会地位	L. 生活方式
	M. 多样性而不是单调的工作		

3. 职业价值观类型

请完成课后职业规划心理测试题"职业价值观测验",对照表 4-3,识别属于你的职业价值观类型,然后分析自己的目标职业是否符合该类型。

表 4-3 职业价值观类型

序号	职业价值类型	特点	可能职业
I	自由型/ 非工资生活型	不受别人指使,凭自己的能力拥有自己的"小城堡",不愿受人干涉,想充分施展本领。	室内装饰专家、图书管理专家、摄影师、音乐教授、作家、演员、记者、诗人、作曲家、编剧、雕刻家、漫画家等。

续表

序号	职业价值类型	特点	可能职业
II	经济型/经理型	认为世界上的各种关系都建立在金钱的基础上，包括人与人之间的关系，金钱可以买到世界上所有的幸福。	各种职业中都有这种类型的人，商人为甚。
III	支配型/独断专横型	想当上组织的一把手，无视他人的想法，且视此为快乐。	进货员、商品批发员、旅馆经理、饭店经理、广告宣传员、调度员、律师、政治家、零售商等。
IV	小康型	较为虚荣，优越感也很强，渴望能有社会地位和名誉，当欲望得不到满足时，由于过于强烈的自我意识，有时反而很自卑。	会计、银行出纳、成本估算员、税务员、法庭速记员、办公室职员、计算机操作员等。
V	自我实现型	不关心平常的幸福，一心一意想发挥个性，追求真理。不考虑收入、地位及他人对自己的看法，尽力挖掘自己的潜力，施展自己的本领，并视此为有意义的生活。	气象学者、生物学者、天文学家、药剂师、化学家、科学报刊编辑、地质学者、物理学者、数学家、科研人员等。
VI	志愿型	富有同情心，把他人的痛苦视为自己的痛苦，不愿做表面上哗众取宠的事，把默默地帮助不幸的人视作无比快乐。	社会学者、导游、福利机构工作者、咨询人员、社会工作者、教师、护士等。
VII	技术型	性格沉稳，做事组织严密、井井有条，并且对未来保持平常心态。	木匠、农民、工程师、野生动物专家、自动化技师、电工、司机、机械制图员等。
VIII	合作型	人际关系较好，认为朋友是最大的财富。	公关人员、销售人员、秘书等。
IX	享受型	喜欢安逸的生活，不愿从事任何挑战性工作。	无固定职业类型。

三、关于价值观探索的说明

在做自我探索时，我们将价值观探索放在首位，主要是因为价值观探索最重要也最难。价值观探索的重要性体现在两个方面：一是它直接影响工作的满意度；二是它难以调和。价值观是你想获得的东西或你终生追求的事物，你的工作能够使你得到你所想要的，你当然会感到幸福；如果你得到的并不是自己想要的，你一点都无法假装快乐。俗话说“强扭的瓜不甜”，价值观的冲突是难以调和的，不管是在职场上还是在家庭中。因此，价值观在我们确立生涯目标或选择职业中起着非常重要的主导作用。

价值观探索也是最难的。你或许很容易回答“你不想要什么”或“你想要什么”，但你想要的所有东西不可能都能得到，于是对于“为了什么，你宁可舍弃什么”或“你不能舍弃的是什么”的回答就变得十分重要和困难。所以，价值观探索最难之处在于，你需要对自己想要的事物进行排序，例如“生命诚可贵，爱情价更高；为了自由故，二者皆可抛”。有个学生在做价值观排序时，含着眼泪在“妈妈和自由”之间选择了“自由”。或者，我们只有置身于艰难抉择的境地，才能面对真实的自己。而且，每个人的追求都不同。

因此，在做价值观探索时，需要明确以下几点：

1. 价值观与随后的工作满意度水平相关。当我们根据自己的价值观生活时，会得到最大程度的幸福感和高自尊。

2. 依据步骤澄清你的价值观。

3. 一个人可能有几个自己看重的价值，按照重要性对这些价值观进行排序。有些价值观的重要性会随着时间推移而有所改变，因此价值观的再澄清很重要。

4. 每个人的价值观都不同，个人的价值观没有对错之分。

5. 你的价值观可能非常多元，它们之间可能存在冲突，例如“高收入”和“稳定性”常常互不相容。各个重要的价值观之间如何协调共存十分重要。

6. 不同于性格，价值观是难以调和的。

7. 明确并澄清你的价值观，同时尊重别人的价值观。

【课堂思考】

◇ 是去追求“你没有的”，还是去追求“你想要的”？

◇ 追求比妥协更容易吗？

◇ 当价值观与能力不匹配时，该怎么办？

◇ “为了所谓的梦想，放弃了最简单的幸福。”你怎样理解这句话？

【体验活动】

1. 价值观澄清七步骤工作表①

对于你所选择的价值观：

(1)它是你自由选择的，没有来自任何人和任何方面的压力吗？

解释____

(2)它是从众多的价值观中挑选出来的吗？

解释____

(3)它是你在思考了所做选择的结果或后果后被挑选出来的吗？

解释____

它是一个让你如何珍视的价值观：

(4)你珍视你的价值观，或者你为自己的选择而感到高兴吗？

解释____

(5)你愿意公开向其他人声明你的选择吗？

解释____

你能按照如下方式践行你的价值观吗？

(6)你能做一些与自己选择的价值观有关的事情吗？

解释____

① Reardon，Lenz，Sampson，Peterson：《职业生涯发展与规划学生手册》，高等教育出版社 2005 年版。

(7)你能与自己的价值观保持一致的行为模式吗?

解释____________________

2. 工作价值拍卖会

在表4-4中,一共列出了15个工作价值项目。假设你有500个生命单位(即你一生当中可以投入到工作中的时间和精力的总和),请将你愿意出价的单位写在所竞拍的工作价值项目后面的“出价单位”方格内。出价完成后,请找出5个出价单位最多的项目,并将它们的大小顺序写在“出价顺序”栏内。

出价时,请注意以下原则:

(1)不必对每个项目都出价(若你觉得该项目不重要,可以不出价)。

(2)每个项目的出价单位不得低于10个单位。

(3)出价总数不得超过500个单位。

表4-4 工作价值出价表①

工作价值项目	出价单位	出价顺序
1. 我的工作能增进他人的福利		
2. 通过我的工作能使这个世界变得更美好,更有艺术气氛		
3. 我想从事发明新事物、设计新产品、倡导新观念的工作		
4. 我可以在工作中独立思考、学习与分析事理		
5. 我能够用自己的方式来做事,不太受外界的牵制		
6. 我能全力以赴地把工作做好,并看到具体成果		
7. 我能受到别人的推崇与尊重		
8. 我想从事策划并能管理别人的工作		
9. 我想从事高收入的工作,这样我就能买自己想要的东西		
10. 我想要一份稳定的工作		
11. 我想要良好舒适的工作环境		
12. 我希望能同上司和谐相处		
13. 我希望能与志同道合的同事一起愉快地工作		
14. 我想多尝试不同的工作		
15. 我想选择自己喜欢的生活方式,并能实现自己的理想		

① 黄中天:《生涯规划——体验式学习》,高等教育出版社2009年版,第519页。

【心理测验】

职业价值观测验

下列题目中有A、B两种观点和态度，比较同一题中的A与B，在它的后面把同自己平时考虑接近的画√，两者都不符合的画×。

1. A. 做事果断，认为即使有所损失，以后可以再挣回来。
   B. 做事三思而后行，没有切实可靠的赢利把握就不着手做。
2. A. 经济力量在发挥作用，从而国家繁荣。
   B. 政治力量在发挥作用，所以国家才繁荣。
3. A. 想当政治家。
   B. 想当法官。
4. A. 对一个人的了解，始于他的穿着打扮或居住条件。
   B. 认识一个人不能够仅从外表进行判断。
5. A. 为大刀阔斧地工作，必须养精蓄锐。
   B. 必要时愿意随时献血。
6. A. 想领养孤儿抚养。
   B. 不愿让任何其他人留在自己家中。
7. A. 买汽车时会选择买全家能乘的大型汽车。
   B. 买汽车比较注重汽车外形和颜色。
8. A. 留意他人和自己的服装。
   B. 对于自己和他人的事，全都不放在心上。
9. A. 结婚前首先确保自己有房子。
   B. 认为眼前的事最重要，不考虑以后的事。
10. A. 与人相处能够照顾到各个方面，被认为是个考虑周到的人。
    B. 认为自己是有判断力的人。
11. A. 不随波逐流，认为自己的生活方式同他人不一样也无所谓。
    B. 愿意与人攀比，认为其他人家里有的东西自己也应凑齐。
12. A. 为能被授予勋章而奋斗。
    B. 心地善良，暗地帮助不幸的人。
13. A. 时常自以为是，认为自己的想法比别人的都正确。
    B. 比较客观，认为必须尊重他人的价值观。
14. A. 最好是婚礼能上电视，而且有人赞助。
    B. 希望把自己的婚礼搞得比别人更有气派。
15. A. 被周围的人认为有眼光，能推断将来的事。
    B. 被认为是处事果断的人。
16. A. 有事业心，店面虽小，也想自己经营。
    B. 不干被人轻蔑的工作。

17. A. 很关心佣金、利息。
    B. 在陌生的环境里，对自己的能力和适应性十分关心。
18. A. 认为人的一生中只有获胜才有意义。
    B. 认为人应该互相帮助。
19. A. 在社会地位和收入两者中，认为前者更有吸引力。
    B. 认为安定和社会地位相比更实惠。
20. A. 对社会惯例并不重视。
    B. 善于表达并且有幽默感，经常被邀请主持婚礼。
21. A. 乐于同独身生活的老人交谈。
    B. 不愿为别人做事，嫌麻烦。
22. A. 生活中的每一天都过得十分充实。
    B. 时常得过且过，只要还有生活费就不想干活。
23. A. 认为学习在人的一生中占很重要的地位，有空闲就想学习充电。
    B. 时常考虑如何掌握被他人喜欢的方法。
24. A. 总想一鸣惊人。
    B. 对生活没有过高的要求，同别人一样就行了，平平淡淡才是真。
25. A. 认为用金钱就能买到别人的好意。
    B. 认为在人的一生中，爱比金钱更重要。
26. A. 对未来有一种恐惧感，一考虑到将来就紧张不安。
    B. 认为将来无论能否成功都不重要。
27. A. 总是认为自己还有机会，伺机重新大干一番。
    B. 关心发展中国家人民的生活情况。
28. A. 认为应该尽量地利用亲戚们的关系网。
    B. 亲戚之间应该友好相处、互相帮助。
29. A. 如果来世托生成动物的话，愿变为狮子。
    B. 如果来世托生成动物的话，愿变为熊猫。
30. A. 生活有规律，严格遵守作息时间。
    B. 愿意轻松地生活，讨厌忙忙碌碌。
31. A. 有空的话，想读成功者的传记，以便从中得到启示。
    B. 有空的话，就看电视或者干脆睡觉。
32. A. 认为干不赚钱的事是没有意思的。
    B. 时常请客或送礼给对自己有用的人。
33. A. 对于能够决得出胜负的事情感兴趣。
    B. 擅长改变家室布局和修理东西。
34. A. 对自己的行为十分有信心。
    B. 认为协作十分重要，所以注意与对方合作。
35. A. 常向别人借东西，却不愿意借东西给别人。
    B. 时常忘记借进或者借出的东西。

36. A. 认为“人生由命运决定”是错误的。

B. 玩世不恭，认为被命运摆布也很有趣。

计分方法：

画√者，不论选择 A 还是选择 B，都得 2 分，画×得 1 分。请按照以下公式，计算Ⅰ～Ⅸ等九种类型的价值观得分，得分等于或超过 12 分的就是你的职业价值观类型。关于这九种价值观的说明，请参考表 4—5。

Ⅰ＝1A＋15A＋16A＋26A＋27A＋33A＋34A ＝

Ⅱ＝1B＋2A＋14A＋17A＋25A＋28A＋32A＋35A ＝

Ⅲ＝2B＋3A＋13A＋15B＋18A＋24A＋29A＋31A＋36A ＝

Ⅳ＝3B＋4A＋12A＋14B＋16B＋19A＋23A＋30A ＝

Ⅴ＝4B＋5A＋11A＋13B＋17B＋20A＋22A＋26B ＝

Ⅵ＝5B＋6A＋10A＋12B＋18B＋21A＋25B＋27B ＝

Ⅶ＝6B＋7A＋9A＋11B＋19B＋24B＋28B＋33B ＝

Ⅷ＝7B＋8A＋10B＋20B＋23B＋29B＋32B＋34B ＝

Ⅸ＝8B＋9B＋21B＋22B＋30B＋31B＋35B＋36B ＝

表 4-5　职业价值观测验得分表

	Ⅰ	Ⅱ	Ⅲ	Ⅳ	Ⅴ	Ⅵ	Ⅶ	Ⅷ	Ⅸ		Ⅰ	Ⅱ	Ⅲ	Ⅳ	Ⅴ	Ⅵ	Ⅶ	Ⅷ	Ⅸ
1	A	B								19				A			B		
2		A	B							20					A			B	
3			A	B						21						A			B
4				A	B					22					A				B
5					A	B				23				A				B	
6						A	B			24			A				B		
7							A	B		25		A				B			
8								A	B	26	A				B				
9							A		B	27	A					B			
10						A		B		28		A					B		
11					A		B			29			A					B	
12				A		B				30				A					B
13			A		B					31			A						B
14		A		B						32		A						B	
15	A		B							33	A						B		
16	A			B						34	A							B	
17		A			B					35		A							B
18			A			B				36			A						B
合计										合计									

第三节 性格探索

一、性格是什么

1. 性格的含义

生活中，我们常说“某某人热情开朗，为人豪爽”，“某某人胆小怕事，对人冷淡”，这些就是性格的表现。性格是我们很熟悉的心理特征，但对个人性格特征进行较为全面的辨识却非易事。你是否曾经对一个朋友说过“这不像你”，是否也有人对你说“你今天的举动完全不像你”？每个人的性格相差是如此之大，由此构成了一个个独特的个体，而且就这些独特的个体本身而言，其性格特征也是十分复杂的。

同样，为了便于理解和运用，我们也给性格下一个较为简单的定义，即性格是个人对现实的一种稳固的态度以及与之相应的习惯化的行为方式。性格并不是偶然出现在一个人身上的心理特征，性格一旦形成就具有稳定性，在某种情况下一个人总是表现出特定的生活情感和态度。当然，性格的稳定性并不是说一个人在行为举止上都是千篇一律的，不可能有不同的表现，而是指性格基本结构是不变的，而在不同情境下同一种性格可能会以不同的形式表现出来。

【课堂讨论】

◇　你如何看待“性格决定一切”这句话？

2. 性格差异

人与人之间的性格差异主要表现在以下五个方面，其中最主要的是态度和意志特征。

(1)态度特征

态度特征是指在处理各种社会关系方面的性格特征。主要有：①对社会、集体和他人的态度特征，如公而忘私或假公济私、忠心耿耿或三心二意、善于交际或行为孤僻、热爱集体或自私自利、礼貌待人或言语粗暴、正直或虚伪、富有同情心或冷酷无情等。②对工作或学习的态度特征，如勤劳或懒惰、认真或马虎、创新或墨守成规等。③对自己的态度特征，如谦虚或骄傲、自尊或自卑、严于律己或放任自由等。

(2)气质特征

气质特征主要是由生物特性决定的相对稳定而持久的心理特征，是行为的表现形式，体现了行为的速度、强度、灵活性等特点。气质在很大程度上受先天和遗传因素的影响，具有相对稳定性，但受环境的影响也可能发生改变。“江山易改，禀性难移”就是说气质的稳定性。气质大都是与生俱来的，本身没有好坏之分。每种类型的气质都可以形成不同的性格，同一种气质类型的人可能是优秀人才，也可能是平庸之辈，关键不在于是什么气质类型，而在于气质与职业是否相适应。

气质是性格形成和发展的生理基础，但气质本身不是性格，两者之间存在明显区别。首先，气质主要受遗传因素的影响。而在性格的形成中，生活实践起重要作用。其次，气质与性格之间不是单一的联系。相同气质的人可以形成不同的性格特征。也就是说，在任何一种气质类型的基础上，既可能发展好的性格特征和优异的才能，也可能发展不良的性格特征和限制才能的发展。再次，特定气质有利于形成某种性格特征。如果要形成自制力的品质，胆汁质的人需要长期的努力，而抑郁质的人比较容易形成；但胆汁质和多血质的人则比较容易形成果敢和果断的性格特征；黏液质的人比胆汁质和多血质的人更容易形成冷静、忍耐的性格特征。另一方面，性格可以在一定程度上改变和掩饰气质，一些专业性很强的行业需要具有沉着、机智、果断等性格特征，要规范性格训练程序，这些性格特征可以掩饰或改造容易冲动和不抑制的胆汁质气质。

心理学中一般把人的气质分为 4 种：①胆汁质的人可能勇敢、爽朗、有进取心，也可能简单、粗暴、爱闹矛盾；②多血质的人可能活泼、机敏、爱交际，也可能轻浮、不踏实、不诚实；③黏液质的人可能稳重、坚毅、扎实，也可能冷淡、固执、知错难改；④抑郁质的人可能办事细致、严守纪律、独立思考，也可能多疑、多愁善感、缺乏自信。这种气质类型的划分是从古希腊沿袭下来的。表 4-6 更为详细地描述了这四种气质类型所对应的职业特点、适合与不适合的职业类型。

表 4-6　气质类型表[①]

气质	职业特点	适合的职业	不适合的职业
多血质	工作能力强，灵活多变，容易适应新环境，工作面较广泛	外交工作、管理工作、医生、律师、运动员、记者、演员、警察等	细致、单调的工作
胆汁质	喜欢不断有新活动出现，喜欢不断变换工作环境	导游、推销员、勘探工作者、监督员等	长期不变、细心检查的工作
黏液质	自制、镇定、安静、不急躁	法官、会计、管理人员、出纳等	经常变换的工作
抑郁质	工作细致，但常常信心不足	化验员、保管员、机要秘书、编辑等	经常与人交往的工作

(3)理性特征

理性特征指人在认知过程中的性格特征，表现在以思维为核心的智力活动上。包括：①感知：主动观察型和被动观察型、记录型与解释型、罗列型与概括型等。②记忆：主动与被动记忆型、直观形象与逻辑思维记忆型、记忆的快慢长短之分等。③想象：主动与被动想象型、幻想型与现实型、想象的深度与广度的区别等。④思维：独立型与依赖型、分析型与综合型等。

(4)情绪特征

情绪特征指人在情绪活动时的强度、稳定性、持续性和主导心境等方面表现出来的性格特征。包括：①情绪强度：个人受情绪影响程度和情绪受意志控制的程度，如有的人情绪体验比较微弱，容易用意志控制；有的人则相反。②情绪稳定性：有的人无论在成功或失败时，情绪都比较平静，保持“平常心”；有的人成功时则沾沾自喜，失败时则垂头丧气。③情绪持久性：有的人遇到愉快的事，当时很高兴，事后很快恢复平静；有的人愉快的情绪能持续很久。④主导心境：有的人经常愉快，有的人经常忧伤。

① 杜林致主编：《职业生涯管理》，上海交通大学出版社 2006 年版，第 67～68 页。

(5)意志特征

意志特征指人在对自己行为的自觉调节方式和水平方面的性格特征。①对行为目的明确程度：目的性或盲目性、独立性与易受暗示性、纪律性或散漫性等。②对行为的自觉控制水平：主动性与被动性、自制力和冲动性等。③在长期工作中表现出来的特征：恒心、坚韧性或见异思迁、虎头蛇尾等。④在紧急或困难情况下表现出来的特征：勇敢或怯懦、沉着镇定或惊慌失措、果断或优柔寡断等。

3. 性格与职业规划

如果你的性格与职业要求相适应，工作起来就会得心应手，心情舒畅，也就容易在工作中取得成就。相反，如果你的性格与职业要求不能适应就会阻碍你完成工作任务，使你感到被动，缺乏兴趣并难以胜任。如开朗、活泼、热情、温和的性格比较适合从事新闻、服务、外贸、娱乐以及其他同社会与人群交往较多的行业；多疑、多问、深沉、严谨的性格比较适合从事科研、治学方面的工作；做事马虎，显然不适合做外科医生；而勇敢、沉着、果断则是企业家和管理必不可少的性格特点。

构成性格的态度、气质、理性、情绪和意志特征等都对职业的选择和发展有着重要的影响。对大多数职业而言，气质并不是决定职业适应和成功的主要因素，只具有一定的辅助作用。但在一些特殊的职业中，气质对职业的影响力非常大，如飞行员、运动员，他们都要求能承受高度紧张的压力、反应敏捷、具有顽强的毅力等，多血质的人比较适应这类职业，而黏液质、抑郁质的人则不合适。其他性格特征对职业满意度和发展有明显的影响。例如，我们常说"Your attitude determine your altitude"。很多雇主看重的不是你是否具备完成某项任务的能力，而是你是否愿意付出、愿意学习等态度品质。再如，理性、情绪与意志特征，它们影响着一个人的自我状态，对人的独立性、主动性、自制力、坚韧性等具有促进强化或抑制削弱的作用。

总之，你越了解自己的自然倾向和偏好，就越容易发现一条能够最大限度发挥你与生俱来的能力的职业轨道。如果在你走上职业道路时能把自己的性格和兴趣考虑进去，就越有可能从工作中得到乐趣和满足感。

【课堂讨论】

◇　就你的个性而言，你觉得自己适合以下哪种工作？

A	B
每天从事不一样的工作	每天重复一样的工作
遵从详细的指令	自行判断，自主决策
独立工作	与别人共事
影响别人	受别人影响
在压力下工作	无压力的工作条件

4. 性格缺陷

性格是一个人的行为表现较为稳定的基本特征。一个人的性格在一定的教育和环境的影响下形成，难以改变。但实际上，人的性格并不是绝对的不能改变，只是改变起来不太容易罢了，有时候甚至是不太可能或没有必要。对成年人来说，性格实际上是由心理态度所决定的。如果你能改变自己的心态，那就能够改变自己的性格。

如果你真的觉得自己存在某些性格缺陷，比如懒惰、自卑、过分虚荣等，那可以在生活和工作中运用一定的方法稍加训练，慢慢改正自己的性格缺陷，但这一过程并不轻松。首先是自我意识，即你必须意识到自己具有这样的性格缺陷，并认为这个缺陷十分致命，迫不及待地想改正它。其次是改变你的心理态度，最后才是改变行为特征。慢慢地，新的行为就会成为习惯，习惯养成性格，而性格决定命运。

(1)懒惰

懒惰的产生有多种原因，有些人因为看不起自己而导致“自我击败感”；有些人则遇事经不起挫折而导致“受挫折耐力低弱”，逆商太低；还有些人对自己要求过高而导致对别人产生敌对情绪，产生一种“应该必须式”的意识；另外有些人则属于眼前享乐主义，他们往往会产生抑郁、消沉、烦恼、妄自菲薄、焦虑、枯燥等情绪，从而使人斗志涣散、精神沮丧、暮气沉沉、懒懒散散，很难焕发激情和鼓起干劲，甚至心中常有一股无名之火，认为自己必须这样或者应该那样等。认识懒惰的原因及其所产生的情绪，克服与暂时忍受眼前的挫折和不适，这是改正懒惰缺陷的前提。下一次如果你准备拖延行动，找出懒惰的理由分析一下，看它是否站得住脚。

(2)自卑

自卑感的产生不是来自于“事实”或“经验”，而是来自于对事实的经验和对经验的评价。有些人的自卑是气质上的，童年时如果常常遭到大人的吆喝和训斥甚至谩骂，会使他变成唯唯诺诺的人，这是先天的。后天形成的则是认识型自卑，主要源于过分注重自身形象，过分注重自我，其结果是谨小慎微、患得患失、过分疑虑。第三种也是后天的，叫挫折型自卑。自卑是自己缺乏信心，轻视自己，认为自己不如别人的一种心理状态。有些大学生来到大学后变得十分自信，而有些则刚好相反，变得十分自卑。

其实每个人在这个世界上都是独一无二的，你完全可以大有作为，所有的可能性都是存在的，就看你是否愿意丢掉自卑的包袱，建立起坚强的自信心。第一，“眼睛是狗熊，手是英雄”，真正去做了可能会很简单。如果你在这方面不行，不妨换一个目标或方向。我有不及别人的地方，别人也有不及我的地方。第二，对于自卑的人应该正确看待竞争与输赢，正确地与别人比较，人各有所长，“不要拿自己的冬天和别人的春天比——每个人都有自己的四季”，更何况“花不一定开在春天”。第三，自卑的人可以通过积极的自我暗示，避免“我难以应付”的消极暗示，培养坚强的个性，通过自我激励和勤能补拙等方式加以克服。拿破仑说：“默认自己无能，无疑是给失败创造机会。”你应该正确评价自己，正确表现自己，正确补偿自己，正确面对人生。

(3)虚荣心

虚荣心是人们普遍存在的心理现象，这是无可厚非的。人之生为人，总是希望得到别人的认可，总是希望过得比别人更好，所以虚荣心一定程度上可以催人上进。但如果过分虚荣，那就会成为阻碍成功的心理缺陷。很多大学生没办法正确看待自己与周围学生的差距，特别是物质方面的巨大悬殊，因此产生了较强的虚荣心或其他不好的心态，导致好高骛远等行为特征，因此也就影响了择业与职业发展。

二、你的性格类型是什么

1. 最普遍的划分

(1)内倾型与外倾型：前者关注的对象和兴趣集中于内部世界，富有想象，比较孤僻；后者关注的对象和兴趣倾向于外部世界，开朗、活泼、善于交际。但多数人属于中间型。

(2)顺从型和独立型：前者喜欢按别人的意见办事，按常规办事，希望别人对自己的工作负责，不愿意自己做主；后者自尊、自信、自立、自强，独立思考、自主决策、应变能力强，喜欢让别人接受自己的观点。

(3)行动型和思考型：前者是乐天派和开朗的人占多，为人处事灵活多变，八面玲珑，但做事马虎、松散、有始无终、容易急躁。后者严谨，有计划，求稳妥，严守信誉和规则，专心致志、持之以恒是其优点，但处事常犹豫不决，行动迟缓。思考型的人往往是纸上谈兵，缺乏行动型所具有的决断力和实际行动的精神，在处理人际关系时也没有行动型的那种爽快、平易的情感和洒脱劲儿，人们往往体察不出他们的内心活动。

(4)按知、情、意三因素在性格结构中的地位，分为理智型、意志型、情绪型。理智型的人爱分析，爱钻研，较文静，少冲动；意志型的人目标明确，主动积极，敢作敢为，坚忍不拔；情绪型的人情绪产生迅速，情绪体验深刻，言谈举止受情绪制约。

(5)五类基本个性类型：外向的、温和的、谨慎的、情感稳定的、爱好尝试的。上述这些词语哪些可用于形容你的性格特征？

2. 心理学家划分的类型

请完成课后职业规划心理测试题“性格类型测验”，对照表4-7，识别属于你的性格类型，然后分析你的目标职业是否符合该类型。

表4-7　四类性格类型

序号	性格类型	特点	可能职业
1	敏感型	精神饱满，好动不好静，办事迅速，但行为常有盲目性，有时情绪不稳定，在与人交往中往往会拿出全部热情，但受挫时又容易消沉失望。40%的人属于该类型。	适合做运动员、行政人员及各种职业的人均有。
2	情感型	感情丰富，喜怒哀乐溢于言表，不喜欢单调的生活，爱刺激，常感情用事，喜欢鲜艳色彩，对新鲜事物很有兴趣。在与人交往中容易冲动，有时反复无常，傲慢无礼。25%的人属于该类型。	适合做演员、导游、活动家、护理人员等。
3	思考型	善于思考，逻辑思维发达，有比较成熟的观点，一切以事实为依据，已经做出决定能够持之以恒。生活、工作有规律，爱整洁，时间观念强，但有时思想僵化，纠缠细节，缺乏灵活性。25%的人属于该类型。	适合做工程师、教师、财务人员和数据处理人员等。
4	想象型	想象力丰富，憧憬未来，喜欢思考问题，生活中不太注重小节，容易不耐烦，有时行为刻板，难以相处，不易合群。10%的人属于该类型。	适合做科学工作者、技术研究人员、艺术工作者和作家等。

三、关于性格探索的说明

人与人的差异直观地表现在性格上，或热情外向，或羞怯内向，或沉着冷静，或火爆急躁。性格是个人在过去的成长环境中形成的，因此性格在我们一生中是比较稳定和难以改变的。性格不存在绝对的优劣势之分，每一类性格都有与之相适应的工作范围，关键看与岗位的匹配度，生活中人与人的相处同样如此。

生活中，我们常常拿性格说事，动不动就说是性格不好、性格不合适之类的话。虽说我们很难甚至改变不了自己的性格，但我们可以改变自己的态度和改善自己的行为。愿不愿意是性格问题，做不做是态度问题，性格只影响工作方式，而态度影响结果。很多东西不是你不能做，而是你不愿意去做，比如说主动与陌生人说话，只要你改变态度主动去做，你也能有所适应。积极的人会将不好的念头转向正向的激励，从而更好地改善性格和适应社会。[①]

【课堂思考】

◇ 到底是“性格决定命运”，还是“态度决定命运”？

在做性格探索时，需要明确以下几点：

1. 纯粹而绝对地属于某一性格类型的人并不多，关于性格类型的识别其实是一种关于自己个性倾向的判断。因而，性格与职业的匹配也只是一个大概的趋势，不像价值观、兴趣、天赋与职业的匹配那么严格。

2. 一个人的性格改不了，但一个人的行为可以改善。拥有完善性格的人并不多，而且多数人所抱怨的性格缺点并不是一无是处，你更应该去寻找这种性格的人的自我价值。更何况，你可以通过教育、培训和训练改善自己的行为，所以，一个内向的人不必太担心自己的沟通能力。

3. 性格决定命运，任何一个成功的人都有能够足以让他成功的性格特点。而很多人却被一些不良的性格缺陷所主宰，虽历经艰辛，但所得甚少。

4. 探索并发挥自己性格上的优点。

5. 了解自己的性格，同时学会与不同性格的人相处。了解性格还能帮助你更好地理解和接受其他人的不同的性格，有助于情商培养，从而提高人际沟通的有效性。

【课堂练习】

有关你个性的信息也可以帮助你决定选择课程和职业方向。很可能你也会发现过去不曾考虑的某些职业，而它恰恰与你的个性相吻合。以下将帮助你探讨个性的方方面面，学会如何解读这些知识并把它用到你的职业生涯规划中。

在下面的练习中，我们使用的一些测试工具都是建立在瑞士心理学家卡尔·琼(Carl Jung)(1923)的研究工作基础上的，他发展起一套了解我们天生的倾向并将其分类的方法。凯瑟琳·布瑞格斯(Katheringe Briggs)和伊莎贝尔·布瑞格斯·迈尔斯(Isabel Briggs Meyers)(1962)后来又扩展了琼的理论，她们发展出一个确定个性倾向的测试工具。这种被广泛使用的测试方法叫作迈尔斯—布瑞格斯类型鉴别工具(MBTI)。如果你想更详细地了解自己的个性类型，最好的方法是做一次 MBTI 的测试。

下面的练习不是为了给出关于你准确的个性描述，也不是为了具体地指出哪种个性适合哪种职业。实质上，关于个性和职业选择及职业满意度的相关性的问题还存在争议。下面的讨论和练习仅仅是让你了解自己的个性特点，告诉你某一类工作或活动

---

① 成长分子：《好工作是设计出来的》，湖南文艺出版社 2012 年版，第 71 页。

你做起来可能更适合、更能从中得到满足。

琼、迈尔斯和布瑞格斯的研究工作通过一个四个部分的框架来检测人们天生的某种倾向性。下面的练习由4部分组成，在每一部分中，你可以选择在两个特点或偏好的描述中，哪一个更像你。概括地说，你可以在第一部分到第四部分中选择出某些反映出你的性格倾向的内容，包括：(1)外向型或内向型；(2)理智型或直觉型；(3)思考性或感觉型；(4)判断型或感悟型。下面的练习还将对每一个特点做出解释，并加以举例。

说明：阅读下面每一对描述，选择其中在大多数情况下最像你的一个（所有人在某种程度上具有所有这些特征）。你必须设想最自然状态下的自己，在没有别人观察情况下的举止。

第一部分：关于心理力量释放的描述

E
喜欢行动和多样性
喜欢通过讨论来思考问题
采取行动迅速，有时不做过多的思考
喜欢观察别人是怎样做事的，喜欢看到工作的结果
很注意别人是怎么看自己的

I
喜欢安静和思考问题
喜欢在讨论之前先进行独立思考
在没搞明白之前，不会很快地去做一件事
喜欢理解这项工作的道理，喜欢一个人或很少的几个人做事
为自己设定标准

解释：E(Extraversion)代表外向型。大部分选择E的人的兴趣是指向行动、人和事物。I(Introversion)代表内向型。选择I的人的兴趣指向一些内在的东西，如道理或个人感受。当然，每个人都是外向而行动、内向而思考的，你也一样肯定会做这两件事，而非一件，但是你在做某一件事时会感到更舒服，正如右撇子的人更愿意使用右手一样。

举例：

内向型
小丽是一个计算机专家，她的工作是计算机系统设计。她与某公司的计算机网络专家合作，后者为她提供一张公司对计算机系统的需求清单，她计算这些需求，对系统进行调试直到满足用户的需求为止。她让别人去培训使用者。她集中精力从事技术工作而得到力量。她通过一个人独处得到恢复。她的爱好包括通过阅读、上网和远程学习等方式来学习和探索新东西。
外向型
纪纲是一个计算机专家。他经常参加一些由公司若干人参加的需求和解决方案会议。他乐于为需要系统升级的客户提供培训。他的爱好包括参加他儿子的学生家长会议，担当各种活动领导和组织周末露营等活动。他乐于从人群中获得力量。

第二部分:关于处理信息的描述

S

主要是通过过去的经验去处理信息

愿意用眼睛、耳朵和其他感官去察觉、感受事物

讨厌出现新问题

喜欢用已掌握的技能去做事,而不愿意学习新东西

对于细节很有耐心,但当出现复杂情况时则开始失去耐心

N

主要是通过分析师所反映出的意义以及两者之间的逻辑关系去处理信息

喜欢用想象去发现新的做事方法和新的可能性

喜欢解决新问题,讨厌重复做同一件事情

与其说练习旧技能,不如说更愿意用新技能

对细节没有耐心,但不在乎复杂的情况

解释:S(Sensing)代表理智。N(Intuition)代表直觉。S和N代表两种接受和处理信息的方式,即两种运用和对待经验的方式。每个人都在不同程度地运用理智和直觉,但有些人更倾向于使用其中的某一种。S型更多地把注意力放在源自个人经验的事实上,更容易察觉细节。N型则更倾向于从整体上看事物,因为N型更倾向于从事实的背后看到它所代表的意义。

举例:

理智型
小王有极好的记忆力。她在一家汽车经销商做会计已经有好几年了。一天,她向上司提醒扰流器和车挡板销售得很快,上司查阅了销售记录,同意这一观点并把她提升为库存管理。上司发现她很喜欢跟踪材料进销数字的特点对公司很有帮助。
直觉型
洪齐是一位自由撰稿人,并且在电影学院里教授剧本写作。他运用自己的创造性和现实生活经验帮助他人为独立制片人创作剧本。他经常在幻想中或在健身房锻炼时得到写作灵感。他在车里放了一个笔记本,随时记录下自己的新想法。另外,他也教授别人如何在写作中记录自己的创意。

第三部分:关于做决定的描述

T

喜欢根据逻辑决策

愿意被公正和公平地对待

可能会不知不觉地伤害别人的感情

更关注道理或事情本身,而非人际关系

不需要和谐

F

喜欢根据个人感受和价值观决策，即使它们可能不符合逻辑

喜欢被表扬，喜欢讨好他人，即使在不太重要的事情上也是如此

了解和懂得别人的感受

能够预计到别人会如何感受

不愿看到争论和冲突，珍视和谐

解释：T(Thinking judgment)代表思考判断，F(Feeling judgment)代表感觉判断。T型通过检验事实和数据做出决策，很少把个人感情牵涉到决定中。F型通过个人的价值观和感受做出决定。每一个人每天都有T型和F型的判断，只是有些人倾向于更多地运用某一种决策方式。

举例：

思考型
毛坎是一个学生，他正在考虑是否应该选择工商管理专业。他将根据所收集到的事实来做出决定。他与大学的职业顾问谈了话，在职业中心做了兴趣测试，他已经选修了一些与工商管理有关的课程，还去了一些雇用工商管理专业毕业生的公司，甚至他还调查了某些雇主所需要的研究生学位的课程。
感觉型
莎瑞一直想要成为一名模特。但是她的丈夫和成年的孩子们都希望她取得一个大学学位。她保持着良好的体型并且一直坚持参加某公司的模特培训班，同时还在大学读书。在与一位大学职业顾问会谈后，她决定学习时装销售，这样既可以学习一个与她理想职业有关的专业，同时又可以让她的家人满意。

第四部分：关于日常生活方式的描述

J

喜欢预先制定计划，提前把事情落实和决定下来

总想让事情按“它应该的样子”进行

喜欢先完成一件工作后，再开始另一件

对人和事的处置一般很果断

可能过快地做出决定

在形成看法和决策时，务求正确

按照不轻易改变的标准和日程表生活

P

喜欢保持灵活性，避免做出固定的计划

轻松地应付计划外的和意料外的突发事件

喜欢开始许多项工作，但是总不能完成它们

在处理人和事时，总愿意收集更多的信息

可能做决定太慢

在形成看法和决策时,务求不要漏掉任何因素
根据问题的出现不断改变计划

解释:J(Judgment)代表判断型,P(Perception)代表感悟型。J型更容易对他人表现出自己的思维和感情判断,而不太轻易对他人表现出自己的直觉感受。P型与J型相反,他们在同外部世界打交道时,更容易表现出自己的直觉感受,而非理智的判断。

举例:

判断型
马林是个电影编辑。他有个由计算机控制的约会日历装置,以提醒一些重要的约会时间。他所有的客户都知道,当他确定一个完成工作的最后期限,他肯定能够在规定时限内交活,他不会让任何事打乱计划。上司给他安排紧急任务,这会让他发疯。他不愿在还没完成手上的工作之前接受任何新任务。
感悟型
王凯也是一个电影编辑。一些同事认为她做事精力不集中。她在同一时间里从事几项任务。尽管她的办公室很乱,但她似乎总能找到胶带、电话号码和其他所需要的杂物。她经常在结束一项旧工作之前又开始一项新工作,因为她不想落下任何事。每次主管提醒她某项工作应该在前一天就结束,她应该准时完成工作时,她就会被激怒。

回顾前面的4个部分,那些类型更接近你?请圈出适当的字母。

E　I

S　N

T　F

J　P

你偏好的4个字母为:__________

EJ类型(ESTJ　ESFJ　ENFJ　ENTJ)

"我想要尽快决定发展方向并立即开始我的生活"

EJ类型的学生在上大学后会很快把选择专业的问题提上日程。经常在第一学期结束前,就去找职业顾问并很快地宣布已经决定攻读某一专业。过早地决定也有缺点。例如某个EJ类型的学生可能在他还很年轻时就决定要做一名医生、律师或工程师,而后又发现自己缺少从事这些专业的才能或持久的兴趣。这时,这个学生会感到很沮丧,急急忙忙又选择另一个专业,原因是"我不想再浪费时间了"。事实是,这类学生所需要的恰恰是要慢一点做决定,并收集更多的信息。这类学生适合做经理、学校行政人员和组织者。

EP类型(ESTP　ESFP　ENFP　ENTP)

"我想要在决定之前先经历一下"

对于EP类型的人,决策似乎是一个持续不断的过程。他们经常是摸着石头过河,想把所有的事都尝试一遍——每一门课、每一个专业或者选修一大堆感兴趣的课程。

不断地去关注让他们感觉到各种选择是否仍然对他们开放，但是常常不知道怎样去选择其中的一个。他们的父母很难理解这种做决定的方式，特别是对那些判断型的父母来说更是如此。EP类型的人必须接受一个事实，即做出决定是人生旅程的一个组成部分而非最终目的，懂得这一点，他们才能成为一个更好的决策者。这类人适合做心理学家、心理顾问、作家和社会服务工作者。

IJ类型（ISTJ　INFJ　ISFJ　INTJ）

"我希望对我的选择有把握"

IJ类型的人在做出最终决定前一般要花费大量的时间思考。他们会翻阅许多有关专业和职业方面的书籍和资料，一旦做出决定就会坚定不移地走下去，因此他们必须小心谨慎地收集和对待有关的信息。他们一般都是独立做出决定的，因此在他们宣布其决定时常常让人感到震惊。他们适合的职业为会计师、计算机编程人员和工程师。

IP类型（ISTP　ISFP　INFP　INTP）

"我不知道我长大要干点什么"

IP类型的学生以自己的节奏做决策。他们迟迟不做出决定，而是要把各种选择统统考虑一遍。他们一般也会拒绝其他人强加的最后期限，但有时也需要外部的影响帮助其做出决定。当他们意识到做出决定的最后期限到来了的时候，也能够采取行动。这类人甚至到了中年还不是太清楚到底长大了要干点什么。他们的这种犹豫不决的决策方式反映出其内心的挣扎，即外部世界海量的信息和内心真实需求之间的矛盾。他们适合的职业为艺术家或其他创造性工作。他们的职业生涯是一个永无止境追求知识、事实灵感的过程。

【体验活动】

1. **他人眼中的我。**

____

2. **最快乐的三件事。**

____

3. **最痛苦的三件事。**

____

4. **请说出20个"我是谁"。**

(1)______________________________

(2)______________________________

(3)______________________________

(4)______________________________

(5)______________________________

(6)______________________________

(7)______________________________

(8)______________________________

(9)______________________________

(10)______________________________

(11)____

(12)____

(13)____

(14)____

(15)____

(16)____

(17)____

(18)____

(19)____

(20)____

【心理测验】

性格类型测验

下面的问题可以帮助你判断自己的性格属于感情型、敏感型、思考型、想象型中的哪一类型。每个问题都有四个选项，在最符合你的情况的那一个选项上计上4分，其次为3分，再次为2分，最不符合的一项为1分。

1. 我给别人留下的深刻印象可能是：

A. 经验丰富　　B. 热情　　C. 有教养　　D. 知识丰富

2. 当我按计划工作时，我希望这个计划能：

A. 取得预期效果，不要浪费时间精力　　B. 有趣，并能和有关人一起进行

C. 计划性强　　D. 能产生有价值的新成果

3. 我的时间很宝贵，所以总是首先确定要做的事情：

A. 有无价值　　B. 能否使别人感到有趣

C. 是否安排妥当，按计划进行　　D. 是否考虑好了下一步计划

4. 对我来说，最满意的情况是：

A. 比原计划做得多　　B. 对别人有帮助

C. 通过思考解决了一个问题　　D. 把一个想法和另一个想法联系起来

5. 我喜欢别人把我看成是一个：

A. 能完成工作任务的人　　B. 充满热情和活力的人

C. 办事胸有成竹的人　　D. 有远见卓识的人

6. 当别人对我无礼时，我往往：

A. 立即表现出不快　　B. 心情不快，但能很快消除

C. 谴责对方　　D. 原谅对方

计算得分：

把6个问题中A、B、C、D四项的分数分别相加，得出四个总分数。分数最高的一项，就是你的性格的基本类型，即：A为敏感型；B为感情型；C为思考型；D为想象型。

第四节　兴趣探索

一、兴趣是什么

1. 兴趣的含义

兴趣是个体力求认识某种事物或从事某项活动的心理倾向，它表现为个体对某种事物或从事某项活动的选择性态度和积极的情绪反应。兴趣是个体对客观事物的选择性态度，正如“萝卜青菜，各有所爱”。兴趣是个体对需要的情绪表现，是一种能够引起个体想去了解某项事物或从事某项活动的内在感情。

任何人的兴趣都不是与生俱来的，而是在生活实践中逐渐发生和发展起来的。如果一个人对某一事物根本不了解，那他根本就不可能感兴趣。兴趣来自于价值观、家庭生活、社会阶层、文化背景、物质环境等因素。但是具有相同价值观的人可能会拥有不同的职业兴趣，如科学工作和文学工作同样都可以满足创造性的价值要求。当然，兴趣是会改变的，也是可以培养的。研究发现，在 25～55 岁之间，人们的兴趣变化较少，但在 15～25 岁之间可能变化很大。

【课堂阅读】

◇　哈佛大学是怎样挑选学生的？有人说看成绩，有人说看领导力，更有人说看家世，莫衷一是。一次，我问从哈佛毕业的儿子：你高中成绩并不拔尖，哈佛是怎样看上你的？儿子一笑，说他也弄不清，只知道当年哈佛看上了他在高中拍的环保短片，为学校歌剧做的曲，以及发表过的文章。儿子又说：哈佛看上我的，是我从小就喜欢的，也是我今天正在做的。虽然你和妈妈当时不看好我的这些兴趣，但我至今仍在从事拍片、作曲和写作。儿子说得有理。哈佛挑人才，最看重的是你未来能做些什么。

2. 兴趣的发展与差异

从职业兴趣的发生和发展来看，一般要经历“有趣-乐趣-志趣”这三个阶段。有趣是兴趣过程的第一阶段，这种职业兴趣是变化多端的、短暂的，如“今天想当教师，明天想当设计师”等。第二阶段是乐趣，它是在有趣的基础上发展形成的，这种职业兴趣会向专一的、深入的方向发展，如一个人对无线电有乐趣，他不但会学习这方面的知识，还会亲自装配和修理，参加有关活动等。第三阶段为志趣，个人的乐趣与其社会责任感、理想、奋斗目标结合起来时，便由乐趣转为志趣，志趣具有社会性、自觉性和方向性的特点。在职业规划上，我们鼓励探索自己感到有趣的东西，并去发展相关技能让它成为你的乐趣，最终把它确立为你的志趣。

人的职业兴趣差异主要表现在：①兴趣对象差异，如偏好物质生活还是精神生活；②兴趣空间差异，如兴趣广泛还是单一；③兴趣稳定性差异，如兴趣是否会持久或易变；④兴趣效能差异，如是否会对兴趣执着或是漠视；⑤兴趣可行性差异，如兴趣是切实可行的还是过于浪漫的。

3. 兴趣与职业规划

(1)兴趣匹配的误区

误区1:很多人都有兴趣爱好,但他们从不认为自己的爱好应该也是择业的基础。

很多学生说自己没有什么兴趣爱好,而且从来没想过兴趣与工作有关。其实,这跟个人从小到大所受的教育有关,特别是家庭与文化背景。中国传统教育都偏向功利性,完全割裂了学习、成长与娱乐的关系,认为任何娱乐都是"玩物丧志",孩子的培养方向较为单一,等他们长大后也就不会有把兴趣当成职业的想法,甚至认为兴趣是无关紧要的。

曾有个学生描述了她相对开放的父母,说他们从小到大从不逼迫孩子学习东西,她完全凭着兴趣做出选择和努力,因此,在课上,她表现出对兴趣探索极强的热情。也曾有个会计专业的学生,在课上和课间休息时,常常在涂涂画画和看一些设计类杂志,她表现出对艺术设计的兴趣,同时也说会计专业的确让她难以忍受。当在职业规划课堂上老师建议她去旁听艺术专业的课程时,她很直接地说:"可是那不是我的专业。"当老师再反问她:"你不是不喜欢你的专业吗?"她却很肯定地说:"可是那是我的专业。"当然,这个学生也可以学好会计专业,但毕竟那始终不是她的兴趣所在,她终将难以取得既成功又满足的职业生涯。

许多人认为,把职业选择建立在适合自身特点和喜好的基础上是不现实的。不知从何时起,我们开始迷失了由真正的自我激发出的早期梦想,而把注意力集中在一些现实上,如哪些职业具有较高的职业稳定性和较好薪资报酬。也有人认为兴趣应和工作分开。其实工作是一个人一生中投入时间和精力最多的活动,为什么不选择一份自己喜欢的工作?你大可不必艰难地为了生存而工作,那为什么不选择一份自己喜欢的工作?虽然,你可以追求一份能兼顾个人业余爱好的工作,但这并不能否认兴趣的重要性。

其实在许多情况下,我们都有机会去根据自己的兴趣探究和了解一些职业。当然,追求自己所喜欢的工作是需要勇气的,找到自己喜欢的工作也需要过程与策略。例如一个男孩热爱棒球,但又不愿意经过长时间的训练去做一个职业棒球手,他就干脆放弃了这个领域一切可能的工作机会。其实,他完全可能寻找一份与自己的兴趣有关的职业,比如做一个球队的体能教练、一个棒球场的场地管理员,或是一个公园娱乐活动的组织者。这些职业可能都比做一些与棒球毫无关联的职业更适合他的个性和兴趣。

误区2:业余爱好就是职业兴趣。

很多学生会在职业兴趣探索中罗列以下内容:喜欢听音乐、看NBA、玩游戏、看电影等,这些是职业兴趣吗?业余爱好是索取,职业兴趣是付出。一般情况下,你不会因为喜欢漂亮的衣服就去做裁缝,不会因为喜欢美食就去做厨师。但业余兴趣并不一定跟职业兴趣无关,有人踢球踢成了职业球员,有人养鱼养成了一个行业。然而,把业余兴趣变成职业的难度也很大。

【课堂思考】

◇ 你做什么很重要,比你能获得什么更重要。

◇ 做自己所爱的,你才能遇见最好的自己。

◇ 不喜欢没关系,关键是你喜欢什么,关键是你为你喜欢的付出多少。

◇ 努力很重要,但更重要的是享受你正在做的事情。

◇ 将兴趣变成职业,要牺牲很多、付出很多。

◇ 追逐热情,而不是热门。

(2)兴趣与职业规划的关系

从最早期的帕森斯开始,职业发展专家就专门把兴趣当作职业选择的一个重要部分。将职业建立在兴趣的基础上不仅是现实可行的,而且是十分必要的。首先,“兴趣比天才重要”。一个人一生中选择什么样的职业,兴趣占主导地位,有时甚至比能力更重要。假设有两份工作摆在你的面前,第一份你有兴趣但感到没有能力做好,第二份你感到有把握可以胜任但不感兴趣,你会选择哪份工作?如果你选择第一份工作的话,可能你会暂时感到有压力,但长远来看,你的能力会不断得到提升,因为“兴趣是最好的老师”,最终你将拥有一份在兴趣与能力方面都实现匹配的职业。如果你选择第二份工作,很大的可能是你的能力会不断衰退,而且因为你没能从事自己喜欢的职业,可能会在工作的时候感到不开心,或者少有成就感。显然,选择第一份工作比较符合人职匹配的理念。

其次,“成功的真正秘诀是兴趣”。许多成功人士都有一个相似之处,就是对自己感兴趣的事非常执着。对他们来讲,对自己感兴趣的事付出是一种乐趣,而不是负担。兴趣是成功的推动力,正如一句台词所讲的,“有喜好,就会执着。有执着,才会成功”。

第三,兴趣不仅是择业的基础,更是职业满足感的来源,还能提高职场压力与竞争的应对能力。兴趣是引起和维持人的注意的重要内部要素,就像一个灯塔,为人们探索职业发展指明了方向。职业心理学家的研究表明,一个人对某种职业产生兴趣可以增强其对职业的适应性,且能发挥他全部才能的80%～90%,令他长时间保持高效率而不感到疲劳;如果相反,则他的才能只能发挥20%～30%。

第四,目标职业必须源于兴趣。兴趣是点燃激情的火种,激情是成功的内燃机。真正的兴趣是发自内心的,如果你所从事的工作是真正发自内心热爱的事业,你就不会将工作仅仅当作是谋生的手段,而是当作事业去干,完全自愿且不知疲倦地投入,充分体验到工作挑战的乐趣和成就感。当然,有时候我们对自己真正感兴趣的东西并不十分清楚,可能你会将家人亲友的不切实际的期望误以为是自己的真实理想。

【课堂讨论】

◇　怎样才能知道自己的兴趣?

◇　回想做什么事情让你感觉有最大的喜悦,感觉做起来简直不是工作,是在玩。

◇　多去尝试一些事情,看看能否找到感兴趣的。

◇　寻找兴趣时,还是要做好该做的事情,这样才有资格去做自己喜欢的事情。

◇　就算不知道兴趣,也不要浪费时间去做自己痛恨的事情。

◇　有时候不要执迷于只做自己喜欢的事情,而是要去做自己该做的事情。

二、你的职业兴趣类型是什么

1. 霍兰德职业兴趣类型

如果兴趣能够被有效地测量出来,就能简化职业规划的过程。试完成课后职业规划心理测试题“霍兰德职业兴趣类型测验”,对照表4-8,识别属于你的职业兴趣类型,然后分析你的目标职业是否符合该类型。

表 4-8　霍兰德职业兴趣类型

序号	职业兴趣类型	特点	可能职业
1	现实型	爱与物打交道,不爱与人打交道。爱做技术性强的工作,求实用,讲实效。他们被形容为:循规蹈矩、谦恭、自然、害羞、直率、现实、执着、稳重、诚实、温和、实用、节俭。	汽车修理工、空中交通管理员、地形探测员、农业工人、电工等。
2	调研型	爱动脑筋,穷根究底,独立思考,不随大流,力求有所发现,有所发明。喜欢以人物为导向的工作和独立完成任务。喜欢解决抽象的问题和探索物质世界。他们被形容为:分析、好奇、内向、精细、严谨、独立、条理、理智、批判、书卷气、谦和、内敛。	生物学家、化学家、物理学家、人类学家、地质学家、医疗技师等。
3	艺术型	爱自由自在,不受过多的约束,能充分发挥自己的聪明才智,引人注目。喜欢在能够提供自我表达的艺术氛围中工作。他们被形容为:复杂、理想化、冲动、不顺从、情绪化、想象力丰富、独立、本色、善于描述、不实际、直觉、无条理。	作曲家、音乐家、舞台指导、作家、室内设计师、演员等。
4	社会型	爱与人接触,做领导、组织、发动和服务工作。与人为善,助人为乐,以解除别人的痛苦或困难为志趣。擅长社会交往,有责任感而且关心他人的利益。对机械或物理方面的技能不感兴趣。他们被形容为:善于说服、慷慨、思想深刻、善于社交、合作、负责、助人为乐、仁慈、世故、友好、理解、理想主义。	教师、职员、咨询顾问、护士、私人指导、演说教练等。
5	企业型	爱活动,喜欢冒险,希望得到较多的报酬。喜欢领导、讲演和推销。对细致的工作没有耐心。他们被形容为:敢于冒险、盛气凌人、乐观、承担风险、雄心勃勃、自信、精力旺盛、寻欢作乐、吸引他人注意力、冲动、受欢迎、善于社交。	销售员、经理、公司高层主管、电视制作人、体育项目推广人、采购人员等。
6	事务型	爱做室内有规律的具体工作,宁愿被别人管,不爱管别人。喜欢类似办公室工作等非常清晰的工作,无论这些工作是运用语言还是数字。对艺术或物理方面的技能不感兴趣。他们被形容为:严谨、保守、条理、内敛、一致、效率、执着、自制力、清醒、顺从、实际、有板有眼。	记账员、计算机操作员、银行职员、成本控制员、税务专家等。

2. 工作世界地图

从事美国大学入学考试(ACT)项目研究的心理学家戴尔·普雷迪格将工作对象分为数据、观念、人和物四项,他将以上四分法与霍兰德划分的六个工作领域结合,得到工作世界地图,如图 4-4 所示。这一分类方法可为大学生进行职业探索和人职匹配提供重要指导。

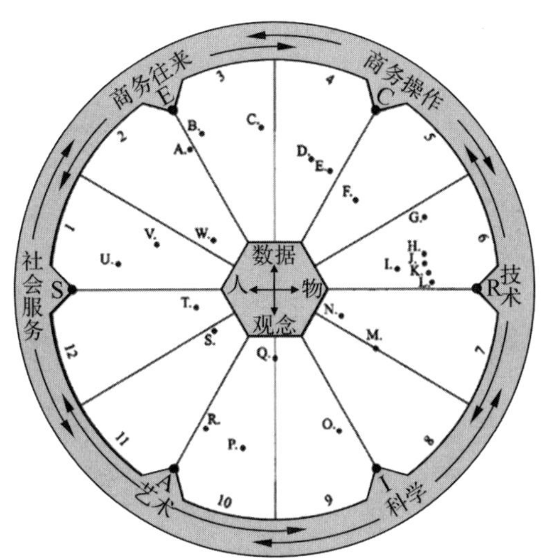

图 4-4　ACT 工作世界地图

工作世界地图把工作系列分成 12 个区域，这些工作系列覆盖了美国所有的工作，尽管每类工作都有自己不同的位置，但大多数都接近所给出的某一点。一个工作系列的位置是基于首先的工作任务，总共有四种首要的工作任务：数据、观念、物和人。这是一种简洁而有效的职业兴趣分类方法，其实多数工作都同时涉及数据、观念、物和人，但程度不同，有一些工作需要你把大部分时间花在数据上，有些则是花在人上。分析你的专业或目标职业属于以下哪一类。

（1）数据包括事实、记录、文件、数字、计算、商业过程和系统性程序等。数据性任务是不直接与人打交道的任务，它通过人来促进商品或服务的消费，如：促销代理商、会计以及空中交通管制者的工作主要是与数据打交道。

（2）观念包括抽象概念、理论、知识、觉察、洞察力等。观念性任务是个人头脑中的工作，如：创造、发现、解释和综合抽象概念的应用等，科学家、音乐家和哲学家的工作主要与观念打交道。

（3）物包括机器、工具、生物、材料等，是一种与人无关的任务，如：制造、运输、维修和修理等，砖匠、农夫、机械工等工作主要与物打交道。

（4）人主要包括帮助、照顾人们、为他们服务，提供信息或卖东西给他们等。人的任务是人际间的任务，如：看护、教育、服务、娱乐、说服等，是要在人类行为中引起一些改变。如：教师、销售人员等工作主要是与人打交道。

A.市场与销售	B.管理与规划	C.记录与沟通	D.金融交易
E.存储与分派	F.商业机器/电脑操作	G.交通工具操作与修理	H.建筑与维护
I.农业与自然资源	J.手艺与相关服务	K.家庭/商业电器维修	L.工业电器操作与修理
M.工程学与相关技术	N.医药学与技术	O.自然科学与数学	P.社会科学
Q.应用艺术（视觉）	R.创造/表演艺术	S.应用艺术（写作与演讲）	T.统合性健康护理
U.教育与相关服务	V.社会与政府服务	W.个人/消费者服务机构	

【体验活动】

1. 招聘广告中的职业

找出两三周内报纸或网络上的招聘广告，这些必须是近期的和本地区的。阅读所有上述的招聘广告中让你感兴趣的职位，先不要考虑该工作你是否能胜任。思考一下这些你所感兴趣的职业的广告词，想想是哪些字抓住你的注意力。在下面的空格中记下让你感兴趣的职务名称和行业。

____

2. 自我认识的工具——好恶调查表

按照下面表格的方式，写下关于你对生活和职业的好恶项目，越多越好。

喜好	厌恶
喜欢旅行 喜欢住在闹区 喜欢做自己的老板 喜欢住在中等规模城市 爱看足球赛 爱玩篮球 ……	不想为小公司工作 不愿在大城市里工作 讨厌整天对着电脑工作 不喜欢一直穿套装 工作时间不喜欢说话 不喜欢加班 ……

【心理测验】

霍兰德职业兴趣类型测验

考察以下与六种职业兴趣类型相关的各种活动，其中哪些是你喜欢的。你所喜欢的活动在这一兴趣类型中有没有超过 6 个，如果有的话，那你基本上就属于这一职业兴趣类型。

R. 现实型活动

1. 装配、修配、修理电器或玩具
2. 修理自行车
3. 用木头做东西
4. 开汽车或摩托车
5. 用机器做东西
6. 参加木工技术学习班
7. 参加制图描图学习班
8. 参加机械和电气学习班
9. 装配修理机器

统计回答“是”的次数__________

I. 调研型活动

1. 读科技图书和杂志

2. 在试验室工作
3. 改良水果品种、培育新的水果
4. 调查了解土壤和金属等物质的成分
5. 研究自己选择的特殊问题
6. 做数学游戏
7. 参加物理课
8. 参加化学课
9. 参加几何课
10. 参加生物课

统计回答"是"的次数__________

A. 艺术型活动

1. 素描/制图活动
2. 参加话剧戏曲
3. 设计家居布置室内
4. 联系乐器/参加乐队
5. 欣赏音乐或戏剧
6. 看小说/读剧本
7. 从事摄影创作
8. 写诗或吟诗
9. 进艺术/美术/音乐培训班
10. 练习书法

统计回答"是"的次数__________

S. 社会型活动

1. 学校或单位组织的正式活动
2. 参加某个社会团体或俱乐部的活动
3. 帮助别人解决困难
4. 照顾儿童
5. 出席晚会、联欢会、茶话会
6. 和大家一起出去郊游
7. 想获得关于心理学方面的知识
8. 参加讲座或辩论会
9. 观看或参加体育比赛和运动会
10. 结交新朋友

统计回答"是"的次数__________

E. 企业型活动

1. 说服鼓动他人
2. 卖东西
3. 谈论政治

4. 制定计划，参加会议
5. 将自己的想法告诉别人
6. 在社会团体中担任职务
7. 检查与评价别人的工作
8. 结识名流
9. 指导有某种目标的团体
10. 参与政治活动

统计回答“是”的次数＿＿＿＿＿

C. 事务型活动

1. 整理好桌面和房间
2. 抄写文件和信件
3. 为领导写报告或公务信函
4. 核查个人收支情况
5. 参加打字培训班
6. 参加珠算、文秘等实务培训
7. 参加商业会计培训班
8. 参加情报处理培训班
9. 整理信件、报告、记录等
10. 写商业贸易信

统计回答“是”的次数＿＿＿＿＿

第五节　能力探索

一、能力是什么

1. 兴趣与能力

兴趣是一个人从事何种职业的导向，而能力则是他能否从事这种职业的必要条件。许多的能力倾向与兴趣类型具有同样的名称，但区分兴趣和能力十分必要。兴趣表明你喜欢做某事；能力则表明你能运用技能做某事。一个表达了你的偏好，另一个则指出你胜任与否的资格。喜欢做什么和能把它做好是两回事，你喜欢踢球但不一定可以称为职业球员，你喜欢音乐但不一定可以成为音乐家。兴趣和能力是两个需要独立思考的因素，但两者也并不全然无关。你的兴趣可能促使你去学习从而提高做某事的技能；反过来，你喜欢做某事很有可能是因为你有能力把它做好，你能做成某事的成就感会让你对这件事情产生兴趣。

职业生涯规划过程的下一步是确定你的能力。正如肌肉塑造着你的身体一样，能力塑造着你的职业生涯。职业生涯规划帮助你发现和确认现有的和准备开发的能力，彻底的能力分析是不可或缺的步骤。

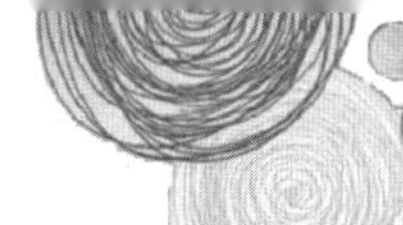

【课堂讨论】

◇　如果碰到以下情况，你会怎么办？

①　你有兴趣，但没能力时……

②　你有能力，但没兴趣时……

③你的能力得不到发挥时……

④　你无法胜任本职工作时……

2. 能力的含义

能力是大家比较熟悉的心理现象，它一指“所能为者(actual ability)”，一指“可能为者(potential ability)”。前者主要指专业知识与技能，后者主要指潜能与天赋，这两者是不同的，但都是我们所定义的能力。从一定程度上讲，后者代表着一种倾向性，正如价值观、性格与兴趣一样，是我们能力探索的主要方面。

一个人的潜能(aptitude)与天赋(talent)不同于他的专业知识，也不同于专业技能。专业知识是人类进行各种专业活动经验的总结和概括，而专业技能则是人们在长期的学习工作中逐步形成的熟练的操作规范方式。一般而言，专业知识与技能都是后天获得的，并随着年龄的增长而增长。则潜能与天赋则含有某些先天的因素，并不总是随着年龄的增长而增长，事实上，到了一定的年龄，还会出现减退的现象，如我国对飞行员和驾驶员都规定了终止驾驶的年龄。因此，潜能与天赋不等同于专业知识或技能。但潜能与天赋影响掌握专业知识和技能的速度和程度，也影响着专业知识的运用。

【课堂讨论】

◇　求学经历中，有哪些科目是你力不从心的，有哪些科目是你驾轻就熟的？你在学习这些科目时的感受如何？

3. 能力的来源

能力首先来源于遗传——从父母那里获得的基因特点。每个人都有先天的遗传优势和不足，你可以识别出自己的潜能优势与天赋并利用它。然而，你也必须要承认自己的不足，尽管你对此无能为力。当然，许多缺陷可以通过强烈的成就需要去征服、补偿和改变，历史上不乏某人战胜身体缺陷的例子。

环境也能塑造一个人的能力。文化影响通过社会、社区、学校和家庭在一个人的能力发展中发挥作用。大家都知道学习斯诺克台球就得去英国，一个天生具有音乐才华的人在没有音乐氛围的环境中是不可能发展其音乐能力的。文化也可以通过其对能力的评价作用来影响能力的发展。在你的文化中，如果某项能力被认为是有价值的，你就会努力去发展这种能力；反之，你的能力则得不到挖掘。在中国商业气息浓郁的泉州、温州和广东地区，很多人具有商业头脑，好像天生就会做生意一样，出自这些地区的学生多数会确立经商、创业的目标。而做生意的方法、打台球的技术、弹钢琴的技巧等许多技能还需要在后天的个人努力中获得。

【课堂阅读】

◇　有个学生在职业规划书中写道：“我想了很久也没想出我有什么能力，因为我现在都没有用到什么能力。只记得小时候,邻居中有个修车的人,还有个修电脑的人,他们做事的时候,我总喜欢在一旁看,一来也没事做,二来觉得好玩。就这样,我也会修摩托车和普通的电器,基本故障一般都懂得修。读小学时,我就疯狂地喜欢玩迷你四驱车,总要花钱买零件来自己组装,一下午都蹲在地上也不会累,而且还用木材和砖头自己做跑道。现在家里有什么东西坏掉,我都要自己拆开来看看,一般也都能修得好。"

4. 能力与职业规划

现实中,有很多人无法胜任工作,也有很多人并没有充分发挥自己的聪明才智,这两种人都没有实现人职匹配。如果一个人没有从事某项职业的能力却在做着这项工作,那就是一个悲剧——对自己而言,他总是在努力,但总达不到要求,很辛苦但难成功;对组织而言,它聘用了一个无法胜任本职工作的人,难以实现应有的生产力水平。相反,如果一个人的能力得不到发挥,他常常会感到郁郁不得志,甚至因为郁闷而消磨了斗志,最终难以实现自我。

一个人所从事的职业,不仅应是自己感兴趣的,同时也应是自己擅长的,即对自己所从事的工作具有与生俱来的天赋条件,并且能够充分运用潜能达到优秀的成就。我国职业教育奠基人黄炎培曾说:"一个人职业和才能相当和不相当,相差很大。用经济的眼光开起来,要是相当,不晓得增加多少效能;要是不相当,不晓得埋没多少人才。就个人而言,相当,不晓得有多少快乐;不相当,不晓得有多少怨苦。"

能力类型与职业类型的匹配,一方面是能力水平与职业层次相一致,另一方面则是必须充分发挥优势能力。如从思维能力来看,有些人擅长形象思维,这类人比较适合从事写作、音乐、绘画等文学艺术方面的工作;有些人擅长抽象思维,这类人比较适合从事哲学、数学、物理等理论性、逻辑性较强的工作;有些人擅长具体动作思维,这类人比较适合从事体操、机械维修等动作技能性的工作。每个人只能根据自己的能力所及来确定自己的职业方向和领域,才可能胜任工作,也才可能取得职业的成功。好高骛远、不求实际的做法,其结果只能是适得其反。

在求职竞争力方面,能力显得更为重要。技能是求职者所使用的资本,在职业市场上以技能换取薪酬。一个能够清晰地向潜在的雇主描述自己技能的人,最有可能获取一份正好能发挥其特定技能的职位。一般而言,喜欢自己工作的人工作效率更高,身体和心理也更健康。在进入职场之前,你必须能够根据一份职位所要求的技能,以及所拥有并乐于运用的技能和准备开发的技能,对一份潜在的工作进行分析。此外,你还必须掌握更多的词汇,以便在简历和面试中去描述你的长处。

二、你的能力类型是什么

1. 能力探索

(1)能力探索误区

第一,认为自己毫无特长。当要求一个人去描述自己的特长时,很多人往往很茫然,甚至说自己毫无特长。其实,每个人都有自己擅长的事务,每个人都是天才,只是还没有发现自己在某个方面比周围的人更擅长而已。例如:有的人善于思辨,有的人善于操作;有的人

善于口头表达，有的人善于理论分析；有的人善于交往，有的人善于处理精细事物；有的人运算敏捷，有的人过目成诵；有的人擅长形象思维（文学、艺术），有的人擅长抽象思维（哲学、数学），有的人擅长具体行动思维（机械维修）。所以，在能力探索时，必须首先确信自己身上总是有一些别人所不具备或擅长的东西。

第二，害怕失败。年轻人具有很大的可塑性，自己究竟适合或擅长做什么，最好不要先武断地下结论，应该先去尝试，进行试错式地学习和检验，直到找到得心应手的感觉，那可能就是你所擅长的工作。在职业生涯早期，不要害怕失败，害怕失败其实就是拒绝成功，凡事都应该"试试看"，不试又怎么会知道结果呢？对于潜能与天赋需要进行积极探索和勇敢尝试，对于一些可通过后天努力习得的技能则需要用发展的眼光来看待。

第三，过度依赖自发性技能。技能还包括我们将之带入到一个工作或任务中，并且在其中学到的具体的特质、才艺和个人品质。每一份工作都需要技能。我们通过生活体验、与他人的交流以及完成日常事务，不知不觉地发展了技能。个人偏好常常影响着技能和能力的发展。人们倾向于在自己喜爱的活动中反复地运用一些技能，那些反复运用、驾轻就熟的技能被称为自发性技能。在这类能够产生自我激励的技能方面，人们能做得很好而且很得意。一个人的成就感会使自己确认兴趣所在，但同时也可能蒙蔽双眼，让人无法探索其他更真实的兴趣。

第四，忽视潜能开发。潜能是择业的关键因素之一，每个人都有一些潜能，即使是刚出生的婴儿也拥有学习能力，并开始使用他们的这些潜能。你可能对自己的潜能并不了解，也可能你知道自己的潜能所在，但并没有接受正规和系统的教育或培训，使潜能成为一种技能。有研究表明，人的70%的潜能都是沉睡的，也就是说，现在不管你如何看待自己的能力，你最多只是表现出30%的能力而已。其实，我们本没有不同，只是所受到的教育和培训不同，个人对潜能的开发程度不同从而导致我们在职场上表现出差异。

第五，缺乏自信。个人对自身能力的判断往往不正确，但总认为自己是正确的。自信的人认为自己很有能力，能控制很多事情，对社会很有用，对别人很重要。缺乏自信的人认为自己没有能力，受很多事情的控制，对社会没有价值，对别人不重要。加强自我认知和自信心是个人职业成功的很重要的一步。很多时候，不是没有能力做好，而是不相信自己能够做好。通过锻炼确立自信心，使自己获得更多的提升能力的机会。

【课堂阅读】

◇　不害怕的鸟儿。一只站在树上的鸟儿，从来不会害怕树枝断裂，因为它相信的不是树枝，而是自己的翅膀。与其担心树枝，不如担心自己的翅膀；与其相信树枝，不如相信自己的翅膀。与其担心未来，不如现在努力；与其把梦想寄托于某个人或某件事，不如相信只有自己才能给自己最大的安全感。

(2)列出你的技能清单

如果你现在被问及拥有的技能，你会开出一份怎样的技能清单？如果这份清单会很短，这并不是你不具备多种技能，而是因为你从来没有被问及过，不习惯去思考和讨论它们。反思自己的技能是件很困难的事，因为我们大多被教导应该保持谦虚的态度。我们经常认为某些事做得很好并不需要特殊的技能，这低估了自己的技能。如果我们目前没有运用到某项技能，就不应该宣称具备这种能力。另外，如果我们没有把某项技能运用在某一个职业上，似乎也看不到它的价值。

所有以上的错误假设使我们不能诚实地、准确地列出技能清单。你现在的任务就是要确认许多能使你在职场上升值的技能。实际上，我们已经从生活经历中获得了数以百计的技能，不论这些技能是否能够使你得到回报，但它们已经成为你技能组合的一部分。

当你认识到自己的技能后，将能超越自我设定的狭隘限制，从而更清晰地认清自我。我们所有人都倾向于狭隘地定义自己。比如回答“你是谁”这个问题时，很多人会说“我是一个学生”“我是一个电影爱好者”等。给自己贴上一个狭隘的标签，容易自我模式化、脸谱化。在面试中更是这样。如果你说你是一个学生，面试官可能也会把你模式化，认为你缺少经验。如果你说你是一个秘书，面试官可能认为你只是想找秘书类的工作，或坚持让你从秘书工作干起。但是，假如你说你的经验包括公众讲演、从事组织工作、协调日程安排、管理预算、调研、解决问题、跟踪业务进展、激励他人、解决士气低落和合作精神方面的问题、决定有限的时间、资源和资金的优先分配方案，那么，这不仅听起来让人印象深刻，而且让你看起来也适合许多需要这些技能的岗位。

需要重视的一件事是，雇主寻找的是那些能够完成任务的、心中想的是如何能使雇主的业务运行得更有效的人。你能为雇主做什么的最好的描述方法是，强调你的技能以及如何将其应用在工作岗位上。不幸的是，我们一般倾向于低估自己的成就和相关的技能拓展。实际上，爬上一座山峰和 4 分钟跑完 1000 米同样是了不起的成就。这类成就还包括：抚养一个孩子、募集捐款、进入大学、做一次讲演、投递报纸、写一篇学期论文、设计一套服装、修理电器、安慰小孩、找到一份工作、完成一项计算机课程、从高中毕业、筹划一个晚会、计划一次旅行、克服一个坏习惯、掌握一项体育运动、上网浏览、获得一个学历，等等。

看到上述清单，你可能会认为其中一些活动没什么了不起，因为你可以毫不费力地做好。尽管它们做起来不费劲，但这并不是说它们不是成就。你应该把那些曾经被树立为目标然后实现了的事都当作成就。

(3)分析成就

如何探索我们的能力与技能？可以通过检查和分析自己最为得意的成就来发现，因为正是这些技能才使你取得了那些成就。通过分析这些成就，你可以发现一些经常运用而且乐于运用的技能(自发性技能)。在此要说明的是，所谓的成就，是指完成的活动、目标、项目和本职工作。

有两种分析成就的方法。方法之一是描述那些为之自豪的成就，然后列出完成这些成就所需要的技能，详见下面的例子。方法之二是把你的成就写成故事，然后指出其中涉及的技能，参见后面的课堂练习。

举例：用计算机写学期论文

对小红来说，学习使用计算机初级知识来完成学期论文是非常有必要的。目前，她会使用传统的键盘，也会打字，她也专门借了相关的计算机书籍来学习如何使用其他的附加键，并且还上了一节计算机操作课。通过学习，小红学会了做以下事情：

找到任何页；

进入文件；

把其他材料插入文件的不同页中；

建立简单的图形；

用打印机打印文件；

做出修改；

删除和插入字母。

她在3周内录入、检查和修改了60页的内容，然后将其删减为30页，这篇论文的成绩为A。她现在还在上一门Word和计算机制图课。

根据以上描述，小红在用计算机写学期论文对涉及的技能包括：

快速学习；

表现出灵活性；

迎接挑战；

自我管理；

执行；

面对新情况；

检查和编辑；

表达概念；

文字处理；

组织；

完成任务；

表现出耐心；

关注细节；

克服障碍；

清晰地沟通；

克服压力；

坚持；

提出问题。

2. 一般能力与特殊能力

(1)一般能力

人们将能力分为一般能力与特殊能力。一般能力指大多数人所共有的基本能力，适用于广泛的活动范围。一般能力与认识活动紧密联系，观察能力、注意能力、记忆能力、思维能力、想象能力、操作能力等都是一般能力。一般能力的综合体就是我们通常所说的智力。心理学中用智商IQ来衡量人的智力的高低。

智商只是体现职业类型的差异，并不必然与职业成功相关。有研究表明，智商越高，学习成绩也越好的可能性是25%；学历越高，智商也越高的可能性是30%；收入越高，智商也越高的可能性是16%。美国哈佛大学心理学家也曾指出，智商高并不一定会成为成功人物；相反，智商平平，但具有以下才能的人却很有希望获得成功：具有数字和逻辑才能的人；具有语言天才的人；对空间敏锐的人；具有与别人沟通才能的人；自我感觉能力高的人；懂得控制肌肉和身体活动的人。现实中，许多企业在招聘时对非智力因素的重视程度远远大于智力因素，尤其是对非智力因素中的态度、兴趣、情感、意志、人格等更是格外重视。

(2)特殊能力

特殊能力只在特殊活动领域内发生作用，是完成相关活动必不可少的能力。要顺利完成某项工作，除了要具有一定的一般能力外，还要具有该项工作所要求的特殊能力，如画家需要较强的色彩辨识能力。表4-9中列举了一些职业对特殊能力的要求。与你专业相关的工作或你的目标职业对哪些特殊能力有比较高的要求？你是否在这一方面比常人更胜一筹？

表4-9 相应职业对特殊能力的要求

能力类型	概念与特点	相应职业
语言表达能力	对词、句子、段落、篇章的理解和使用能力，善于清楚而正确地表达自己的观点和向别人介绍信息的能力，包括语言文字理解能力和口头表达能力	教师、营业员、服务员、护士等
算术能力	迅速而准确地运算能力	会计、统计、建筑师等
空间判断能力	能看懂几何图形，识别物体在空间运动的联系，解决几何问题的能力	牙科医生、裁缝、电工、木工及其他与图纸、工程、建筑等相关的工作
形态知觉能力	对物体或图像的有关细节的知觉能力，如对于图形的阴暗、线的宽度和长度做出视觉的细微区别和比较	生物学家、建筑师、医生、画家等
事务能力	对文字或表格式材料细节的知觉能力，具有发现错字或正确地校对数字的能力	设计、金融、出纳、办公室等
动作协调能力	迅速准确并协调地做出精确的动作和运动反应的能力	驾驶员、牙科医生、外科医生、雕刻家、运动员、舞蹈家等
手指灵巧度	手指迅速准确并和谐地操作小物体的能力	纺织工、打字员、裁缝、外科医生、护士、画家等
手腕灵活度	手部灵巧而迅速地活动的能力	运动员、舞蹈家、画家等

3. 功能性技能、内容性技能和适应性技能

(1)三者的含义

辛迪尼·梵(Sidney Fine)和理查德·鲍尔斯(Richard Bolles)将技能分为功能性技能、内容性技能和适应性技能。

功能性技能或可迁移技能是那些与某种具体工作没有必然关联性的通用性技能，如写作、组织、计算、操作、设计、日程安排、数据采集、分析和处理问题等能力。之所以称之为功能性技能，是因为这是一种完成一般性任务或者某项工作的功能性任务的技能。

内容性技能是与工作相关的技能，指具体的、专业化的、针对某一特定工作的基本技能。

当你进入学校学习某一专业或毕业后从事某一工作就是在培养某一些内容性技能，例如会计记账、教师判分、某种医疗专业人员解释心电图、计算机编程等。

适应性技能常被看作是一些人格特质或个人品质而不是技能，如精力充沛、身体强壮、通情达理、乐于助人、机智灵敏、可靠真诚等。适应性技能与一个人如何与他人相处、如何维持生活、如何管理和维护自己、如何应对权威以及如何应对环境等相关，它能帮助你更好地适应周围的环境以及让你在周围文化环境中更好地调整自己。

(2)三者的区分与整合

功能性技能一般用动词来表达。它可以从生活中的方方面面特别是工作之外得到发展，同时又可以被迁移运用到工作之中。比如，在学校时你善于调解同学之间的冲突，你拥有协调的功能性技能；如果毕业后到酒店工作，你也同样可以成功地将协调技能运用于解决酒店部门之间、员工之间及与顾客之间的矛盾。

仅仅提及功能性技能是不够的，必须把它与内容性技能联系起来。如果有人问“你擅长什么”，你不能只说“我擅长教学”，显然你还必须回答“你擅长教什么”。内容性技能一般用名词来表示，它需要有意识、特定的培训，并通过记忆掌握特殊的词汇、程序和学科。内容性技能不像功能性技能那样可以迁移，比如：迁移教学或演讲技能远比迁移外语知识容易。举个例子，如果你常打篮球，那你在奔跑、跳跃、掩护、运球、投篮、旋转、协调等方面就可以做得不错，这些都是功能性技能；但你还必须知道教练教给你的比赛规则、防御方法以及在特定情境中如何应对等关于篮球的专业知识，才可能打好篮球。

适应性技能是用来描述人或说明人的某些特征的，它们在句子中通常以形容词或副词的形式出现。像功能性技能一样，适应性技能可以从非工作领域迁移到工作领域，它们对于在工作中取得成就是不可或缺的，以至于雇主对它们的重视程度往往超过其他所有的技能。例如人事经理告诉你之所以会解雇你，是因为你缺乏适应性技能而不是因为缺少才干。

当你向雇主展现自己的技能时，需要将这三类技能整合在一起，而不只是展示某一种技能。当你将这三类技能融合在一起时，就能够非常具体地表达自己的能力。如果你只陈述一种类型的技能，尤其是一种适应性或功能性技能时，听上去仍然是相当含糊的。假设你声称自己具有“设计”这项功能性技能，下一个问题自然是“设计什么”，你的回答是“设计办公室”。再下一个问题是“你如何设计办公室”，此时你的回答是“我很有效率地设计办公室”或“我用审美的眼光设计办公室”，这些词汇让你清晰、明确地对技能进行解释，而这正是一名想雇佣室内设计人员的雇主所希望听到的。

(3)确认可迁移技能

可迁移技能是那些能够从一份工作中转移运用到另一份工作中的，用来完成许多类型工作的技能。可迁移技能是职场中最宝贵的财富。例如，作为一个办公室行政助理或保险理赔员所掌握的文字处理技能，会对你今后寻求如新闻工作者或律师等其他工作具有同样的价值。

你可能正为缺少正式的工作经验而担忧，你可能由于选择人文学科而担心没有学到某种具体的工作技能，在毕业时没有获得针对某一项具体工作的适当培训。让我们来分析一下人文学科的学生在学校里能够而且应该发展什么样的可迁移技能。人文学科是为众多职业准备的。事实上，大多数以文科学历毕业的人都没有在本专业领域内就业，例如历史专业的学生并不一定成为一个历史学家。无论学的是人类学、英语或历史专业，都应该具备或能够发展一系列适用于职业市场的可迁移技能，例如，你是否具备研究能力？你是否具备组织能力？如果答案是肯定的，这才是成功地从大学毕业的必然结果。

作为一名典型的大学人文学科的学生，应该学到下面一些技能：

①沟通技能：有效地倾听，起草文章和报告，向个人或群体说明你的观点，谈判处理争议。

②解决问题或批判性思维技能：分析性思维，抽象思维，以宽广的视野审视问题，定义一个问题，找出同一问题不同的解决方案，创造不同的应对问题的方法，说服他人以群体的最大利益为准来行动。

③人际关系技能：与同事交谈，指导他人，帮助人们解决问题，有效地沟通观点，与他人合作去解决问题和完成任务，与多样化的群体良好地开展工作，教授或培训他人。

④组织技能：评估需求，计划和安排演示或社会活动，项目设计，活动协调，授权，项目的评审，管理项目的执行。

⑤研究技能：搜索计算机数据库或印刷的参考资料，发现和形成主题，分析数据，给数据分类，处理具体事务，调查问题，记录数据，写作报告或学期论文。

事实上，所有各专业毕业的大学生，都应该从大学期间的各种活动中学到这些技能，这样大学的生活才是比较成功的。当具备了许多可以从一份工作转移到另一份工作的技能并且可以准确描述某项工作所需要的技能时，你就可以把自己的技能反映在求职信、简历和面试中，用以证明尽管你从来没有从事过这个职务，但实际上已经具备了这个职务所要求的种种技能。

(4)最有价值的资产：个人的性格品质

前面谈到了那些从学校、工作岗位、家里以及休闲和志愿者工作等活动中学习、获取的可迁移技能，许多技能可能不需要培训或者教育，而是自然而然就掌握了的。这种技能成为一种天生的能力——个性特征，如在危机中保持镇定的能力、在同一时间内从事多项事物的能力、天生的处理数字的能力、天生的语言词汇能力等，还有如待人热情、良好的态度、执着、自信、幽默等一些成功所需要的品质。

这些能力有助于个人推销自己和才能。正是这些被称为适应性技能的个人品质将你和许多合格的求职者区别开来，最终使你得到一份工作、获得最高的评价、得到晋升和加薪的机会。这些品质甚至可能在困难时期帮助你保住工作。

当然，这并不是说你应该期待一个雇主会面对你热情而充满微笑的面孔说："你没有工作经验没关系，我们看中的是你的乐观热情。"一旦你了解和确认了自己拥有的各种与工作有关的具体技能，把经验和技能与所求职位紧密地联系起来加以概括，你就能深刻地了解自己，并且兴致勃勃、充满热情和友善地表达自我，那么成功的机会就会大大增加。

【课堂思考】

◇　为什么说"人文学科是为众多职业准备的"？

◇　可迁移技能对于技术性专业学生来说重要吗？

【课堂阅读】

◇　2012年10月19日上午，厦门银行在厦门大学嘉庚学院公共教学楼一号楼208教室举行专场校园宣讲会。主讲人吴君详细介绍了厦门银行的战略规划、薪酬福利以及银行内部职业发展通道和体系，并介绍了2013年厦门银行的招聘对象和招聘岗位。吴君说："思维敏捷、积极主动、具有较强的团队精神、在沟通和做事上有较强的逻辑和分析能力是我们企业最想要的人才。"

4. 岗位基本技能

(1)三种基础性技能

①基本技能：阅读、写作、数学、口头表达和倾听。这些能力都是今天的雇员所必须具备的。如果对自己的基本技能没有把握，则有必要从现在起尽快地加以改进和提高。不要认为作为一名大学生，不需要努力就可以掌握这些基本技能，从而逃避基本技能的测试和课程学习。而是应该采取措施达到上述技能的基本水平，并力争做得更好。

②思维技能：创造性思维、决策、解决问题、理智地看待事物、知道如何进行学习和说理。思维技能让人发现自己的长处和短处，行动起来弥补存在的缺陷。它还能使你学习新的技能，进行创造性的思考，发现问题并能够找到解决方案。如果你对自己这方面的能力没有信息，请认真思考或与他人交流，看看是否有必要进行这方面的测试和参加有关的学习课程。

③个人品质：责任心、自尊、正直、社会交往能力和自我管理能力。

(2)五种个人能力

高效的员工必须能够有效地运用：

①资源：合理地安排时间、金钱、材料、空间和人员。

②人际交往技能：团队合作、教授他人、接待顾客、领导、谈判，以及与不同文化背景的人良好地共同工作。

③信息：获取和评估数据、整理和保管好文件、说明和沟通、使用计算机处理信息。

④系统：了解社会的、组织的和技术的系统，监控和调整系统的运行，设计或改进系统。

⑤技术：选择设备和工具，根据具体任务运用不同的技术，以及维护和检修技术。

(3)现实工作技能

据有关方面的调查，现实工作中最重要的六种能力是：读写与算术能力；沟通技巧(学会表达自己并且能够聆听)；随机应变能力(创造力及解决问题的能力)；处理危机能力(自我评价、进取心、生涯发展的意识)、组织能力(能否担任领导)、处理人际关系的技巧(协调能力及合作精神)。

据有关媒体调查，最受欢迎的十大求职技能是解决问题的能力、沟通能力、专业技能、计算机编程技能、信息管理能力、理财能力、培训技能、科学与数学技能、外语交际能力、商业管理能力。

(4)多面手员工

上述关于岗位基本技能的分类有重复与交叉，我们只是从多个角度提出大学生在校期间应该多多留意和加强锻炼的一些重要技能。在职场中你掌握的技能越多，机会就越多，价值也就越大。查尔斯·汉迪(Charles Handy，1995)指出在这十年中，多面手员工的数量会大幅度增加。这些多面手不是某一个组织的全职人员，而是为多个雇主服务的。因此，一个掌握文字处理与数据分析管理技能的人可能为不止一家企业服务。在不久的将来，大量的人员将是自我雇佣的，影响企业的稳定性的主要因素将不再是来自传统的雇主——员工关系，而是来自他们所能提供的必要技能。这种自我雇佣的多面手员工的增加趋势表明，我们必须能够更加清楚地了解自己所拥有的技能，想清楚通过哪些技能才能够掌握、运用、改进、拓展和保住竞争力。

【体验活动】

1. 自我认识的工具——优缺点平衡表

参照下表的格式，在表中填上自己的优点与缺点，尽可能多地包括自己各个方面的优缺点。

优点	缺点
有团队意识	不容易跟上级做好朋友
受人称赞的管理者	容易紧张
公正无私	经常说话不顾后果
精力充沛	性情比较保守
思想开放	真正的朋友很少
性格开朗	情绪不稳定
办事认真	不喜欢琐事
……	……

2. 通过讲述成就经历故事识别技能

首先，为每一项成就经历取一个名字，写在表格的上部。然后，尽可能地写出更多的细节，不要只是简单地写一个句子或给出最后结果，而要说出实际上做了什么才取得这样的成就。故事越详细，揭示的技能就越多。在详细地描述完成就经历之后，再重读一遍，圈出给你带来成就的技能，并在表格的右边列出。最后，找出动词，这些就是你的功能性技能，把它们与内容性技能联系起来，加上适应性技能以完成一个简短、吸引人的所具有的技能的总体描述。

成就经历表

成就经历	技能运用或识别
名称：	
细节：	
技能总体描述：	

【案例分析】

1. 来自索尼技术中心会计部经理说："当我在聘用一个人时，我最看重的是他的人际沟通能力。这项能力极其重要，因为必须有能力与人交谈才能获得需要的信息。我相信每一个人都具备学会世界上任何一件事的能力，如果你具备发现自己想要完成工

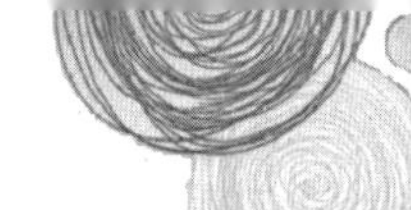

作的答案的能力,你必然成功。我把80%的时间用在与索尼其他部门打交道上,我的员工也花费大量时间与本部门之外的人打交道。"

阅读上述材料,思考以下问题:

(1)作为一名会计,为什么人际沟通能力如此重要?

(2)你从这段文字中学到什么?

2. 小王是一个19岁的大一学生,当朋友们需要策划一件事时都愿意向他请教。在他上中学的时候,因为他很喜欢搞恶作剧,以至于惹了很多麻烦。当他长大一些,他开始从搞鬼把戏转向做策划。他做起策划来驾轻就熟。虽然他自认为没有什么特殊才能,他的朋友们却认为他是一个天才。

他的朋友小丽马上要过18岁生日了,他想为她举办一个别出心裁的惊喜聚会。他把这个主意告诉了所有朋友,并把他们分成若干小组,分别负责食物、娱乐节目、交通和装点布置。最后,这个生日聚会极其成功。

这件事之后的一周,小王要为他的职业指导课写一篇描述他成就的小论文,并采用这次生日聚会作为例子。他描述了最初的策划,怎样组织和分配工作,怎样列出一项工作检查清单,怎样与每个人保持沟通。从老师给大家都一份技能清单中,他发现自己具备领导力、创造力、沟通能力、毅力、组织力、相信他人、依靠他人、关注细节等技能,正是由于具备这些技能,才使他圆满地完成了一个生日聚会。

在大一暑假时,朋友告诉小王有一个公司需要一个实习生去帮助筹划一次重要的会议。由于他没有真正的工作经验,因此将这次生日聚会作为简历的内容来证明自己的技能。这份简历让他有了一次面试机会,他的开放个性和组织能力让他获得了这份实习工作。

当这次实习工作结束后,小王开始对职业进行调研并思考未来继续从事类似的工作需要哪些进一步的教育或培训。他发现组织和策划活动适合他的兴趣和技能。

阅读上述材料,思考以下问题:

(1)还有哪些职业需要他所拥有的技能?

(2)是否有些人天生就具备这些组织才能?如果不是,那么怎样才能开发这类技能?

(3)列出一些你曾经完成的活动或课程,指出其中涉及的你已经习以为常的技能。

第六节　生活方式探索

一、生活方式是什么

1. 生活方式的含义

生活方式是个人或群体维持日常生活和进行社会交往的方式或模式所集合的一种独特形态。每个人有不同的成长环境、生活经验、兴趣、性格、价值观，也就塑造了属于自己的独特生活形态。不同的职业类别，其整个生活作息安排也会有差别，如朝九晚五的上班族和需要经常出差的商务人员就存在着不同的生活方式。

生活方式并不存在对错或好坏之分，关键在于它是否适合自己。因此，每个人都有权利决定自己的生活方式，都要主动地去创造、安排自己的生活方式，因为你就是自己生活重心的主宰。虽然有时我们心目中理想的生活方式会因为外在的现实环境（如结婚生子、职业转换等）或个人成长成熟后观念发生转变等情况，必须做适当的调整或改变。但无论如何，拥有一个适合自己的生活方式是很重要的人生目标，也是值得我们努力追求的。①

【课堂讨论】

◇　我现在的生活方式如何？我满意目前的生活吗？

◇　我父母的生活方式如何？我未来想过的生活和他们一样吗？

◇　我理想的生活方式是怎样的？我如何规划自己理想中的生活？

2. 生活方式与职业规划

工作对很多人来说很重要，但毕竟它只是生命中的众多任务之一，而不是生活的全部。你想要怎样的家庭生活？你如何满足自己的精神需求？你的休闲生活如何安排？职业成功在你的生命中有多重要？这些问题考察的就是你所偏好的生活方式，而这与职业规划紧密相关。我们在探讨价值观时，生活方式是一个重要的工作价值，忙碌的现代人十分羡慕那些拥有较多休闲时间、能够照顾家庭成员的工作岗位。

对生活中的非工作部分进行探讨是十分重要的。第一，工作难以满足你所有的需求，个人基本需求中有很多是在工作以外才能得到满足的。有研究表明，非工作领域的活动与休闲生活的确在人的一生中占有重要地位。如休闲生活对恢复身心健康、保持生活幸福感具有重要意义。

第二，工作占据了现代人的大部分时间和感情，从而无暇兼顾个人生活，合理的职业生涯决策需要平衡工作与非工作领域的关系。如对于有孩子的家庭来说，当孩子还未成年，父母们常困扰于如何兼顾工作与孩子教养的问题，如果他们需要经常出差，那必然会忽视孩子的学习与生活。

第三，在人生的不同阶段，非工作部分和休闲生活在生命中的地位将有所变化，职业生

---

① 黄天中：《生涯规划——体验式学习》，高等教育出版社 2009 年版，第 524～525 页。

涯决策者必须对这种变化保持警惕性，以取得生活的平衡。如对于刚毕业的大学生而言，“一人吃饱就是全家吃饱”；但等到结婚生子后，就必须更多地考虑家庭成员的需求；再等到了中年期，工作压力、家庭生活、个人身体与精神状况等之间重叠作用，生命运行任务繁重，这将压得他们喘不过气来。

第四，生活方式与工作之间互相影响，成功的职业生涯规划必须合理地平衡个人生活方式与工作之间的关系。每一份工作所给予你的生活方式是不同的，你所选择的职业和职业发展道路将限制你对生活其他方面的付出。工作特性与岗位要求决定着你的日程安排、个人收入、生活环境等，而这些又进一步限制了你对生活方式的选择。你将来所过的生活必然是你所偏好的生活方式和实际工作的要求与回报之间互动与权衡的结果。

【课堂讨论】

◇ 当事业的发展需要放弃很多东西时，你是否会问自己：“每天这么忙，究竟是为了什么？”

◇ 个人的休闲时间和与朋友相处的时间，应该占据你多少时间？

◇ 个人健康问题与感情问题，需要占据你多少精力？

◇ 家庭成员在时间上、情感上和金钱上的需求，如何影响你的生活方式？

二、你所偏好的生活方式是什么

一般而言，我们可以将生活方式分成以下几种：

1. 社会取向的生活方式：拥有参与社区活动的机会来为社会做贡献。
2. 家庭取向的生活方式：能够为家庭提供充分的经济保障，积极参与家庭活动。
3. 休闲取向的生活方式：把休闲活动作为个人生活当中的重要组成部分。
4. 流动取向的生活方式：因业务的关系而拥有很多到各地旅行的机会。
5. 领导取向的生活方式：有机会独立行动，并承担领导的角色。
6. 教育取向的生活方式：可以凭借学历层次的提高来获得成就和晋升。
7. 经济取向的生活方式：拥有相当多的财物和社会知名度。
8. 无压力取向的生活方式：工作压力小，工作时间固定，有足够的时间参与家庭活动。
9. 利他取向的生活方式：帮助他人，并对社会有所贡献。
10. 独立、创造的生活方式：具有面对挑战和创造的机会。
11. 宗教、社区服务取向的生活方式：有足够的机会参与宗教、社区事务和社会服务。
12. 财务、成就需求取向的生活方式：获得财务上的安全感及财务、社会、教育上的成就感。
13. 世界主义取向的生活方式：所受的限制较少，并能成为工作上的领导人物。
14. 传统取向的生活方式：获得家庭经济上的安全感和社会的赞许。[①]

【课堂讨论】

◇ 思考以下问题，对这些问题的回答反映了你的生活方式偏好。将你对生活方式的

① 黄天中：《生涯规划——体验式学习》，高等教育出版社2009年版，第525页。

要求写进职业生涯规划书中，并在选择目标职业和发展道路时加以考虑。

1. 对你而言，生命中最重要的价值是什么？
2. 你的生命中除了工作还有什么？
3. 生活的其他部分重要吗？
4. 如何看待工作与生活的协调与冲突？
5. 工作是为了生活，还是生活是为了工作？
6. 根据自己的价值观、兴趣和能力，你对工作外的事项如何选择？
7. 我喜欢/不喜欢哪些活动？
8. 哪一个价值观、兴趣与能力与你的目标职业最匹配？
9. 哪一个价值观、兴趣与能力能在工作之外得到实现？
10. 你偏爱什么样的生活环境？
11. 你希望上班地点离家多远？希望与家人同住吗？需要和朋友相近吗？

三、个性特征之间的冲突

在探索自我个性特征时，我们还会面临价值观、性格、兴趣与能力之间的冲突，它们在多个方面互相作用。正如上面所论述的，有些兴趣源于深层价值观，也与能力有关，即你所看重的一般你也会喜欢，你十分享受自己所擅长的工作，因为你喜欢某项活动一般也会非常擅长从事这项活动。

通过自我探索，希望学生能够“寻我所需、探我所适、选我所爱、做我所能”。但有些时候，你所看重的事物却无法引起你的兴趣，你喜欢的并不适合你，你能做好的可能你并不想要，适合你的可能你却不喜欢等等，诸如此类的问题是比较棘手的。现实中，部分学生能够体会个性特征之间的冲突，比如说，你认为学好英语很重要，但你并不喜欢也不擅长；相反，你喜欢中国古典文学和音乐艺术，但你的性格和能力限制了你沉下心来钻研。

似乎分别探讨价值观、性格、兴趣和能力是适宜的，但在某些时候，它们却必须被看作一个整体，共同形成一个独特的个体。首先，在决策时，价值观、兴趣、天赋是首要考虑的因素，因为它们是个性的倾向性，与职业的匹配较为严格；接着再考虑技能、性格等个性心理特征的限制，因为这些限制因素是可以通过调整和努力得以克服的。其次，可能你在某一方面有很强的个人偏好或特长，即可以先尝试着进行特长匹配，再根据其他个性特征做出调整。再次，决策即是选择，选择意味着放弃，有时候为了某些你认为重要的要素，你必须放弃一些所需、所适、所爱、所能，鱼与熊掌不可兼得。最后，施恩的职业锚理论和霍兰德的职业性向理论均较好地整合了各个个性特征要素，你可以通过心理测试和实践探索确定自己的类型，在此基础上进行目标定位。

【课堂练习】

请根据图4-5以及自我探索的结论，形成自己预期的职业库。然后在接下来的环境探索中，进一步思考这些职业对于自己是否合适、是否可行等问题。

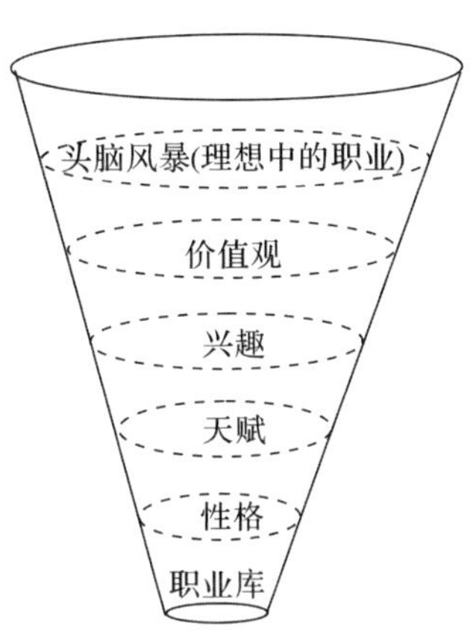

图 4-5　根据自我探索形成自己预期的职业库

【课堂游戏】

"拍卖你的生涯"——如何看待生命中的其他内容

假设你现在身处在拍卖现场，将参与竞拍生命中一些内容，而筹码正是你的生涯。一个人的生涯，就是人生的追求和事业的发展，它可以掌握在你自己手中。你必须真诚而全身心的投入，自己决策。每个人手上都象征性地拥有 1000 元，代表着你一生的时间和精力，你可以用自己手上的积蓄，购买以下可能性：

A. 豪宅
B. 巨富
C. 一张取之不尽、用之不竭的信用卡
D. 美貌贤惠的妻子或英俊博学的丈夫
E. 一门精湛的技艺
F. 一个小岛
G. 一所宏大的图书馆
H. 和你的情人浪迹天涯
I. 一个勤劳忠诚的仆人
J. 三五个知心朋友
K. 一份价值 50 万美元并每年可获得 25%纯利收入的股票
L. 名垂青史
M. 和家人共度周末
N. 一张免费旅游世界的机票
O. 直言不讳的勇敢和百折不挠的真诚

【体验活动】

评价生活形态项目

表 4-10 中有许多生活形态的项目，对每个人而言，其重要性是不一样的。了解这些项目对自己的重要程度，对未来生活的规划与安排会有所帮助。想一想，每个项目对自己的重要程度如何？并在相应的栏内打"√"。

表 4-10　生活形态项目

生活形态项目	很重要	普通重要	稍微重要	不重要
1. 住在宁静的乡村				
2. 生活富有挑战性、创造性				
3. 有崇高的社会声望				
4. 能自由支配金钱				
5. 有充足的闲暇做自己感兴趣的事				
6. 住在都市地区				
7. 积极参与社区活动				
8. 居住在文化水准较高的地方				
9. 经常旅行，扩展视野				
10. 居住在小孩上学方便的地方				
11. 每天有固定时间和家人相处				
12. 可自由支配自己的时间				
13. 每天准时下班				
14. 担任主管职务				
15. 拥有宽广、舒适的生活空间				
16. 工作安定有保障				
17. 拥有丰富的经济收入				
18. 和朋友保持密切往来				
19. 和父母住在一起，承欢膝下				
20. 参与和宗教有关的活动				
21. 每月有固定的储蓄				
22. 固定居住在某个地方				
23. 随时吸收新知识，充实自己				
24. 和妻(夫)及子女住在一起				
25. 调配时间督导子女的作业				
26. 和家人共享假期				
27. 每天运动，锻炼身心				
28. 工作之余参与社团活动				
29. 能密切配合的工作伙伴				
30. 贡献自己所能，参与社区服务				

1. 请将"很重要"的生活形态项目列在下面的空格中

(1)______________________________

(2)______________________________

(3)______________________________

(5)______________________________

(6)______________________________

(7)______________________________

(8)______________________________

(9)______________________________

2. 请将你脑海中个人未来的生活蓝图以彩色笔绘制出来，必要时可附以文字说明[①]

____

____

____

____

____

课后练习

1. 对照周哈里窗，通过内省和与他人交谈，画出关于自我的四个象限，看看哪个象限比较大，哪个比较小？

2. 如何看待自己个性特征中一些别人认为不好的方面，你能否接受这些方面为自己的一个部分？你是否对自己的过去或亲人有不好的评价？你能否接受这些过去和亲人为自己的一个部分？

3. 你的工作价值之间是否存在冲突？举例说明，并解释你将如何处理这一"鱼与熊掌不可兼得"的状况？

4. 对你来说，哪件事是更困难的：是去做某件你做得很好但不喜欢的事情，还是去做某件你喜欢而你一直认为你不具备做好的能力的事情？

5. 为自己写一封推荐信，在信上完整阐述自己的能力。

---

① 黄天中：《生涯规划——体验式学习》，高等教育出版社 2009 年版，第 526～527 页。

第五章 环境探索

【引导案例】

小李是一名大专毕业的应届毕业生，大三的时候在一个三星级酒店实习了半年后，终于在7月拿到毕业证时转正了。她现在做的是出纳，所学的专业是财政与税收。在酒店工作的这段时间，她觉得什么都挺好，这里人好，环境好，也学到一些东西，可对于家中唯一支柱的她，月薪才2500，实在是难以持家。父母都下岗，她不知道是否应该另谋出路。就在前段时间，一个朋友给她打电话，告诉她一个很著名的公司正在找前台招待，推荐她去，但离她家要一个半小时的路程。路程她可以忍受，主要是她不知道自己到底应不应该在转正没多久就跳槽，而且做前台招待也不是她的本行，但她相信自己可以在努力一段时间后争取一下财务工作。那里的月薪也只有3000，虽然多了一点，但也会消耗在路费上。她是继续待在这个稳定的酒店里，还是应该在那个层次更高、竞争又比较激烈的公司磨炼自己呢？她应该把什么作为重点呢？①

作为应届毕业生的第一份工作，小李该如何选择？一份是与专业相关，另一份则与专业无关；一份较为稳定，另一份则充满变数；一份收入较低但工作环境较好，另一份收入较高但可能会更为辛苦；父母的需求该怎么满足，行业和职位的发展又会如何？这一切的一切，都让小李难以做出抉择。职业生涯规划不仅需要了解自我个性特征，更需要搜集、分析和整理社会、职业和家庭环境的大量信息。社会与文化环境、行业发展与职业特性、家庭的资源和需求都可能对择业和职业发展产生重要的影响。

第一节 社会环境探索

一、经济环境探索

经济环境对个人的职业生涯发展将会产生直接的影响。当经济发展非常景气时，百业兴旺，薪资提升，就业与职业发展的机会就会大增；反之，就会使职业发展受阻。2007年由美国所引发的全球性金融危机对全球企业发展与就业状况产生了深远的影响，中国东南沿海外向型经济较为突出的地区也受到重创，曾掀起民工返乡潮，这说明了经济环境对职业发展的直接影响。2009年，很多大学生在求职找工作时也感受到了金融危机下的艰难。

对经济环境的了解可以通过以下几个方面获得：经济改革状况、经济发展速度、通货膨

① 南方人才网，http://www.job168.com/e/job168e_read.jsp? job168e_no=1229

胀率、经济建设状况、国际贸易状况等。过去连续五年,中国经济创造了两位数的增长率,平均每年增加了1700万个就业岗位。近十多年来,中国经济发展的历史数据表明,“保八”(经济年增长达到8%)就能保证最低的就业增长率,中国社会就能稳定。虽然中国总体经济形势仍被广泛看好,但每年的大学毕业生超过了700万,就业前景仍不容乐观。

从长期趋势来看,为了避免社会的不稳定性,中国政府势必努力维持一定的发展速度。和十年前相比,中国政府的财政实力和金融实力已大大加强,即使出口的外部需求疲软,中国政府也完全有体制上和经济实力上的能力,来保证每年一定的增长目标。再者,中国城镇化过程还在进行,还有几亿人口会在未来十年中从农村移往城市,还有大量的基础设施投资需求在推动中国经济规模的进一步扩张。

上述中国整体经济在中长期的发展将会对大学生求职和职业发展带来哪些影响?哪些因素可能是正面的影响,哪些是负面的?在整体经济环境中,有哪些因素与你的专业或目标职业紧密相关?而在经济形势不好的情况下,你将采取哪些措施增强求职竞争力或者为转换跑道做出哪些调整?另外,你可能还需要对全球经济形势及其变化趋势做出一定的研究和评估,经济全球化对大学生求职与职业发展的影响是显而易见的。

二、社会与文化环境探索

1. 政策法规分析

政策法规环境主要是指一个国家或地区的法律、法规、方针政策、经济管理体制、人才培养开发政策、人才流动方面的有关规定等。如政府有关人员招聘、工时制、最低工资的强制性规定、现行的户籍制度、住房制度、人事制度和社会保障制度等,这些因素都会对职业的选择和发展产生重要的影响。

关注国家重大政策走向和社会发展潮流,将为职业选择提供重要依据。如近年来,中央多次提到了环保问题,以前相对冷门的环保行业可能成为未来的热门行业。政府会根据国家宏观经济与社会发展状况对一些行业制定法规、政策与标准,这些政策对企业和职业的发展都会产生重要影响。此外,还必须关注国内外重大事件,如2008年北京奥运会的成功举办给北京的建筑业、旅游业和服务业都提供了较多的就业机会。

对于即将毕业的大学生而言,有必要研究相关的就业政策,包括国家对定向生、委培生、结业生、肄业生、第二学位毕业生、师范类毕业生、父母支边的毕业生等的不同政策;对报考公务员、选调生、到军队工作、基层就业、创业、报考研究生、出国留学等的不同规定;有关派遣和接收的规定;就业、报到、落户、档案转递、党团关系转递等就业相关程序。

2. 知识经济与信息时代的到来

知识经济就是以现代科学技术为核心的,建立在知识和信息的生产、存储、使用和消费之上的经济。知识经济正在给中国的社会经济发展注入更多的活力和带来更好的机遇。与此同时,计算机的普及把信息对整个社会的影响逐步提高到一种绝对重要的地位。信息量、信息传播与处理的速度以及应用信息的程度等都以几何级数的方式增长。在这样的时代,掌握知识与计算机技能、学会处理大量信息并能够迅速做出应变无疑是大学生适应这个社会和提高职场竞争力的重要保障。

3. 就业观念的变化

青年的就业与发展以当时社会政策和社会需求为导向,20世纪90年代中后期至今的就业观念进入追求发展的多元化时代。现代大学生就业观念变迁的三个趋势是:(1)自主化——主体性越来越强;(2)务实化——政治色彩淡化;(3)多元化——选择面越来越宽。这种多元包括就业类型、职业类型、工作地点、就业途径等的多样化,还有“非正规就业”甚至“不就业”的选择。

4. 社会价值观的转变

社会价值观念正在通过影响个人价值观而影响个人的职业选择。如美国公民普遍喜欢市场契约制度,崇尚职业的新奇性和变换性,因此流动率较高。而日本公民喜欢终身雇佣制,人们追求工作的安全感和稳定性,流动率较低。在价值选择和评价上,人们的主体意识明显加强,追求和取向日趋多样化。当今的中国社会面临着传统与现代、落后与先进、东方与西方等一系列矛盾和冲突。社会价值观的变化会影响人们对职业的看法,有些职业可能现在不被接受,但未来发展空间很大,一些新奇行业的出现对传统社会价值观提出了挑战。

5. 文化环境探索

文化环境包括教育条件和水平、社会文化设施等。社会文化是影响人们行为、欲望的基本因素。在良好的社会文化环境中,个人能受到良好的教育和熏陶,从而为职业发展打下更好的基础。另外,中国社会整体教育水平逐年提高,大学生就业的竞争性加大。目前,我国高等教育已经步入大众化时代,新一轮的教育改革也正在酝酿,大学生就业压力将会逐年增大,就业前景越来越不被公众看好。

第二节　职业环境探索

一、宏观职业环境探索

1. 产业探索

(1)产业与产业结构

产业主要指经济社会的物质生产部门。一般而言,每个部门都专门生产和制造某种独立的产品,某种意义上每个部门也就成为一个相对独立的产业部门,如农业、工业、交通运输业等。

一般来讲,我们把产业划分为第一产业、第二产业和第三产业。第一产业的属性是其生产物取自于自然,指农、林、牧、渔业。第二产业则是加工取自于自然的生产物,包括采矿业、制造业、电力、煤气及水的供应业和建筑业。第三产业被解释为繁衍于有形物质财富生产上的无形财富的生产部门,包括交通运输、邮电通讯、商业、饮食、物资供销和仓储等业;金融、保险、地质普查、房地产、公用事业、居民服务、旅游、咨询信息服务和各类技术服务等业;教育、文化、广播、电视、科学研究、卫生、体育和社会福利等业;国家机关、政党机关、社会团体以及军队和警察等。

(2)产业结构变动及就业问题

改革开放以来,第一产业的比重呈不断下降的趋势,第二产业的比重没有发生大幅度的变化,第三产业的比重迅速上升。根据产业发展的一般规律,随着工业化和城镇化进程的发展，劳动力将逐步由第一产业转向第二产业，第三产业呈缓慢增长之势。进入工业化和城镇化发展的后期，第二产业吸收劳动力能力开始饱和并下降，第三产业就业者的数量和比例则大大增加，并将超过第一、第二产业就业容量的总和。

在发达国家 GDP 的构成中，第一产业所占比重一般不超过 5%，第二产业一般不超过 30%，而第三产业所占比重最大，一般为 65%以上。目前，第三产业增加值占国民生产总值的比重，世界平均水平是 50%左右，发达国家是 60%～70%，发展中国家平均水平在 40%以上，我国是第三产业比重过低的为数不多的国家之一。未来第三产业将在就业中发挥主渠道的作用。

2. 行业探索

(1)行业及其分类

一个产业可以包含许多行业。行业是根据生产单位所生产的物质或提供的服务的不同而划分的，它表示了就业者所在单位的性质。传统上，中国将行业分为 13 个门类：一是农、林、牧、渔、水利业；二是工业；三是地质普查和勘探业；四是建筑业；五是交通运输、邮电通讯业；六是商业、公共饮食业、物资供销和仓储业；七是房地产管理、公共事业、居民服务和咨询服务业；八是卫生、体育和福利事业；九是教育、文化艺术和广播电视事业；十是科学研究和综合技术服务业事业；十一是金融、保险业；十二是国家机关、党政机关和社会团体；十三是其他行业。

(2)热门行业分析

行业是否景气与热门将对大学生的求职就业有重要影响。有报道指出，未来就业市场的热门行业包括：文化与生活休闲业(包括出版业、大众传播业、旅游业、餐饮业、宾馆业、娱乐业等)；老年产业(包括老年用品制造、老年生活服务、老年医闻、托老所、老年教育、老年休闲等)；环境行业(包括环境保护行业、资源再利用行业、节能行业、新材料与新能源业，例如太阳能、“绿色”材料、替代资源的人造材料等)；科学技术业(包括各科学领域的基础理论研究，信息技术、生物技术、生命科学技术、航天技术、海洋工程、核利用技术等各技术领域的研究开发)；社会管理业(主要指政府机构以及相关的公共服务和社会工作)；知识产业(专门从事知识的生产、搜集和管理的部门，以及进行专门知识的训练，如人工智能训练、国际关系训练、精神护理训练，对知识、信息进行加工的部门)。

【课堂讨论】

◇　进一步通过网络搜集行业发展信息，结合当前中国发展形势，你认为目前中国最热门的行业有哪些？未来还会出现哪些热门行业？有哪些行业已经大幅萎缩？未来还有哪些行业要成为夕阳行业？

3. 职业探索

(1)职业分类

各国国情不同，其划分职业的标准也有所区别，例如可以简单地分为脑力劳动和体力劳动。我国人口普查使用的《职业分类标准》，将职业分为 8 个大类，即各类专业、技术人员；国家机关、党群组织、企事业单位的负责人；办事人员和有关人员；商业工作人员；服务性工作人员；农、林、牧、渔劳动者；生产工作、运输工作和部分体力劳动者；不便分类的其他劳动者。

职业的分类与产业、行业、职位和时代有关。职业类别之间有一定的差异性和层次性。无论以何种依据来划分，职业都带有组群性特点，如科学研究人员中包含哲学、社会学、经济学、理学、工学、医学等，再如咨询服务事业包括科技咨询工作者、心理咨询工作者、职业咨询工作者等。大学生在思考适合自己的职业时，可先寻找职业族，然后再在这一族中探寻不同的职业。

（2）职业发展趋势

随着社会的发展，我国职业发展呈现以下趋势：①社会分工越来越细，新的职业不断涌现，社会职业种类推陈出新；②职业的专业性增强，职业种类向综合化、多元化方向发展；③社会职业结构变迁速度递增，第三产业职业数量大增；④科学技术日新月异，职业活动内容不断更新；⑤从业者主动适应社会需求，职业流动成为社会发展趋势。

随着社会主义市场经济的发展，人们的就业观念也发生了深刻的变革，打破了一次就业定终身的“从一而终”的旧观念，职业流动成为一生中的常事。值得注意的是，正常的职业流动能够促进劳动者的全面发展，发挥专长，潜能得到最大限度的发挥。但不合理的流动，无论对个人和社会都是无益的。

【课堂讨论】

◇ 在这个多变的世界里，中国处于社会转型中，根据从网络和周边亲友那搜集的信息，你还观察到目前中国出现了哪些新职业，未来还可能出现哪些新职业？

二、微观职业环境探索

1. 企业单位探索

（1）企业单位探索的维度

作为求职者，一般要从哪些方面去分析和评价一个单位呢？虽然每个人的价值取向和思路不一样，但评价一般可从以下几个方面入手，具体见表5-1。表格中并没有包括企业单位探索的所有因素，但包括了大学生求职应该去了解的主要因素。

表5-1　企业单位探索表

管理性特征	单位类型	事业、企业还是机关单位等
	组织架构	单位的部门构成及
	组织文化	单位在其发展过程中形成的共同价值观、行为准则等
	人员结构	单位员工的性别结构、年龄结构、学历结构等
	人员流动	单位人员的流动率及造成人员流动的主要原因等
	新手现状	单位新进员工的发展现状等
发展性特征	所属主管部门及行业	单位的上级部门或主管部门、单位所属行业的背景
	业务范围	从事的业务或服务
	发展阶段	单位前身、成立时间等
	发展规模	单位的员工人数、有无分公司、营业状况等
	业内排行	单位在同行业内的地位

(2)管理性因素探索

管理性因素是从静态角度去考察企业。一般来说,大学生需要关注两大方面:一是单位的整体情况,可以从组织结构、人力资源、组织文化等因素去了解,考虑自己在企业中的定位问题;二是企业的文化理念或经营风格,如:官僚与保守、创新与竞争,企业文化与风格没有好坏之分,关键看是否适合自己。

(3)发展性因素探索

发展性因素是从动态角度去考察企业,以判断单位未来一段时间的发展前景。对企业发展状况的探索,可以通过多种指标去考察。大学生可以多搜集相关企业的信息,并根据发展阶段、发展规模、业内排行及名气等指标,对企业现状及未来发展进行判断。

【课堂阅读】

七个方面认识企业

我们还可以从以下七个方面来认识一家企业。(1)成立时间。成立时间代表公司的历史,老字号公司可能经营稳健,除非经营者有眼光,否则恐怕流于保守,甚至停滞。成立二年内的新公司,经营风险较大。一般而言,经营五年以上的企业,比较稳健,颇有冲刺力,经营风险也较小。(2)营业项目。从营业项目可看出这家公司所制造或销售的产品,并概略了解该公司属于哪一产业和行业,以及未来发展的可能性,是否符合自己的志趣和专长。(3)资本额与营业额。资本额代表公司的经营筹码,资金越多当然越稳健。营业额包括公司全年出售商品所获得的总收入,不包括非盈利收入,如利息、租金等。(4)员工人数。通常制造业的员工人数较多,服务业的人数较精简。(5)负责人。从负责人的背景,如是白手起家、企业家二代或是专业经理人,即可看出这家公司的企业文化。(6)关系企业。从关系企业可看出这家公司的资源、人脉关系,不少集团企业都具有相当多的大企业资源,就业未来轮调、升迁的机会较多。(7)人事制度。在进入企业后,首先要了解其教育培训制度、薪资福利制度等。求职者可从该公司员工的性别分布、平均年龄及学历分布来了解该公司的特性,再思考自己是否适合这样的工作环境。

【课堂讨论】

◇ 你愿做“鸡头”还是“凤尾”?你青睐大公司还是小公司?

2. 公司职位探索

(1)职位的相关概念

①行业、职业与职位分类

职业是按就业者本人所从事的工作性质来划分的,而与就业者所在单位属哪个行业无关。不同的行业可以包含相同的职业,如工业这一行业,仅有生产工人是不够的,还有工程师、技术员、管理人员,甚至也有医生、教师、炊事员、驾驶员等。职业分类与职位分类也不同。职位分类是根据企业内部岗位职责和权限的大小而进行的人员层次的划分,如业务督导、行政督导、经理、事业部经理、首席执行官 CEO 等。

②职位

职位是指承担一系列工作职责的某一任职者所对应的组织位置，它是组织的基本构成单位，职位与任职者一一对应。也就是说，职位是组织的一个节点，因组织工作层次的需要而存在。而岗位是工作流程的节点，因具体工作流程的需要而存在。

一般来说，组织中的职位结构主要有以下两种：单轨制和双轨制。在组织结构中，单轨制只设单一的管理职位，管理层次对应着管理责任大小、薪酬高低，职位越高，薪酬越高。如果组织中存在技术员工，这种结构将导致技术员工没有发展通道，或只能挤向“仕途”，不利于组织的技术发展。在组织结构中，双轨制同时设立管理职位、技术职位，让从事经营管理的员工和从事技术工作的员工都有发展通道。管理职位的等级一般包括高层（决策层）、中层（职能层）、基层（执行层），技术职位的等级一般包括高级（高级工程师）、中级（工程师）、初级（助理工程师、技术员）。

（2）职位探索维度

对职位的探索应该是多维度的，一般包括三大方面：一是入职机会与竞争条件，前者指客观机遇及制度因素，后者指自身的素质条件与职位要求的匹配性；二是指工作实况，具体地了解某个职位上要求做什么、怎么做、怎么评估等，对工作对象、内容、任务及责任进行考察；三是工作的所得所感，即通过工作可以获得的报酬及相关的心理感觉，工作给人带来的不完全是物质收入，更多的是心理感受及情感体验，具体见表 5-2。

表 5-2　职位探索简表

入职机会与竞争条件	入职机会	招聘人数
		招聘政策
		用工制度
	入职条件	基本条件（性别、籍贯、年龄等）
		教育培训要求（毕业院校、专业方向等）
		心理要求（性格、能力）
		工作经验
		社会关系
工作实况	工作内容	对象、任务、责任、设备等
	工作强度	工作时间、工作量
	工作环境	物理环境（办公设备、办公用品）；社会环境（人际关系、工作气氛等）
	工作控制	直接上司、监督与管理、绩效考评
所得所感	薪酬福利	工资、奖金、津贴、福利
	个人发展	培训、进修、晋升
	社会资源	人际关系资源、社会地位
	工作满意感	公平感、成就感、自我实现

3. 职业信息获取

(1)职业信息的内容

职业信息一般包括工作地点(包括在什么地方上班、具体的位置在哪里、工作地点是否固定等);工作环境(办公环境如何、工作气氛是否轻松融洽、人际关系简单还是复杂等);工作条件(这里一方面指物质环境,另一方面指是否是事业发展的良好平台);工作的技能要求(该职业都要求具备什么技术和能力、需要哪些专业技能和通用技能等);工作性质(指该职业最基本的特征,也是与其他职业最大的不同之处);工资及福利(包括薪水、福利、进修机会、工作时间、休假及特殊雇用规定等);工作对个人的素质要求(该工作对个人素质的要求,所应达到的文化程度,具备的道德素养等)。

【课堂阅读】

是幸运还是有准备

毕业于厦门某高校会计专业的本科生小孙,他从上大学就开始进行职业设计,四年期间,他不仅有计划性地修读完自己的本科课程,还提前搜集了关于他们专业的就业方向和职业信息。经过各方面的了解后,他觉得进入四大会计事务所比较符合自己设计的职业之路。于是他又搜集了大量关于普华永道、毕马威、德勤等四大会计事务所的信息和资料,经过认真地比较和了解之后,他把目标锁定在这四家公司上,并告诉认识的人自己想进"四大"的想法,让其帮助自己留意信息。大学四年,他根据四大公司的要求,积累了所需要的各方面的能力。大四上学期,他在网上投递了这四个公司的简历,经过几轮筛选,他顺利进入毕马威实习。而在实习期间,他不凡的工作能力和敬业精神给上司留下了很深的印象。于是等到毕业时,公司提前提出和他签订合同。一切都是水到渠成,他的职业生涯无疑是一个成功的开始。也许很多人都觉得小孙是幸运的,其实真正成就他的是他获取了最有效的职业信息,也得益于他对自己职业生涯的有效规划。

(2)职业信息获取途径

当今社会进入了一个信息爆炸的时代,获取职业信息的途径主要有以下几种:通过查阅相关资料,如从图书、报纸、杂志等获取信息;上网浏览相关网站;留意媒体的相关报道;与周围的人交流,向他人请教;亲身体验获得经验。这都是些最常见的办法和途径。每个人的性格、文化层次、接触群都不一样,所采取的方式也会五花八门,而通过不同方式搜集到的信息的准确性是不同的。

根据大学生的特点,我们提供以下几个途径供大家参考。根据搜集资料方式的不同,可以分为静态的资料接触、动态的资料接触以及参与真实情境三种。静态的资料接触包括有目的性地阅读名人传记、利用各种就业信息(报纸、电视、网络及招聘会)、听取各种职业指导报告会、通过亲戚朋友搜集职业信息、通过文学或影视来获取一些职业角色信息、通过媒体的报道来获取职业信息。动态的资料接触包括生涯人物访谈、参加各种形式的招聘会和面试、通过问卷调查法搜集职业信息等。

(3)职业信息库与职业评价工作单

在探究不同的职业时,需要将搜集的信息组织起来,进行分别处理和相互比较。职

业信息库和职业工作评价单是两种处理和比较职业信息的方法。职业信息库(PLACE信息)要求考虑关于每个职业的5个参数:

①职位(Position):包括一般责任、工作层次和有关单位。

②地点(Location):包括工作的地理区域和物理环境。

③晋升机会和工作保障(Advancement)。

④雇佣条件(Condition):包括薪水、奖金、工时和着装规范等特殊要求。

⑤入门要求(Entry):包括要求具备的教育和培训经历。

职业评价工作单可对不同职业进行比较,并据此判断该职业是否符合自己的理想,如表5-3和表5-4所示。

表5-3　职业评价工作单A(分值表示对你的吸引力程度)

职位名称							
职业特点	评价	评分					
职位描述		0	1	2	3	4	5
地点描述		0	1	2	3	4	5
晋升机会		0	1	2	3	4	5
雇佣条件		0	1	2	3	4	5
入门要求		0	1	2	3	4	5
总得分:							

表5-4　职业评价工作单B(分值表示与你的价值观的一致性程度)

职业名称							
我的理想职业将使我得到	评价	评分					
从他人处获得的成就感,承认地位或赞同		0	1	2	3	4	5
欣赏存在于人、艺术和自然中的美的机会和时间		0	1	2	3	4	5
能运用我的创造性、所受培训、才智和天赋的富有挑战性的机会		0	1	2	3	4	5
无忧无虑,保持身心健康的机会		0	1	2	3	4	5
显著提高我的经济地位的机会		0	1	2	3	4	5
不依赖他人而独立工作的自由		0	1	2	3	4	5
使我保持同朋友及家人的亲密关系的时间		0	1	2	3	4	5
在符合我的道德和宗教标准的环境中工作的机会		0	1	2	3	4	5
享受玩乐的时间		0	1	2	3	4	5
影响或控制别人活动的机会		0	1	2	3	4	5
与情感需要的相容度		0	1	2	3	4	5
总得分		0	1	2	3	4	5

当对这些信息进行归类分析之后，你会发现自己的职业目标变得越来越清晰，职业决策变得不再是一件困难的事情，因为知道了哪些职业是你期望的，哪些是不能满足你的需求的。对于大学生来说，由于年龄、经历及外界的影响等原因，往往容易在选择职业时出现思想和观念上的偏颇，甚至过于感情用事。虽然大多数大学生无法通过全职工作或大量的社会实践去了解真实的工作环境，但仍可以从很多渠道了解到足够帮助他们做出决策的信息。遗憾的是，一方面大学生因为信息不足而感到无从下手，另一方面却又不积极地去探索职业环境信息。

第三节　家庭环境探索

一、重视家庭环境的影响

家庭成员包括直系亲属、族亲和姻亲。对家庭环境的了解和分析主要包括以下几个方面：家庭关系，如夫妻关系、父子关系、婆媳关系等；家庭生活环境；家庭经济状况；孩子学业情况；家庭成员健康状况等。

家庭对工作的影响是双向的，而且有研究表明，工作对家庭的影响大于家庭对工作的影响。如果家庭成员在工作上付出很多，则整个家庭都会受到影响。那些能够对自己怎样工作、何时工作以及在哪儿工作有更多控制的父母，其孩子问题较少。对于想兼顾工作与家庭或者以家庭为最重要价值观念的人而言，家庭不和谐显然不是一个令人满意的人生。同样，家庭状况也会对个人工作产生影响。单亲家庭、离婚家庭、混合家庭、晚婚家庭、双职工家庭等的数量正在增加，这必将引起职场变化。

大学生必须思考家庭状况是否对求职和职业发展存在哪些影响、影响有多大、如何兼顾家庭需求和工作发展等问题。特别是女大学生，更应该去思考家庭与工作的角色冲突等，甚至一些女大学生毕业后选择不工作而直接结婚进入家庭生活，虽然多少是迫于就业压力下的无奈选择，但考虑到家庭的重要性，这也是一种合适的可选择的生涯发展模式。然而，很多大学生并不主动，甚至放弃了与父母的沟通，最后因为无法了解和兼顾父母的需求，而导致职业规划的无效性。

【课堂讨论】

◇　考公务员，不得不说的话题。有个学生在家庭探索时，提出了自己的困扰："我的家人希望我考公务员，能养活自己，能过上安定的生活，有安稳的工作，但这不是我想要的生活，我希望不断在生活的挑战中成长。"

◇　另有个学生在家庭探索时，提出了自己的问题："报告MR.黄：我做了自己不想做的工作——水处理工程，但还是抱着相当乐观的态度努力中。因为我刚订婚，这个行业是我未婚夫的事业。我很想很想留在酒店发展，到现在还天天想，但爸爸妈妈都不支持。"

二、家庭经济状况的影响

1. 就业压力

出身贫寒的大学生，一方面要肩负对家庭而言较重的大学学费与生活费，另一方面毕业时又必须得马上就业以便接济家庭经济需求。因此，他们在大学里往往要兼顾学业与兼职工作，毕业时出于就业压力对职业的选择面较窄。再者，由于家境不好，有些学生表现得十分自卑或过度虚荣，他们选择自我放弃。而有些学生则能够自立自强，持之以恒地坚持和努力，自主和独立意识比较高。当然，部分出身富裕家庭的学生在生涯决策时依赖性很大，难以自主决策，这样的状况显然难以保证对职业规划的投入和做出承诺。

2. 人际关系网络

很多来自农村的学生毕业后选择在城市发展，常常到处碰壁，虽经过不懈努力最终有了不错的工作，但总是难以让人满意。而来自城市的学生依托家里关系则能够较容易就业，而且工作基本上都不错。另外，出身富裕家庭的学生，其中部分属于“富二代”，因为拥有家族企业或其他关系企业，毕业后一定得回去或即使在外发展最终也得回去，这也在一定程度上影响了他们的职业发展道路，而他们的职业规划难度更大。是否拥有广泛的家庭关系影响了大学生自主决策的意愿和择业的自由度，从而影响了有效的职业规划。

三、家庭需求与女性角色

家庭成员对学生在时间上、情感上和经济上的需求极大地影响着职业决策。经济需求的影响如上所述。时间和情感需求的影响，例如：有些家长希望孩子毕业后能够留在老家，陪在他们身边；这些学生也认为毕业后应该回老家工作，以便能够就近照顾年迈的父母和其他长辈。中国传统观念里，男儿志在四方，所以一般允许男孩子在外发展。而对于女孩子，则以求稳妥与安逸为主，父母希望她们能够留在身边，甚至带一个感情稳定的男朋友回去也可以。

女大学生在职业规划时所面临的困境决不仅源于家庭成员的期望、需求与传统观念，她们还必须面临工作与家庭角色的严重冲突。首先，女性就业会面临更多的困难。当她们真正踏入职场，却要在工作、家庭中比男性花更长的时间，而且还将面临一系列亟待解决的问题，包括儿童照管、老人看护、职业刻板印象、较低的薪酬和较高的压力、传统的性别角色期望、玻璃天花板效应、性骚扰、女性企业家角色等。

其次，女性想要在职场上获得成功比男性更难，需要付出更多。人们对妇女就业仍存在偏见，母亲与家庭主妇等传统的女性角色仍为许多人所看重，性别刻板印象让同一公司里的男性和女性进入不同类型的工作、遭遇不同的待遇。玻璃天花板效应是指基于态度和组织偏见而造成的人为障碍阻碍了合格的女性进入中层或高层管理者(Vega，1993)，女性并不被认为是适合团队管理职位的人。

第三，婚姻状况对女性职业发展有较大的影响。在女性职业发展模式中，普遍存在一个低谷，就是结婚生子的阶段。当男性在职场上走上坡路的时候，很多女性却不得不停止职业活动，转而以家庭生活为重。另外，有研究指出“女人对工作的满足感只有1%”，也就是说，女性对生活的满足感还有很大一部分是来自家庭。当然，女性面临的工作角色与家庭角色

的冲突是一个十分复杂的社会问题，需要全社会的共同努力。

其实，男性也日益面临这样的冲突，一方面他们仍被认为是“养家糊口的人”，另一方面他们的伴侣却期待他们分担更多的家庭责任，甚至成为“家庭主男”。在人到中年以后，男性在职场上可能需要面临稳定与改革的冲突，生理上的担子依然沉重但身体却在走下坡路，感情上可能要面临婚姻信任危机和友情考验等，在生理、家庭、工作和个人情感四条生命线的重压下，生命运行任务繁重，如果处理不好，个人、工作与家庭都会受到很大的影响。

【课堂讨论】

◇ 某位职场女性说：“专家说，女性对工作的满足感只有1%。而我现在，不但没有丝毫的满足感，还充满了挫折感。”女性在择业和职业发展中到底面临这哪些困难？与男性相比具有哪些特点，试结合周围的事例谈谈你的看法。

◇ 关于“女人到底要靠谁”的问题，某微博上写道：“靠家里，你可能会当上公主；靠男人，你可能会当上王妃；靠自己，你才能当上女王。”

四、家庭环境对职业心态的影响

家庭对个人职业生涯规划的影响，不仅是因为父母等长辈对自己抱有期望和限制。家庭环境好坏对人的心态影响非常大，进而会影响到个人工作和事业的发展。我们来看一下一些实例。[①]

1. 违抗父母意愿

李春晓在传统的家庭中长大，父母非常保守。他们的保守心态包括，认为女性应该当贤妻良母，维护家庭和谐，对丈夫百依百顺。在李春晓看来，她要扮演的角色已被定型为当一个“助手老婆”。李春晓非常不喜欢这样，她的对策是从事一份需要投入全部精力和时间的工作。这份工作使她摆脱了父母要强加于自己身上的枷锁，而且薪水也非常高。然而由于为了维持这种状态，她又不得不听命于老板的摆布。李春晓的确没有成为一个助手老婆，但也并未因此享受到工作的乐趣。微妙的家庭心理，使她的职业规划出现障碍。

2. 弥补父母的失败

家庭对个人职业规划的影响不一而足。有人被引导与父母竞争，也有人试图弥补父母的失败。赵刚的父亲曾经是成功的商人，但在合伙人的怂恿下，做出了触犯法律的行为，因而被判诈欺罪，不仅被禁止继续从业，还被送进监狱服刑。父亲的不幸经历使赵刚下定决心，要在商场取得成功，作为对父亲失败的弥补。他确实如愿以偿地取得了成功，但同时他也付出了巨大的代价：子女年幼时，他根本没有时间陪伴他们。回顾人生，令他深感懊悔的是，他做出的一切努力，其实只不过是微妙心理影响下做出的极端行为。

3. 吸引父母的注意

有人选择某个工作领域的原因，是希望借此吸引父母的注意，或让父母感到光荣。朱祥花非常聪明能干，但她没有得到掌管家族房地产企业的父亲的认可，从来没有像两位兄弟一样被考虑参与经营家族事业。于是，朱祥花下定决心要出人头地，以获得父亲的肯定。她在

---

① http://www.lifedu.net/news/guihua/25081.html。

大学毕业后继续攻读 MBA 学位，以第一名的成绩毕业于顶尖学府，毕业后努力进入一家知名的公司，从事房地产开发建设的工作。任何人都能够明显感受到她的企图心，她自己也坦言不讳。事实上，就个人兴趣而言，这一行业并不是朱祥花真正喜欢的，但是父亲对她的忽视使她产生了微妙的心理，蒙蔽了朱祥花的理智，使她完全不考虑其他可能更合适的工作，将自己的职业规划列车开向坑洼的路面。

4. 获得父母认可

有些时候，被认可的心理不仅可以左右我们对工作的选择，还会导致在职业生涯规划上的错误。曾丽华三十出头，极为聪明，充满活力和吸引力。像朱祥花一样，曾丽华的天分一直未受到家人，尤其是父亲的肯定。因此，渴望被重视的她，在工作中总是需要有一位权利颇大、具有个人特质并且特别关注她的男性主管。幸运的是，这一点一直没有在她的职业生涯中构成严重问题。但不久以后，曾丽华的公司管理层进行大幅度地改组，新任命了一位高管，成了她的直属上司。这位高管有时很关心曾丽华，有时却又表现得极度冷漠，这令曾丽华感觉自己受到了伤害。结果，仅仅就因为无法获得对方稳定的肯定与认同，曾丽华便在未经考虑之下贸然离职。

5. 征服父母的敌意

在很多类似的例子中，这一类的心理在本质上更微妙，也更难以辨认。杨俊伟小时候母亲过世，父亲重新娶了一个女人。在新组建的家庭里，杨俊伟觉得自己从来不被重视。他感觉继母对他有敌意，宁可接纳他的妹妹，也不愿接纳自己，对他非常冷淡。这种感觉后来反复出现在他的职业生涯中。他换过很多工作，每次的情况都很类似，他总觉得自己必须先征服某个对他有敌意的人。杨俊伟聪明、有魅力，能言善道，加上工作十分勤奋，因而最后总是能成功如愿。然而，这种设法扭转被拒绝的努力，让他耗费了比正常情况高出数倍的时间和精力。杨俊伟的职业规划坚持一点，要消除别人对他的敌意，就必须先为此受苦，然后才能赢得对方的接纳。

杨俊伟的案例具有广泛的代表性。这一类的人认为，只有难以得到的东西才是好的。这些人期望工作能填满内心的某种空虚，弥补自我受到的某种伤害。但是，一旦得到那份先前觉得高不可攀的工作，他们就会发现，自己其实并不那么喜欢这份工作，也不觉得自己从中获得了多大的满足，无形中，职业规划之车进入了误区。

第四节 职业发展评估

一、SWOT 分析法及其内容

战略规划中的一个主要工具，即 SWOT 分析技术，也可适用于职业规划。SWOT 分析法的重点就是进行内外部环境分析，明确内部环境的优势和劣势，以及外部环境的机遇和局限性。在你的职业生涯规划过程中构建自己的 SWOT 分析，检测你目前的状态。你有什么优点和缺点？你怎样利用自己的长处，克服你的弱点？在你所选的职业领域中，你可能遇到什么样的外部机遇和局限性？

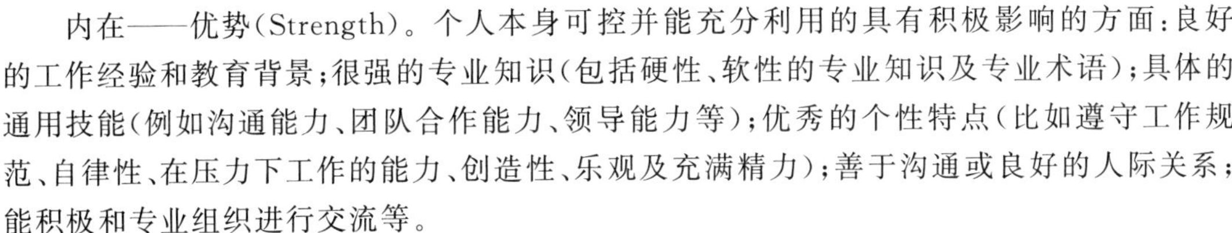

内在——优势(Strength)。个人本身可控并能充分利用的具有积极影响的方面：良好的工作经验和教育背景；很强的专业知识(包括硬性、软性的专业知识及专业术语)；具体的通用技能(例如沟通能力、团队合作能力、领导能力等)；优秀的个性特点(比如遵守工作规范、自律性、在压力下工作的能力、创造性、乐观及充满精力)；善于沟通或良好的人际关系；能积极和专业组织进行交流等。

内在——劣势(Weakness)。在可控范围之内的，希望能进一步提高的内在的影响因素：缺少工作经验；专业不对口或学习成绩不突出；缺乏明确的目标、自我认知或具体的工作知识；专业知识的不足；没有突出的技能(比如领导能力、人际交往能力、沟通能力、团队合作能力等)；缺乏寻找工作的能力；负面的个性特点(比如不愿受工作准则的约束、缺乏自律性、犹豫不决、胆小、过于情绪化)。

外在——机遇(Opportunity)。积极的外部条件，你无法控制但是可以充分利用的：属于朝阳产业(包括成长性、全球化、技术性优势)；教育程度的提高可以带来更多的机会；良好的经济环境；通过更好的自我认知确立更具体的工作目标来提升机遇；领域内的晋升机会；领域内的专业发展机会；既定职业发展道路提供的特别机遇；地理区域的影响；较强的人脉关系。

外在——局限性(Threat)。负面的外部条件，你无法控制但是可以弱化的：属于夕阳产业(裁员，淘汰型)；来自大学毕业新生的竞争性；具有较高技能、经验丰富、知识全面的竞争对手；比你更熟悉招工技能的竞争对手；知名学校毕业的竞争对手；职业发展中的阻碍(如：缺乏较高的教育或培训背景)；领域内的有限的晋升空间；领域内的有限的专业发展空间，很难保持竞争优势；公司不再招收你的专业或学位。

为了进一步完善关于优势、劣势、机遇和局限性的分析，你也可以问自己一些关键性的问题并进行适时地调整。从自身的角度探索你的优势，但是也要从雇主角度考虑他们是如何看待你的强项的。克服过分谦虚，但是也要绝对的诚实和客观地对待自己。简单地列出可以描述你自己的词汇，你就会发现自己的优势所在。你最大的强项可能是“热爱你所从事的工作”。有些人很早就知道什么样的工作能令他们高兴，但对于其他大多数人来说，需要一些时间去明确自我认知。

测评工具可以帮助我们确定哪些方面需要改进。过去的工作鉴定，甚至你的成绩和学校老师的评价都可以提供有价值的反馈，也可以通过职业实践去了解自己的兴趣、技能、个性、学习方式和价值观。网络也是一个好的信息来源，你可以借助网络的海量信息，包括各类招聘启事，去研究某一领域的机遇和局限及新的发展趋势。也不要忘记印刷资源，如报纸、杂志和商业出版物。另外，学校的就业指导办公室也能提供很多相关的信息。

二、SWOT 分析步骤

一般来说，对自身的职业和职业发展问题进行 SWOT 分析时，应遵循以下五个步骤：

第一，评估自己的长处和短处。在当今分工非常细的市场经济里，每个人擅长于某一领域，而不是样样精通。譬如说，有些人不喜欢整天坐在办公桌旁，而有些人则一想到不得不与陌生人打交道就惴惴不安。请做个表，列出你自己喜欢和不喜欢做的事情和你的长处所在。同样，通过列表，你可以找出自己不是很喜欢做的事情和你的弱势。找出你的短处与发现你的长处同等重要，因为你可以基于自己的长处和短处做两种选择：一是努力去改正你常犯的错误，提高你的技能；二是放弃那些对你不擅长的技能要求很高的职业。列出你认为自己所具备的很重要的强项和对你的职业选择产生影响的短处，然后再标出那些对你很重要的长处。

第二，找出你的职业机会和威胁。我们知道，不同的行业（包括这些行业里不同的公司）都面临不同的外部机会和威胁，所以，找出这些外界因素将助你成功地找到一份适合自己的工作。这对你求职是非常重要的，因为这些机会和威胁会影响你的第一份工作和今后的职业发展。如果公司处在一个受到外界不利因素影响的行业里，那这个公司能提供的职业机会将是很少的，而且没有职业升迁的机会。相反，充满了许多积极的外界因素的行业将为求职者提供广阔的职业前景。请列出你感兴趣的一两个行业，然后认真地评估这些行业所面临的机会和威胁。

第三，列出今后 3～5 年内你的职业目标。仔细地对自己做一个 SWOT 分析评估，列出你从学校毕业后 5 年内最想实现的四至五个职业目标。这些目标可以包括：你想从事哪一种职业，你将管理多少人，或者你希望自己拿到的薪水属哪一级别。请时刻记住：你必须竭尽所能地发挥出自己的优势，使之与行业提供的工作机会完满匹配。

第四，列出一份今后 3～5 年的职业行动计划。这一步主要涉及一些具体的内容，即拟出一份实现每一目标的行动计划，并且详细地说明为了实现每一目标，你要做的每一件事，何时及如何完成这些事。如果你觉得你需要一些外界帮助，请说明你需要何种帮助和你如何获取这种帮助。例如，你的个人 SWOT 分析可能表明，为了实现你理想中的职业目标，你需要进修更多的管理课程，那么，你的职业行动计划应说明要参加哪些课程、什么水平的课程以及何时进修这些课程等。

第五，寻求专业帮助。能分析出自己职业发展及行为习惯中的缺点并不难，但要去以合适的方法改变它们很难。相信你的父母、老师、朋友、上级主管、职业咨询专家都可以给你一定的帮助，特别是很多时候借助专业的咨询力量会让你大走捷径。有外力的协助和监督也会让你更容易地取得更好的效果。很显然，做此类个人 SWOT 分析需要你的一些投入，而且还需认真地对待。当然，要做好你的职业分析难度也很大。但是不管通过什么渠道，进行一次详尽的个人 SWOT 分析是值得的，因为当你做完详尽的个人 SWOT 分析后，你将有一个连贯的、实际可行的个人职业策略供你参考。在激烈的职场竞争中，拥有一份挑战和乐趣并存、薪酬丰厚的职业是每一个人的梦想，但并不是每一个人都能实现这一梦想。因此，为了使你的求职和个人职业发展更具有竞争力，请认认真真地为自己的职业发展做些实事吧。

【课堂练习】

1. 写一份职业报告书，就是组织、比较你感兴趣的职业信息和自己的信息。写“职业报告书”的第一步是描述你心目中的理想工作，描述你喜爱的生活方式；第二步，通过 PLACE 职业评价活动把一个或几个职业与这些理想要求作对比。

你的职业报告应该包括以下方面：

(1)选择一个你想要深入描述的职业，收集 PLACE 信息。

(2)指明你探究该职业时使用的资源，包括亲友谈话、社会实践、学校的实习或合作教育项目、参观的地方、义务工作或兼职、阅读的材料或观看的影片以及其他渠道。

(3)比较你得到的信息和你对理想工作的描述：在该职业中，我能以何种方式、何种效率实现自己的理想？

(4)使用以下信息来评估你是否合适做你正在考虑的工作：

工作的名称：______

使用技能(数据、人、物)要求：______

我已具备的技能：______

我需要培训的技能：______

(5)使用自我评估决定你的职业喜好、技能和兴趣是否与该职业的要求吻合：

喜好：______

技能：______

兴趣：______

(6)考虑以下5个时间里你做出了什么重要的决定：

今年剩下的时间内：______

大学四年：______

大学一毕业：______

毕业后五年内：______

毕业后十年内：______

退休后：______

2. 根据目标职业分析环境因素。首先写下自己的两个目标职业或与你专业相关的两种工作(表5-5)，其次搜集社会环境信息，最后分析这些信息是否有利于实现目标职业，环境因素可能提供哪些机会，又可能存在哪些障碍。

表5-5　职业规划与环境力场分析表

职业规划 / 环境因素	目标一	目标二
家庭与亲戚 家庭经济状况 人际资源 父母意见 其他家人意见		
社会与文化 政治制度 经济发展 社会声望 大众传媒 性别认同 重要他人意见		

【体验活动】

职场访谈

选择一个跟你专业有关的或你心目中理想的行业或职业，对这个职业的从业人员进行访谈。访谈时可参考以下主题，你也可以多设题目。然后将这些访谈资料全部记录下来，再对这些资料进行初步分析，同时结合与亲友和老师的交谈，判断你所了解的该职业的信息是否准确，这个职业是否符合你的想象和期望。

1. 需要哪些个人基本资料，例如学历、经验等？
2. 从事该行业/职业的人主要做些什么？
3. 工作地点在哪里？
4. 他们使用哪些工具？
5. 工作场所性质有何特征？
6. 有哪些相关行业？
7. 需要接受哪些训练？
8. 需要某些特殊的职业资格证书吗？
9. 需要哪些个人特质？
10. 学校中的哪些课程会有帮助？
11. 该行业/职业薪水范围是怎样的？
12. 从事该行业/职业的人对其从事的工作有何满意和不满意的地方？
13. 人才供需状况如何？
14. 科技或任何社会变动对该行业/职业有何影响？
15. 该行业/职业是否有任何季节性或地理位置的限制？
16. 该行业/职业的发展如何？

课后练习

1. 列举一两个与你专业相关的职业，运用各种渠道和方法进行探索，并分析它们是属于哪一类型的产业、行业和职业，其职务内容有哪些？它们是否热门，其职业潜力如何？

2. 行业环境对就业有什么影响？以你的大学专业为例，加以说明。

3. 对心仪的企业进行深度环境探索，比较结果与您想象中的差异，谈谈为什么会出现这样的情况。

4. 当前的社会经济环境对大学生职业规划有哪些方面的影响？你如何看待今年的大学生就业形势？它受到哪些经济、社会与文化因素的影响？

5. 用身边的实例谈谈家庭环境对职业规划的影响。

6. 用 SWOT 分析法对自身的职业规划进行思考。

第六章　目标计划

【引导案例】

好几年前，一位名人在南卡罗纳洲的一个学院向全体学生发表演讲，我前往听讲。那个学院规模不大，我到场时，整个礼堂都坐满了兴高采烈的学生，大家都对有机会聆听到这种大人物的演说而兴奋不已。演讲者走到麦克风前，眼光对着听众，由左到右扫视一次，然后开口道：

“我的生母是一个聋子，因此没有办法开口说话，我不知道自己的父亲是谁，也不知道他是否尚在人间，我这辈子找到的第一份工作，是在棉花田里做事。”

台下的听众全都呆住了。“如果情况不如人意，我们总可以想办法加以改变，”她继续说，“一个人的未来怎么样，不是因为运气，不是因为环境，也不是因为生下来的状况。”她轻轻地重复刚才说过的话，“如果情况不如人意，我们总可以想办法加以改变。”

“一个人若想改变眼前充满不幸或无法尽如人意的情况，”她以坚定的语气向下说，“只要回答这个简单的问题：‘我希望情况变成什么样’，然后全身心投入，采取行动，朝理想目标迈进即可。”

接着她的脸庞绽放出美丽的笑容：“我的名字是阿济·泰勒·摩尔顿，今天我以美国财政部长的身份，站在这里。”（摘自《心灵鸡汤》，作者：鲍勃）[①]

“我希望情况变成什么样”，这就是在为自己拟定一个理想目标。目标对人生具有重要的导向作用，它能给生命带来目的感、意义和方向，引导着人们实现一个成功而幸福的人生。现实中人的茫然无助、怨天尤人或不如人意，很多时候是因为被环境所困，却又不想去做一些改变和改善。从一个目标开始，这是职业生涯规划的核心和主体，一个人必须在完成自我和环境探索以及人职匹配分析的基础上，拟定目标和开发计划，并进一步做好评估、调整和采取行动，这才是一个完整而有效的职业生涯规划。

第一节　生涯决策

一、问题解决与决策制定

问题解决与决策制定是生活中必不可少的部分。认知心理学认为，所谓问题，就是事件的现在状态与更理想的状态之间的差距。消除这个差距的需要就是我们生涯问题解决和决

① 程社明、卜欣欣、戴洁：《人生发展与职业生涯规划》，团结出版社 2003 年版，第 99～100 页。

策制定的动机源泉。问题解决涉及思考或加工信息，它们会引发一系列的行动以消除差距。这一思考过程包括：(1)认识差距；(2)分析成因；(3)产生消除差距的各种办法；(4)从中选出一个方法用于消除差距。因此，问题解决包含了从多个看似合理的选择中进行挑选的过程。

决策制定包含了问题解决的四个步骤，同时还增加了：制定计划或发展策略，以便实施选择方案，采取敢于冒险的态度，做出心理上的承诺以保证计划的实现。可以说，决策制定过程是在问题解决过程中加入人的情感和行动。决策制定包含了对一个选择的实施，它是一种广泛的生活技能，在生涯发展与规划中被运用得更多。

问题解决与决策制定都包含在职业生涯规划中，从某一程度上讲，职业规划就是首先意识到问题的存在，然后采取信息搜集、加工和决策技术进行决策，最后实施这一决策，并对这一决策做出评估与调整。所以，主动意识到问题的存在，积极地寻求解决问题的方法，并勇敢地做出选择与承诺是有效的职业生涯规划的重要条件。

二、你是否已做出决策

目前，你的困惑是什么？你觉得自己遇到了或将会遇到哪些问题？你是否针对这些困惑或问题做了一些思考、决定或准备？你是否已经采取一些措施来解决这些问题？彼得森、桑普森和里尔登的研究鉴定了三种生涯决策者的类型，即做出决策的、尚未决策的和无法决策的。

1. 做出决策的个体(Decided Individuals)

这类决策者能独立将自我知识和各种选择的知识进行整合，制定能让自己和社会同时感到满意并让双方都受益的生涯规划。他们需要确认自己的决策或实施决策。然而，也存在一些“假的”做出决策者，他们做出决策是为了减少即时的压力，可能是为了避免被他人视为尚未决策的人，其实他并无法马上做出决定或只是做出了不合适的决定。

2. 尚未决策的个体(Undecided Individuals)

这类决策者是指那些对职业选择没有做出承诺的人。他们中的一些人可能正在考虑他们的选择，但由于种种理由而无法确定第一选择，他们也没有因此而感到不舒服。另一些尚未决策者希望确定职业方向，但无法明确第一选择，并因此感到不舒服。他们都需要进一步进行探索和搜集有关信息，或寻求职业咨询机构帮助。还有一些尚未决策者是因为有太多的兴趣和技能而无法决定选择哪个职业。

3. 无法决策的个体(Indecisive Individuals)

这类决策者是指那些常常不能做出生涯决策的人。他们常常在生活的很多方面都很难制定计划，因此总是持续不断地体验到较大的压力。他们在做决策时往往过于关注外界的事件和人，或者只是由于自己很焦虑而难以对各种选择进行探索，所以总是推迟或无限期推迟制定决策，他们还可能把制定决策的责任交给他人。

【课堂阅读】

职业生涯决策就跟买手提电脑一样

以下是学生A在挑选手提电脑，B是服务员。

B：“您好！请问您想挑选一台什么样的手提电脑？”

A:“我不知道。这个问题困扰我好久了,我觉得很难挑选一款手提。你能给我一些引导吗?”(A看上去很焦虑)

B:“好的。那您觉得那几款手提让您觉得很难挑选?我可以给您比较一下。”

A:“其实我也不知道有哪些手提电脑的牌子,我知道的很少。就是觉得牌子太多了,不知道该选哪一个!”

B:“没关系,我给您介绍几款牌子吧,您听听对哪个更感兴趣?”

(介绍没多久)

A(声音中带着抱怨):“那么多电脑,我怎么来得及一个个听下来。你推荐几个不就完事了?”

B:“好,那您能给我描述一下您对手提电脑有什么要求吗?”

A:“我想找一个我喜欢的手提电脑,用起来让我觉得舒服的。”

B:“能不能说得具体些,比如怎么样的手提电脑你会用起来舒服?”

A:“就是用起来会很方便的。”

B:“您能不能更清晰地和我说说什么您到底需要一款什么手提电脑。比如:价钱不超过12000元,12寸宽屏的。”

A:“噢,那我想找一个8000元左右、双核的、IBM或者Apple的品牌机。”

B:“对不起小姐,双核的IBM或Apple品牌机至少要20000元。”

A:“为什么会这样?”

B:“您为什么一定要买IBM或Apple呢?”

A:“学校里很多人都说这个很好呀!我听到最多的就是这两个牌子了。”

B:“那您能告诉我您的使用习惯是什么?这样我能够猜测一下什么电脑可以让您使用起来非常舒服。”

A:“这个我说不清楚。”

B:“您要不看看其他手提电脑,很多款式。您也可以试一试,感觉一下,我想这样挑选起来就比较方便了。”

A:“这太费工夫了,也太累。今天一定要买的,没时间啊!”

B:“其实就一小会儿。”

A:“为什么那么麻烦呀?”

B:“那我给您推荐宏碁,性价比很好,欧洲销量第一。”

A:“不行不行,我妈妈说不能用台湾货!”

B:“那你看看BenQ可以吗?这款电脑很轻巧,您用看上去会方便。”

A:“啊,为什么颜色这么差,我不喜欢。”

B:“Sony可以吗?这款外观不错,配置也可以,很酷。”

A:“这个按钮不舒服……”

B:“小姐,不好意思,您到底想要一个什么样的手提电脑?”

A:“我不是在挑吗?”

B:……

三、提高你的决策技能

其实，每种决策都需要对自我和周围环境的信息进行核查，任何决定都是以了解自己以及自己有哪些选择为基础的。生涯决策也是一样，需要考虑你的价值观、兴趣、技能以及你在职业、教育、休闲方面的各种选择。有些学生似乎有很好的自我知识，也做了大量的心理测验，对他们的各种选择也很了解，但无法做出决策或做出了很糟糕的决策。他们不能对各种信息进行加工，缺乏关于如何制定决策的知识和技能。

你是如何学习决策技能的呢？有些人通过尝试错误，从实践和过去的经验中学习；有一些则是通过观察他人，并从中学习。这些关于个人决策的训练都是间接的。大学里可能也没有关于个人决策的课程，但你毕竟累积了有关方面的知识，这些知识将帮助你理解一些问题从而有效地做出个人决策。

【课堂讨论】

◇ 想一想，你平时如何做出一个决定？以下是一般人做决定的方式，你属于哪一种？你做决定时会更多地依靠自己还是他人，是凭直觉还是进行系统而理性的思考？对照教材，思考你是属于哪一种决策风格以及可能采取何种决策策略？还有，回忆一下曾经有什么决策让你产生了压力，为什么？

①计划："澄清事实"

②冲动："闭着眼睛跳下去"

③直觉："我感觉这样做是对的"

④顺从："你说怎么办，我就怎么办"

⑤拖延："待会儿再做"

⑥痛苦挣扎："如果要是……我不知道该怎么办"

⑦瘫痪麻木："不敢直面现实"

1. CASVE 循环

认知信息加工理论能帮助我们了解自己是如何做决策的。决策是一个过程而不是某个时点上的事件，只有过程科学才能保证决策结果科学。系统地思考 CASVE 循环的五个步骤，能够提供一个有用的工具，学生可运用这五个步骤进行生涯决策，以提高决策质量，成为一个有效率的人。在这个过程中，任何一个阶段出现问题都会毁坏或误导问题解决的过程，且决策结果的好坏将由最糟的那个阶段所决定。

(1)沟通

在这个阶段，我们收到关于理想与现实情境之间存在差距的信息。这些信息通过内部或外部的信息交流途径传达给我们。内部沟通包括情绪信号，例如不满、厌烦、焦虑和失望；还包括身体信号，如昏昏欲睡、头痛、胃部疾病等。外部沟通包括父母关于你毕业后计划的询问、老板愤怒的一瞥，或者是报纸上一篇关于你的专业正在逐渐过时的文章等。

这是"意识到我们需要做出一个选择"的阶段。在这个阶段，我们从认知上和情感上与问题充分"接触"。当我们充分意识到这些沟通时，说明存在问题或差距且已不容忽视，接着我们才能开始分析问题的根源，探索它的成因。

为了提高在沟通阶段的技能，你可以回忆一下过去做过的一些重要决策，找出那些决策中的共同主题，回忆当时的感受以及这些情感是如何影响你的决策的；提高想象能力，以便对差距有更清晰的图像；与那些最近刚发生重大生涯转变的人交谈，特别要关注他们在当时的感受；当处于决策的沟通阶段时，确定你生活中的重要他人的角色及影响。

(2)分析

在这个阶段，好的问题解决者会花时间去思考、观察、研究，从而更充分了解差距，了解自己有效地做出反应的能力。他们会提出一些问题，如"要解决这个问题，我需要了解自己的哪些方面，了解环境的哪些方面?""我确实需要做些什么，才能解决这个问题?""为什么我有这样的感受?""我的重要亲友怎样看待我的选择过程?""做出选择的压力从何而来?"

这是"了解我自己和我的各种选择"的阶段。在这一阶段，决策者应尽可能了解在第一阶段造成差距的所有因素。但分析阶段不仅仅是简单地增加关于自己自身和各种选择的知识基础，还必须分析如何把自我知识与职业知识联系起来。霍兰德的六边形模型等研究为我们提供了联系两者的方法。

为了提高在分析阶段的技能，你应该测评你的价值观、兴趣和技能以确定对自己很了解；确保你对各种选择的信息不存在偏见，没有受到外界不恰当的影响；写一篇自传，描述塑造你生命历程的重要因素；找出各种选择的正式信息和非正式信息之间存在的差异；寻找能帮助你把个性特征和可能的各种选择联系起来的理论。另外，关注所得到信息的可靠性能提高分析阶段的能力。

(3)综合

在这一阶段，将综合和加工分析阶段提供的信息，从而制定出消除问题或差距的行动方案。综合阶段的基本问题是"为了解决问题我可以做些什么?"这是一个"扩大与缩小我的选择清单"的阶段，先尽可能多地找到消除差距的各种选择，然后将选择的范围缩小。

综合的第一阶段是"综合细化"，问题解决者在这一阶段将尽可能扩展问题解决的选择清单，发散地思考每一个可能的问题解决办法，列出大致能符合你的兴趣、价值观或技能的所有可能的职业或专业选择。综合的第二阶段是"综合具体化"，问题解决者在这一阶段需要把选择清单进行缩减，通常缩减到三到五个选项。认知研究表明，人的头脑中最有效的记忆和工作容量就是这个数目。为了缩减可能选择的清单，问题解决者必须回到分析阶段的结果上，挑选出三到五个最好的选择。这些选择能消除在沟通阶段所确定的问题和差距，且满足在分析阶段的成因。

为了提高综合阶段的技能，应该找到能满足自己最低要求的所有可能的选择机会；提高把具有共同特征的各种选择进行分组的分类能力；确定在每个选项中是什么因素让你在评估它时产生差异；进行头脑风暴练习和右脑活动练习。

(4)评估

这是"选择一个职业、工作或大学专业"的阶段。评估阶段的第一步是评估每一种选择对问题解决者和他人的影响。每一种选择都要从对自己和对他人的代价和益处两方面进行考察。评估也包括根据问题解决者的道德观念对每种选择进行判断。

评估过程的第二步就是对综合阶段得出的各种选择进行排序。能够最好地消除在沟通阶段所确定的存在于现实与理想状态之间的差距的那个选择被排在第一位，次好的选择排在第二位，依此类推。此时，问题解决者会选出一个最佳选择，并且做出情感上的承诺去实施这一选择。生涯问题就此得以解决。然而，一旦第一选择因为某些原因不能成功，在评估阶段排在后面的那些选择也是恰当的备选方案。

为了提高在评估阶段的技能，应明确自己的家庭及那些最亲密的人的重要价值观；检查自己的最重要价值观与其他价值观是如何匹配或冲突的；写一篇自传，回顾以前做过的那些重要的决策以及你的价值观是如何参与决策的；考察在先前生活决策中最重要的考虑事项；考察你的各种生活角色（如学生、孩子、公民）是如何受你确定的每一选项的影响的；识别与你最偏好选项相关的重要价值观。澄清你的价值观并在公开场合一贯地遵循，这是这一阶段很重要的解决问题的技能。

（5）执行

在这一阶段，我们将根据计划把思考转换为行动。执行包括形成手段与目标的联系，及确定一系列逻辑步骤以达到目标。这是“实施我的选择”的阶段，很多人都觉得在执行阶段制定行动计划是令人兴奋和有价值的，也有些人将会体验到压力。三种与执行阶段相关的活动为计划、尝试和申请。计划是指制定一个获得教育和培训的计划。尝试则包括通过合作教育、志愿者经历、兼职工或上课以便获得更多关于如何实施一种选择的信息等相关经验。申请包括填写申请表以及采取其他具体步骤实施一个计划的行动方案。

为了提高在执行阶段的技能，你需要学习有关做计划的概念，如里程碑、时间线、流程图、预算等；运用每一个概念制定一个达成自己第一选择的计划；把计划写下来，用阐述性词语解释清楚，用图表和曲线表现出来；与生活中的重要亲友一起反思所写下的计划。

CASVE 是一个自身不断循环的过程。在执行阶段之后，个体又回到沟通阶段，以确定已经选取的选择是否是好的——现实和理想状态间的差距是否已经被消除。决策是规划的核心，CASVE 循环所提供的决策步骤与本教材所遵循的人职匹配的职业规划思路和过程是一致的。我们鼓励你在做职业决策时尽量进行思考和自我探索。

2. 思考你的生涯决策

里尔登、桑普森和彼得森认为“大部分的生涯发展过程是以信息加工的方式发生在我们的头脑中的”，我们的思考将影响生涯问题解决和决策制定过程。他们在其职业规划教材中不仅提供了提高决策技能的指导，更指出应该运用元认知技能改善决策制定过程。

元认知过程实际上就是指导、调节我们的认知或认识过程，选择有效认知或认识策略的控制执行过程。其实质是人对认识或认知活动的自我意识和自我控制。改善元认知技能要求我们将注意力集中在生涯决策的过程上，而不是做出一个选择的事件上。在元认知中，有三种特别重要的技能，即自我对话（self-talk）、自我意识（self-awareness）和认知监控（control and monitoring）。

（1）自我对话

要想成为一个有效的生涯问题解决者，必须有能力认为自己在这个领域是胜任工作的和有能力的。比如，你能够对自己做出积极的评价，例如“我是一个优秀的决策者”或者“我靠自己能够做出良好的决策”。这种积极的自我对话对决策有两点好处：第一，它能产生一种积极的期待；第二，它能强化积极的行为。不幸的是，学生有太多的消极自我对话，而这些对话会使良好的生涯决策产生问题，因为它干扰了信息加工的有效性和效率。比如，“我永

远不能做出什么好的生涯决策"或者"什么是对我最好的，我更相信别人的判断而不是自己的判断"。辨别出自己的消极想法，做自己最好的朋友，然后训练自己形成更积极的自我对话，将有助于改善元认知技能。

(2)自我意识

成为一名有效的生涯问题解决者，意味着"个人能意识到自己就是任务执行者"。优秀的生涯问题解决者在从事信息加工任务时能意识到自己的感受。他们能意识到他人的需要，做出于己、于社会大局都有利的选择。他们能平衡自身利益和他人利益。例如，曾有个生涯决策者在CASVE循环过程中陷入困境，后来他将注意力放在"究竟是什么使他愤怒"上，并从中摆脱出来。通过关注自己的那些感受，他决定积极投入某一工作，因为正是这一工作不好的现状让他感到愤怒。

(3)认知监控

良好的问题解决和决策包括了解何时前进和何时停下来收集更多信息，还包括对决策中的强迫性和冲动性给予认真的权衡。强迫性导致穷思竭虑和漫无边际的信息加工，却不采取任何实际行动。冲动性则导致冒失莽撞的决策产生，在问题解决中伴随着反复的尝试与错误。这两种状态可能是极端的两边，但都会导致不良的问题解决和决策。比如，一个典型的强迫性的学生将花费很多的时间去了解所有可能的选择，这些选择可能成百上千，但他最终的选择仍然不合理。一个冲动性的学生则决定进入薪酬最高的职业，但他对这个职业所必备的技能一窍不通也毫无兴趣，其结果证明这是一个糟糕的选择。优秀的决策者能够觉察出何时需要更多的信息，以便能够更好地了解存在差距或各种选择，而且他们也能知觉到自己准备进行选择和承诺的时间。

四、决策中的风险和压力

1. 你决策时的感受

决策是不可避免、不断发生而往往显得困难的人类活动。通常，一个决定对你来说越重要，决策也就越困难。挑选一双鞋要比挑选一个职业或决定变换职业容易得多。职业决策涉及风险和未知结果。有时候，你总想能够自由地做出选择，但最终可能会感到沮丧，因为其中会牵涉到责任。甚至有些时候你会放弃选择的自由，因为这样一来，当决策的后果不那么令人满意时，你就可以怪罪于别人。

职业决策涉及许多因素，人们往往感到焦虑，他们难以果断地做出决定，而是长期性地犹豫不决。以下是一封学生的来信，你可以感受到她面临选择时的焦虑与压力。但实际上存在着理想的压力和焦虑水平，它有助于人们做出良好的决策。这个理想的焦虑水平处于中等，既不是太低以至于我们感到漠不关心、缺乏兴趣，也不会高得让我们感到无能为力，而宁愿不顾一切地随意做出决策且不管这个决定会造成多大的伤害，只要它能使自己摆脱那种紧张感就行。

重大决策往往会使人在心理上产生紧张感，内心充满矛盾。有些人选择了逃避、拖延或无限期拖延。有时候你也担心会做出一个错误的决策而造成无可挽回的后果。但事实上，生活中即使做出了错误的选择，也没有多少决定是不可更改的。在职业生涯中，你总是有机会结束某种选择，开始另一轮的职业决策，选择一个新的职业，并开始新的生活。

【课堂阅读】

一封学生的来信

老师：

不知道您是否还记得我，上学期曾给您发邮件，期末论文也写完了，但是说实话，上学期是抱着应付的心态写的论文，因为觉得毕业离自己还太遥远。如今，虽然只过了几个月，但是这个学期课很少。宿舍的人准备出国的出国，考驾照的考驾照，还有考公务员、注会的。我现在心也开始跟着纠结，之前跟您讨论的问题我至今没有确定的答案。虽然期末您问我的时候我坚定地说，我以后想做财务总监。但真到了抉择的时候还会犹豫到底我是考公务员好还是考注册会计师好。两个都很难，考的人也多，鱼和熊掌不可兼得，只能择一准备之，我该怎么办啊？

一个正在烦恼的学生

2. 决策中的应对模式

不少人都缺乏为自己做决定的信心，觉得自己不能胜任，或者会出太多的错，成不了事。获取做出明智的职业决策所需的能力和信心是十分重要的。Robert D. Lock 在其职业规划教材中将人们决策中的应对模式分为 5 种风格，并引述了 4 种决策策略。

(1)无冲突地坚持(Unconflicted Adherence)

这是一种不管发生什么情况都坚持某种已经做出的职业选择的决策模式。这样的人坚持待在原有的行动路线上，哪怕被警告说这样做很危险。这种方式就相当于在说："我已经打定主意了，别再用什么事实来打扰我。"有些人在参加职业规划课时，心里已经事先选定了一个职业，因此，从未曾对它进行真正的挑战和质疑，未曾认真考虑其他可能的职业选择。漠不关心、缺乏兴趣、得意自满、不注意警戒信号往往是这一模式的特征。这种类型的决策者拒绝承认自己选定的职业有任何风险，对职业决策表现出较低的压力和焦虑水平。

(2)无冲突地变化(Unconflicted Change)

这是一种经常不断地改变职业目标而对这些方向性的变更不多加考虑的类型。这样的人在一段时间内会被某种职业吸引，但很快又转向另一种职业，接着是第三种职业，如此不断地持续下去。他们对可行的选择没有进行过详细的调查，对获得的信息也没有进行充分的处理。可以把这种模式称之为"闭着眼睛往下跳"。这种决策者察觉到在现行的道路上有很多危险，但看不出走一条新的路同样会有什么不好的后果。就像无冲突地坚持一个已有决定的人那样，无冲突地变化的人也常常表现出漠不关心的态度和较低的压力及焦虑水平。

(3)防御性的逃避(Defensive Avoidance)

这种决策者回避对决策进行任何认真的讨论，而且还否认有任何问题存在。这种否认有助于这样的人减少由于知道必须做出决定而引起的内心冲突。通过拖延、将责任转嫁给别人或夸大某种选择的积极方面而缩小其负面后果以支持这种选择等方式，减轻自己的压力。把拖延和转嫁责任作为逃避决策的方式是容易理解的，因为人们往往首先做出决策，再找理由或采用多种方法来支持自己的决策或回避对该种决策的恰当性的质疑。这些支持自己决策的方法包括：夸大职业有利的方面，对可能的不利后果不予考虑，拒绝承认自己对某一选择有犹豫的心情，假定对某个决定在很长时期内都不需要再做什么，相信不管决策者是否真能做到投入都无所谓，等等。防御性逃避者似乎在说："现在别来打扰我，等会儿我就会行动的。"由于采取任何行动都会有风险，这种人很容易说服自己什么也不做，因为找不到什么好的解决办法。

(4)过度警惕(Hypervigilance)

这种决策者由于需要做出决定而感到不知所措，却又没有什么时间来从多种可行性方案中进行选择，因而感到压力很大。这样的人如果没能做出决策，可能会面临重大损失的威胁。随着决策截止日期的日益临近，高度的压力和焦虑水平会导致恐慌。例如，某学生已经到了学校生活的最后阶段，对于毕业后做些什么却还没有计划。选择职业和找工作的压力越来越大，但又没有足够的时间来制定行动方案或悉心收集信息作为决策的基础。由于这种情况造成的压力，这个学生变得焦虑不安、极度紧张。这种极度的情绪反应使得大脑无法进行仔细思考，更不可能做出什么好的决定。

(5)警惕(Vigilant)

这被认为是一种最为有效的一种决策方式。一个警惕的决策者专心致志、随时留意、观察力敏锐、头脑开放、反应敏捷、灵活、真诚、投入、细致而谨慎。一位警惕的决策者会：

①找出多种可能的职业选择，并对它们进行认真探索。

②投入地收集并研究各种需要认真考虑的职业信息，并审查自己与这些职业相关的个人目标及价值观。

③对每一种职业前景的代价、风险、正面和负面的后果都进行仔细评估。

④收集新的信息，以便进一步评估每种选择。

⑤听取并考虑新的信息或专家意见，哪怕它们并不支持自己所倾向的职业选择。

⑥在做最后的职业选择前，重新审视余下所有选择的正负两方面后果。

⑦选定职业后，就为实施这一选择制定详细的计划，并在首要选择涉及太大风险时有备用的计划。

上述警惕型决策的7大特点可以作为衡量决策质量的标准。如果没有达到这7条标准中的任何一条，那你的决策在某些方面还不够完善。你的决策风格的缺陷越多，你最后感到失望的可能性也就越大。

3. 决策中的策略和风险

在做决定时，你永远得不到全部的信息。当收集到了全部的信息后，其实你是在做预料中的事情。所以，大部分决定都是在一定程度的风险和不确定的情况下做出的，人们因此发展了各种不同的选择策略。策略就是根据你的价值观和能力，以及所收集到的有关备选职业的资料和所涉及的风险进行决策的方法。

想想你在以下情境中会做何选择。假设你在职业选择上寻求高收入和成功，现在有三个工作机会，你会挑选哪一个？

A. 这份工作为你提供了极好的赚大钱的机会，但在这份工作中取得成功的机会微乎其微。

B. 这份工作的收入适中，但你极有可能在其中取得成功。

C. 你决定不在这些工作中进行挑选，指望自己能找到另一份报酬不错、失败风险较小的工作。

D. 这份工作的报酬普普通通，有一些机会能赢得较多的收入，你成功的可能性也比较大。

(1)选择 A:“一厢情愿”型策略

这种策略让你选择最能满足自己愿望的那个选择。此时风险和可能性都被忽略了。你挑选了最合乎心意的结果而不考虑要付出的代价或失败的可能性。这种策略很容易实行，你只要列出一个可供选择的清单，然后挑出最喜欢的那个选择就行了。风险和成功的机会到底有多大，在这里都被忽略了。

(2)选择 B:“安全保险”型策略

这种策略会建议你选择最有可能成功的路线。你必须要能够估计自己在各种选择中成功的可能性，这样才能挑选出成功概率最大的那个。

(3)选择 C:“逃避”型策略

这种策略让你选择避免最坏的结果。你试图通过预测各种选择的后果并判断最坏的结果是什么来避免灾祸和不幸。在挑选工作时，拖延也是逃避的一种。

(4)选择 D:“综合”型决策

这种策略要求你把“一厢情愿”型和“安全保险”型策略综合在一起，挑选出一种既最合乎心意的结果又最有可能成功的选择。这是最合乎逻辑的一种策略，但也是最难实行的一种。它要求你了解自己的价值观和能力，衡量自己在各种选择中成功的机会，预测可能的后果，明确陈述自己的目标，并按各种选择的理想程度对其进行排列或指定各种选择的相对重要性。虽然这种策略有其难度，但使用这种策略最有希望做出有效的决策，个人也最有可能对结果感到满意。这种策略的风险程度中等，相关研究证明高成就需求者在做决定时通常愿意冒中等程度的风险。

第二节　拟定目标

一、目标及其类型

目标泛指努力或奋斗所要达到的目的。人生中，我们有很多美好的愿望和理想，它们只有具体化为可以落实的行动，并加入时间坐标，才能成为一个明确的目标。对于大学生职业生涯规划而言，我们一般要求以 10 年为规划期限，包括短期、中期和长期三期目标以及人生目标。人生目标是对人生理想的一般概念性表述，它必须体现个人核心价值观和所偏好的生活方式。如表 6-1 所示，这四个阶段的目标又分为物质目标与非物质目标。

表 6-1　大学生职业规划目标类型

	物质目标	非物质目标
短期目标 2～3 年		
中期目标 5～6 年		
长期目标 10 年		
人生目标		

另外，根据职业生涯的概念，学生还应兼顾自己的外部和内部职业生涯目标。外职业生涯目标侧重于职业过程的外在标记，包括工作内容目标、职务目标、工作环境目标、经济收入目标、工作地点等物质目标。内在职业生涯目标侧重于职业过程中的知识与经验的积累、理念的提升、能力的提高，内心的感受等非物质目标。外部职业生涯目标主要是职业发展的路径、阶段和平台；内部职业生涯目标主要是技能提升与内心感受。

把这些不同类型的目标整合起来：短期目标是在即将来临的一年或两三年内完成的有关具体行动计划的目标；长期目标是你生命中的主要目标，它需要大量的耐心和毅力，但最终也是最值得期待的。每天你必须问问自己"我已经做了什么"，从而使自己更接近长期目标。你可以首先设定自己的人生目标和长期目标，然后思考完成每个目标的所有必要步骤，每个步骤代表的正是一个个中期或短期目标，这样就能够保证自己的短期目标会导向长期目标的实现。如果发现有所偏离，那就需要做出调整。必须注意，物质目标与非物质目标、内部职业生涯目标与外部职业生涯目标是互相关联的。

【课堂阅读】

◇　一个老人躺在床上感慨：我 30 岁时想改变世界；50 岁时想改变我们的国家；70 岁了，我现在躺在床上只想改变我周围的人。结果我一事无成。如果我可以倒着过来做，应该能有所作为。

【课堂讨论】

◇　能否给 35 岁的你写一封信？35 岁以前是个人和职业的成长期，35 岁以后你是否"有令自己骄傲的事业"，是否有一个良好的发展平台，是否累积了升职和创业的足够资源？或是仍然跟 20 几岁一样在抱怨着生活？又或者更糟糕的是需要重新再就业？

二、目标的积极意义

在了解自己和环境的基础上，你最终需要树立一个职业目标。这个目标将会给你的生命带来目的感、意义和方向，这些也许是你所能拥有的最珍贵的财富。在头脑中对自己的职业发展方向有一个清晰的概念，是找工作时最重要的且必不可少的一点。雇主们对那些知道自己想要些什么的求职者的印象，要比那些不知道的人的印象深刻得多。

1. 目标与人生成功

设置目标是完成你对人生要求的一个重要步骤。一旦开始设定目标，并努力实现这一目标，那他就成功了一半。目标可激发努力与潜能，它能让你集中时间与精力，坚持不懈地去追求。有了目标才能开发实现目标的方案，并在执行过程中提供反馈，从而确保实现自己的人生理想。

哈佛大学有一个非常著名的关于目标对人生影响的跟踪调查，调查的对象是一群智力、学历、环境等条件都大体相同的年轻人。如图 6-1 所示，调查结果发现，目标对人生具有巨大的导向作用，有什么样的目标就会有什么样的人生。你有没有目标？有多长时间的目标？你的目标清晰吗？有没有写下来？你是否经常检查自己的目标？你想成为图 6-1 中 27%、60%、10%、3%中的哪一类人？

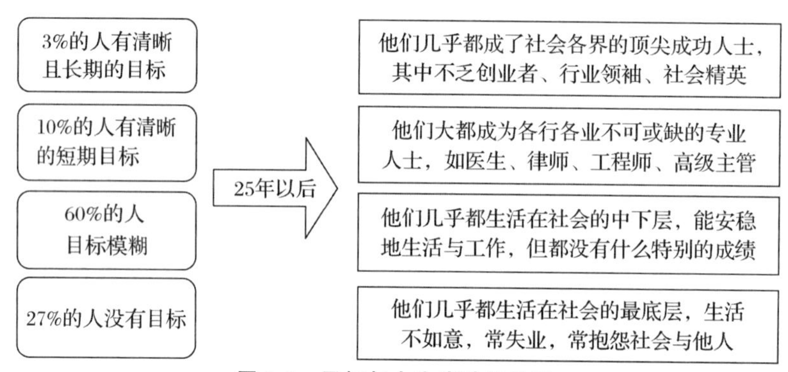

图 6-1 目标与人生成功的关系

2. 目标与人生幸福

20 世纪 80 年代初，两位哈佛大学的心理学家曾做过一项调查研究，对象是一些自称幸福的人。结果发现，这些自称“幸福的人”，其共同之处不是人们通常认为的那样，拥有金钱、成功、健康或爱情，他们只有两点是共同的：明确地知道自己的生活目标，同时也都感受到自己正在稳步地向着目标前进。

所以，什么是“幸福”？幸福不是结果，而是不断设定目标、追求目标的过程。按照自己的心愿自由地追逐自己的梦想，就是幸福。不幸福不是因为实现不了目标，而是因为根本就没有目标。只有当生活有方向时，当你心无旁骛地奔向自己的目标时，也就是当你做着你所热爱的事情时，才会真正地感到生活是美好的，才会是一个“幸福的人”。

人生是目标导向的，人生要幸福、成功，就得从内心的召唤出发，确立自己的奋斗目标，并全力以赴为目标而奋斗，没有目标或目标不明确就没有幸福和成功的人生。很多大学生常常感到自己茫然无助，其实这主要是因为缺乏目标的原因。20 岁的迷茫将导致 30 岁的恐慌，而接下来要面对的就是 40 岁的无奈，年轻人有机会去选择未来和自己的幸福，只是首先需要有一个目标。

3. 缺乏目标的大学生

很多大学生从高中紧张的学习中来到自由的大学，突然一下子没有方向。低年级的学生在对大学环境没有了新鲜感之后，便开始感到“无聊”和“没劲”。高年级的学生又感叹大学生活过得太快了，而自己在大学里“什么也没学到就毕业了”。其实，这都是因为这些大学生缺乏一个目标。理想远大的学生一般都有较强的成就动机，其积极性、自觉性、主动性、意志力都较强，因此，学习成绩优异。相反，不考虑自己将来做什么工作，没有想过将来成为什么样的人，没有明确目标的学生，表现在学习上是消极被动、敷衍应付的，成绩也多不理想。试着给自己一个目标，不管是长期的还是短期的，慢慢习惯在一个目标下完成一些任务，目标能激发出你的无限潜能，你就会慢慢改变现状从而成就自己的人生。

有一些学生则觉得自己找不到目标，往往有一种"茫然无助"的困惑。其实，每个人的内心深处都有一种成功发展的渴望。如果你能发掘它，便能找到成功的方向，找到一种支持你不懈努力的持久力量。再者，人生中，每个人都有很多美好的愿望和理想，只要把它们具体化为可以落实的行动，并加入时间坐标，就可以成为一个明确的目标。目标是把你的梦想转变成现实的工具。目标代表着你想要的结果，也是你的努力方向。目标是指向未来的路标，告诉你应该走哪条路。它把你的梦想转变成计划，并把你的能力引向你最期望的事业之中。正如那句广告词所言，"如果你知道自己要去哪里，全世界都会为你让路！"寻找目标固然辛苦，然而，最可惜的莫过于漫无目标。

也有一些学生总是为许多目标所困扰，常常感到"无所适从"。在我们成长的过程中，周围可能有很多目标吸引我们，让我们这也想做，那也想做，结果什么也没做好，最后一事无成。这可能是因为我们被太多的外在因素诱惑，也可能是因为我们在心理上还没有做好准备。我们有自由但是没有自由选择的能力，从小到大我们很少或根本没有正式接受过关于自主选择人生的教育训练，因为当面对多元的外部世界我们不知道自己真正的内在需求是什么。一个明确的、坚定的目标能帮助你努力集中于最重要的事情上。当你一心执着于自己目标的时候，所有的障碍都会成为垫脚石，所有的困难都会主动让步，任何烦琐的、卑微的或枯燥的事务你也能忍受。

还有一些学生关于自己和环境的信息探索不足，或者只是缺乏做出决定的信心和勇气，甚至是因为自己内心存在种种冲突，这些原因都是目标设定方面的障碍性因素。有时候你需要借助一些职业规划的心理工具或求助于心理咨询师，有时候则需要多尝试和多经历，才能克服这些障碍。

三、如何拟定一个有效的目标

1. 德鲁克论"目标"

德鲁克认为：目标不是命定，而是方向；不是命令，而是承诺。目标并不决定未来，而是为了创造未来而动员资源和力量的手段。简要地说，目标的内涵和要求有如下四点：

——目标源于一个人面临的使命，以及由此引发的基本战略任务。

——目标是工作、工作安排和工作成就的动力及衡量基准。

——目标必须能够使各种资源和努力集中起来。

——目标要涵盖有关"生存"的各个领域。

首先，职业生涯目标必须从"我是谁？我将会是谁？我应该是谁？"这样的问题中导出来。它们不是一种抽象的概念，而是行动的承诺，借以实现自己的使命，同时也是一种用于衡量大学生活与学习成效的标准。其次，目标是大学生安排自己大学生活与学习活动的基础，它决定了大学阶段必须进行的主要活动。目标不应该仅仅停留在一些良好的愿望上，它应该具体化为一些生活或学习任务，成为学习及人生成就的基础和动力。再次，目标能帮助把主要的资源和努力集中在对你最重要的事情上，在人生各种各样的需要和目的之间不断地进行动态平衡。最后，人生的关键领域始终都需要有目标，诸如学习成长、社会交往、婚姻家庭、创新应变和财务收入等，而这许多的目标又必须得以平衡和协调。

2. 有效目标的特征

(1)目标的两个基本属性

明确度和难度是目标的两个基本属性，它们共同影响人的行为结果。目标难度是目标的挑战性和达成目标所需要的努力。目标不应当是遥不可及或者触手可得的，它必须是比较现实而又有一定的难度，这样才会对人的行为产生激励作用。目标具体化是指目标要清晰和准确。目标不应当是模糊或错误的，否则难以对人的行为提供明确的指导。

(2)设置有效目标的原则

虽然 SAMRT 和 FEW 原则多数时候是用于指导企业拟定目标的，但对职业生涯目标的设置同样具有重要的指导意义。

①SAMRT 原则

S——具体的(Specific)。你的目标是否太模糊，以至于不知道如何下手？你为实现此目标而需要采取的行动计划是否清晰？

M——可衡量的(Measurable)。你如何知道自己是否实现了目标？这个目标是否给予了你一些可测量的具体事情，比如储存金钱的数量、阅读书本的数量、步行的里程？

A——可实现的(Attainable)。它是可实现的吗？你能实际完成这个目标吗，还是你料定自己会失败？

R——现实的(Realistic)。鉴于你的价值观、技能和兴趣，此目标是可能的和可取的吗？是你行动的方式吗？它符合你的日程表和经济状况吗？你的人格？你的其他目标？

T——时间相关的(Time-bound.)。该目标是否包含一个可用来评估你是否实现了它的时间框架吗？它是否促使你立刻开始，还是在未来某个时候开始？

②FEW 原则

F——集中重点(Focused Targets)。你是否有太多的目标而让你无所适从？你是否总是无法集中主要精力于一件事情上？目标不能太多，处处是重点也就没有重点，你必须集中有限的时间和精力于最重要的事情上，而且最好一个阶段只有一个重点。

E——承诺投入(Empowerment Level)。你是否知道要实现拟定的目标需要付出很多的努力？在必要的时候，你是否愿意做出一些牺牲？很多人虽然拟定了目标，但不知道任何目标的达成都需要付出一定的努力，缺乏基本的心理准备或无法信守承诺。

W——主次之分(Weighted Grade)。你在多个目标之间是否有主次之分？你是否总是感到很忙，但总是缺乏效率，目标总是难以实现？其实，每个人在一个阶段肯定同时会有几个目标，关键是这些目标必须要有主次之分，否则只能让你疲于奔命且收效甚微。

3. 拟定与实施目标过程中的注意事项

(1)确立目标的首要任务是有理想、有志向，不要过多考虑细节问题。

(2)不要把目标的期限定死。

(3)亲自设定自己的目标。

(4)将你的目标建立在你最重要的价值观上。

(5)将你长期的总目标分解成几个比较容易理解的阶段子目标。

(6)确保你的目标是可行的。

(7)为每一个目标开发一个实现方案。

(8)把你的目标写下来,然后“放在口袋里”,并且让周围的人知道你的目标。

(9)消极思考创造消极目标,积极思考创造积极目标。

(10)不可轻率地做出决定。你愿意为你的目标投入多少时间和精力?

(11)做好眼前的工作。

(12)遇挫折不气馁。

(13)对未来抱有坚定的信心。

(14)成功者永远都不会放弃,放弃者永远都不会成功。

(15)天下事有难易乎?为之,则难者亦易矣;不为,则易者亦难矣。

(16)害怕失败等于拒绝成功。

(17)避免过于专注于目标的实现,实现目标的过程同样重要。

三、职业目标定位

1. 目标定位的重要性

人的时间和精力是有限的,定位能够使你把注意力集中在最重要的事情上,并且找到适合自己发展的道路,开拓属于自己的领域。能够做出准确定位的学生,知道自己处于什么位置而不盲目发展,而且能够在激烈的人才竞争中创造差异,形成独特的竞争优势。缺乏定位的学生,往往感到盲目,即使忙碌,也是缺乏效率的,效果自然也不会很好。

有三个理工科的女生。甲同学觉得自己很适合这个专业,父亲就是个技术人员,她觉得自己也是一个大大咧咧的女孩子。乙同学觉得女生不适合这个行业,但既然这个是她的专业,她高中读的也是理科,并不排斥这个专业,也觉得理科比较好找工作,但毕竟女孩子在这个行业还是受限的,所以定位为做这个行业的销售或文书工作,目前把学习的重点放在外语上,争取毕业后进外企工作。丙同学不喜欢这个行业,专业是父亲出于就业考虑而替她做的选择,但她实在不喜欢,能力上也觉得跟不上课程,但目前她也不知道自己喜欢什么,于是很茫然。

上面这则实例反映的正是目标定位的困惑及其对现在努力和将来发展的影响。三位学生中,最糟糕的是缺乏定位的丙同学,原因可能是信息不全或存在偏见。其实,女孩子在这个行业并不一定没有优势,大部分技术人员都是在运用程序而不是编程序,所以不用考虑女孩子的创新能力等不足而影响发展。再者,女孩子比较心细,一些程序测试员等岗位需要女孩子,这个行业的有些公司也喜欢女性员工。不管丙同学是否喜欢这个专业,都应该立即展开对自己和专业的探索,尽快定位自己,否则只能感叹大学时光飞逝,然后在毕业时就茫然失措,运气好的可以找到一份工作,运气如果不好则只能听天由命了。

【课堂阅读】

◇　天津卫视《非你莫属》是一档现场招聘类节目。一次,来了一位应届毕业生。主持人问他有什么才艺,他说:“我是个公交迷。”主持人来了兴趣,现场考他。他不但准确无误地按顺序报出了一大堆站名,而且给一对情侣设计了“北京一日游”路线。这名学生对公交的这种专注,为他打开了求职大门。在现场招聘的老总们纷纷亮出非常好的职位和待遇，甚至在现场因人设岗。一位老总说："很多单位不招应届毕业生，不只是因为他们缺少工作经验，更主要的是他们缺少一种专注和投入的精神。"

2. 目标定位方法

(1)便捷的规划方法

学者伍德(Wood，1990)曾整理出七种一般人常用的生涯规划法，这些方法省时、省力、便捷，但大都是凭直觉做出的，缺乏理性思考，不够科学合理。

①自然发生法：按时间的延续，就着环境，顺其自然地发展。

②目前趋势法：随大流，盲目地投入新兴的或热门的行业。

③最少努力法：选择最容易的活法。

④拜金主义法：选择待遇最好的行业。

⑤刻板印象法：以性别、年龄、社会地位等刻板印象来选择工作。

⑥橱窗游走法：走马观花似地浏览一番各工作场所，再选择最顺眼的工作。

⑦假手他人法：把未来交给别人来决定。

在设定自己的职业目标时，很多学生往往无法根据自己的个性特征做出长远的规划，也无法对搜集到的信息进行理性分析，因此武断而草率地做出决定，未来所面临的职业生涯风险就比较高。

你可以借助所谓的操作性的技术和工具或职业指导大师的指点，来确定职业目标。你也可以借助经验的、直觉的、情感的、粗略的、朴素的、传统的和试错的方法，去完成人生设计。但这其中最关键的还是"思想方法"。目标定位需要经过一番系统的思考，以下提供了几种恰当的思考方法，在掌握这些方法的基础上，进行全面的理性分析，将有助于拟定科学合理的职业目标。

(2)树立并固守核心价值观

①你的人生追求是什么

价值观是你想获得的东西，它反映的是一个人的人生追求。核心价值观是你最重要的价值观，它要回答的是"我为什么而活"这个基本问题，是指导个人行为的永恒的原则。树立并固守核心价值观是目标定位的关键环节，你必须保证终生追求的正是自己所想要获得的东西，它是人生成败最关键、最重要的因素。偏离了价值观的追求，到头来只能导致无限的后悔和唏嘘感叹。

布鲁克林·德尔提出了职业生涯成功的五种方向，这反映的正是个人价值观的差异所导致的不同的职业发展目标。

A. 进取型：升入企业或职业最高阶层。

B. 安全型：长期稳定的工作或业界认可。

C. 自由型：不愿被控制，视成功为经历的多样性。

D. 攀登型：不断尝试、挑战新的工作。

E. 平衡型：在工作、家庭和自我发展之间取得平衡。

②你所应承担的社会责任是什么

李宝元认为一个人的价值体现在他对他人所承担的社会责任上，所以核心价值观的另一层意思是一种关于人应该承担“社会责任”的深刻认识，是一种关于一个人生命意义的敏锐判断和凝练概括，是长期指导和激发自己待人处事行为的永恒准则。著名经理人李开复在《做最好的自己》一书中，提出了“成功同心圆”说，认为一个人要想获得成功，首先必须拥有正确的价值观。如图 6-2 所示，价值观处于圆心，是人生的基石，是成功的前提，决定着一个人的人生态度和实际行动。拥有正确的价值观意味着一个人可以在大是大非问题上做出正确的抉择(Know Right from Wrong)，意味着他是一个有道德、讲诚信、负责任的人，是一个值得信赖、值得托付的人。同心圆的第二层是人生态度，它受价值观指导，是行动的前提。同心圆的第三层是行为方式，它受价值观和态度引导，是态度在学习、生活和工作中的具体表现。

图 6-2 成功同心圆

大学生应该将自己的人生追求与其所承担的社会责任结合起来，进一步明确现在和将来应该永远固守并追求卓越的事业究竟是什么，形成人生核心目标和职业生涯目标，从而在人生价值和生命意义上实现“自我肯定”，获得成功。

(3)职业目标三环定位

只有两种工作我们可以坚持做好：一是你喜欢的工作，你对它有极强的兴趣；二是你觉得有价值的工作，出于责任感和使命感去从事的事业。所以，除了上述根据自己的价值观拟定目标职业之外，兴趣也是个重要的因素。

柯林斯提出的“刺猬理念三环图”提供了职业成功所要具备的三个基本要素，如图 6-3 所示，即职业志趣、职业能力和职业需求，可用于指导职业目标的定位。职业志趣是指“我对什么充满激情”，职业能力是指“我在什么领域能成为最优秀的”，职业需求是指“是什么驱动我的经济引擎”，三环重叠的核心是你最理想的职业。也就是说，理想职业目标必须是你所感兴趣的，也是你所能够胜任的，同时还必须是能够符合社会需求的。当然，现实中往往难以“三全其美”，可以首先选择能够兼顾两者的准理想职业，然后再根据实际情况进行适当的调整。

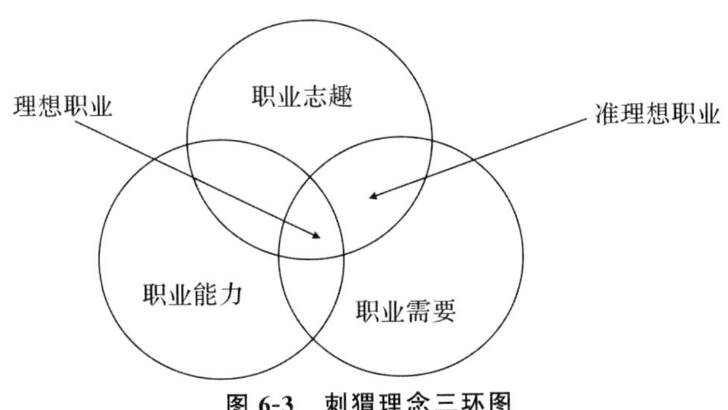

图 6-3 刺猬理念三环图

如果你感兴趣的职业并非社会热门职业，那怎么办？李宝元认为，不应该放弃职业兴趣而盲目追求热门职业。其实，职业的社会需求大小是相对的，如果需求量大但同时供给量也很大，那么丢掉自己的志趣去赶潮流，就很可能被淹没在恶性竞争的旋涡中而永无出头之日。反之，即使是需求量较小的冷门职业，也有可能因为供给更加短缺而成为求职亮点，只要与你的志趣相投，并且孜孜以求，反而更有可能获得成功。这强调的正是兴趣对职业目标定位的指导意义。

(4)职业锚定位

埃德加·施恩的职业锚理论和霍兰德的职业性向理论为我们提供了一个很好的将个性特征类型与职业类型联系起来的方法，这使我们得以在人职匹配的基础上拟定合适的目标职业。职业锚是个人动机、价值观和能力互动作用的结果，是人们选择和发展自己职业时所围绕的核心。职业性向反映的同样是价值观、动机和需求的互动作用，强调个人职业性向与职业类型的相适应。这两者都对职业定位具有重要的指导意义。

施恩及后来学者将职业锚分为技术型、管理型、自主型、安全型、创造型、服务奉献型、挑战性和生活型等八种职业锚。这八类职业锚的具体解释，详见课后职业定位问卷。霍兰德将职业性向和职业类型分为现实型、研究型、艺术型、社会型、开拓型和常规型六类。学生应通过职业锚和职业性向心理测试和自我探索，明确自己的职业锚和职业性向类型，然后围绕该类型选择职业目标和发展道路。

有两个会计系的学生，毕业后一同进入同一家公司。十年后，A君从初级会计师发展成为高级会计师，而B君仍是初级会计师，但管理着全公司所有的各个级别的会计师，而且还计划着往总经理岗位晋升。前者属于技术型职业锚，后者则属于管理型职业锚。技术工作完全不同于管理岗位，工作性质与能力要求完全不同。对于A君而言，会计专业是他的技术专长，他将其发展到职业的最高阶段。当然，技术型的人也可能谋求职能部门主管，即会计部主管，但应该避免全面管理的岗位。而对于B君而言，他对会计专业和工作并不十分感兴趣，该专业是他谋求管理岗位的踏脚石。有些学生就属于比较典型的常规型或实际型，除了专业领域没有其他兴趣，不喜欢人际交往，技术工作非常适合这类人。而有些学生则表现出强烈的管理愿望和卓越的领导才能，技术工作显然难以使他满意。

虽然登上管理岗位被普遍认为是职业上的成功，但技术型的学生必须切记，无须羡慕别人，更无须活在别人的眼中，那不是你的路，你必须走自己的路，谋求更高级别的专业职称同样是成功的一种标志。而对于有意谋求管理岗位的学生而言，除了学好专业课外，更应该多阅读和选修管理学、经济学和营销学等知识。

(5)其他方法

①五“what”法

许多职业咨询机构和心理学家进行职业咨询时常常采用五“what”的归零思考模式，共有五个问题：

第一个问题：What am I?

第二个问题：What do I want?

第三个问题：What can I do?

第四个问题：What can support me?

第五个问题：What can I be in the end?

回答了以上五个问题，找到了它们的最高共同点，你就有了自己的职业生涯规划。特别

是明晰了前面四个问题，最后一个问题自然就有了一个清楚明了的答案。以下是一位大学毕业生 Mary 遇到的一个问题，她应该选择哪条路？

Mary：重点大学，本科，财务管理专业，24 岁，刻苦上进，学习能力强，曾在一家财务咨询公司兼职一年，未来的职业目标是成为一名财务、金融行业的高级经理人。现在，她就要毕业了，摆在她面前的路有两条：第一，美国某大学批准了她的留学申请，这个机会是 Mary 用一年多的辛苦换来的。不过不是财务或金融专业，而是社会学专业；第二，四大会计事务所中的一家给了她 Offer，职位是审计，薪水和待遇均有诱惑力。①

根据五"what"方法思考 Mary 的职业发展方向。关于第一问题，Mary 是重点大学财务管理专业本科毕业生，有一年的财务公司兼职经验。第二个问题，Mary 想做一名高级财务经理。第三个问题，Mary 学了 4 年的财务管理专业知识，又在财务公司做了一年的兼职，专业与经验基本对口，可胜任财务行业的一些基本工作。第四个问题，目前 Mary 有两条路：进入业内知名会计事务所担任审计工作或到美国留学学习社会学。第五个问题，既然 Mary 想成为高级财务经理，首先必须累积经验，因此最好先进入一家不错的财务公司工作，从基层开始做起，然后再一步步走向更高的职位。经过分析，这五个问题的答案中，指向率最高的是到财务公司工作，这也就是答案中的共同点。因此，我们给 Mary 的建议是：先去四大之一的会计事务所工作，然后再考虑出国留学，或者在工作中再学习。因为这样做和她既定的职业目标一致，同时她也已经为此迈出了脚步，并且这是她热爱的行业。留学机会得来虽不易，但偏离了自己既定的职业目标，职业生涯绕了弯路。

②SWOT 分析法

在职业发展评估中，我们介绍了该方法，它也可用于进行指导目标定位。SWOT 分析是指在职业选择中通过对自己的优势、劣势、机会和威胁进行分析，发挥自己的优势和避免劣势，利用环境机会和化解威胁，进行目标定位。

首先是优势分析，你可以通过回顾自己"曾经做过最成功的事情是什么"、"现在学习了什么"等问题，思考自己在知识与技能、性格与专长等方面的优势与特长。其次是劣势分析，包括经验或经历中欠缺的方面、性格弱点、技能短腿等。再次是机会分析，包括对社会大环境的认识与分析、自己所处的学校以及家庭与个人人际关系网络等。最后是威胁分析，包括经济动荡、社会变迁、行业衰退、严峻的就业形势、学校与家庭方面存在的不利方面等。通过全盘考虑，评估和权衡各方面因素，一幅清晰的职业生涯前景图就呈现在面前，然后从中选出最佳的发展机会。

3. 如何选择目标职业

拟定目标和实现目标的方案是职业生涯规划的核心和主体，但学生往往在这一部分束手无策，最后只能随便应付或照抄别人。在职业规划时采取应付了事的态度，往往也是在应付自己的人生。能够对自己做出许诺和勇于承担责任的态度是有效的职业生涯规划的重要前提。

在选择目标职业时，首先必须考虑自己的理想和追求。成功从远大理想起步。理想是以现实为根据的一种理性想象，是人们对自己、对社会发展的设想与追求。崇高的理想必然

---

① 杜林致：《职业生涯管理》，上海交通大学出版社 2006 年版。

会产生巨大的力量。一个具有远大理想的人，一般同时具有坚定不移的决心、信心和毅力，在困难面前不动摇、不退缩、不迷失方向。常常有些学生质疑理想的可行性，但正如一句台词所讲的"You can't go far, but you can always dream"。或许梦想的意义不在于梦想本身，而在于实现梦想的过程。也常有学生感叹"毕业后现实扑面而来，而梦想却流离失所"，生活可能是辛苦的，择业和职业发展可能是现实的，尽管如此，对于大学生而言，此时的你如果不追求理想，那到底是为了什么？也正如另一台词所言，"Life is a climb, but the view is great."

其次，考虑人职匹配分析的结果。通过类型与类型的匹配分析，你可以为自己拟定大致的职业发展方向。

最后，考虑自己的专业。不管你是否喜欢自己的专业，它毕竟是你大学四年为之学习的领域，你对专业的偏见可能让你无法完全了解一个行业，通过积极的探索，了解与你的专业相关的就业方向有哪些，这些方向的工作性质如何，其中是否有适合自己发展的目标职业。即使你寻找与专业不相关的工作，你也可以根据自己的专业所长确定你的竞争优势和发展方向。不管怎么样，多数人都是根据专业找到自己的第一份工作的。

当然，我们希望你的理想是你的专业，你的专业和理想符合人职匹配分析。但对多数人而言，这三者并无法对等。因此，首先考虑的是理想和追求，然后是在人职匹配分析中得出的结论，最后才考虑你的专业。通过这样的思考步骤和过程，最终你总能确定一个职业发展方向。如果你还无法确定，那最好能去寻求职业规划师的帮助。

第三节　开发计划

一、职业发展路径

1. 两种基本的职业发展路线

廖泉文教授指出在选择职业发展道路时，有两种基本模式，即直线型职业生涯和螺旋型职业生涯。

(1)直线型职业生涯

直线型职业生涯是指终身从事某一专业领域的工作，在线性等级结构中，从低级走向高级，不断取得更大的权力，承担更多的责任和获得更多的报酬。如沿着实习生、服务员、领班、主管、部门经理、总监、总经理这样的职业阶梯升迁。

(2)螺旋型职业生涯

螺旋型职业生涯是指一种跨专业的职业生涯方式，围绕着职业锚这个核心，从事不同的专业工作，不断找到发展的新起点。如围绕着安全型职业锚，先后从事公司文员、学校教务秘书、政府部门公务员等不同职业。

2. 职业生涯甜筒图

施恩提出了一个关于个人在组织中发展的三维模型，即职业生涯甜筒，如图 6-4 所示。

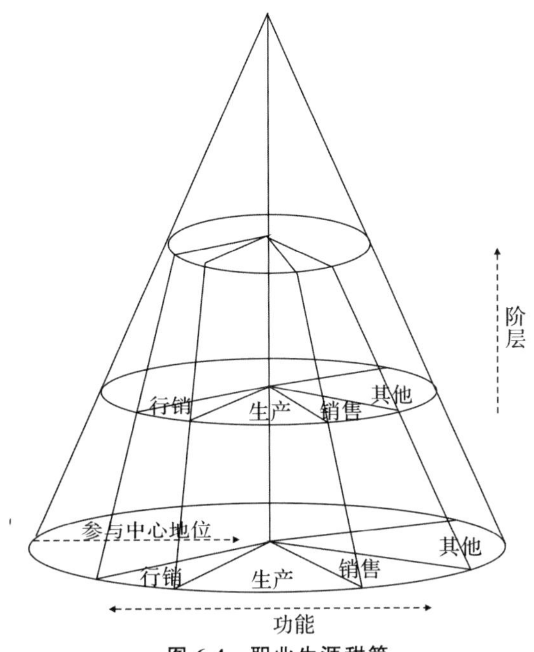

图 6-4　职业生涯甜筒

(1)向上发展

可以沿着椭圆边上的直线向上升迁,比如在销售部门,从销售员荣升为销售主管、销售经理或销售总监等。每种职业或组织都有自己的等级制度,能否在公司的职务阶梯上提升是评判成功与否的普遍标准。当然,对成功的评判标准会因人而异,晋升与金钱可能是通用的标准,但工程师的专利数量、教师的声望、部门经理的预算额度等对其他人而言可能更为重要。

【课堂阅读】

◇　剩者为王。所谓剩者,看起来是剩下,但其实质是,大凡能剩下者不少人成了"王",即便成不了王,也是骨干分子,这几乎是一条典型的职场铁律与法则。一般来讲,能在一个团队剩下来者,要么其具有较好的团队精神,要么十分敬业;要么在某一方面有优于他人的才干且能独当一面,执行力强;要么纯粹是心态良好,耐得住寂寞,坚持在简单的事情重复地做与快乐地做的日子里,将自己的追求与目标融入团队的使命之中,自觉勤于本职,踏实尽心尽责。

(2)横向发展

如果没有提升的机会,也可以在同一椭圆内(同一级别)向本部门的其他职位或别的部门发展,扩大工作领域,增加工作经验,提升职业宽度和职业综合竞争力。这种变化可能来自于个人努力,也可能与公司提供的培训和发展机会有关。人们通过变换工作来换取多种不同的技能。对于有些人而言,短期的水平切换可累积丰富的经验和完善管理技能,为将来的发展打下基础,是寻求升职或新的工作机会的人不可多得的财富。

【课堂阅读】

◇　跨界而生。对职场人士来说,职场是一个缓慢向前同时需要自己审时度势、不断调整方向的努力过程。所以,现阶段职业规划与未来职业发展有一定的承接性,但也不会是完全的相同性。在某种外力或机会的催化下,个人的职业发展在某个时间点上可能出现令人诧异的华丽转身。炒菜师傅转身成了经营者、外语老师变成了网站CEO、公务员成了畅销书作家等。世界正朝着一个"跨界"的方向发展,在新的时代背景下,个人职业发展不再"从一而终",多元化、多技能、多身份已成为职业发展的一种新时尚。智者总能随时代变化而改变,在保证正职工作不断提升的基础上,我们需要进行适当的跨界发展,即利用适当的条件去培养自己某种技能、新的兴趣点或创建新的平台。

(3)在椭圆中心向上发展

这是一种微妙的发展,该职员必须充分理解企业政治,具有圆滑的人际关系。一些人判断成功的标准是,"个人是否渗入组织的核心层",获得影响力和权力,但它并不一定要伴以职位或技能的提升。如秘书,现任台湾地区领导人马英九就是从秘书职位开始的。再比如说,处于同一个级别的两个部门主管,他们可能跟椭圆中心(最高决策层或管理层)的距离是有远近的,其中一人能更多地得到领导的器重和使用,除了具有一定的管理地位和话语权外,还能得到一些专门的特权或特别的培养或融入最高决策层或管理层的工作之外的领域等。一旦获得这样的机会,职业的成长线就是坐直升机似的提升。

3. 矩阵式职业发展路径

在企业管理领域,矩阵式组织有日渐流行的趋势。目前,矩阵式组织结构被IT行业、咨询机构、研究院所等广泛采用。在矩阵式组织中,纵向为专业导向,由专业人士负责,顺应专业发展的规律;横向为问题导向,由项目领导管理,以解决实际问题为目的。在矩阵式组织中,组织管理者为了满足员工职业发展的多方需要,应为员工设计多种职业生涯发展通路,如图6-5所示。

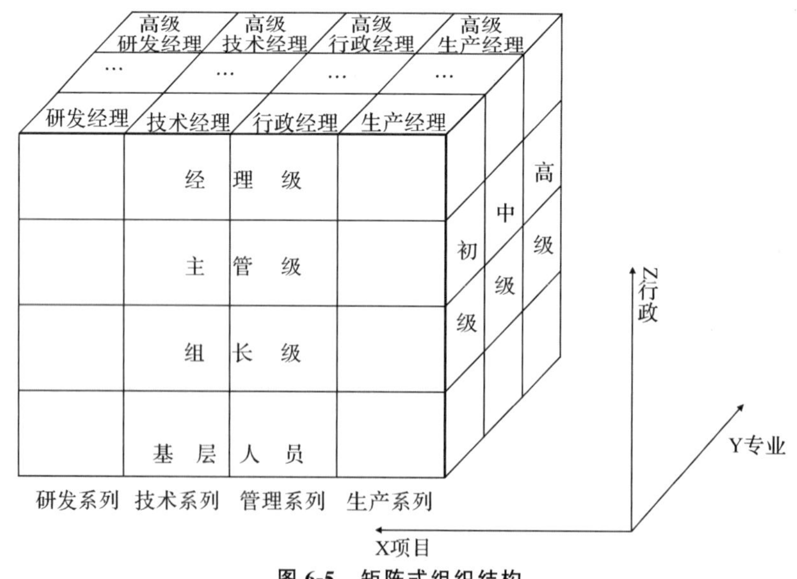

图6-5 矩阵式组织结构

如表6-2所示，矩阵式组织中的员工至少可以有以下六种职业发展方向：

表6-2　三维职业通路的职位设计简表

职业通路	职位设计举例				发展目标
Z向 行政专家	职员	部门主管	部门经理	副总经理	总经理/厂长 行政副总
X向项目专家	技术人员	研发人员	营销人员	管理人员	项目经理
Y向技术专家	未定级 研究人员	研究实习员	助理研究员	副研究员	研究员 /高级工程师
2X向项目行政专家	技术人员	研发人员	项目负责人	项目副总	总经理 /项目副总
ZY向技术管理专家	研究实习员	助理研究员 /技术负责人	副研究员 /技术主管	研究员 /产品经理	总设计师 /总工程师
XY向项目咨询专家	技术人员	研发人员	项目负责人	项目经理	咨询专家 /顾问/讲师

(1)Z向发展——在同一专业上向行政高度发展成为管理专家。这是传统意义上的发展之路，它主要体现员工在组织内部的职位(或头衔)的上升。随着扁平化观念的深入人心，组织内层级逐步减少，管理幅度相对增大。这意味着对于绝大多数员工而言，Z向发展是一条淘汰率极高的发展路线，它不可能成为员工职业发展的主要通路。例如：业务员—区域经理—大区经理—销售总监—总经理。

(2)X向发展——在不同专业之间转换，成为项目专家。在这一维度上，组织根据员工的特长进行工作轮换，通过轮岗发展员工的多重职业技能。X向发展是组织中有利于大部分员工持续发展的一种通路。例如：程序员—技术架构师—营销/管理人员—项目经理。

(3)Y向发展——在同一专业上向纵深发展，成为技术专家。即从一般部门职员发展成为技术专家，这种发展又称为“职级”发展。比如，科研人员从研究实习员、助理研究员到副研究员，再到研究员；人力资源管理人员从人力资源管理员到人力资源管理师再到人力资源管理专家等等，技术水平的提升不断将员工推向职业发展的顶点。例如：技术员-工程师-技术总监/高级工程师。

(4)ZX向发展——在管理和项目两个维度上发展，成为项目管理专家。这种发展是员工经过多次轮岗以后，在掌握了多种职业技能的基础上，加深对项目运行方式的全面了解，在项目管理领域沿着行政高度继续发展。通过这种通路发展的员工，既全面了解项目运行情况，又拥有一定的行政权力，是项目完成的有力保障。例如：技术人员—研发人员—项目负责人—项目副总—总经理。

(5)ZY向发展——在行政和专业两个维度上发展，成为技术管理专家。该职业通路强调员工在本专业领域不断深入的基础上向行政管理方向迈进，成为组织内的高级技术管理人员，即“专家型管理人才”。比如，总设计师、总工程师等。这部分员工是组织中的技术专家，其在专业领域中的权威地位将给个人行政地位的升迁提供有力支持。例如：财务分析员—会计主管—财务总监—财务副总/总经理。

(6)XY向发展——在项目和专业两个维度上发展,成为项目咨询专家。员工在专注于本专业的同时,向相关专业领域拓展,并最终成为技术面广、专业深入的"T型人才"。在实际工作中,真正能在项目咨询方向达到一定高度的员工少之又少,而这些人往往又会由于无法完全发挥个人价值而最终离开组织,成为专业的培训师、咨询师。例如:程序员—首席信息官—独立IT咨询/顾问/讲师。

4. 无边界职业生涯

然而,社会大环境在发现变化,职业和雇员本身也在发生变化,在同一组织中一直做下去已不现实,终身雇佣制不再是一个理想的职业模式。不管是个人还是组织,都出现了新的需求。近年来,兼职工不断出现并日渐发展成为一个群体,可供选择的工作方式包括永久性全职工作、非全职工作、弹性工作、加班工作、轮班工作、兼职或多重职业、远程办公、工作共享等。职业发展已出现很多不同的模式,如无边界职业生涯,未来必将会更为多元。

无边界职业生涯(Boundaryless Career)是指超越某一单一雇佣范围设定的一系列工作机会,即员工不再是在一个或者两个组织中完成终生职业生涯,而是在多个组织、多个部门、多个职业、多个岗位实现自己的职业生涯。

在知识经济时代,无边界职业生涯被认为是大学生职业发展的基本模式。一方面,未来的职业发展受制于主客观因素的影响,且存在很大的不确定性,大学生在求职过程和职业发展中,必然根据现实可能性,选择适合自己的职业方向。另一方面,大学生往往难以终身只从事一种职业,他们必将在多个岗位、多个组织、多个职业中实现自己的职业生涯,特别是就业3到5年后的职业生涯二次选择期,他们会向着适合自己个性、更利于职业生涯成功的职业转换。

无边界职业生涯的本质是职业生涯的不稳定性,多维的职业生涯转换是其基本表现。无边界职业生涯转换可以分为三个层面:组织内的转换;组织间的转换;职业间的转换。当然,这并不是鼓励频繁地、盲目地跳槽。无边界职业生涯并不是没有规划的、随波逐流的职业生涯,它更需要学生因应环境和自身变化做出规划与调整,在寻找职业锚的过程中,通过提升职业技能和培育社会资本等手段,提高职业的适应性和灵活性。

二、拟定行动计划

1. 计划及其有效性

(1)计划及其要件

计划方案是一种文件,它规定了怎样实现目标,通常描述了资源的分配、进度以及其他实现目标的必要行动。哈罗德·孔茨认为,"现实是此岸,理想是彼岸,中间隔着湍急的河流,行动则是架在河上的桥梁。"所以,计划是为未来制订的,是对未来行动的预先安排。计划方案主要是为了弥补现在与未来的差距,以实现未来目标。

计划要件一般包括5个W和2个H,即①what to do it;②Why to do it;③When to do it;④Where to do it;⑤Who to do it;⑥How to do it;⑦How much to do it。你是否拟定了一个较为完备的计划方案,可以根据上述这7个要件进行评估。

(2)计划的有效性

行动计划必须注意有效性,多数学生拟定的计划大都是泛泛而谈,缺乏针对性,无法真正指导实践行动。这主要是因为他们对环境信息的探索不够,对自己现在与未来理想状态之间的差距没有清晰的认知,自然难以提出有效的弥补差距的措施。

首先,有效的计划必须针对不同的阶段任务与特征,包括几个实现目标的步骤,同时还必须具体地指出有利于与不利于目标实现的各项措施。其次,计划的拟定还需要考虑社会、家庭和组织的需求、规范和价值观,毕竟计划不是在真空中执行的。第三,你的时间和精力是有限的,你愿意为实现你的目标投入多少?在多个目标之间你是要兼顾还是能够取得平衡?如果为了实现一个目标而需要放弃与家人、爱人、朋友相处的时间,你是否愿意接受?第四,有效的目标能够提供反馈并具有允许及时做出调整的灵活性,计划不仅仅是为了实现目标的,它还可以用于检验自己的个性特征及其与目标职业的匹配性,通过在做中学(learning by doing),进一步认知自我与环境。第五,通过生活观察和与亲友、专业教师和业界人士等交流讨论,识别方案的有效性。第六,多数时候不存在唯一的"最佳"方案,不应该将自己局限在一个方案上,可以尝试几个不同的方法。

2. 拟定计划方案

拟定计划方案,将目标转化为切实的行动,这是职业生涯规划中最关键、最重要、最艰难的一步。在这一步,你必须在信息探索的基础上实现对未来的设想,同时还必须忠于承诺和具有强大的执行力。"知易行难",很多职业规划正是因此变成了"纸上谈兵"或流于形式。

首先,你必须整合和平衡短中长期目标与计划。如表 6-3 所示,目前职位能帮你获得希望得到的工作吗?你可以做些什么来增加目前职位作为踏脚石的价值?中期目标的实现是否有利于实现长期目标?而实现这些目标需要在经验、训练、个人特质和形象上等做哪些准备?需要某人的政治支持吗?大学生对于自己大学生活的规划同样也可以借鉴该表格,所修的课程、所参加的活动、所寻求的资源等必须要有利于最终目标的实现。

表 6-3 短中长期的事业计划表

	经验	训练	个人特质和形象	某人的政治支持
最终目标: 职位 公司/部门 达成日期				
中期目标: 职位 公司/部门 达成日期				
其他有踏脚石价值的职位				
下一份职业				
目前职位				

其次，针对每一个目标制定详细的执行方案，特别是短期目标的实现。大学生职业生涯规划应该对大学四年的学习和生活计划有更为明确的和具体的行动方案。如表 6-4 所示，需要将你的目标进行分解，明确主要措施与事务，并进行日程安排，以及能够对未知变化做出一些评估与调整。

表 6-4　职业生涯行动计划日程安排表

日程	目标分解	主要措施	事务安排	补充和调整
第一季度： 一月： 上旬 中旬 下旬 二月： 三月：				
第二季度				
第三季度				
第四季度				
年度总计划				

3. 职业生涯开发策略

明确了自己职业生涯的总体目标和基本路径后，还需要将之具体化为各人生阶段的具体目标和特定任务，以及实现这些目标和任务所应该采取的相应行动及措施。有人说，“三十岁以前，从工作中学经验；四十岁以前，在工作上交朋友；四十岁以后，靠累积的资本升职或创业。”这是一般的职业发展策略，体现了清晰的、有规划的职场道路。主要的职业生涯开发策略包括充电学习、胜任现职、加班工作、开发技能、拓展机会、拜师访友、树立形象以及自我监督等。

(1)练内功策略

该策略主要是通过教育与培训，提高自己的竞争力，并在实际工作中取得业绩，获得外界认可。首先，可以根据自身条件和职业目标，选择教育与培训渠道。其次，根据培训目的，挑选合适的培训方法。

学习是一生应该培养的重要习惯之一，在校期间，大学生应该做好时间管理和自我监督，多阅读、多思考，在扩大知识面的基础上，根据兴趣与专长深入学习，同时注意构建合理的知识结构。在校期间，大学生还应该注意积极参加实习与实践，理论联系实际，为行动而思考，为思考而行动。

毕业后走上工作岗位，时刻保持对知识的渴求和良好的学习心态仍是十分重要的。就业是另一学习的开始，在社会上和职场上学习待人处事之道，专研工作上的专业领域。况且现在职场上的工作要求和竞争压力越来越大，如何应对社会和职场的变化与需求，只能首先从自身寻找提高技能的途径，不断提高职业灵活性和适应性。另外，还必须注意平衡工作要

求与自身学习之间的关系，不能因为工作忙而忘了自我学习，有时候有必要安排一些时间开发第二技能。

(2)练外功策略

该策略主要是指个人通过充分地开发自己，主动地展示自己，为自己的职业生涯创造更为有利的条件。首先，必须保持自尊与自信，这是自我表现的前提。其次，主动而积极的自我展示，展示自己的职业理想和追求，同时通过实际工作表现证明自己。

任何东西都可以失去，只有自信心不能失去。大学生应该强化自己过去的成功经历，同时积极参与校园内的一些活动，通过这些活动的组织和参与，逐步培养自己的自信心。有很多学生来到大学以后，能够主动地融入大学生活，积极参与社团活动和社会实践，与周围的同学友善交流并协作共事，树立了很强的自信心。但有部分学生则刚好相反，原本自信的他们开始怀疑自己，甚至时常感到自己一无是处。这些学生首先还是需要融入周围的群体，同时寻找自己的优势、特长与个性上的优点，找到适合自己的方向，试着去实现自己一个个小小的目标，重拾自信心。另外，尽量正面地去看待周围的人和事，学会自我鼓励。

有些实习后的学生都会感到，只要自己今天不主动去做事，就会被领导批评。这主要是因为他把在大学养成的被动学习的习惯延伸至工作场所。除了自身能力外，你更应该让你的上级和周围的同事看到你的能力。当然，自我表现并不是口若悬河地夸自己，而是表达自己的理想和追求，同时脚踏实地地做好眼前的工作，通过实际业绩来说话。

(3)关系策略

事业成功离不开良好的人际关系网络。关系是一种重要的资源，它可以使你事半功倍，也可以使你郁郁不得志。积极拓展交际圈、寻找生活中的良师益友、拜访客户与领导、管理职场上的相关利益者，这都是职业成功的重要功课。

有些学生过分轻视人际关系的重要性，他们往往极力回避亲朋师长的推荐或帮助，而总是想着自己到"外面闯一下"，这多数是源于这个年龄段的学生寻求独立和自我实现的心理在作祟。有些学生则过分看重人际关系，认为大学生求职比拼的是社会资本而非个人能力，并罗列了很多例子加以说明。有些出生农村的学生因此自怨自艾，放弃了个人努力。有些出生富裕家庭的所谓的"富二代"，相信自己的"好爸爸"会给自己安排个好工作，也因此放弃了个人努力。

上述两类学生对于该策略的看法截然相反，其实都不准确。对于该策略不应该嗤之以鼻，也不应该过分看重。关系是决定待遇和发展的重要影响因素，但你自身的能力和成绩才是决定性的因素。我们反对通过认关系、拉关系和套关系破坏社会公平或损害他人利益。如果你有能力也有成绩，适当注意关系，更有利于发挥你的潜力。如果没有关系，你更应该积极努力，希望有一天你可以很骄傲地跟全世界讲，你今天的成就都是自身努力的结果，而自身努力的结果更值得珍惜。总之，首先需要对关系策略有正确的认知，其次是不管是否有关系，关键还需要考虑自身的情况。

另外，有些大学生困惑于人际关系的复杂性。其实，只要你能真诚待人，相信别人也可以这样对你。即使别人无法这样待你，你的真诚也能为你赢得真正的朋友。在与同伴相处时，还应该提高个人情商与沟通技能，同时还需要对表 6-5 中的三类关系有正确的辨析，当别人对你产生误解时，你也才能泰然处之并大方应对。

表 6-5 三类人际关系比较

关系类型	对待原则	对待方式	互依形态	互动效果	
				正向情绪	负向情绪
家人关系	讲责任	全力保护	无条件	无条件信任，亲爱之情	罪感；沮丧；其他焦虑；愤怒或敌意
熟人关系	讲人情	设法通融	有条件	有条件信任，喜好之情	耻感；其他焦虑；愤怒或敌意
生人关系	讲利害	便宜行事	无依赖	有缘之感，投好之情	耻感；愤怒或敌意

4. 大学阶段的任务及特征

(1)阶段任务

大学生涯处于职业生涯发展的早期阶段。这个阶段的主要任务是完成对自我的认知和职业的探索，并结合职业理想与职业生涯的预期在学校相关部门和人员的帮助下，规划大学学习、生活与工作，提高综合素质与就业竞争力，为未来的就业奠定良好的基础。

首先，大学生正处在生涯探索期和生涯建立期的转换阶段，职业探索是该阶段的主要任务。但大学生群体缺乏职场经验，人生经历也不够丰富，对自我探索往往存在疑虑和迷惘，同时也无法通过亲身工作经历获得真实的反馈信息，探索过程存在诸多障碍。其实，信息获取的渠道仍然是很多的，既可以通过和父母、亲友、同学、专业教师等交流和讨论获取信息，也可以在网络、论坛、讲座等上找到很多有用的信息，还可以开始在课堂学习和实习实践中有意地收集相关信息，并尝试性地开始选择并发展相关技能。在规划过程中，学生并未能够完全而充分使用这些渠道。

其次，大学生的职业理想和偏好以及对职业的期望也将日渐清晰。职业理想指人们对未来职业表现出来的一种强烈的追求和向往，是人们对未来职业生活的构想和规划。在这个阶段，职业偏好也开始出现，并逐步形成一两种具体的职业选择。一旦心目中有了自己认为理想的或喜爱的职业，就会依据该职业目标，去规划自己的学习和实践，为获得理想职业而做各种准备，使职业偏好逐渐具体化、特定化，并实现职业偏好。

大学阶段是人生的重要转折点，对个体一生的职业发展具有重要的意义。通过完成该阶段的职业规划任务，有利于大学生个性发展和综合素质提升，认清就业形势，转变就业观念，准确定位，明确人生未来的奋斗目标，合理安排大学的学习生活，最终促进个体成长和提高未来的就业满意度。

(2)阶段特征

大学阶段一般包括四个学年，每个学年的具体任务又具有不同特征。总体而言，大一是探索期，主要加强对自己的了解；大二是规划期，锁定自己感兴趣的职业；大三是就业能力提升期，提升职业修养；大四是就业准备期，完成从学生到职业者的角色转换。

在大一探索期，学生刚刚步入大学校门，面临着生活自理、学习自觉等一系列自我教育问题，心理和思想发生急剧变化，对大学生活和专业学习比较迷茫。在这个阶段，大学生首先应该让自己“即来自则安之”，积极适应大学生活，尽早适应大学学习方式。其次是了解本专业的教学目标和发展前景，端正专业态度和树立牢固的专业思想。最后是初步了解职业生涯规划的理念和自我认知的方法，加强对自己专业和个性特征的探索和认知，在专业培养计划的基础上初步设定大学学习、生活与实践任务。

在大二规划期，学生经过一年大学生活的适应，初步掌握了大学生活的规律，并已经意识到探索的重要性，开始真正从现实角度关注自己的成长，主动进行能力提升训练，希望自己快速成长。但受经历、经验、自制力等主客观条件的影响，有些学生会推迟决策或懒于执行计划，甚至出现倦怠现象。如果这样的现状持续下去，大学教育将很难带来积极的变化。所以，在这一阶段，大学生应该注意自己的这些负面情绪和反应，主动调整自我状态。多体验，多尝试，如参加校园活动和社会实践等，以进一步了解自己和提升自身能力。树立职业规划意识，了解与专业相关的就业信息和劳动力市场，加强紧迫感。进行职业定位和目标设定，拟定初步的行动或深造计划。

在大三能力提升期，学生没有了大一、大二时期的新鲜感，可能沦为了"无事忙"一族，也可能属于自我放任的一群，但这是职业规划的重要时期，也是最容易被忽视和浪费的一个学年。有些学生则通过前两年的职业生涯辅导和能力锻炼，各项素质得到了明显提高，职业方向更为明晰或者开始纠结于多元化职业方向，即是考研、考公务员、出国还是创业、就业。在这一阶段，大学生应首先全面提升自己的职业技能和个人素质，进行潜能开发，必要的时候去获取知识、技能的学术和资格认证。此外，应加强个人的自我管理，如时间管理、压力管理、情绪管理等。另外，还需制定详细的职业生涯规划，盘点自己的过去以及计划执行情况，做出评估和调整。

在大四就业准备期，毕业生就业工作即将全面开展，学生的心理较为浮躁，不仅要关心职场招聘，还必须兼顾学业、考证或考研工作，感觉"心力交瘁"，甚至对步入社会、走向工作岗位、角色面临转换等转变而感到恐惧。在这一阶段，大学生首先应该做好时间管理和任务管理，在兼顾好各项工作的基础上，对自己明确的目标全力以赴。其次，掌握就业政策、就业信息的搜集方法，端正就业观念与心态，提升就业技能，包括简历制作、面试技巧、职场礼仪。再次，重视实习工作，通过实习及参加招聘会，逐步有了就业意向，进一步进行探索，必要时做出调整。最后，做好职前适应，提升心理素质，正确看待面试失利和与同学的比较，同时构建和应用社会支持系统。

第四节　评估调整

一、评估与调整的必要性

1. 保持计划的灵活性以应对未来变化

职业规划属于一种计划形式。很多学生认为未来不可预测，计划赶不上变化，计划方案会禁锢个人的思想和行为，因此质疑职业规划的有效性。计划是应对变化的，但同时又不能消除变化。计划可能导致思想和行为的刚性与僵化，使你把注意力集中于今天的竞争而不是明天的生存上，甚至可能减弱个人主动性和损害创造性与革新精神，它也可能通过强化成功的经验而导致失败，这些都是计划工作本身的弊端。

但这些弊端不足以否定计划工作的有效性。不是因为未来存在变数而使计划无效，正是因为未来存在变数而凸显计划的重要性，如果你连最基本的计划都没有，那如何应对变化。计划是一种具有稳定性和权威性的结果，其本身意味着不可轻易改变的承诺，但这并不意味着计划是对变化的否定或会成为行为调整的障碍。

计划着眼于未来，首先应该具有预见性。外界环境的变化既有机会也有风险，计划的任务就是洞察未来的机会并将风险降至最低。其次，计划工作是一个持续的过程，应当准备在环境发生变化时改变前进的方向，保持这种灵活性在计划实施阶段是非常重要的，灵活性和改变航道本就是计划工作的重要原则。

人生风云多变幻，计划最大的挑战在于如何应对未来及其不确定性，从而更好地平衡计划的稳定性和灵活性。现阶段的中国社会与经济环境变化很快，职场环境与职业模式也日新月异，现代大学生对工作的需求和定位日益多元化，这些变化都促使大学生职业生涯规划必须是在动态环境下进行的，科学的评估和必要的调整是有效的计划工作的有力保证。

2. 及时对反馈信息做出反应，以保证计划的有效性

职业生涯管理是一个持续不断的动态过程，在设定了职业目标与计划后，因应情势实施和根据反馈做出评估与调整是十分必要的。当你在实施自己的职业选择时，无论是通过学习、求职还是工作的方式，你都有可能会在某个时候感到不舒服、受阻碍或觉得厌倦与疲惫，甚至可能会因为某些负面的感受而不得不放弃曾经一度令你心仪而成为首选的职业。这些都是在执行计划时所获得的反馈信息。你也可以通过探索进行事前评估。你需要运用这些信息检验已拟定的目标与计划的有效性，检验的结果可能告诉你必须做出一些改变或调整来修正自己的目标与行动计划。这一点也说明了职业生涯规划和管理本就是集中于问题解决的，它是一个学习的过程。

职业生涯规划是一个连续不断、周而复始的循环阶段。职业目标定位确定的是职业生涯的基本方向，一旦确定就应该长期固守，而具体的职业阶段性目标，则需要随情势变化而不断调整。一个人要想取得成功，不仅要有明确的目标、周密的计划和强大的执行力，还需要建立随时化解矛盾、及时处理冲突、不时应对危机的职业生涯反馈和调整机制。职业决策这个过程从来也未曾停止，只不过某些时候处于暂停状态而已，很有可能需要你多次回到职业生涯这个题目上来。你永远也不会结束职业决策，因为职业生涯规划在很大程度上也就是对人生的规划，它是终生教育的一部分。

二、搜集反馈信息

1. 信息渠道

你可以从很多渠道进行预见性的评估和搜集反馈信息。首先，在进行自我和环境探索过程中，你可能已经感觉到了问题的存在，比如面对感兴趣的职业，你可能觉得自己性格不合适或缺乏进入该职业的技能或资格，父母也可能会提出比较强烈的反对意见，如果这些情况真的发生，那你该怎么办？其次，通过与相关人士交谈、讨论获得进行事前评估的信息，这些人包括你的专业老师、已毕业的师兄师姐、同行业的亲朋好友或成功人士等。最后，你自己是最好的获取反馈信息的渠道，在执行计划时，你的亲身感受、所观察到的工作和家庭以及周围同事的变化等，都可以为你提供十分有用的信息。

2. 几点注意

在搜集反馈信息时，第一，要注意职业生涯早期的一些危险信号。第二，要真诚地面对

自己的内心,关注自己对一些经历的亲身感受。第三,愿意"睁眼看世界",并在合适的时候勇敢地做出改变。第四,保持持续的监控与评估,时刻对照计划方案,你是否实现了或更接近了你的目标与期望的结果? 第五,从各种经历中进行反思与学习,必要时做出调整。第六,经常与前辈或优秀人士进行比较和交流,真诚地与同辈人分享自己的经历与感受。第七,反馈信息还可能来自于非工作环境,特别是家中父母与亲友的感受、态度和建议,在你成家之后,这方面的信息就显得格外重要,因为工作与家庭必须能够取得平衡。

三、拟定调整方案

1. 如何评估

在拟定调整方案时,需要先后考虑三个问题:①在实现上述理想目标和职业路径的过程中可能会碰到哪些问题? ②在这些问题和情景发生时,我该怎么办? 只需要做一些小调整或是需要转换跑道? ③择业和职业发展的其他可能性,这些可能性来源于社会机会、家庭支持、自我个性特征等,针对这些可能性另拟定一份职业计划。

2. 如何调整

根据事前评估和事后反馈所获得的信息,你必须拟定调整方案,这有助于在求职或职业发展过程中做一个有准备的人。调整方案有时候就是另外拟定一份计划,这个计划主要是为了应对一些不理想的现实状况,但它最终还是希望能够实现自己的理想目标。很多大学生在毕业后真正实施的其实是调整方案,而不是预先设计好的为了实现理想目标的计划。

调整方案中包含很多的改变。比如你可能会在同一职业内寻找另一个职位,也可能会完全改变自己的职业,也有可能是曾经一度令人激动的职业失去了挑战性,因此确实需要在职业方向上做一个大的改变来激励自己。这些变化的原因包括职位晋升、失去职位、家庭或企业搬迁、工作条件的变化等。

对于大学生而言,在进行自我探索的过程中,可能发现自己属于社会型的职业兴趣类型;在进行环境探索过程中,发现父母对自己的工作已经做出了安排;毕业后,你可能发现某个新兴行业对人才的需求量非常大。针对这些可能性,你需要另外拟定一份计划。当理想职业因为家庭约束或社会条件不支持等原因而短期内难以实行时,你就需要立即启动事先拟定的调整方案。对于考研和考公务员的学生而言,调整方案尤为重要。

【体验活动】

生涯决策平衡单

在面临各种选择情境时,你该如何分析各项方案的利弊得失,然后做出最合适的决定? 请参考以下的说明和范例,尝试拟定一份属于自己的决策平衡单。

1. 注意事项

(1)尽可能把所有的选择方案都列出来。

(2)理性地分析各项选择方案,以提高分析后所得结果的参考价值。

2. 步骤

(1)将有关此项决策的选择方案列出来。

(2)此项决策所要考虑的项目有哪些?(请参考范例1)

(3)分析各选择方案再每个项目上的得失，计分范围为1～10，由自己评价。

(4)合计各个选择方案的“得”“失”总数。

(5)计算“得失差数”。

(6)请你依据各项考虑因素对自己的重要程度，分别给予1至5倍的加权(请参考范例2)，然后写在(×______)的空格内；接着将你刚才所完成的平衡单分数乘上括号内的分数，写在加权后的平衡单中，最后把总分计算出来。

范例1：王大同的平衡单(表6-6)

表6-6 王大同的平衡单

考虑项目	第一方案(就业)		第二方案(国内深造)		第三方案(出国留学)	
	得＋	失－	得＋	失－	得＋	失－
1. 适合自己的能力	5		6		6	
2. 适合自己的兴趣	3		6		7	
3. 符合自己的价值观		－4	4		8	
4. 满足自己的自尊心		－3	4		8	
5. 较高的社会地位		－1	3		5	
6. 带给家人声望		－2	2		7	
7. 符合自己理想的生活形态	2		2		5	
8. 优厚的经济报酬	8			－7		－8
9. 足够的社会资源	2			－4		－9
10. 适合个人目前处境	6		1		2	
11. 择偶以建立家庭	7			－8		－8
12. 未来具有发展性	4		8			－9
合计	37	－10	36	－19	48	－34
得失差数	27		17		14	

范例2：王大同加权后的平衡单(表6-7)

表6-7 王大同加权后的平衡单

考虑项目	第一方案(就业)		第二方案(国内深造)		第三方案(出国留学)	
	得＋	失－	得＋	失－	得＋	失－
1. 适合自己的能力(×5)	26		30		30	
2. 适合自己的兴趣(×2)	6		12		14	
3. 符合自己的价值观(×4)		－16	16		32	

续表

考虑项目	第一方案（就业）		第二方案（国内深造）		第三方案（出国留学）	
	得＋	失－	得＋	失－	得＋	失－
4. 满足自己的自尊心(×2)		－6	8		16	
5. 较高的社会地位(×3)		－3	9		15	
6. 带给家人声望(×2)		－4	4		14	
7. 符合自己理想的生活形态(×5)	10		10		25	
8. 优厚的经济报酬(×3)	24			－21		－24
9. 足够的社会资源(×2)	4			－8		－18
10. 适合个人目前处境(×5)	30		5		10	
11. 择偶以建立家庭(×4)	28			－32		－32
12. 未来具有发展性(×3)	12		24			－27
合计	140	－29	118	－61	156	－101
得失差数	111		57		55	

请试着草拟你的平衡单：

考虑项目	第一方案（就业）		第二方案（国内深造）		第三方案（出国留学）	
	得＋	失－	得＋	失－	得＋	失－
1.						
2.						
3.						
4.						
5.						
6.						
7.						
8.						
9.						
10.						
11.						
12.						
合计						
得失差数						

然后,请填写你加权后的平衡单:

考虑项目	第一方案(就业)		第二方案(国内深造)		第三方案(出国留学)	
	得+	失−	得+	失−	得+	失−
1.						
2.						
3.						
4.						
5.						
6.						
7.						
8.						
9.						
10.						
11.						
12.						
合计						
得失差数						

【心理测验】

职业定位问卷

这份问卷的目的在于帮助你思索自己的能力、动机和价值观。下面给出了40个问题,根据你的实际情况,从1～6中选择一个数字。数字越大,表明这种描述越符合你的实际情况。1分,表示“从不”;2分,表示“偶尔”;3分,表示“有时”;4分,表示“经常”;5分,表示“频繁”;6分,表示“总是”。

请尽可能真实而迅速地做出选择,除非你非常明确,否则不要选择极端的选择,例如“从不”或者“总是”。

1. 我希望做我擅长的工作,这样我的内行建议可以不断被采纳。
2. 当我整合并管理其他人的工作时,我非常有成就感。
3. 我希望我的工作能让我用自己的方式,按自己的计划去开展。
4. 对我而言,安定与稳定比自由和自主更重要。
5. 我一直在寻找可以让我创立自己事业的创意。
6. 我认为只有对社会做出真正贡献的职业才算是成功的职业。
7. 在工作中,我希望去解决那些有挑战性的问题,并且胜出。

8. 我宁愿离开公司,也不愿从事需要个人和家庭做出一定牺牲的工作。

9. 将我的技术和专业水平发展到一个更具有竞争力的层次是职业成功的必要条件。

10. 我希望能够管理一个大公司,我的决策将会影响许多人。

11. 如果职业允许自由地决定自己的工作内容、计划、过程时,我会非常满意。

12. 如果工作的结果使我丧失了自己在组织中的安全稳定感,我宁愿离开这个公司。

13. 对我而言,创办自己的公司比在其他公司争取一个高的管理位置更有意义。

14. 我的职业满足来自于我可以用自己的才能去为他人提供服务。

15. 我认为职业的成就感来自于克服自己面临的非常有挑战性的困难。

16. 我希望我的职业能够兼顾个人、家庭和工作的需要。

17. 对我而言,在我喜欢的专业领域内做资深专家比做总经理更具有吸引力。

18. 只有在成为公司的总经理后,我才认为我的职业人生是成功的。

19. 成功的职业应该允许我有完全的自主与自由。

20. 我愿意在能给我安全感、稳定感的公司中工作。

21. 当通过自己的努力或想法完成工作时,我的工作成就感最强。

22. 对我而言,利用自己的才能使这个世界变得更适合生活或居住,比争取一个高的管理职位更重要。

23. 当我解决了看上去不可能解决的问题,或者在必输无疑的竞赛中胜出时,我会非常有成就感。

24. 我认为只有很好地平衡个人、家庭、职业三者的关系,生活才能算是成功的。

25. 我宁愿离开公司,也不愿频繁接受那些不属于我专业领域的工作。

26. 对我而言,做一个全面管理者比在我喜欢的专业领域内做资深专家更有吸引力。

27. 对我而言,用我自己的方式不受约束地完成工作,比安全、稳定更加重要。

28. 只有当我的收入和工作有保障时,我才会对工作感到满意。

29. 在我的职业生涯中,如果我能成功地创造或实现完全属于自己的产品或想法,我会感到非常成功。

30. 我希望从事对人类和社会真正有贡献的工作。

31. 我希望工作中有很多的机会,可以不断挑战我解决问题的能力或竞争力。

32. 能很好地平衡个人生活与工作,比达到一个高的管理职位更重要。

33. 如果在工作中能经常用到我特殊的技巧和才能,我会感到特别满意。

34. 我宁愿离开公司,也不愿意接受让我离开全面管理的工作。

35. 我宁愿离开公司,也不愿意接受约束我自由和自主控制权的工作。

36. 我希望有一份让我有安全感和稳定感的工作。

37. 我梦想着创造属于自己的事业。

38. 如果工作限制了我为他人提供帮助或服务,我宁愿离开公司。

39. 去解决那些几乎无法解决的难题,比获得一个高的管理职位更有意义。

40. 我一直在寻找一份能使个人和家庭之间冲突最小化的工作。

现在重新看一下你给分最高的描述，从中挑选出与你的日常想法最为吻合的三个，在原来评分的基础上，将这三个题目的得分再加上 4 分，例如：原来得分为 5，则调整后的得分为 9，然后就可以开始评分了。

计分方法：将每一题的分数填入下面的空白表格(每个题号边上)中，然后按照纵行进行分数累加得到一个总分，将每纵行的总分除于 5 得到每纵行的平均分，填入表 6-8。记住：在计算平均分和总分前，不要忘记将最符合你日常想法的三项，额外加上 4 分。

表 6-8　计分表

类型	TF	GM	AU	SE	EC	SV	CH	LS
题号	1	2	3	4	5	6	7	8
	9	10	11	12	13	14	15	16
	17	18	19	20	21	22	23	24
	25	26	27	28	29	30	31	32
	33	34	35	36	37	38	39	40
总分								
平均分								

解释：

TF：技术/职能型职业锚

你始终不肯放弃的是在专业领域中展示自己的技能，通过施展技能获取别人的认可，乐于接受技术工作挑战，将不断提高自己的技术能力，也可能愿意成为职能领域的管理者，但极力避免全面管理的职位。

GM：管理型职业锚

你始终不肯放弃的是升迁至组织中更高的管理职位。你明显地表现出向上发展的愿望，渴求更多的领导机会，愿意承担更大的责任。你对技术工作并不感兴趣，视此为必要的经验积累。为此，你需要提高以下能力：分析能力、人际协调与团队协作能力、情感管理能力。

AU：自主/独立型职业锚

你始终不肯放弃的是按照自己的方式工作和生活，希望留在能够提供足够的灵活性、并由自己来决定何时及如何工作的组织中。你无法忍受任何程度上的组织约束，你为了自主独立宁可放弃升职加薪的机会。你可能会选择教育、咨询行业，为了能有最大限度的自由和独立，你也可能选择创业。

SE：安全/稳定型职业锚

你始终不肯放弃的是稳定的或终身雇佣的职位，关注财务安全和就业安全。政府部门和事业单位对这些人很有吸引力，他们会对自己的组织感到自豪，对组织忠诚，即使他们没有担任很高的或重要的职位。

EC：创造/创业型职业锚

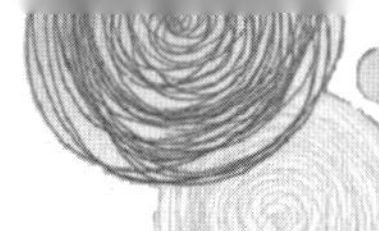

你始终不肯放弃的是凭借自己的能力和冒险愿望,扫除障碍,设计属于自己的东西或创立属于自己的公司。你希望向世界证明你有能力创建一家企业,在为别人打工的同时你会学习和评估未来的机会,一旦时机成熟,你会尽快开始自己的创业历程。

SV:服务奉献型职业锚

你始终不肯放弃的是做一些对社会有意义的事情。你希望职业能够体现个人价值观,关注工作带来的价值,而不在意是否能发挥自己的才能。

CH:挑战型职业锚

你始终不肯放弃的是去解决看上去无法解决的问题、战胜强硬的对手或克服面临的困难。对你而言,职业的意义在于战胜不可能的事情。新奇、多变和困难是挑战的决定因素,如果一件事情非常容易,它马上会变得令人厌倦。这个挑战可能是需要高智商的活动、高难度的任务、处理复杂的关系、激烈的竞技比赛等。

LS:生活型职业锚

你始终不肯放弃的是平衡并整合个人的、家庭的和职业的需要。你希望生活中的各个部分能够协调统一向前发展,因此你希望职业有足够的弹性满足你的需求。事业对你来说并不那么重要,所以有些时候你可能会放弃职业中的某些方面,如晋升等。

课后练习

1. 罗素说:“选择职业是人生大事,因为职业决定了一个人的未来……选择职业就是选择将来的自己。”我们也常讲:“男怕入错行,女怕嫁错郎。”你认为选择比努力更重要吗?为什么?如果选择错了,该怎么办?

2. 与你周围一位工作的亲戚或朋友交谈,识别和分析他的职业生涯管理活动。比如他是否进行了职业探索?对自我和环境的认知水平如何?有职业发展目标吗?下一步计划是什么?

3. 试以《红楼梦》中的贾宝玉为原型,分析其个性特征类型,并为他拟定几个合适的目标职业。

4. 谈谈如何从认知和情感角度提高生涯决策的质量。

5.“我想做自己感兴趣的工作”“我想进入营销业”,这两个目标有效吗?如果无效,试着做一些修改。

6. 以通过英语四级或六级考试为目标,试拟一份三个月的行动计划,注意其有效性。

7. 你觉得大学生求职比拼的是社会资本还是个人能力?为什么?

8. 可能使你在毕业后做出职业调整的因素有哪些?你是否会因此放弃自己的理想职业?如果不会,你又该如何去谋求发展?

第七章　教学评估

【引导案例】

以下是职业生涯规划课上，一个教师和一个学生的来往信件的部分内容。

学生——

"尊敬的老师您好，

我是一名大三的学生，我叫金立平，来自10金融四班，我在大一时有上过您的职业规划课，我觉得您讲得很好，我很喜欢您的讲课风格。我目前有一些困惑，想找个时间跟您聊聊，十分不好意思占用您几分钟的时间。

开门见山吧，我清楚地记得，您在一次课上问：'有谁在平时没事的时候喜欢整理东西？'我举起了手，当时您也举起了手，您说您是一个事务型的人，我想我跟您一样也是一个事务型的人，我做了学校购买那个职业测评系统，上面的测试结果是'主人公型的人'。说我善于'帮助别人又快又好的完成事情'。我的快乐很大程度上来自朋友同事客户的肯定。现在的我觉得这个结果测试得很准。

我虽然是学金融的，但是我个人爱好在于摄影和做视频，做技术活。因为我做得比较好吧，在大二时候由于当宣传部长，帮助别人做了很多，很多朋友对我的肯定都来自于技术做得好。而本专业我并不是很强。我准备考研，但是学校还没定，曾经想过跨专业学传媒，但是最近跟一些广电的同学聊，认识到做传媒需要一个很重要的能力就是创造力，这点我很欠缺，从小规矩惯了，没什么创造力。

到了大三，金融专业学的专业课让我意识到自己的专业课还是很有用的，所以我想，自己前面已经花了那么多的机会成本学金融，不想浪费了基础。于是决定静下心来好好学本专业。但是发现自己金融的悟性真的需要好好加强。

老师您对于我这样的情况，有什么建议吗？我最近一直在纠结，不想就此放弃自己的技术。毕竟自己努力自学过。目前我这种性格有没有什么适合我的岗位？"

教师——

"某同学：你好！了解自己的性格和自己现在正在享受做着的事情，是一件很重要的事情，不管是对人生规划还是职业发展。至于你的困惑，我个人的看法是，如果你继续在金融专业学习，以后可以从事会计或内部操作之类的工作，这可能会比较适合你，摄影和视频制作可能就只能是业余兴趣；如果你想往广电方向发展，你需要进一步去了解这个专业的工作性质，至于你说的缺乏创造力，我不是很认同，对艺术感兴趣的人不会没有创造力的。至于考研，我们都很支持，但有时候也不一定是必需的。是不是不考研就没办法转行做传媒呢，也不见得。综上，我还是无法给你确切的答案。目前，你在兼顾专业学习的基础上（毕竟那是你的专业），发展自己的兴趣技术（摄影和视频），最后能够去接受相关知识和培训，然后参赛有一些证明自己能力的作品，把兴趣和天赋开发

成技能。至于毕业后从事什么，往传媒发展也不是没有可能，如果你喜欢的话。”

在中国大学里开展生涯规划教育的时间并不长，这门课程被很多学生视为可有可无，但不管是教师还是学生最终都被这门课程所感动。2007年教育部明确要求将“大学生职业发展与就业指导”列入教学计划，现在大部分高校也都开设了这类的课程。近年来，在职业指导课的基础上，有些高校率先开设了生涯教育课程。总之，这类课程正如火如荼地展开，有大批量的资源投入其中。但，这门课程的教学效果如何呢，这却是一个值得深思的问题。

第一节　生涯教育与思维教学

一、生涯教育

1. 生涯教育的含义

黄天中教授在其生涯规划教材中，列举了生涯教育的两个观点（详见以下课堂阅读），从中可以了解生涯教育的含义。生涯教育是对传统教育的修正和提升，它贯穿于一个人的整个教育过程，通过将知识的学习和生涯、生命、生活教育等联系在一起，甚至主张以生涯规划为目的的知识学习，其目的是使个人成为自我认知、自我实现及自觉有用的人，从而享受事业和生活、实现成功及美满的人生。

【课堂阅读】

◇ “生涯教育是对全民而非部分人民的教育，它是从义务教育开始，延伸至高等教育及继续教育的整个过程，它教育下一代在心理上、职业上及社会上平衡与成熟地发展，使每个国民成为自我认知、自我实现及自觉有用的人。这种教育同时具备学识与职业功能、升学及就业准备，它强调在传统的普通教育中建立起职业的价值，使学生具有谋生能力。因此，其基本目标是培养个人能过丰饶创造、有生产价值的生活，这是发挥教育真实价值的整体构想。”

◇ “生涯教育是改变所有教育系统，以求造福全民的革命，它强调所有教育的经验、课程、教学及咨询辅导，要以预备个人能过一种经济独立、自我实现及敬业乐群的生活为目标，它凭借改善职业选择的技巧与获得职业技能的方式，来提高教育的功能，使每位学生能享受成功及美满的人生。”

2. 生涯教育的主题

传统的职业辅导大都以“帮助个人选择职业、准备就业、安置职业，并且在职业上获得成功”为主要的内容。生涯辅导在此基础上，进一步扩大了职业辅导的领域，特别强调以下六个主题。生涯教育所要传授给学生的理念、思维、方法和技能，也必须围绕这六大主题并努力达成与这些主题相一致的目标。

(1)生涯决策能力的发展

生涯辅导的重点在于协助学生或成人发展生涯决策的能力，同时指导个人在面对不同的抉择时,如何搜集、过滤、运用各种相关资料,以提高生涯决策的能力。

(2)自我概念的发展

个人的生涯设计或生涯决策行为是自我概念的一种投射。协助个人获得明确的自我观念,是生涯辅导在协助个人了解职业之前或之时的重要工作。因此,辅导个人了解和某项职业有关的个人抱负、价值,以及心理需求满足的程度,比了解一项职业的薪资收入或工作内容更重要。

(3)个人价值观的发展

个人在教育、休闲与职业的交织影响下形成其特有的生活方式,而生活方式又和个人价值观念的清晰程度与特征有关。因此,生涯辅导不能忽略辅导对象的个人价值观念的澄清与影响。

(4)选择的自由

生涯辅导不在于强迫或迫使辅导对象做一个狭窄的生涯选择,而在于提供许多不同的选择方案,力求配合个人的特质与抱负,做较有弹性、完全自由的抉择。

(5)重视个体差异

一个自由而开放的社会,基本上必须承认个人天分的差异,同时也提供机会,使这些天分得到确认与培育。每个人都能够自由地发挥其特殊才华,是生涯辅导主要的目标。

(6)对外界变迁的因应

社会变迁迅速,工作世界的供需亦非一成不变。生涯辅导应使辅导的对象对这种变动的社会特性有因应的观念与具有弹性的做法。诸如:拟定生涯计划要有权变的措施,拟定目标要有弹性,达到目标的方式亦力求不同的渠道。凡此种种,在于因应社会与职业环境急剧的变迁。

二、思维教学

1. 人职匹配的理念和方法

职业生涯理论大都认同这样的观点,即"人和环境的适配性或一致性将会增加个体的工作满意度、职业稳定性和职业成就感"。因此,"人职匹配"被认为是职业指导的基本原则,其方法也是目前获得最广泛使用的重要方法。

本篇正是采用"人职匹配"的理念和方法,对大学生进行职业生涯规划指导。理念是指"怎么想""人职匹配"的理念主要体现在各章节的论述和课堂阅读、思考和讨论环节。方法是指"怎么做","人职匹配"的方法即在对自我与环境信息进行搜集的基础上,对自我个性特征类型与职业类型进行适配性分析,基本步骤和过程详见第三章"规划过程"。

唤醒学生的生涯意识,教会学生"怎么想",着实要比教会他们"怎么做"困难得多。关于职业指导与生涯辅导的教学,不单单只是方法与技能的问题,更重要和更困难的是设置 理念和思维的问题。只有学生"这样想"了,他才有可能"这样去做"。生涯规划课程在培养方案中大都归属于技能教育模块,但决定其教学有效性的却是关于思维的教学。

2. 思维教学的策略

美国耶鲁大学心理系和教育系教授斯滕伯格(Sternberg,R.J.)提出了三种教学策略,如表 7-1 所示。在以讲课为主的传统课堂,教师只是简单地把教材的内容呈现给学生,师生之

间几乎不存在互动;基于对错的提问式教学,教师一般都在于纠正学生的错误,师生之间的互动很简单;这两种策略都不是理想的思维教学。

第三种策略最适合思维教学,即以思维为基础的问答策略,也称为对话策略。该策略鼓励师生之间以及学生之间进行交流,教师提出问题以刺激学生的思维和讨论。通常这些问题没有固定的正确答案,所以教师的反馈也并不是简单的对或错。相反,教师乐于评论或补充学生的发言,甚至会隐藏自己的真实看法,或故意发表一些偏激意见,扮演一个魔鬼代言人的反面角色。所以,在这种策略中,师生之间的界限趋于模糊,教师更像向导或协助者,而不是传统意义上的"老夫子"。

表 7-1 三种不同的教学策略①

教学策略	特征	最适合	例子
1. 以讲课为基础的策略(照本宣科策略)	教师以讲课的形式呈现材料;师生之间以及学生之间互动最少	呈现新信息	教师:"今天我将给大家讲法国大革命。"
2. 以事实为基础的问答策略	教师提问主要是为了引出事实;教师的反馈是"对"或"错";师生之间互动频繁,但对个别问题不追根究底;学生之间的互动很少	复习刚学的新知识;测试学生掌握的知识;作为照本宣科式策略和对话式策略的桥梁	教师:"法国大革命是什么时候发生的?当时的国王和王后是谁?"
3. 以思维为基础的问答策略(对话策略)	教师提问是为了刺激学生的思维与讨论;教师评论学生的反应;师生之间和学生之间存在大量的互动	鼓励课堂讨论;在关键时激发思维	教师:"法国革命和美国革命有哪些相同点,又有哪些不同点?"

关于生涯规划的教学效果评估,目前并没有一个客观的、科学的、普遍接受的标准。本教材尝试性地提出,对生涯规划的课堂教学效果进行评估,必须紧扣上述六大主题及与这些主题一致的目标,而且强调思维的教学方式是比较适合生涯教育的。当然,职业规划和生涯管理涉及很多可以运用一生的技能,在教学过程中对技能的演练和培训也是十分重要的。以下提出了一些课堂讨论、思考和交流的问题,可用于进行课堂教学效果评估。

【课堂讨论】

1. 我改变了你的想法了吗?
2. 你想的更多了吗?
3. 你是否想和你的父母亲沟通一下?
4. 你是否想去接受/拒绝一些人和事?
5. 你更加了解自己了吗?
6. 你还是很迷茫或是更迷茫了?
7. 你做了哪些决定?

---

① 斯滕伯格、史渥林著.赵海燕译:《思维教学——培养聪明的学习者》,中国轻工业出版社 2008 年版,第 53～56 页。

【课堂思考】

1. 是什么阻碍了大学生做出一份有效的职业生涯规划？

(1)父母意志

(2)成长需求

(3)对职业规划的质疑

2. 完成这份职业生涯规划书，对你而言意味着什么？

(1)自我承诺：许自己一个未来。

(2)自我管理：目标、计划与调整。

(3)这是一种仪式：类似成人礼。

【课堂练习】

◇ 结合人职匹配的理念和方法，谈谈你对以下问题的理解：

1. 我们常常看到不同性格的人做着同一份工作，他们可以调整自己以适应工作，所以“人职匹配”根本就是不可能的也是不现实的？

2.“计划赶不上变化”，未来不可预测，所以职业规划根本没用。你怎么看？

3. 有人说“去工作吧，去享受你的人生！”而现实中的工作都是无趣的，谁愿意工作！其实人生的乐趣都在工作之外，与工作无关，你认同吗？

4. 你如何看待“先就业再择业”，你想先就业再择业吗？你会先就业再择业吗？

5. 为什么说“选择工作就是选择将来的自己”？

第二节　作业点评与问题解答

一、作业点评

对某项技能的评估，最直接的方法、可能也是最好的方法就是看结果。我们可以就学生所撰写的个人职业生涯规划书，与学生进行面对面的交流与咨询，在这个过程中可适当地运用心理咨询和教练技术。以下是一份个人职业生涯规划书中的“目标与计划”部分，教师做了一些简单的批注。本教材的附录部分也收录了一些大学生职业生涯规划书并做了一些点评。透过这些规划书，可以看出学生是否掌握和正确运用了生涯规划的相关理念和技能。

一个学生的打算

对于我的将来，我是有打算的。我想在大三下学期就准备我的公务员考试，大四再去考，如果运气可以的话，如果亲戚那边给力的话，没准我毕业后就可以成为公务员了。成为公务员只是我计划的一部分罢了，成功与否谁也不知道。假如有幸让我考上了公务员，我便有了稳定的收入，然后我会开始和一些朋友合伙做点投资、生意什么的，增加我的收入，这样才能保证我有足够的经济能力给我的家人还有未来的另一半更好的生活。假如投资、生意亏了，起码我还有一份稳定的工作，这样也不至于会增加家庭的负担。这计划前半部是家里人的期望，我也没有反对他们的安排，后一半才我自己的想法。不过，我是一个懒散惯了的人，我总觉得我不适合那种一整天呆在办公室打电脑的生活，更不适合那种老是上山下乡的生活，我喜欢没有约束的生活，喜欢和各种各样的人打交道，我相信每个人身上都会有我需要学习的地方。大家都说我很聪明，对很多事情我能想的比他们更透彻。这点我不反驳，我从小就很懂得大人们的心思，似乎能看穿他们一样，一句话我便能想到之后会发生的事情，所以我的交际能力还不错。这些年也认识了很多不一样的人，他们从事着各种职业，他们过着不一样的生活，可是在我都能融入他们，这也许是个优点，也可能会让我学坏了。之前的两年，我利用暑假、寒假时间从事过几种不同的职业，我做过书店的导购员、商场的销售人员、酒吧的服务生。可是前面两个工作做到一个月后，我就开始觉得很烦了，每天那么早起床，一样的工作，没有一点新鲜事，还要不停地整理货物、搬运货物，觉得很无聊。而第三份工作，则是我去年过年时候去兼职的，每天晚上六点半上班，早班十二点下班，晚班深夜两点下班，可是在这样别人看来很杂乱的地方我却工作得很快乐，有客人的时候我帮忙拿些杯子和酒之类的，空闲的时候我和老板聊天打趣，和同事嘻嘻哈哈地打闹，在酒吧吧台里面静静地听驻唱表演，时不时和同事一起喝点酒聊聊天，这样的生活真的让我过的很开心，哪怕是除夕夜我依然在上班，大年初一了我还是在上班，感觉很自在。所以我发现我似乎很适合娱乐行业，还有我做过测试，在霍兰德职业兴趣类型中属于艺术型，喜欢自由自在，不喜欢约束。

由于家人的要求，所以呢，明年的现在我差不多就要开始抱着一堆公务员考试的书本在宿舍、在图书馆埋头读书了，可是现在我依然是那种懒散的性子，一看书就觉得困，总想把今天的工作留给明天。所以，我也许该从下学期开始做些调整，每天按时完成功课，定期地去图书馆，这样才能培养我肯读书的习惯，才能改善我懒散的性子，我是很想能顺利通过公务员考试的，不管是为了自己还是为了家人好，这就是我目前最大的目标，我希望我能好好地完成它。

以上就是我对大学生职业生涯规划这门课程所能想到和写到的东西了，我觉得写的都是最真实的自己，也觉得表达清楚了我的性格、兴趣和能力。

批注[a1]:有一定的方向感。但如何判断是否合适，以及如何实现它，是下一步该解决的问题。我们关注两点：是否合适？是否可行？

批注[a2]:运气和别人的帮助很重要，但更重要的还是自己的努力。把希望完全寄托在外界环境身上，是很难实现目标的。

批注[a3]:太过于理想化。公务员的工作都是稳定的吗，如果真的是稳定的，那现实往往是因为有了稳定的收入所以更不可能去创业。当然，有很多有稳定收入的人，都开发了第二职业，但这并不适用于所有人，我反而觉得很不现实。

批注[a4]:父母意志是有效职业生涯规划的障碍之一。建议：将创业或销售作为自己的目标职业，考公务员放在调整与评估。

批注[a5]:该生具有一些企业家的特质，如聪明（如果大家判断没错的话）、喜欢交际、喜欢自由、喜欢新鲜、相信经验而不是书本、也过早地接触了社会。

批注[a6]:实现了人职匹配，就能像他一样享受到工作的快乐，快乐地付出，很有满足感也很有成就感。

批注[a7]:是不是娱乐行业，还需要进一步的环境探索和职场体验。

批注[a8]:测试还是很准的嘛。

批注[a9]:不喜欢，所以就是这种状态,你想以后我的工作也是这样吗？

批注[a10]:如能能做出调整很好，肯努力去改变性格缺陷和完善自己也很棒！

批注[a11]:真的很想吗？那能否开发一个具体而详细的计划！

批注[a12]:真实地描述自己的经历、感受和想法，很棒。这份规划让你保持了一种方向感，且通过回忆、反思和感受进一步了解了自己，但还需加强对公务员、创业、销售、娱乐业、自身专业等的探索，让目标更为适合和明确一点。执行计划方面，是无效的，因为没有阶段性任务、没有清晰的发展道路、没有具体而详细的方案。另外，多是自己的感想，缺乏一种科学的判断和理性的分析。

二、问题解答

在这门课上，我们经常收到学生各种各样的问题。编者整理了一些学生的问题以及教师的一些简单的解答。对于大学新生而言，这些问题具有普遍性的，希望其中的一些解答可以给大学新生一点启发。有时候也会碰到比较特殊的例子，即有些学生的问题可能要寻求心理医生的帮助。

1. 关于大学

(1)“为什么要上大学”

20世纪90年代以前，上大学的机会不普遍，一个人考上大学即意味着获得了保证生活无忧的“铁饭碗”，农村孩子考上大学更被形容为“鲤鱼跳龙门”。现在，上大学比以前容易多了，毕业的大学生也满大街都是，上大学几乎成了一件必然的事情，因此，再也没有人去思考大学教育的意义。不明白自己为什么要上大学，当然也不可能知道自己在大学里要干些什么。大学生活的郁闷和彷徨正是因为我们只知道应该上大学而不知道为什么要上大学！

很多人告诉你，“上个大学找个好工作”，但当你上了大学后突然发现，大学生就业难。也有一些人告诉你，想要赚钱就不要读书，宣扬“读书无用论”。还有人说，今天考上大学不再意味着命运的改变，甚至还在逆向改变着命运。而处境尴尬的大学生们自我解嘲道，“如今市场上最便宜的两件商品：一个是大白菜，另一个就是大学生。”在这些言论下，你更为困惑了。

【解答】 有研究表明，和那些没有受过大学教育的人相比，大学毕业生有更大的职业选择性、更多的工作机会、更强的竞争力、更好的晋升机会、更高的薪酬以及更低的失业率等，因此也就能过上更好的生活，接受高等教育依然是中国社会阶层流动的一个主要途径。当然，大学教育并不仅仅是为求职做准备，它对学生的心理成长更为重要。关注学生特质并进行价值引导，帮助学生树立起独立自主的人生观和价值观，这是学校教育的价值意蕴。大学是一个平台，大学生能有充分的机会去探索自己感兴趣的各种事物、增长一般与特定的知识、挖掘潜力与激发思维，并培养独立的个性。

李开复说过，“读大学的目的不是为了获得一纸文凭。在大学里，最重要的事情是打好基础、学习如何学习、培养独立思考学习、离开家庭独立的机会、练习与人相处的技巧，这也是人生一次专注学习的机会。”大学期间不仅是传授知识，更应该是培养学习能力、分析问题的能力和创新与反思能力。

年轻人对前途的焦虑心理和大学教育产学脱节以及改革中暴露出来的问题并不足以驳斥大学教育的价值。除非你碰到了像当年比尔·盖茨那样的机会，除非你像韩寒那样十分清楚知道自己要的是什么，否则不应该放弃学业。即使是比尔·盖茨，他如今聘请的都是大学生，而且自己本人也十分后悔从大学辍学。似乎很多成功人士都没有上过大学，但你仍然必须相信个人努力所带来的价值，正如影片《成长教育》中的一句台词：“The life I want, there are not shortcuts.”

大学文凭是有帮助的，但并不是必需的。有些专业可以导向特定的工作，技术性较强；而有些专业则是为学术目的而不是为职业生涯训练设计的；而人文学科超越了你最直接的职业兴趣而触及生活的本质。如果你要在那些要求有大学学历的职业中工作，那大学教育十分有益的。曾有个学生立志当一名高级技工，大学的研究性学习让他十分反感，职业教育是比较适合他的。所以，高考不是人生唯一的出路，上大学未必是成长的唯一选择，你可以选择其他方案，比如不上大学、远程教育、成人教育、在职培训或先工作再上大学等。当然，现在大学教育也努力在学生打造成应用型人才。不管怎么样，上大学终归还是一件美好的事情，不要把它变得不美好，纯粹一点。

(2)“大学新生，你为何迷茫”

问题

以下是一位大学新生的来信，她对如何适应大学和面对未来感到十分迷茫。

老师：您好！

听了你的课之后，我感触很深，对于大学生生活、对于自己、对于未来，我都很迷茫，所以和您交流一下，谢谢！

我是09刚进嘉庚的女同学，说实话，刚进大学的第一学期，我真的很痛苦，心里很苦闷。学习上很迷茫，每天学校宿舍来回走，就为了期末的不挂科。对于经济学，我很有兴趣，但是却没有动力，去图书馆书都看不进去。我不知道自己想要什么，但就是觉得不满足，觉得很空虚。我开始怀疑我为什么来上大学，就为了那张大学文凭？那这四年太无聊了。在大学我真的想学到点本事，但自己又觉得力不从心，觉得自己没这个本事和毅力。我甚至在想活着是为了什么。尤其上学期我跟一个舍友去考学校的一个班，面试后她进了而我没进，那时候我真的很后悔我干吗要去考这个班，为什么自己总是没别人幸运，更重要的是接下来将会经常听到她讲自己在那个班的事，所以寒假后我真的好不想回学校，我害怕自己会伤心、害怕看到别人眼神，但是我还是要回来，为了不让父母为自己操心。但是这种痛苦的感觉在我第二学期过来上课之后好了很多，我想也许是我开始适应大学的生活了吧，也许大学也没有自己想的那么难“过”，每个人都应该学会平凡。老师，我想您曾经在大学里也遇到过相似的问题，您是怎么解决的，能和我分享下吗？

小糖

【解答】

小糖：你好！

很高兴你对我的信任。其实，你的感受是绝大多数入校大学生的感受，只是你的感受深了一点而已，主要有以下几个原因和建议：

1. 自己背负的压力太大，这可能和家庭环境或经济环境等有关系。

2. 自己以前也许不是别人眼中很突出的人，导致到大学总看到别人能成功，自己却不能，产生对自身能力的怀疑。其实，你应该自信一点，慢慢地学会做自己，走自己想走的路，而不是和别人去比较，因为每个人的实际情况和背景不一样，导致每个人的生活也肯定有差别，所以，比较只会让自己更盲目，还不如找到适合自己的路，坚定、自信、快乐地走下去。

3. 你对大学和专业了解太少，茫然是很自然的。希望你多和学长、父母、老师等多沟通，这样也许你会慢慢地理清自己究竟怎么走会更好。

4. 每个人其实都应该抱着平常心去生活，多和朋友室友说话，偶尔运动运动，多参加一些适合自己的校园活动或社团活动，也许你会越来越充实和自信。

5. 年轻人，应该有活力，而且要有不服输的精神，从哪儿跌倒就应该从哪儿爬起来，这样经历几次，相信你会更加成熟。目前只能给你您这样建议，一切还得靠你自己哟。

(3)“高考失败，来到这里”

问题

很多学生是怀着失落的心情来到大学的，因为他们没有考上自己心仪的学校。这些学生当中有很大一部分将抱怨着过完大学四年，至少在短期内是不会融入大学生活的。他们甚至觉得这个世界、这个学校、这些老师和周围的人都对不起他们，或者孤芳自赏，或者自甘堕落，因此也就很难对自己的大学生活进行理性规划。

【解答】 在职业规划课程上，当引导学生通过回顾对自己影响比较大的人和事进行自我探索时，很多学生说到了高考失败对他们的影响，所以这个问题具有一定的普遍性。首先，高考已经过去了，你已经来到了这里，既来之则安之才是正确的心态，你必须正视和接受你的过去才能继续往前走。其次，人生的大部分窘境都是你自己造成的，过多的抱怨外界不但没用反而有害。抱怨的确可以暂时缓解疼痛，可是疼痛依然存在，更糟糕的是由于疼痛得以暂时缓解了，所以你可能根本就不会想去改善它，于是就会形成一个恶性循环，你永远也无法改变你的现状，所以你必须马上停止抱怨。第三，有时候你从哪里开始并不关键，关键的是你未来会到哪里。虽然上大学是人生的一个转折点，但并不必然就决定了你的人生，上怎么样的大学有时候并不十分重要，重要的是你在大学里做了什么。第三，你的现状不可悲，可悲是你没有能力改变你的现状。有三条道路摆在你的面前：能改变去改变，不能改变就去改善，不能改变也不能改善只能接受。如果你愿意付出并具有足够的勇气，那去改变你的现状，读书改变命运，你可以选择考研道路。大多数可以走改善的道路，加强探索，积极参与校园活动，好好在你的大学和专业内谋求发展。即使接受了现状你也必须努力学习，因为机会是留给有准备的人的。

(4)“如何过好大学四年”

问题

最近一个月来，小李很烦闷，原因是他不知道怎么过大学生活了。他是一个普通高校大二法学专业的学生，在经过一年的大学生活之后，他不知道自己下一步要前往何方了？虽说大一这一年没少放松自己，认识了不少人，游玩了不少地方，但现在却感觉到一切都是重复，机械地重复，上课、吃饭、玩、看书，成了他每天生活不变的四部曲了。看到其他同学各有所忙，可自己就是不知道要做什么，一切似乎很熟悉，但一切又让他感到很陌生。

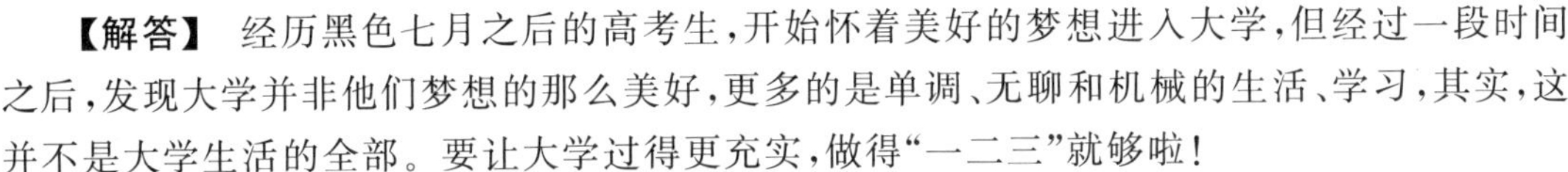

【解答】 经历黑色七月之后的高考生，开始怀着美好的梦想进入大学，但经过一段时间之后，发现大学并非他们梦想的那么美好，更多的是单调、无聊和机械的生活、学习，其实，这并不是大学生活的全部。要让大学过得更充实，做得“一二三”就够啦！

1. 一个目标。大家最好每个学期给自己制定一个目标，这样的话，每个学期才会更加充实，学习生活才能很好地围绕目标展开，才不会浪费时间和感到虚度。

2. 两项工具。大学期间，空余休闲的时间很多，在空余时间除了打游戏、看电影，做什么事情比较有意义呢？当然是提高英语实力了，听、说、读、写都去提高，总有一天它会成为你必备工具中的一个。除此之外，是否能够充分有效的利用空余时间，也将决定你大学能够收获多少的重要因素，时间经营与管理的水平也是你大学应该锻炼和提高的。

3. 三件事情必须要做。首先是学习(50%左右的空余时间)，最低要求是不挂科，顺利拿到两证。但为了让自己在毕业时求职简历更加有竞争力，至少要拿一次奖学金来证明你有较强的学习能力，这是未来企业要求员工必须必备的能力之一。其次要做好人际沟通和实践(30%～40%的空余时间)。学习好并不是大学的全部，应该让自己的人际交往能力得到提高才行，这是社会和公司要求每个大学生必须具备的能力。另外，多参加一些比赛，寒暑假参加一些实习、见习等，让自己的简历更加丰富，这样才有可能受到人力资源部经理的青睐。最后是锻炼身体(10%～15%的空余时间)，现实生活中有很多很有才华的人，但由于身体状况不佳影响其发展和阻碍他们为社会做出更大的贡献，因而，大学期间锻炼身体是第三重要的事情，因为出了社会锻炼的机会就少了。

当然，每个人的实际情况和人生目标可能都不一样，每个人也都有自己的大学，你应该去探寻大学对你的价值，寻找到你的大学，并过一个积极向上的大学生活。

(5)“学习、实习与恋爱该如何抉择与平衡”

问题

大学是比较自由的，在自由的氛围下，当学生面对的选择多起来以后，反而更为困惑了。教师建议，大学还是以学习为主，可是周围的很多同学却不以学习为主，他们把大部分时间都花在社团活动或打工上面。有些选择了去恋爱和失恋。到底大学应该干些什么？如何去分配自己在不同任务之间的时间？到底该不该谈恋爱？到底要不要参加社团或去打工？

【解答】 大学是自由的，但这种自由应该更多地表现在思想自由上。大学中的确有很多的活动可以供学生自由地选择，当学生没有人生目标时或者他们缺乏反思与批判能力时，就更为迷茫了。学习、实习与恋爱在大学里都是允许的，关键在于何者更有利于实现你未来的目标以及如何安排好时间。只有你目标明确时，知道自己想要什么、适合什么、喜欢什么时才懂得做出合适的选择，你也不会为这么多的选择或周围的人怎么样而困惑。不管怎么样，大学还是以学习为主，同时要注意通过生活观察、社会实践等活动理论联系实际。至于恋爱，如果它可以催人上进，那为什么要拒绝，但爱情也需要学习，它有时候可以摧毁一个人，所以你必须对它有个正确的态度和认知才能体验到爱情的积极意义。大学是一个学习与交往的平台，也是一个展示与张扬自我的舞台，做好时间管理，把握好你的大学吧。

(6)“宿舍矛盾与习惯”

问题

以下是一位大学女生的来信,她感动大学与舍友的关系不好相处。

最近,与宿舍的几个人关系处理得不是很好,比如:她们三个可以在一起聊得非常开心,我插话的时候就会冷场。我来自农村,她们来自城市,经常还去厦门购买化妆品等,而我由于家里经济原因,有时候真的很难奉陪。上次,有个室友说她是跆拳道绿带,我正在和一个同学聊天(他是跆拳道黑带),我不经意间说别人是黑带,导致这段时间我们之间的“冷战”,不知道怎么解决?

【解答】 其实,宿舍矛盾是大学生活中常见的问题,问题的产生是多方面共同引起的,主要从以下几个方面着手解决:

1. 了解宿舍每个人的家庭背景、过去的经历等,从而为理解每个人当前的习惯和行为奠定基础。由于每个人来自各个不同地区,而不同地区又有不同的文化和习惯,当这些文化和习惯在一起发生时,发生冲突在所难免。

2. 学会换位思考,有些行为在本人看来并没有错,但在外人看来有过失,不同角度看待同一问题会有不同的结果,只要双方能够换位思考,才有可能化干戈为玉帛。

3. 要主动沟通,学会宽容。出现这样的问题,一定要找个好的气氛主动沟通,不能互相“冷战”,埋藏心里的最终结果是越积越深直到矛盾无法解决。

4. 假如通过以上方式,经过主动沟通、宽容和换位思考仍然没法解决,那只有问心无愧,不必强求啦! 宿舍同学之间的关系并没有太多的利益冲突,并非“刀光剑影、你死我活”的,所以不必太担心。当然,女孩子之间的关系还难处理一点,这可能源于女性特有的敏感等心理特点的原因。

2. 关于专业

(1)“选错专业,怎么办”

问题

高考选择专业时,多数学生并未接受过职业规划教育和咨询,因此多是以是否容易就业和工作的薪金待遇等为决策的依据。在职业规划课程上,大多数学生表示他们的专业是由父母选择的,有些学生还抱怨说当初选专业时,父母并未征求他们的意见,当他们与父母意见不一时,父母又往往难以尊重学生的意愿而强行替学生做出决定。而当他们来到大学时,却发现自己不喜欢本专业或者根本就不适合读这个专业,而对其他专业则表现出了更强的兴趣,于是想放弃又难以割舍,想去追求又觉得不够现实,就这样犹犹豫豫地过完了大学四年,有可能将来还会在自己不喜欢的专业上工作从而导致更大的痛苦。

【解答】 发现选错了专业怎么办,或者当学校有足够的自由让你重新选择专业时,你是否会转专业? 一进大学校门,很多大学生就为这个问题所困扰,时间可能会持续整个大一阶段。首先,你必须确定你真的不适合这个专业。你必须加强自我探索才能有答案,而且必须切记应该从自己的内心出发而不是因为别人的偏见或期望而做出决策。

其次，你还必须确定你是否充分了解了你的专业？跟你的专业相关的工作应该有很多种类型，你是否都知道？很多学生对自己的专业一知半解甚至充满偏见，在这样的情况下做出转专业的决定显然是鲁莽的。你必须加强专业探索，通过和专业老师、师兄师姐和同行前辈进行讨论和交流，同时自己也可以对网络上的相关材料做出评价和反思，在确保你已对你的专业有比较正确的理解之后再去选择转专业。

第三，在经过上述探索和思考后，你确定你不喜欢或不适合自己的专业，那就应该去行动，通过相关手续申请转专业。如果转不成功怎么办？是否应该抱怨，还是积极地寻求改善？本人在读大学时，曾有个舍友在高考时报考的是会计专业但却被调剂到了考古专业，然而他并没有抱怨和放弃，而是从大一开始就积极准备考研，后来考上了经济系的研究生，改变了自己的现状。而本人大学就读的也不是自己心仪的专业，但通过调整，也在本专业内找到适合自己的工作，走的正是改善的道路。你会作何选择？

第四，你不能因为选错了一个专业而放弃努力和追求。有时候你选择怎样的专业并不会成为你人生的转折点，这个转折点是在大学毕业后，你是出国、考研还是就业。再者，不一定要学什么就做什么，你的专业也会为你从事其他行业的工作奠定基础，并练就你在其他行业的一些优势。

第五，不喜欢不关键，关键的是你喜欢什么，加强对自己兴趣的探索，如果你的院校是综合性大学的话，去考察一下其他专业，找到你所感兴趣的专业，你完全可以通过旁听或自学而成才的。

(2)“兴趣与专业冲突怎么办”

问题

以下是一位大学新生的来信，她困扰于兴趣与专业的冲突问题。

黄老师：

您好！我是09级日语系的学生张三，有个问题在上您的课之前就想过了好多次，那就是兴趣与专业。

我很喜欢动物尤其是狗，在报考学校时有考虑过学兽医，有所学校跟我们学校性质挺像有兽医这个专业，但最终还是选择了我们学校的经贸系，就像您上次说的一样，我也是人生被安排的学生之一，后来被调到了日语系。而最初我对日语根本没有过了解，当看到通知单上的“日语系”时愣了一下。不过现在还好，虽然不像有的同学那样对日语痴迷，但还是会努力去学好。不过日语对我来说就像您所说的那样：只是工具。因为我知道自己真正痴迷的是动物，很喜欢狗，甚至想过以后自己有能力了要开个宠物市场，宠物医院，宠物美容院一条龙，呵呵，或许听起来有些可笑，但我跟动物在一起时内心真的会很满足，很开心。去年腿扭伤后休了学，还有很多方面的问题，整个人很长时间内都处于不开心，心烦的状态，但买了一只狗后，它真的改变了我很多。

所以很长时间我在想我的兴趣与专业，在将来找工作甚至确定职业时是不是真的不会有联系？您以前的学生有类似情况？想问问您对我这个问题有什么建议，看法。

谢谢老师。祝您:家庭和睦,身体健康!

学生:张三

【解答】 职业规划中关于这个问题的基本思路有两个,一个是"选择自己感兴趣的职业";另一个是"能改变去改变,不能改变去改善,不能改变也不能改善就去接受"。首先,你必须确定你喜欢兽医或其他跟宠物有关的职业。职业兴趣的产生有时候很奇怪,正如你所说的,可能只是因为在你心情不好的时候,一条狗陪伴着你,你就要将这个当作你的终身职业。

其次,你喜欢一个行业并不代表你真的适合或有能力从事这个行业,你需要更多的信息辅助你做出决策。你需要去探索自己的个性特征类型以及搜集更多关于兽医、宠物行业的信息,这样你才会有答案。

第三,学了日语并不代表你不能从事其他职业。很开心的看到,你并没有因为这个专业非你所爱或是被调剂的原因而抱怨或放弃努力,正如你现在所做的,你在努力学习,你也觉得日语会是你的一个工具。如果经过上述过程,你决定从事与宠物有关的职业,那在大学阶段你不仅要学好日语,更要多了解这个行业的信息,甚至可以通过一些培训接受相关的训练。而且,你的日语很大的可能会为你从事这个行业提供很大的帮助。从职业规划角度而言,我们建议你选择自己的兴趣,更何况你的专业和兴趣也不是一点关系都没有,只是你在大学要多手准备比较辛苦,但我想这是值得的。祝你成功。

(3)"是否应该加入考证一族"

问题

某大学新生小黄目前正在准备考导游资格证,她的初衷是以后到各地旅游可以不用买门票,爱好旅游的她想拿这个证省钱。但事实上小黄不了解的是,考导游证前期需要培训、买材料,拿到证后每年还需要年检,省钱的目的未必能达到。另有一同学则开始准备与自己专业不相关的物流师资格考试,因为他的父亲认为物流公司满大街都是毕业以后比较好就业,所以不惜重金帮他报了名,但该同学却对物流师一点认识都没有,培训课上也只是划重点,他根本无从了解这个行业,甚至开始怀疑拿着这个证书是否容易就业,即使就业了能否做好。在大学课堂上,一些学生偷偷摸摸在老师眼皮底下干起"私活",更有甚者经常请假参加"驾驶证"考试,或逃课赶赴各类培训班"充电""镀金"。

据有关方面统计,参加考证的学生已占高校在校学生总数50%以上。在严峻的就业形势面前,许多高校学生为了增加求职成功的砝码,便一窝蜂地去参加各类技能证书的考试。"考证一族"已成为大学里很大的一个群体,而你是否应该加入其中,为了中高级口译证、律师资格证、注册会计师证、秘书资格证、导游证、外销员证、报关员证、营养师证、公关员证、驾驶证、普通话等级证等五花八门的证书日夜奋战,这是否值得还是只是在"凑热闹"?有的人认为大学考证是"急功近利、舍本求末",也有人认为考证能够"练就勇气、增长阅历"。很多人批判这是中国应试考试在大学的延伸,这是中国教育的功利性的表现,也有很多人质疑"考证大军"的盲目性和这些资格证书的含金量。

【解答】 按照职业规划的理念和方法，你在了解自己和就业市场以及有了目标之后，是否要挤入“考证大军”的问题就有了答案。首先，通过对自己的了解，你可以明确适合自己的职业方向和学习习惯，于是你就可以判断哪些证书可以为就业增添“筹码”，而你是否能够兼顾专业学习和考证双重任务。其次，通过对就业市场的了解，你应该清楚英语与计算机已成为现在社会的基本技能，这些技能证书和一些专业相关的准入类证书是值得你为之奋斗的，但对于其他一些证书企业并不会“照单全收”，你通过参加一些“速成班”考取了职业资格证书并不代表就拥有相应的技术能力。第三，如果你有了目标，你就能理智地对待“考证热”，避免盲目跟风赶潮流，然后有选择、有规划地去考取相关的急用且实用的证书。当然，如果你不知道自己该干什么，与其什么都不做还不如跟别人一样，盲目跟风似地去做一点什么。

还有一点必须注意的是，大学不是职业训练场，不是一天到晚考证的地方。课堂上的有些知识也许陈旧过时，但是学习方法从没有过时过。现在，大多数的学生都急切希望获得跟未来职业相关的知识，因而认为课堂知识不够实用，理论的学习又太枯燥，但大学期间关键的还是培养自己的学习能力和思维能力，它是为了让你走更长远的路而不仅仅让你在毕业时找到一份工作。大学生在自己的专业或相近的专业领域内获得新的资格证无可厚非，但一味追求持证，考一些与自己专业不相关的资格证，未免得不偿失。如果为了考证忽视了专业课的学习，真是“丢了西瓜捡芝麻”，还不如集中精力，多从提高自身专业素质上花工夫。

“有资格证书未必能行，但没有证书肯定不行”是考证一族的普遍心态。有些学生是为了荣誉感，或者只是“重在参与”，或者只是认为“总不能落在别人后面吧”而热衷考证，其实仍然是相当盲目的。你完全没有必要在非自己兴趣的领域或者不适合自己的道路上去证明自己，大学时光是十分有限的，个人精力和时间也是有限的，你应该积极探索，及早进行目标定位，从而有规划地安排大学生活。

(4)“告诉我学习会计的理由是什么”

问题

小刘是一个开朗活泼的女孩，现在是大学二年级的学生，她的专业是会计。小刘的专业课成绩非常优秀，年年都能拿到奖学金，但这只是为了让父母放心，同时自己也习惯于做好本职工作，其实她并不喜欢学习会计。当她利用暑假时间在一家企业会计部门实习后，她更确认自己以后不想当一名会计员。虽然她也不知道自己到底想要什么，但却十分清楚自己不想当会计。而当初为什么会选择这个专业呢？主要是因为她的父母认为会计工作很适合女孩子，不仅比较容易找到工作，而且工作比较稳定，待遇也还可以。小刘平时一谈起专业，问得最多的一个问题就是：“告诉我学习会计的理由是什么？”

【解答】 为了就业选择一个专业，这本无可厚非，在就业与竞争压力日益增大的情况下更显得是一种合理的抉择。但问题是，选择过后却发现自己不适应、不开心，甚至自己感觉无法忍受，没有可调整的道路可走。在抱怨和怀疑中是过不好大学的，小刘迫切的需要答案。首先，经过两年的专业学习和短暂的实践探索，基本上可以断定小刘不适合也不喜欢会计专业，但仍存在她是否完全理解会计工作的性质和重要性的疑虑。其次，目前建议小刘去做改变,显然不太现实,一方面是父母的期许,另一方面她也的确在专业学习中做得不错。第三,比较适合小刘现状的应该是去做一点改善,做一份职业生涯规划。她可以先去探索自己的个性特征类型,然后去了解与会计专业直接或间接相关的就业方向有哪些,在人职匹配分析的基础上拟定目标与计划。就目前来说,可以建议小刘在会计路上不要走技术路线而是改走管理路线,对于一些会计专业的学生而言,从初级、中级到高级会计员,从会计资格证考试到注册会计师考试,走会计技术路线是比较合适,但对另一些学生而言,会计技术只是一个踏脚石,是他们谋求全面管理岗位的必经之路,但不是终点。如果确定了这样的目标,小刘可以利用其善于交际的个性优势,同时发挥学习能力优势多涉猎管理学、经济学和社会学的知识,为日后登上管理岗位做好准备。

3. 关于家庭

(1)"如何面对家庭需求与个人理想的冲突"

问题

以下也是一名大学新生的来信,家庭需求与个人理想之间的冲突让她感觉很矛盾。

尊敬的老师:

我是2009英语系的同学。听完这四周的职业生涯规划课,我越发感觉我比较喜欢当教师,中学教师。小学的时候,我喜欢在黑板上写字;放假在家无聊的时候经常会自己出卷子给自己做;喜欢帮老师批改作业;喜欢……总而言之,就是喜欢当老师的那种感觉。之后我也曾希望当警察,但是由于身高,近视眼等各方面的受限制,这个职业对我来说便只可远观不可近得了。

高考填志愿的时候,本来我能进师范学院的师范英语专业的,但是因为填提前批的时候出了点小差错,所以只能报非师范专业的了。事实上,我很喜欢英语,有动力去学习这门语言,这样看来上哪所学校对我来说应该是没差的。但是,现在大学的学费都比较贵。我还有一个亲姐姐,今年大二,由于专业特殊,学费也要一万多。四年下来,我们姐俩的学费和生活费可不是一笔小数目。我爸爸是家里的顶梁柱,我实在不愿意看他在我们毕业后还那么辛苦地工作。

一直以来,我最大的愿望就是希望爸爸妈妈不再那么操劳。上学期我选择了商务英语方向,也觉得没有必要考研。原本我给自己定下的目标是大学毕业后努力工作,努力赚钱,努力攒钱,然后给我爸买车。

上了大学以后,我一直都不愿意承认喜欢教育业,想当教师。因为教师的工资本身就不高,大学刚毕业的缺乏经验的教师就更不用说了。如果是这样的话,我不知道我得工作几个十年才有可能买到一部车。

但是上了职业生涯规划的课后,特别是思考了今天那些关于价值观的问题之后,我整个人都困惑了,感觉很矛盾。我觉得生命最重要的东西是家庭。生命中最重要的五个人,如果要我留一个,我会选择我的爸爸。我选择一门精湛的技艺,是因为有一门精湛的技艺,比如英语,走到哪都能生存下去。我选择巨富,是因为有钱能够实现很多事,比如买车给我爸。我看中职业的经济收入、稳定性、独立自主、

成就感和知识性。

如果我选择当了教师，不说多久能把大学四年的学费挣回来，我的愿望更是遥不可及。我爸爸在我的生命里是非常重要的，所以我会觉得自己不争气，我当了教师也未必觉得开心。但是如果我不选择当教师，那么也许以后会出现那种像老师说的，工作不开心，不满足，没有成就感的情况。我现在非常矛盾。老师可不可以给我一点建议？非常感谢。

【解答】 该生是一个很有家庭责任感的孩子，这是非常可喜的。职业规划不仅仅是个人的事情，还需要考虑家庭对你在时间上、情感上和经济上的需求。这个学生的困惑正在于家庭经济需求与个人目标职业之间的矛盾。这个学生在进行职业规划时感受到了这样的冲突并能够主动寻求帮助是非常正确的。如何解决家庭需求与个人理想的冲突呢？

首先，你必须确定这个冲突真的存在及其解决的难易程度。关于这个学生对教师职业的了解显然是不够的，有些甚至是不对的。其实，教师收入应该不低，而且是看涨的。你需要更多地去了解教师职业的一切信息。再者，这是你对家庭的承诺，而不是家庭对你的要求，如果你能将上述想法与你父母聊一聊，他们可能会很感动，他们绝对会支持你去实现你的理想，即当一名人民教师，这样一来，或许你就没有那么大的压力。其次，从你的表述中看，你还是比较适合教师职业的，你现在需要做的就是提高竞争力，特别是现在教师招考也纳入全国统考了，这为你提供了很好的机遇，当然也是个挑战。第三，如果这个冲突依然存在而且十分激烈，那你需要进一步跟你父母好好沟通，听听他们的想法，更让他们听听你的想法。曾有个报道，说有个学生热衷于从事足浴事业，最终导致父母与其脱离关系。这样的冲突是十分激烈的。虽然沟通过程是辛苦的，但双方的目的都是一致的，都是为了你好，最终你们也将获得可接受的结果。如果实在沟通未果，你需要时间、努力和勇气去证明自己或者只能先接受父母的建议再谋求改善。

(2)“如何面对‘强人父母’”

问题

很多学生的专业是父母替他们做的选择，很多学生的工作是父母帮他们安排的。在高考选择专业时，很多学生要与父母争吵一次。曾有个学生哭诉自己的父母为了让他选择一个专业而不惜以脱离父子关系相威胁，这实在不可思议。在毕业选择工作时，学生又要与家长争吵一次。在就业压力下，这次的争吵可能不会很严重，但对学生人生的影响却更为深远。在职业规划课上，很多学生谈到了他们强势而成功的父母们，他们的父母把自己的理想、意愿强加在孩子身上，这让他们困扰不已。强人父母，你想你的孩子做谁？

【解答】 在职业规划过程中，需要咨询父母的意见，并将他们的需求融进个人职业规划书。其实，接受父母的安排本身不是问题，问题是这样的安排适合你吗？如果不合适，那为何要接受；如果合适，那为何不接受。如果学生面对的是强人父母，那问题将变得更为严重。强人父母往往是那些事业成功的人，他们倾向于把自己成功的方式传递给孩子，强迫孩子走自己的路。更糟糕的是,有些强人父母会把自己的高价值感(我很能干)建立在孩子的低价值感上,他们的孩子从小到大都觉得父母很厉害而自己却什么都不是。做父母的影子其实自己就不存在,孩子的内心会被劈成两半,想做自己还是被迫走父母的路,这条路很危险,很多情况下孩子会走向自毁。

有些存在缺憾同时又把自己未实现的理想强加在孩子身上的父母也有可能成为强人父母。他们把自己的价值观传递给孩子,形成价值观内化现象,孩子长大以后实现的其实不是自己的理想而是父母的理想。当然,有些学生会觉得应该为父母实现他们的梦想,但他们首先必须是具有独立人格的个体,其次这样的道路最终不一定会导致双方都满意的结局。再厉害的父母都无法为孩子安排好一辈子,再者,如果从小到大都是父母做主,一旦到了需要自己做决定时,就茫然无措,结果只能是随意任性地做出选择或选择逃避与拖延,最终无法主导自己的人生。

(3)"徘徊在家庭与自我之间"

问题

在职业规划课上,有些学生对自己父母的评价完全是负面的,可能是父母做了对不起家庭的事情,也可能是因为不认同父母的教育方式等。有些学生描绘了自己与父母争吵的场面,遗憾难以与父母保持良性的沟通和亲密的关系。有些学生则表示从小到大都是父母帮忙做出决定,即使父母也曾征求过自己的意见但大都最后还是接受父母的安排。多数学生表示"父母往往都不理解自己",他们想迎接竞争与挑战,而父母却只要求他们安安稳稳。有些父母过分责备自己的孩子,有些父母则过分保护自己的孩子,造成学生在职业生涯中难以正视自己、接受自己或不相信自己能够成功做成某事,这严重阻碍了有效的职业生涯规划的制定和执行。

【解答】 在一个人的职业选择和发展中,家庭是一个非常重要的影响因素,特别是在中国这样一个以家族、关系、权威和他人为取向的国家中。而两代人之间不同的观念和冲突在变化迅速的中国现代社会中显得更为突出和严重。首先,仍需要积极而有效地与父母做沟通,即使沟通的过程是艰难的且往往无果而终。其实,沟通并不是谁占领谁,而是互相理解,沟通也涉及很多技能,更何况父母也是为孩子好,与家庭的冲突远远没有学生所想象的那么大。其次,无论家庭如何,无论你的过去如何,这都是你的一部分,你必须正视和接受自己的一切,这样才能往前走,而且应该正面地去评价自己的过去。第三,如果你是在谩骂和"棍棒"下成长的,那可能会培养出一种自卑的气质,你可以按照教材中提到的改正性格缺陷的方法寻求积极改善。如果你在过度保护的家庭环境下长大,你很少自己进行探索和自己决定,那可能自我效能感会比较低,你可以通过教材中提到的通过效能信息的四个来源,即行为成就、替代性经验、情绪唤醒和言语劝说等提高自我效能感。只有克服这些障碍,才能保证顺利地而有效地进行职业生涯规划。

4. 关于个人

(1)“如何面对决策压力”

问题

以下是一个学生的来信,即将毕业的她面临较大的决策压力。

老师:

不知道你是否还记得我,上学期有发邮件给您,期末论文也写完了,但是说实话上学期是有抱着应付的心态写的论文。因为觉得毕业离自己还太遥远。如今。虽然只过了几个月。但是这学期课很少。宿舍的人准备出国的出国。考驾照的考驾照。还有考公务员,注会的。我现在心也开始跟着纠结,之前跟您讨论的问题我至今没有确定的答案。虽然期末的时候您问我的时候我坚定地说,我以后想做财务总监。但真到了抉择的时候还会犹豫到底我是考公务员好还是考注册会计师好.两个都很难。考的人也多,鱼和熊掌不可兼得,只能择一准备之,我该怎么办啊!

【解答】 很多学生,特别是大学新生在撰写个人职业规划书时往往采取应付的态度。其实,应付这份作业,等于应付你的人生,而你才是你人生的主人,你是职业生涯规划的主体和必然承担者,教师以及你的父母是无法主导或替你安排你的人生的。

关于这位同学所面临的两个选择,其实都很难,但也没必要面临这么大的决策压力,毕竟这两个选择在未来还有多次机会可以尝试。一般情况下,注会的考试对于会计专业的学生而言含金量很高,他们应该为之奋斗,这可能是一个较为长期的过程。再者,既然该同学已经确定了财务总监的目标,那就应该去追求。考公务员,存在很多偶然性的因素,竞争比较激烈,当然也可以为之努力,这可能也是需要几次的尝试,而且机会比较多。从你的专业和未来目标来看,你应该考注会,而且还有一个原因是如果毕业后想再考注会,必然难有足够的准备时间,相比较之下,毕业后再考公务员就比较正常,当然公务员有些岗位是招应届毕业生的。职业规划课上教会你的是决策的方法,通过对自己和环境的了解,才能选定目标与开发方案。所以,最终答案只有你有,毕竟只有你自己才是最了解你自己的人。另外,你应该更多地考虑自己,而不是别人怎么样,做你该做的事情,特别是毕业前后的这段时间,不然你会更加盲目。

(2)“出国、考研、就业,路在何方”

问题

“我爸妈要我考研,那我到底要去要去考研?”“我周围的同学很多都出国了,我爸妈要我也出国,我要不要去?”“直接就业会不会没有竞争力,还是去考个研究生吧。”在职业规划课上,很多学生都有这样或类似的言论,那到底你的路在哪里,又该如何去思考这些问题?

【解答】 网络上曾有一段话说,以前一流人才考研,二流人才出国,三流人才就业,而现在全都倒过来了,一流人才就业,二流人才考研,三流人才出国。的确,现在出国的机会去以前更多了，也更容易了。其实，对很多学生而言，出国不是必需的。关于想出国的学生，必须首先想清楚以下三个问题：家里经济基础支持你出国吗？你出国是为了获得什么？在国外结束学业后，你将往哪里去？其实，关键的还是出国是否有利于你实现未来的目标。到国外深造对很多人来说是在绕弯路或者至少在短期内是没必要的，只是他们觉得应该到国外看看，或者只是为了跟风或让别人羡慕。另外，还必须考虑你是否适合出国？有很多学生其实不太适合国外的生活，他们的个性比较内向也不容易适应新环境，在国外较大的学习压力、生活自理压力和外国人歧视等困难下，他们就缩回在华人社区里，结果什么都没学回来，倒是学到了一口流利的广东话。你必须参加留学讲座或咨询相关人员才能了解中国学生在国外的学习和生活情况以辅助你做出决定。

关于考研，很多人只是觉得本科生不好找工作就决定考研，其实这个理由并不充分。在严峻的就业形势下，一些学子本科、硕士、博士一路念下来，结果却发现自己学历越高，就业门路越窄，这时很多机会已经丧失，青春也已不再，顿时觉得“知识贬值”。你必须问问自己你为什么要考研，这一步是否让你更接近了你的目标职业，是必要的一步吗？你还需要从专业老师、研究生等人那多了解一些关于中国研究生培养的情况，从而才能做出决策。

(3)“我没有什么优点，性格也不好，爸妈担心我以后适应不了社会，怎么办”

问题

在职业规划书中，很多学生写得满满的都是自己的缺点，而对自己的优点却只字未提。在咨询过程中，他们谈得最多的也是性格缺陷、技能断腿、不好的习惯等问题，完全不会想到自己有何特长。中国传统文化理念往往鼓励人们不遗余力地去纠错补缺，以求完美并以此来定义“好孩子”。而西方理念要求个人充分发挥自己的优点和天赋，并以此来定义成功。中国家庭的父母对孩子以负面批评为主，紧盯着孩子的缺点不放，甚至有时候让孩子觉得“我爸妈以抓住我的小辫子为乐趣”。西方家庭的父母认为孩子有缺点是正常的，且更习惯于以正面鼓励为主。中西方学生在自信心、发展模式等方面的差异一定程度上是不同的家庭教育方式导致的。

【解答】 职业生涯规划的一个重要理念是：发挥优点与特长，选择适合自己的职业，“走自己的路，让他人说去”。而我们的学生却对自己的优点与特长毫无认知。考虑以下问题：你身上是优点多还是缺点多？从小到大你改了什么缺点？是发挥优点更容易让你成功还是不断改正缺点更容易让你成功？事实上，人们把精力和时间用于弥补缺点时，就无暇顾及增强和发挥优势；更何况大多数人的欠缺都比才干多得多，且大多数欠缺都是无法弥补的。当然，这并不是说我们可以不必注意自己的缺点，绿叶子太多也会遮盖住红叶子的。我们也并不认为努力不重要，而是必须方向对了再去努力。另外，从职业规划角度出发，我们应该扬长避短，因为扬长的学习是乐学，补短的学习是苦学，你愿意乐学还是苦学呢？

关于你性格的不完善，多数人都有一些自己不如意的性格缺点。首先，人们的个性特征不是一天形成的，也不可能突然发生转变，它是受遗传、教育和环境因素影响形成的。对于大学生而言，你目前的大部分个性特征是改不了的，所以你应该接受自己，不管你多内向、多骄横、多懒散，这都是你。

其次，每个人都有一些其他人所不具备的个性优势，你应该更多地去关注自己个性上的优点，寻找到自我价值。很多学生不满意自己内向的性格，看到周围的人能说会道、活动能力很强，十分羡慕。我们在课堂上所探讨的所有个性特征类型，没有好与不好，关键在于这种类型是否你的，而你能否做到人职匹配，只要能找合适自己的东西，那不管是什么性格都是好的。内向性格的学生一般比较容易获得自我满足，你也能因为你的内敛与谦虚获得志同道合的真正朋友，你应该去探索自己这种性格的存在价值，而不是一味地去否定它。你更没有必要因为这样的性格而担心自己的沟通能力太差，能说会道并不一定就懂得沟通，你完全可以通过一定的训练提高人际与沟通技能。其实，很多学生所谓的性格缺点，根本就不会导致太大的问题，所以你应该欣然接受自己的性格，没必要纠结或困惑，甚至你可以去欣赏自己。

第三，如果你具有我们在教材中提到的三大性格缺陷，即懒惰、自卑和过度虚荣，或者某些你认为你必须改变的性格特征，那就鼓励自己做一些改变。性格虽是长期所接受的教育和环境的影响造成的，但对成年人来说，实际上是由心理态度所决定的。如果你能改变自己的心态，纠正自己的行为特征并养成一定的习惯，久而久之也就能够改变。

(4)"农村孩子的腼腆与人际交往"

问题

以下是一位大学新生的来信，她对于自己腼腆的性格有些困惑。

老师：您好！

关于大学，有一些困惑和茫然吧！您说以前您是一个腼腆的小男生，那我就想说我也算是挺腼腆的一个女生吧！因为不擅长社交，每次和陌生人讲话就会不自觉地脸红。也是农村出来的，觉得自己好多东西都不会，而别人好像都懂的样子。有些自卑的，觉得自己笨笨的。有想出去闯的心，所以当时妈妈的反对也没能阻止我来离家那么远的地方念书。第一次离开那个小县城吧！觉得一切都挺新鲜的，嘿嘿，胆子也大了点。可是后来就不行了，又回去了。

【解答】 其实，从农村来到城市，来到向往的大学，本来是件让人高兴事情。但在大学期间遇到很多烦心事，比如：由于经济原因没法与同学一起参与某些活动；没法买化妆品等，从而可能会导致与同学关系僵化。我也是农村出来的孩子，根据我以前的经验和感受，给出了以下几个建议：

1. 要先了解自己的个性，假如自己真的很腼腆内向，不愿意和别人主动交流，需要我们自己鼓足勇气，尝试多与别人主动沟通，不能等着别人主动来沟通，也就是要克服自己的心理障碍。

2. 农村来的孩子，有很多事情不会，甚至没有见过很正常，假如遇到这样的情况就自卑，那只会越来越严重，这个时候需要抱着一个学习和尝试的态度去面对，不会可以现在就学嘛。就像我 28 岁用了两次时间学会了轮滑，并且变成了爱好！要尝试去做以前没有做过的事情，这样不仅提高了自己的能力，而且也培养了自己多样化的兴趣，为人际沟通打好基础。

3. 上课多思考，有机会在公共场合多回答问题是锻炼自己勇气和胆量的好方法，这样的话，对于提升自己的勇气和主动性都有很大的帮助。

(5)“为什么实现不了自己的目标”

问题

有个大学生来信中说道“我知道自己要考研，可是总是觉得还没干什么呢，时间就没了。以前的时候，老妈说我总是三分钟热度，没有毅力。我觉得再这样下去吧，我就虚度了。希望您能给点建议啥的。您的课挺受用的，我很喜欢。嘿嘿。最后，谢谢您。”这是一个关于目标设定与实现的问题。

【解答】 有目标是好事情，俗话说：“你为什么是穷人，是因为你没有立下成为富人的目标”。目标的导向作用是很大的。但目标一定要有效才能行，否则也只会沦为空想和幻想。

1. 你知道为什么你觉得还没做什么吗？因为你的目标太抽象，导致自己还是很盲目，也就成了无效目标。一个有效的目标是一个系统，要满足德鲁克说的“SMART”原则，否则，有目标和没有目标效果差不多。

2. 你还不了解考研的具体情况，所以，任何目标制定前后，必须要对目标中的具体情况进行了解，可以通过学长和相关老师进行了解，了解清楚后才便于自己做出适合自己的长、中、短期计划，才能指导自己的行为，从而逐步实现目标。

3. 目标固然重要，但更重要的是要有坚持度和执行力，否则，目标只会停留在表面，也就成了“贾金斯式的人”，行动和毅力对于目标的实现非常重要。考研关键是决心和毅力，谁能坚持到最后谁就能胜利，另外还有关键的一点，即在了解考研的具体情况的基础上制定详细的计划方案。

【推荐阅读】

1. 卡耐基成功之道全书：《人性的优点》《人性的弱点》《美好的人生》《快乐的人生》《写给女孩的信》《伟大的人物》《智慧的锦囊》《语言的突破》《思想的光辉》九部书。

2. 拿破仑·希尔：《成功学全书》。

3. 丹尼斯·韦特利著，顾肃、刘森林译：《成功心理学——发现工作和生活的意义》(第四版)。

4. 毕淑敏：《破解幸福密码》。

5. 卡尔著，郑雪等译：《积极心理学：关于人类幸福和力量的科学》。

6. 乔纳森·海特著，李静瑶译：《象与骑象人》。

7. 查理德·卡斯维尔的系列书：《现在，发现你的个性优势》《远大目标给你的生活一个方向》《征途捷径：顶级目标实现的17个秘诀》三部书。

8. 伊莎贝尔·布里格斯·迈尔斯、彼得·迈尔斯著，张荣建译：《天资差异》。

9. 李开复：《做最好的自己》。

10. 威尔·鲍温著，陈敬旻译：《不抱怨的世界》。

11. 梁漱溟：《人生的艺术》。

12. 李晓林:《20～30 岁:你拿这 10 年做什么》。
13. 林少波:《毕业 5 年决定你的一生》。
14. 埃德尔曼著,黄志强、殷明译:《思维改变生活:积极而实用的认知行为疗法》。
16. 雷夫·艾斯奎斯著,卞娜娜译:《第 56 号教室的奇迹:让孩子变成爱学习的天使》。
17. 凌志军:《成长比成功更重要——天才都是可以教出来的》。
18. 斯滕伯格著,潘传发译:《丘比特之剑——穿越时间的爱情历程》。
19. 刘海峰:《面对真实的自我》。
20. 彼得·德鲁克著,许是祥译:《卓有成效的管理者》。
21. 成君忆:《水煮三国》。
22. 柯维的系列书:《七个高效能人士的习惯》《杰出青少年的七个习惯》等。
23. 吉姆·洛尔、托尼·施瓦茨著,付涛译:《精力管理》。
24. 阿尔伯特·哈伯德著,赵立光、艾柯译:《致加西亚的信》。
25. 段永琴的系列书:《让自己升迁》《事事领先一步》《营造影响力》等三部。

第三节　人职匹配的实施障碍

一、自我探索陷入困境

1. 自我探索的重要性和困境

自我探索是"人职匹配"职业规划方法的第一步。如果你连自己都不了解,那你如何做出选择?而且当你面对外界众多选择时,你对自己越不了解你就越困惑。其实,个人职业生涯规划是建立在个体差异基础上的,人与人之间本就很不同,适合每个人的职业目标和发展道路自然也不同,所谓的人职匹配正是基于这样的逻辑的。再者,从自我探索开始进行职业生涯规划,还有助于职业规划者将注意力集中在自己身上,这才符合职业规划教育所倡导的"去承担和做自己命运的主人"。

然而,当学生从"自我探索"开始规划职业生涯时,却陷入了困境。"认识自己"是人一生中最大、最难的命题,但是人职匹配职业规划方法却要你在人生最开始的时候通过思考和测试做出选择,试问一个人生经验不多的大学生如何来回答自己想要什么、适合什么、喜欢什么、擅长什么等问题?因此,有很多大学生面对职业规划要么无从下手,要么心情澎湃开始,却发现无从执行,最终不了了之。

2. 走出困境的对策

在教学过程中,首先通过一些实例让学生明白了解自己并没有想象中的难或无从下手。了解自己其实是一个很有趣的过程,只有激发起学生的兴趣,才能引导学生积极主动去探索自我个性特征。另外,短短的课堂授课时间不一定能够帮助学生得出一个关于自我个性特征的完整和准确的结论,但起码让学生意识到了解自己的重要性和必要性,并开始关注和探索自我个性特征。

接着可以采用了以下方法引导学生进行自我探索。第一,要学生从回忆自己的过去开始,并对自己的过往经历进行反思以及说出自身感受。经历和回忆对了解自己很重要,但更重要的是自己对这些经历的感受和反思。在课堂上,教师引导学生从遗传、过去生活的物质环境和文化背景、个人重大经历等影响个人成长的因素来描述自己。通过这样的过程,学生能有类似这样的领悟:“小时候跟许多表姐妹一起住在古厝里,以后希望能找到一个跟同事一起开心工作的职业。”

第二,使用一些心理测试题或自我盘点的练习来帮助学生了解自己。大多数老师都会采用这一方法,但必须注意以下三点:心理测试只是了解自己的手段,绝对不是目的,不可迷恋或盲从;所采用的心理测试题必须是经过几届学生使用后证明较为准确的;心理测试的过程和结论越简单越好,不一定要盲目相信一些很复杂的心理测试系统。此外,还可以鼓励学生结合星座、血型等喜闻乐见的方法或像“色彩性格学”等有趣的方法来增进对自己的了解。

第三,鼓励学生进行自我探索而不是对号入座。个性特征是一个十分复杂的心理现象,尽管存在非常多的理论和方法用于判别个性特征类型,但我们一般很难对一个人的个性特征做出完全准确的描述。在课堂上,学生急于了解自己,教师则简单地依靠心理测试工具,似乎双方都希望在限定的时间内找到一个答案或者做出一些预言,从而才能够实现人职匹配。其实,了解自己是一个长期的过程,而且最终都必须依靠学生的自我反省和理性思考,理智型的人对人职匹配有积极的预测作用,因此应该鼓励学生去探索和思考而不是急于得出一个结论。

二、忽视价值观的探索

1. 价值观探索的重要性和难度

职业规划指导课大都会要求学生探索性格、兴趣和天赋,但却常常忽视职业价值观的重要性。价值观与随后的工作满意度水平相关;当我们根据自己的价值观生活时,会得到最大程度的幸福感和高自尊。所以,价值观的探索十分重要,但这却不是一件容易的事情。“你想要什么、你能够舍弃什么、什么东西对你而言更重要”这些问题并不好回答,而且你还要对你所想要的东西进行澄清和排序,因此价值观的探索是十分艰难和痛苦的。

2. 重视职业价值观的探索

在实际授课时,首先可以通过生活的一些事例,清楚而简单地阐述价值观的概念和重要性。生活中很多人在观点上和行为上的差异,反映的就是价值观的差异。价值观,简单讲,就是“你所看重的东西,你想获得的东西,或是某些你认为应该去做的事情”。价值观是一种强烈的想法和信仰,为你所自觉坚持,不受他人影响,并足以长时间引导你的行为。

接着就需要运用一些工具帮助学生探索职业价值观类型。例如列出“经济收入、稳定性、独立自主、创造性、管理与领导、工作环境、人际关系、成就感、社会奉献、知识性、多样性而不是单调的工作、生活方式、社会地位”等职业价值类型让学生选择和排序。也可以借用职业价值观测验题,或者通过游戏、情景假设等方式辅助学生明确自己的价值观类型。这一过程的难点在于如何有效地帮助学生依据步骤澄清价值观,并对这些价值观进行排序。

值得指出的是,工作本身是具有激励性的,即从人职匹配的理念来看,做什么工作比一份工作可以带来什么更重要,这是一个重要的职业价值观。但似乎对于中国社会而言,我们更在意一份工作可以带来什么,而不是这份工作到底是做什么的。当你告诉欧美朋友说你

有了一份工作，他们肯定会首先问你，“这是一份什么样的工作，你喜欢它吗”，而同样的问题，中国的朋友可能会首先问说，“工资多少、福利待遇如何、在哪里上班”等。在这样的观念下，我们怎么可能去探寻能够满足自己兴趣、能够发挥所长、能使自己获得成就感与满足感、快乐地去付出的职业，这是有悖职业规划理念的。

三、难以逾越父母意志

1. 重视家庭环境的影响

成功的职业生涯规划必须平衡个人、工作与家庭之间的关系。家庭的经济状况、人际关系网络以及家人需求、家庭生活等都会对职业选择、职业心态产生重要影响。舒伯的职业生涯彩虹图也指出，工作者、持家者、配偶、孩子、休闲者、父母等 9 个生活角色之间是高度相关的。对家庭的责任和义务对一个人所形成的压力往往远远超出一项工作或职业的压力，并对其职业选择和职业生涯产生重大影响。

基于人职匹配理念的职业规划方法的第二个步骤是“环境探索”，包括对家庭、职业和社会环境的信息搜集。在教学过程中，我们发现学生总是认为，职业规划是个人的事情，无须考虑家庭因素。然而，一份看似科学合理的职业生涯规划书，却会在家长面前被彻底推翻。我们常常在学生的职业规划书上看到类似这样的困扰：“我的家人希望我考公务员，能养活自己，能过上安定的生活，有安稳的工作，但这不是我想要的生活，我希望不断在生活的挑战中成长。”由此可见，父母意志是学生做职业选择时难以逾越的一大障碍。

2. 跨越障碍的对策

第一，我们鼓励学生自主选择。在择业过程中，我们的父母往往单方面强迫自己的孩子，剥夺了学生的主体选择权，学生也没有考虑过父母安排的工作是否适合自己，双方均缺乏职业规划的理念，没有从“人职匹配”的角度考虑问题。职业规划的主体是学生，在授课的过程中，我们在正式讲授职业规划方法前，花费了很多的时间和精力引导学生关注自身、激发学生成长需求、要求学生带着问题来上课，以此来唤醒学生的主体意识，从而保证职业规划指导课的有效性。

第二，我们要求学生多与父母沟通。学生需要了解家庭对自己择业和职业发展能提供哪些支持又存在哪些障碍以及家人在金钱、情感和时间方面对自己的要求等。学生的父母也需要了解学生的个性、兴趣和天赋，这样才能真正当好学生的参谋。另外，职业生涯规划和管理的目标不仅是成功，父母们也应该关注孩子的职业满足感，而不是太过于功利性或追求所谓稳定的工作。学生与父母的沟通总是充满不满和冲突，但这却是职业规划过程不可忽视的环节。其实，沟通并不是为了强求一致，而是为了取得理解和认同。

第三，我们进行开放式的课堂讨论。父母们常常把自己的期望、理想或遗憾等强加在孩子身上，剥夺了孩子探索和发展兴趣爱好的机会。他们也总是为孩子包办一切，然后对孩子的缺点严加指责，试问这些孩子长大以后怎么能够独立地、自信地做好职业选择？每个人都希望自己有一个宽容、自由的家庭环境时，但多数学生并没有这么幸运。因此在课堂上，我们通过提问和案例让学生自由讨论，引导他们正视自己的问题，并勇敢面对所谓的“强人父母”。

四、难以激发成长需求

1. 大学生成长需求的差异

个人成长需求的缺失是当前影响大学生合理规划自身职业生涯的重要因素。学生的成长需求跟个性、家庭背景等都有关系。有些学生较为理性，拥有内向控制点(个体充分相信自我行为主导未来而不是环境控制未来的观念)，表现得比同年龄人更成熟，这些学生的成长需求一般较高。在家庭背景方面，“穷人家的孩子早当家”，部分家庭经济条件比较好的学生的确在成长需求上比较低。但是也有部分家庭条件较差的学生可能出于自卑等心理问题，或者是因为过于现实地看待这个社会，认为求职和职业发展均取决于家庭关系网络，从而放弃了努力和成长的欲望。

另外，学生成长需求在性别方面也表现出差异，女性一般比男性低，部分女学生也坦言自己对工作没有多大的要求也没有什么期待。这可能源于中国家庭长期以来重男轻女的思想所导致的中国女性在定位自己的社会角色时出现的偏差。社会普遍认为女性除了工作还有家庭，而且后者可能更为重要。有调查显示，女性对工作的满足感只有1%。虽然这一数据在课堂上引起了多数女学生的声讨，但它的确从一个侧面反映了女性对工作的要求普遍低于男性，她们的满足感还有很大一部分取决于家庭状况。上述因素影响了学生的成长需求，而成长需求的高低又严重影响了职业规划指导的有效性。

2. 激发与引导学生成长需求

学生的成长需求不高在职业规划过程中往往表现为缺乏理想和目标，对自己的学习和职业生涯没有任何想法。在职业规划咨询中，教师最怕的不是学生想法太多，而是学生没有想法。在授课过程中，我们强调学生不要把职业规划课当作是一门普通的获取学分的课程，它不同于专业课或其他选修课，它是一门自我教育的课程。第一，应该要求学生对自己的未来负起责任，并进行理性思考和自主决策。职业规划主要是一个理性的过程，对于偏向任性、感性的学生应多加引导，可以通过多个例子说明任性地对待自己的人生会导致的不良后果。

第二，对于家庭条件优越的学生，激发他们实现自我的愿望，他们的起点高，同时压力也更大，其实他们的职业生涯将面临更多的问题和挑战，而不是如旁人所见的那样轻松。对于家庭条件较差的学生，应引导他们正确看待自己和社会的差距，让他们学会处理自我和世界的矛盾和不公平。有些教师来自农村家庭，在课堂上可以自己为例子，教授学生努力和奋斗的人生价值。

第三，对于女性角色，教师应要求学生正视和重视女性职业发展的特殊性，她们应更多地思考如何取得家庭和职业发展的平衡。另一方面，工作对现代女性的独立和发展具有重要的价值和意义，因此必须向女学生讲明工作的意义和职业规划的重要性。Robert D. Lock教授论述到:“它(职业规划)关系到目前为止你人生的大部分时间、你的自我认同感、收入来源，还有你绝大部分的生理和心理的幸福感。你所要做的工作占用了你毕生最好的年华，让你赖以维生，并且界定了你是一个怎样的人;它决定了你大部分的生活风格和身心健康。”当然，女性所面临的家庭和工作的冲突是一个社会问题，需要各方面的共同努力。

职业生涯规划是生涯规划的核心部分，对大学生的学习及日后工作、生活等均具有重要影响。在现阶段，中国大学生职业规划存在来自于家庭、组织、学校和个人等方面的诸多障碍，在家庭方面集中表现在父母意志上，在个人方面集中表现在成长需求不高，在课堂上集中表现在自我探索陷入困境和忽视价值观探索，这需要在家庭教育和实际教学过程中有针对性地加以引导，克服这些障碍以免职业规划课程流于形式，确保其能起到应有的指导作用，成为解决大学生就业难的有效措施。

五、对职业规划的误解

社会普遍缺乏对职业规划的理解，相关部门的调查充分反映了这一点。中国的职业规划教育虽日渐普及，甚至计划进入中小学教育课程内，同时也刚在高校获得重视，但总体而言仍处于起步阶段。学生在接受职业规划教育时仍对职业规划存在诸多质疑。这可能源于中国职业规划教育的初级性及其所表现出的在研究、教学和实践中的不成熟性。

学生认为未来不可预测，“计划跟不上变化”，质疑职业规划的可行性。这个质疑主要是因为学生对计划工作的不理解所造成的。规划是计划的一种类型，计划本身存在一定的缺陷，如缺乏灵活性、容易导致僵化等，计划工作最难的也正在于如何处理好稳定性和灵活性之间的关系。其实，也正是因为未来难以预测所以才需要制定计划，如果学生连最基本的计划都没有，那如何去应对变化。知识经济时代的到来、工作方式的改变、个人需求的多样化等内外环境的变化都说明了职业生涯规划和管理的必要性。另外，职业规划并不是一锤定音式的，它不是也不能成为禁锢学生发展的方框，它必须保持一定的灵活性。职业规划过程包括自我探索、环境探索、制定目标与计划、调整与评估四个部分，最后一个部分正是为了保持职业规划的灵活性的。学生还质疑职业规划的必要性，“工作真的那么重要吗？”“职业生涯规划和决策制定真的值得学习吗？”所以，必须首先让学生认识到择业和职业发展的重要性才能切实地让他们做好职业生涯规划。

其余的很多质疑均源于学生对职业规划理念和方法的不理解。在教学过程中，学生提出了一系列问题，如“不同性格的人常常做着同一份工作，工作与个性真的能够匹配吗”“多数工作都是乏味的，把兴趣变成工作可能吗？”“难道我们不能改变自己吗？”“很多人在不适合自己的工作岗位上成功了，这说明什么？”……这些问题都指向了人职匹配理论的可行性。“人职匹配”理论并不是职业生涯规划的唯一指导理论，但却是职业生涯规划的核心理念和基本方法，通过个性特征与职业类型的匹配实现个人职业生涯的成功与满足。最后，学生的认知还存在诸多误区，如将职业规划等同于职业选择、就业指导、创业计划、晋升计划等。这些认识误区都必须在教学过程中一一给予指正和耐心地加以释疑，否则职业生涯规划就只能流于形式。

课后练习

以下是一个学生的个人职业生涯规划书的部分内容，请问：

1. 该生提出哪些具体目标？
2. 该生对专业有了哪些深刻的认识？

3. 该生是否有具体的计划?
4. 该生是如何判断自己的选择是符合自己的?

◇ **目标与计划**

目标能够确立前行的方向,让自己的努力有的放矢。制定一个适合自己目标,能够让自己的努力变得看见和更有成效。我的短期目标是:努力的学习专业课程,夯实自己的专业基础,抓住每一次提高专业技能的机会,争取通过司法考试。大一的时候,可能对此还没有清晰的认识,所以相对比较迷茫。但是大二以后通过不同的途径,对自己的专业有了深刻的认识,目标渐渐开始清晰明确起来。既然有了目标,那么只有通过自己的努力去实现自己的目标才是正当的。一旦确立了目标,你的体内便会产生一种动力,不断地促使你前进,成功也就会一个又一个地接踵而来。只有树立远大的目标才能够取得佳绩,因为远大的目标能够创造一种取得成功所必需的兴奋感。这种兴奋感在平凡的碌碌之辈身上是不存在的。仅仅满足于买一所房子、买一辆汽车或得过且过的人是无法产生这种兴奋感的。而只有你树立了适合自己的目标并且全力以赴为之奋斗的时候,这种兴奋感才会随之而来。

针对我确立的目标,接下来为自己的目标努力奋斗才是最重要的。我对于我的目标的观点是:目标不难,但贵在坚持。我的目标制定相对来说是比较符合我自身的情况的,既没有过高过难也不是轻易便可达到。在专业的学习中我会更加注重与同学的交流学习,因为法学专业的特点决定了交流沟通对我们专业的重要性。在伏尔泰的作品中曾经提高到过一个谜语:"世界上有一样东西,它是最长的也是最短的,它是最快的也是最慢的,它最不受重视但却又最受惋惜;没有它,什么事也无法完成,这样的东西可以使你渺小地消失,也可以使你伟大的永续不绝。"所以,时间也是我在学习中要时刻牢记和把握的。既要保证足够的学习时间又要保证高的学习效率。在学习中,不仅要懂得珍惜时间,更要学会运筹时间,使自己在最短的时间内,得到最大的学习效果。在学习中,必须分清主次,合理地分配自己的精力,从而使自己在繁重的学习中保持清醒的头脑,用有限的精力来帮助自己取得最可能高的学习效率。在学习中,来自外界和自身的一些干扰都会影响你的学习效率,必须要学会排除和隔离这些学习中的消极因素,将它们的负面效应降到最低。学习时间是有限,但学习内容却是无限的,所以要学会选择,把握重点,不要平均使用力量。在学习的过程中还要懂得把握重点,所谓重点,一是指自己学习中的弱科,二是指各学科中的重点内容。重点确定以后,必要时还可以根据本身的系统性,将重点内容再细分为几个专题,在兼顾其他各学科学习的同时,集中时间专攻地第二个专题、第三个专题……这种各个击破,集中力量打歼灭战的学习方式,无论对于补差或是提高,都是行之有效的方法。

对于我的计划和目标的实现,首先我是有足够的信心的,因为这些目标与计划是按照我自身的实际情况和特点制定的,并且符合一般规律。在大学以前,也是有过制定类似目标的经验,通过自身的努力最终实现了当初制定的目标,所以说在经验方面也是有前车之鉴的。我制定的目标并没有好高骛远的缺点,每一个目标都是脚踏实地结合实际制定的,所以对于目标的实现我认为是可行的。至于我目标的细化程度,可以说我的

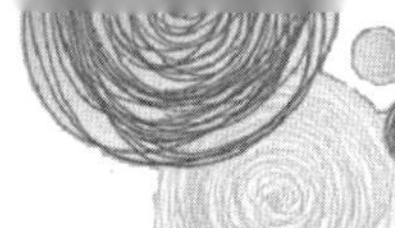

目标制定非常具体,有针对专业的目标,有关于人际的目标,以及短期内的学习目标,这些具体的目标又综合构成了我的职业规划目标,可以说是相互照应相互促进的。我相信,有科学的目标并且加上我自己的努力,最终我会实现我的目标。

◇　评估与调整

这只是我现在对自己职业的规划,我是一切从实际出发考虑各种因素,我相信它很符合自己,我也会按照上面写的一样努力去做,争取能够像自己现在规划的一样。当然,计划赶不上变化快,所以制定的规划不是一成不变的,它总是随着环境、个人爱好、社会需求等因素在不断变化的,所以,自己的职业规划只有不断改进完善才能够行之有效。对我个人而言,从高中时期就开始为学习制定计划,因为受各种因素的影响,制定的计划总是在改动中逐步完善的,职业生涯规划也是如此。刚步入大学的时候,对学校的环境、人际关系以及周边的环境和工作的性质没有深入的了解,制定的职业生涯规划相比之下较为简单也不全面。随着学习的深入和对自己以及社会环境的了解,逐步地改变了一些目标以及调整了一些方法。在这个过程中,把自己已经实现的目标进行总结,从中得到经验,学习克服困难的方法,将其纳入到新增的目标里应用,能够取得很好的效果。这种对目标的改进与完善不断重复进行,自己的规划就不断地想现实靠拢,自己也会慢慢地完成自己的规划要求。现在我对自己有了比较清醒的认识,加之我的短期目标和中期目标已经确定,接下来我该为目标而奋斗了。既然制定了规划,就要坚持不懈地朝着规划的要求去完善,虽然会遇到很多不可预知的困难和阻碍,但我会坦然地面对,决不会因为外界因素而改变自己人生的大目标。总之,为了实现目标,我会脚踏实地地学习,要更努力更勤奋。我相信,凭着自己能吃苦,有上进心,踏踏实实的精神,一定能坚持到最后,直至达到一个让自己满意的结果。每个人要想达到自己理想的高度就必须付诸行动,没有人能随随便便就可以取得成功。由于自己对未来目标很有信心,加之自己制订了详细的规划,我相信我一定会成功的。

【阅读思考】

角美房子破,就业不考虑?大学生招聘会上对话引发网友热议

"这家企业在角美。""角美那地方很破的,那里很多房子都是破破烂烂的,我才不要去那种地方工作。"日前,网友"冷雪冰心"把自己在厦门某高校招聘会上听到的两名大学毕业生对话贴到了小鱼社区上,一时间浏览度近千人和回帖达到354个,更引发了金融危机下,我市大学生就业该不该放下身段的热议。

(1)听到这样的对话,无语

"角美虽然与厦门比不了,但是也是漳州发展的龙头!听到这样的对话我很无语!大学生们,我不知道你们工资待遇的期望值有多高,但至少你要有这个价值,在你嫌人家地方破的同时,说不定,人家根本就看不上你那点学历。"

"冷雪冰心"称,"我毕业得早,一开始只在崇武那个小镇当文员,有时还要下车间对图纸。当时只觉得想多学点东西。环境和工资都不是特别重要。后来有点小羽毛才跳出来,现在在企业里,该有的福利都有,一个月稳定收入虽然只有三四千元。""我不是鄙

视大学生,也不是说两名女生的想法是错的。只是觉得,作为一个新人,不应该如此贬低别人,至少要尊重人家的劳动成果,况且自己有什么资本这样说人家,做人应该脚踏实地才不会摔倒。”“冷雪冰心”说。

(2)支持:大学生就业不应挑剔

几乎半数以上的跟帖都是支持“冷雪冰心”的观点。不少网友都表示,在现在这种形势下,学子们不应该这么挑剔的,重要的是能够学到东西,对工资和环境不要太看重。“现在有班上就不错哦,还挑个啥呢?”“现在很多新出来的大学生都是眼光很高却又没什么能力,很多用人单位不爱用也是正常。”网友“野糖错错”说,“春节后单位招了70多个毕业生,本科硕士都有,一个多月后,好几个硕士被劝退。理由很简单,眼高手低装清高。事情不做,消极怠工,最基本的电话放在面前响了30秒还不接……”“先就业再择业!”“能找到工作先!”“要摆正心态!”不少“鱼儿”纷纷发表意见,认为大学生要尽量避免“娇、骄”二气。

(3)反对:找工作为啥不能挑一挑

当然,也有网友给出了相反的意见。他们认为,即使在就业难的形式下,也不见得所有人都要看企业脸色行事,大学生们也有选择的权利。作为一个正常的毕业生,都不太会想去一个偏僻的地方。“特别是女孩子,考虑一下环境因素是无可厚非的。要是我也不去,除非工资很高”网友“霏霏”说。也有网友表示,去偏远的地方,也不见得就是磨炼,也要看是什么工作。“况且第一份工作也就相当于出身,确实比较重要”“追求高物质有啥不对,也许人家真有那种能力,难道一定要从底层做起吗?”网友“晓晓”说。网友“uncafee”更现身说:“刚毕业出来,听别人说要务实一点,我在厦门岛内一家贸易公司任职,半年后,我宿舍哥们去了广东,工资加其他所有收入打底一个月5000元。同样都是业务,相差就是那么大!”他建议,应届生找工作,每个人想法都不一样,起点也不一样,最后的结局相差实在太远。一部分看机遇,一部分看自己的能力。

(4)大学生心声:求职难,我们就该是“白菜价”吗

一段小小的大学生对话,引起了网友的高度关注,甚至不乏针锋相对的“口水战”。记者整理发现,以过来人自居的非大学生人群普遍认为,扩招的大学生原本就应该面对现实,降低标准,更何况现在正处在金融危机形势下的非常时期,大学毕业生更应该转变就业观念,放下身架和身价。但处在争议漩涡中的大学生,却不这么想。

网友“xmchxx”道出了不少大学生的心声:“且不说大学生有一定的资本去挑,仅仅是在高校进行了四年的学习,我们心里肯定要找些什么来使之平衡。让我们‘降价’就业,心里总会不甘愿的。”“难道要大学生去做高中生都能做的工作吗?”网友“zaqpdl”也为大学生们鸣不平,“别说白读了那么多年书,国家培养一个大学生需要很多钱,培养一个研究生甚至博士就更不用说了,还有那些公派出国读书的,出去一年国家在一个学生身上就得投入十多万甚至数十万元,难道这些人都需要放下架子去做那些不用去读大学,不用去读研究生,不用出国学技术就能做的工作,那国家拿纳税人的钱就是这样浪费的吗?”

而一份“学生择业意愿影响因素”调查结果也显示,即使在目前这种严峻的就业形

势下，也仅有5.7%的大学生愿意到边远城市就业。[①]

阅读上述材料，思考以下问题：

(1)你支持哪一个观点，为什么？

(2)决定大学生第一份工作的是其个人价值还是外部环境，为什么？

(3)从目标定位和拟定计划的角度谈谈如何解决这一问题。

最好的工作？最坏的工作？职业无城切莫围之

有调查显示，当今最令求职者羡慕的首选职业是公务员、医生、教师、记者等等。然而当你认真地与这些身处其中的从业人员深入交流，却豁然发现原来他们竟对自己职业充满了深深的倦怠。问题到底出在哪儿？

(1)记者：人人都有熬夜的本领

然然，女，27岁，某媒体记者。

"做记者多好啊，时间自由不说，走到哪都风风光光受人尊重。"经常采访陌生人，亮出记者身份，最常听到的就是这句话。大多时候我都会报之一笑，然后岔开话题言归正传。其实我挺厌烦这种奉承，想解释又觉得没这个必要。

记者不用上班打卡，除了每周的例会以外，时间几乎都是自己来安排。免除了上下班挤公车的烦恼，看起来的确惬意。但是记者的工作时间却无法跟朝九晚五的上班族相提并论。采访机关企事业单位，通常要在上班时间去拜访，中午是铁定没有人搭理你的。如果是处理市民投诉，就只能在人家下班时间去采访了。就算人家六点下班吧，采访时间一个小时，那么等你自己到家也要晚上七八点了。记得一次我去采访厦大的一名知名教授，人家晚上9点以后才有空接受采访，等我采访结束回到家，已经快11点了。

采访只是记者工作的一部分而已，真正的工作则在漫漫长夜中进行。朝九晚五的同志们，下了班时间都是自己的，想干嘛就干嘛。可记者则不行，晚上是记者写稿的黄金时期，人家下班，我的工作才刚开始。通常晚饭后，我的大多同事都会坐在电脑前，开始写稿遥几乎所有的记者都有熬夜的本领。12点之前睡觉的记者很少。为这事，我没少跟我家先生吵架。我家先生嘲笑我：你把自己卖给报社了，而且卖得相当彻底。人家一天工作8小时，你晚上就工作5个小时了，再加上白天的采访时间，哇！你的劳动力还真廉价到了家。我无语，只能对他说：好文章是需要时间打磨的。

虽然辛苦，不过我还是喜欢这个职业。记者每天要接触不同的人和事，每天的生活都是全新的，借助报纸这一舆论监督平台，伸张正义，帮助别人，实现自己的新闻理想，这是最让我欣慰的事情。

(2)教师：加班是家常便饭

小雪，女，26岁，某中专老师。

刚毕业的第一年，工作中酸甜苦辣的感触最为强烈，被班级调皮的学生气得脸色铁青，躲在厕所偷偷哭泣。在学生作文中读到对自己的赞美，得意地到处宣扬。在班级语

① 《厦门晚报》，2009年4月1日第42版

重心长地教育学生，情深处哽咽地说不出话来。第一年，因为刚毕业对工作不熟悉，很多事情都处于摸索阶段，遇到的挫折很多。而第一年是最有激情的一年，对未来充满着各种各样美好的想象，就会发现现实与理想之间还是有很大差距的，落差感也就会格外强烈。从第二年开始，工作依旧忙碌，但却不会像刚开始那样慌乱焦虑和无序了，尤其对工作方式方法的掌握使自己的事业开始渐渐步入正轨；依旧会为学生的点滴而或喜或悲，但性格慢慢沉稳，不会再轻易地大发雷霆或是欣喜若狂了。总而言之，已经由最初的“激情”转变为“责任”，越来越有“老师”的样子了。

很多人都很羡慕“老师”这个职业，或者从世俗角度看，觉得工作稳定，有寒暑假，待遇也还不错，或者满怀做“人类灵魂工程师”“桃李满天下”的梦想走向三尺讲台，事实上，教师这个职业远不如人们想象中那么美好。

首先，教师是个辛苦的职业。别看教师每年有寒暑假，但每天却是超负荷地运转，看得到的是一周十几节的课，看不到的是每一节课都要用几倍于上课时间去备课、写教案，此外，还有改不完的作业，教育不完的学生，再加上班会、早晚自习辅导、学生谈心……教师每天的工作量远远超出8个小时，加班更是家常便饭。尤其到了冬天，早上六点多出门的时候天刚蒙蒙亮，晚上回到家早已经是月色皎洁了，同事间互相打趣道：老师这一行可真是“披星戴月”啊！总之，一句话，教师这一行，痛并快乐着。

(3)公务员：越来越成为一个无趣的人

蒙雷，男，23岁，某海关工作人员。

2008年春节，有位哥们知道我考了公务员，给我发来一条短信——公务员就是忙得像老板一样，穿得像外商一样；吃喝像经理一样，待遇像卖菜一样；人格像瘪三一样，感觉很伟大一样。工作一段时间之后，我觉得这条短信对也不对。

其实，公务员的工作并没有大家想象中的那么轻松。之前，同学开玩笑说的“一杯茶，一根烟，一张报纸混半天”的情况只有在那些快退休的老同志身上才看得到。政府部门竞争同样激烈，工作压力也非常大，要想向上爬，要想得到领导赏识，就要拼命做出工作业绩，领导下午布置一个材料，明天就要，立马开夜工，一个通宵是免不了的。

而且，公务员的工资也不能一概而论。福利待遇单位间差别相对较大，同一单位内部也“同酬不同工作量”。有些单位效益比较好，上级拨的钱多，就把这些钱当作福利发给公务员了，而有些部门只能眼巴巴看着。而且公务员属于体制内的工作，稳定的同时也意味着保守、刻板、变化不大、可能性及发展空间缺乏，我觉得我越来越可能成为一个无趣的人了。

尽管做公务员有些地方不让人满意衰但因工作的稳定性和福利的可靠性这两大优势还是让大家对考公务员趋之若鹜，再加上做公务员名声还好听，而且加薪可能成为一种趋势，所以，公务员这个职业，真让人又爱又恨。

(4)医生：坐诊时连水都不敢喝

连晃，男，40多岁，某大医院儿外科主任。

很多人都认为医生是一个风光的职业，社会地位高且收入可观。可能受到电视剧的影响，认为医生每天查查房就算完成工作，西装革履地走来走去，把白大褂当风衣穿。可真实的情况与公众的想象相去甚远。

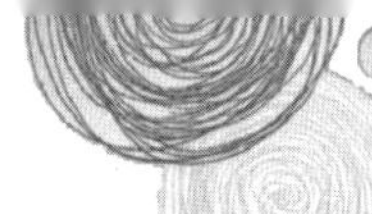

现在做医生越来越多地感到无奈，医生有太多想做而不能做的事，也有太多不想做却必须做的事了，比如想救一个孩子，却因家里没钱而不能给他做手术，这其中的矛盾和悲伤是外人无法感受的。又比如，现在医生查房和过去相比多了一项内容——向病人解释钱是怎么花的，现在欠了多少钱。还必须盯紧病人，因为若是病人跑了，那他所有欠下的费用都将由医生

来支付。

现在做医生越来越难。都说现在看病越来越贵，就拿挂号来说，以前挂号5角钱，而现在有挂专家号、国务院津贴号，动辄一两百元。病人拿钱买服务，自然要求更高了。医生稍微语气有点偏差就要遭到投诉。而坐诊医生的工作强度非常大，甚至连水也不敢喝，担心上厕所耽误时间。医生在承担巨大的工作压力的同时，又饱受日益紧张的医患关系困扰。

一晃26年过去了，看了这么多、经历了这么多，虽然知道当一名医生非常难，需要高度的责任感、谨慎的作风、兢兢业业做好一切，但我相信自己能将医生当得有滋有味，并且会越当越好。①

阅读上述材料，思考以下问题：

(1)你对上述这些人们所羡慕的职业是否也存在幻想？你对他们的了解是否跟他们自己的阐述一致，哪些地方不一致？

(2)你在做职业决策时是否表现出从众心理？如何克服？

(3)为什么上述这些人会产生职业倦怠？职业快乐的源泉来源于哪里？

六大合资猎头点击国内紧俏人才

记者从北京人才市场办公室了解到，第七家登陆北京的国际猎头公司正在接受审查，有望于本周出炉。这也是继去年颁布了《北京市鼓励设立合资人才中介服务机构暂行办法》并首批六家国际猎头进京后的再次引进。在经过了半年多的潜心经营后，已经进京的六家洋猎头，有没有水土不服呢？他们能否在中国的人才市场上找到合意的猎物呢？上周，他们在接受本报记者采访时，纷纷表露了心声。

高级管理人才难觅

记者在采访中了解到，高级管理人才特别是具有国际经验的高级管理人才难觅是困扰洋猎头们的首要问题。

北京海德思哲国际咨询有限公司总经理郭浩告诉记者，感觉目前在中国人才市场上，具有国际经验的顶级职业经理非常匮乏，近乎空白。他说："这主要是因为目前国内的顶级管理人才工作背景单一、缺少工作经验所致，特别是缺少在多文化企业、多经济文化、多社会文化下工作的背景，即缺少在跨行业的不同企业文化中、不同的经济文化国家中和不同的地域文化中工作的经验。"

光辉国际咨询(北京)公司总经理程原女士认为，国内的高级管理人才由于缺少国际

① 《厦门晚报》，2008年10月15日，第35版。

经验，往往在管理下属工作中做得非常出色，但在同总部沟通协调等方面则略显不足。

在具体行业中，她认为保险公司的精算师、商业银行的高级管理人才、销售行业的培训师、娱乐业的创意总监以及制造业的管理者和人力总监都是比较难找的。

北京普睿国际人力资源顾问有限公司的董事长陈庆华认为，除了高级管理人才市场资源匮乏，缺少综合性管理人才外，在中层管理人才市场中则表现出缺少既懂专业又懂管理的人才。而在物流、高级营销、高级软件开发人员、房地产楼盘设计等职位明显感觉到合适的人才难找，而IT行业则有人员过剩的倾向，其人才外流的现象较为突出，许多原来转到IT行业的人才又转回到了原来的行业。

北京首要资源商务咨询有限公司高级顾问毛德萍则要乐观一些，她认为中国已经具有一定的职业经理人，他们熟悉西方管理，又懂得东方的文化。这些本土化的职业经理人已经在外资企业担任了重要职务，而且做得比较成功。至于国际经验的缺乏，她认为这是一个必然的过程，对市场而言，中国的经济发展确实需要大量的人才，特别是中西合璧，南北贯通的综合管理人才，而且许多公司已经有意识地让管理人才们到国外去获得不同的工作经验，着重培养其国际经验。

"在工作中感觉到，金融业的实际投资和开发人员也有一定缺口，汽车行业以每年递增30%的速度飞速发展，与其相关的企业人才需求数量也激增。"毛女士告诉记者，制造业总经理级别的人才需求最近的势头也不错，近两年每年的需求是前3年的总和。另外，IT业的软件行业研发人员和市场开发人员、物流人才等都比较缺乏，而一些新兴职业，如制卡业，其技术研发和市场拓展人员，付费电视和电信业研究及提供增值服务相关职业都将在未来几年有不错的市场，而销售方面的职业在未来5到10年期间也将成为用人大户。

北京伯乐优才管理顾问有限公司的王总则认为，一些国际公司刚到中国市场，急需优秀的政府公关人员，以求站稳脚跟。而高素质的市场营销人员仍然是最难从本土发掘的人才，这归根于大部分市场人员仍然缺乏运用复杂的市场调查工具和策略进行品牌管理的经验。而另一方面，销售的本土化远比市场营销容易实现，虽然仍有不少高级销售主管的英语乏善可陈。英才华网网络技术(北京)有限公司的有关人士介绍道，目前终端通信人才缺乏，如电信行业中软交换、3G移动通信、AsicDesign集成电路设计等，而由于网络的飞速发展成为越来越多人的就业首选，网络技术人才已相对充足，网络管理人才、程序开发人才最为明显。在未来几年中，能提供给企业整体解决方案的规划、策划的企业策划人才，电信业中的软件开发、系统框架高级人才也都形势看好。

外籍人才回流现象

"20世纪80年代至90年代初期，一些跨国公司从总部派员工前往中国，90年代中期，跨国公司开始了本土化进程，逐渐雇用一些中国的管理人才，而90年代后期，中国公司开始国际化进程，迫切需要具有国际背景和跨国企业经验的高级人才。"光辉国际的程女士认为，近来有一个不容忽视的现象，就是在1978年至1999年期间，本地人才呈上升趋势，外国人才呈下降趋势。而从1999年之后，中国市场对外国人才的需求又有所回升，主要是中国企业急于进入国际市场，所以加重了"空降兵"的分量。目前大多数企业淡化了对国籍的要求，只是强调"有足够的能力"即可。

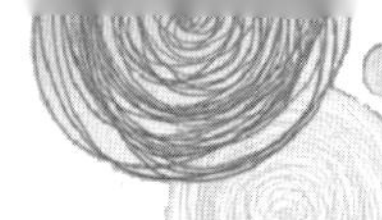

在看待这一问题上，国际猎头公司们一致认为这主要是因为，目前中国的经济持续发展，是世界上少有的几个亮点，这也吸引了许多外籍人士来华淘金打工，其中不乏一些年轻人，主动投靠是区别于以前外籍人才涌入的最大特点。而目前，国籍概念也在逐步淡化，能力成为衡量人才的根本。另外，中国经济在亚洲也具有举足轻重的作用，目前想要在亚洲范围内任高级管理职位，是否具有中国经验已经成为能否被录用的重要砝码。

高级人才市场未来发展看好

在采访中记者了解到，目前在中国，高级人才市场的前景看好。其原因一是因为中国加入世贸组织后，大批新的跨国公司入华，需要一批高级人才开辟市场。其二是因为跨国公司对其中国总部的期望值将大大增加，需要人力资源方面的支持。其三是因为中国企业也将融入国际市场，迫切需要具有国际背景的高级人才。

如今，中国高级人才的薪金水平已经有了很大提高，据光辉国际调查显示，目前高级经理年薪可达 50 万人民币，总监级可达 70 万～80 万人民币，还有一批海外归来的高级人才已达到年薪 100 万人民币的水平，他们与海外高级人才收入间的差距正在减小。原因在于，其一，中国高级人才的实力(拥有海外学历和多年的跨国企业经验)已有了很大提高；其二，中国企业急需高级人才，而人才资源又比较少，所以他们会不惜重金聘用高级人才。[①]

阅读上述材料，思考以下问题：

多数大学专业的培养方向是经营管理人才，根据材料中提到的猎头公司对高级经营管理人才和一些高级技术人才的供求现状，谈谈如何进行规划和发展才能成为优秀的本土管理人才和高级国际精英人才，为此，在大学四年里你该做些什么？

① 《北京青年报》，2003 年 4 月 14 日。

职业生涯管理的议题

【本篇导读】

本篇主要阐述职业生涯管理的相关议题，包括成功求职、阶段调控和终身学习。职业生涯是一个人一生较长的一段经历，而且是人生其他规划的基础。大学阶段的规划和学习只是职业生涯的一部分，甚至是起点而已，更长的生涯时间、更复杂的生涯任务还在前头等着。大学生毕业后首先面临的是成功求职的问题，接着进入职业生涯早期、中期和晚期阶段。在职业生涯早期，必须学会适应性管理；在中期则会面临诸多危机，特别是职业停滞期、工作与家庭的冲突等；而到了后期则必须对退休生活进行积极的管理。必须保持积极的职业发展观，树立终身学习的理念和做好自我管理，才可能实现一个既成功又满足的生涯。

【学习要点】

了解求职前的心理准备、信息准备、材料准备；掌握简历和自荐信的撰写技巧；掌握职位信息的搜集和处理技巧；理解职位申请技巧；了解面试的作用、程序和类型；掌握面试前的准备技巧和面试时的应对技巧；了解面试后的跟踪技巧；了解职业生涯发展的三个阶段及每个阶段的特征与问题；了解工作与学校的区别；理解和掌握职业人和社会人转换的对策；掌握工作第一年的生涯策略；了解职业停滞期的含义、特点、类型和原因；理解停滞期的影响和对策；理解工作与家庭冲突的性质、形式和原因；理解双职工家庭的冲突和压力；掌握平衡工作与家庭的策略；了解退休的含义和影响；理解退休计划的制定；了解自我概念及其影响因素；掌握时间管理、目标管理、财务管理、压力管理、情绪管理的方法；了解终身学习的概念；掌握如何树立终身学习的观念和培养终身学习的习惯。

【关键术语】

求职；简历；自荐信；面试；非结构化面试；结构化面试；问答面试；情景模拟面试；一次性面试；分阶段面试；第一印象；职业生涯早期；职业生涯中期；职业生涯晚期；职业适应性；职业化；社会化；角色转换；职业停滞期；冲突；压力；平衡；双职工家庭；社会支持；退休计划；自我管理；自我概念；时间管理；目标管理；理财管理；压力管理；情绪管理；终生学习

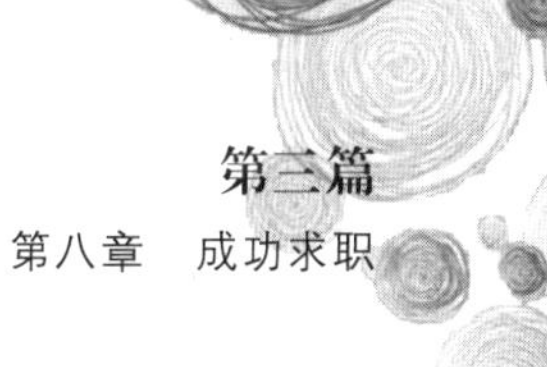

第八章　成功求职

【引导案例】

一个被拒绝10次的求职故事

小东非常想去一家大型文化公司上班，她进行了诸多打探，大家对这家公司赞不绝口的就是这里工作氛围非常好，工作时间安排得非常科学，公司也从来没有加班的情况发生，而且文化公司的特点是接触人员素质比较高，没有一些复杂的斗争。小东甚至对自己说，只要能够进这家公司，哪怕让我在里面做个打杂的我也愿意。

每当有那家公司的招聘信息，小东总是特别留意。一旦有适合自己的职位空缺出现，甚至是自己与职位要求有偏差，她都会精心准备，然后混进浩浩荡荡的求职大军。遗憾的是小东总不能如愿，总会由于一些原因被那家公司拒之"门"外。尤其是第一次被拒绝的时候，她还大哭了一场，那一次，她精心准备的问题没有一个派得上用场，因为她没工作经验，主考官简短的几句结束语就让小东无言以对，他说："公司目前的发展阶段是扩张，因此更多的情况是使用现成的人才，你没有经验，我们可能没有时间等待你成为一个成手。"还有人甚至直截了当地说："小姑娘，说实话，想进大公司可不是那么容易的，我们这个行业没有必要的知识积累，面试一百次也没用。"

可是痛定思痛，小东心想，问题不单单出现在经验不足，还出现在自己的知识储备上，正因为知识储备的匮乏，才缺乏迅速成长的可能性。小东依旧不死心，不绝望，在待业的日子里也没闲着，不断充电提升自己，以期在未来的面试中获得先机。过了一段时间，小东第十一次去那家公司面试，不过结局和前十次不一样，她被录用了。事后，小东问已成为同事的面试主考官为什么第十一次给他机会。同事实话实说："并不是因为认识你才给你机会，而是因为了解你才给你机会，想想你在被拒绝的时候没有放弃，而且还不忘适时充电和调整，我确信你这种精神能够给公司带来效益，当然，你在同一个地方跌倒了十次，仍然能勇敢地面对，这实在令我赞赏和钦佩。因为多数人在第一次被拒绝的时候就毫不犹豫地对这家公司说'永别'了。"①

我们经常会遇到在就业过程中遇到困难的学生。他们往往把遇到困难的原因归结为岗位竞争激烈、条件严格、面试官苛刻、没有门路等等，但很少有学生能从自身的角度来剖析。就业求职是需要而且能够事先做好准备的，面对各种可能出现的问题采取相应的技巧，才能在竞争中立于不败之地。大学生就业的技巧主要包含就业准备技巧、就业信息收集和处理技巧、职位申请技巧、面试技巧等多方面的技巧，这些技巧在就业过程中如果应用得好，获得

① 大学生校内网 http://www.dxs518.cn/plus/view.php? aid＝98346

offer 的概率就会大大增加，反之，则很有可能会与很多就业机会擦肩而过。

第一节　求职准备技巧

一、求职前需要做的准备

（一）心理准备

面对择业，大学生的心理是复杂而多变的，所以调整好择业心态，做好充分的心理准备，积极参与竞争，勇敢地迎接挑战，在就业过程中是非常重要的。大学生在就业前首先要做到知己知彼。知己就是实事求是地评价自己，能够客观、正确地认识自己德智体诸方面、优点和长处、缺点和短处、性格、兴趣、特长等情况。知彼就是要了解就业的社会环境和工作单位，正确认识所面临的就业形势，了解社会需要什么样的大学毕业生，用人单位对人才有什么样的需求。大学生只有真正做到知己知彼，才能拥有良好的就业心态。

良好的就业心态主要表现为：

1. 选择适当的、与本人具备的实力相当或接近的就业目标。
2. 避免理想主义，及时调整就业期望值，不刻意追求最满意的结果。
3. 避免从众心理，一切从自身的特点、能力和社会需要出发，不与同学攀比。
4. 克服自卑、胆怯的心理，树立自信心，树立敢于竞争的勇气。
5. 不怕挫折。遇到挫折，不消极退缩，采取积极的态度，勇于向挫折挑战。

（二）信息准备

信息准备一方面是要了解最新的就业形势和政策，另一方面是要了解最新的就业信息。为了解决好大学生的就业问题，各级政府部门先后出台了各种各样的就业促进政策，并且在不断地推出新的举措，各种行业和单位对人才的要求也是不断地推陈出新的，这些都是大学生在就业前需要及时了解的。同时，只有掌握了大量的职位信息才有可能把握住更多的就业机会，找到更加理想的工作。

大学生需要了解的政策信息主要包括：国家关于大学毕业生就业的法律法规、国家和地方政府关于大学毕业生就业的政策如劳动与社会保障政策、就业落户政策、毕业生到基层就业的优惠政策、大学毕业生自主创业的优惠政策等。这些信息既可以通过政府门户网站或者有关政府主管部门如人力资源和社会保障部门、教育主管部门的网站获取，也可以通过学校就业指导部门的网站和公告栏获取，还可以通过观看电视、阅读报纸、参加就业指导讲座等方式获取。

至于就业信息，大学生则可以通过网络（如专业招聘信息发布网站、各级国家机关门户网站、职能部门网站尤其是人力资源和社会保障部门网站、各级政府职能部门创办的公共服务类网站、行业类人才网站、学校毕业生就业指导网站、公司网站等）、招聘会、宣讲会、学校就业指导中心公告栏、学校老师如辅导导员或班主任、报纸、电视、广播等渠道获取。

（三）材料准备

毕业生参加各种供需见面双向选择会、人才交流洽谈会、人才招聘会，申请各种各样的

职位，通常都需要一份能够完整地、全面地介绍和展示自己的材料，这些材料包括就业推荐表、求职简历、自荐信、证书、成绩单、已发表文章的证明、已取得成果的证明等。

成绩单一般在毕业年级由学校的教务部门提供，通常只发放一份原件，学生领取到了以后需做好备份工作。

就业推荐表的作用在一般意义上与毕业生自己制作的求职简历是一样的，主要是用于毕业生求职推荐。不同的是，就业推荐表由于有学校的推荐意见，因而具有更大的公信力，也更易得到用人单位的认可。一般来说，国家机关、事业单位等传统的行业更加认可毕业生就业推荐表，要求内容翔实、客观公正；而外资企业等单位则要求毕业生的求职材料言简意赅、特点鲜明。因此大学生要根据不同的用人单位准备不用的求职材料。在某些特定的场合，如公务员考试报名等，则必须使用就业推荐表。在不需要使用推荐表的场合，可以使用自己制作的求职简历；但是在需要使用的场合，则必须使用原件，不能使用复印件。

在就业过程中，相关的证书如获奖证书、资格证书、任职证书、成果证明等都是相当重要的，它们是个人综合素质和能力的佐证材料，因此，在就业前，大学生必须把这些材料准备好，以免贻误时机。

【课堂阅读】

俞敏洪：大学生就业不难　做好准备走得更远

针对大学生就业困难的问题，俞敏洪表示，从就业心态和就业准备两个方面下手，一定能够找到合适的工作。首先，大学生应为大学四年划定阶段和目标，明确自己未来的就业方向，努力学习相关知识，并积极参与实习实践。此外，学好英语、计算机等通用技能也是非常重要的。当然，最关键的是，迟早要走出社会的大学生，一定要早点学会与社会上的人打交道，无论对就业还是日后自己创业，都是非常有帮助的。

对大学生而言，就业歧视并不困难，做好准备就能走得更远。俞敏洪强调："在我个人看来，一个人要找到好工作需要具备两个要素：过硬的专业知识和综合素质。"俞敏洪希望每一位大学生都做好准备，奋勇拼搏，一定能够在职场上走得更远。[①]

【课堂思考】

◇　机会总是给有准备的人。

二、简历制作技巧

简历是求职时用来敲开招聘单位大门的第一块敲门砖，简历制作地好不好会直接影响到求职者能否获得面试机会。很多大学生尽管在校期间学习成绩和工作能力都不错，但是由于在简历制作方面缺乏常识和技巧，以至于与面试机会擦肩而过。求职简历是指求职者把个人的基本情况和生活阅历用简要、准确、得体的语言描述出来并用来求职的材料。从制作方式来看，通常有两种方式：自己制作（DIY）和网上制作。

---

①　前瞻网 http://www.qianzhan.com/people/detail/269/131206-94caa923_2.html

(一)DIY简历制作技巧

1. 简历式样

求职简历从式样上来讲,主要有表格式、分列式两种。求职时应该采用什么样的式样没有硬性的规定,如果招聘单位没有提供固定的格式的话,那么求职者完全可以根据自己的喜好选择简历设计样式。但有一点是最关键的,那就是式样整齐、清晰、醒目。

简历

基本情况:

姓名:　　　　性别:女
出生年月:1988.04.02　　　　政治面貌:预备党员
电话:　　籍贯:重庆
电子邮箱:
地址:

教育背景:

2006.9-2010.6　　法学　本科
主修课程:刑法,民法,商法,刑事诉讼法,民事诉讼法,行政法及行政诉讼法,宪法学,知识产权法,国际法学(含国际公法学、国际私法学、国际经济法学)。

实习经历:

- 2007.7-2007.8　县人民检察院　公诉处
- 2009.6-2009.9　人民检察院第一分院 公诉一处

学生工作经验:

2008-2009 班级职业发展委员

分列式简历

专　业	社会学	照片
政治面貌:	预备党员	
移动电话:		
电子邮箱:		
地址邮编:		

教育背景	
社会学专业　主修课程:社会调查研究方法、社会统计学、SPSS统计应用、犯罪心理学、越轨社会学等	
实践经历	
1、2006.9—2008.7	参加社团联合会,协助举办社团迎礼等大型社团活动
2、2007年暑期	项目组:市场经济条件下国粹京剧发展道路探究/组长(于校社会实践活动中中标)
3、2007.9—2009.7	项目组:华东六省一市农村城镇化进程与权利救济的相关性研究——探究社会主义
	新农村法制建设的有效途径/组长、督导(获国家科学基金项目立项并资助)
4、2008年暑期	项目组:华东地区农村司法正义研究/组长(获校暑期社会实践活动1000元资金支持)
5、2008.9—2009.7	项目组:四川灾后重建中的NGO组织研究/督导
6、2009年暑期	实习于莱州市地方铁路建设办公室(实习工作涉及动拆迁、土地征用等问题)
技能特长	
1、全国计算机等级考试一级通过,能够熟练运用专业调查统计软件(如SPSS等)、办公软件(如Word、PPT等)、图片处理软件(如Photoshop、Fireworks等)以及网页制作软件(如Dreamweaver等)	

表格式简历

2. 简历内容

(1)"基本情况":姓名、年龄(出生年月)、性别、籍贯、民族、学历、学位、政治面貌、学校、专业、身高、毕业时间等等。这部分内容只需要如实提供就可以了。

(2)"教育经历":列出从中学到最高学历期间的学习和培训经历,这部分内容应该前后年月相接,可以采用"某年某月至某年某月在某学校攻读某专业"的形式。根据需要,可以体现出与所谋求的职位有关的主修课程、专业知识、科研成果等内容,从而让招聘单位感到你的学历和知识结构与其招聘条件相吻合。

(3)"工作和实践经历":工作经历主要列出最高学历阶段所担任的职务,可以是班级的、院系的、社团的、学校的;实践经历主要列出最高学历阶段所参加的各种实习、见习、公益活动、社会实践活动经历,这一部分可以着重描述一下在各种经历所担任的角色和所从事的主要工作内容,让招聘单位充分了解你所拥有的基本能力。

(4)"爱好特长":很多有着广泛爱好和特殊才能的同学一般都能相对容易地找到了工作。因此,如果你有良好的爱好和特别的长处的话,例如体育、音乐、舞蹈、书法、口才、外语、电脑、写作等,一定要在这部分完整体现出来。

(5)"所获证书和奖励":学校以及有关的组织对你某一方面的表现予以肯定的有效证明,这是最容易得到HR认可的。当然,前提是这些证书和奖励都是真实的,而且你必须具有与所获证书和奖励相匹配的实际能力和临场表现,否则就会大打折扣,甚至是影响全局。

(6)“主要技能”:求职者在语言、计算机等方面技能。

(7)“自我评价”:求职者对自身综合素质和亮点的抽象概括和总结,通常可以从性格特点、知识背景、工作经历、特长和技能等方面加以提炼,它也是招聘单位衡量求职者是否符合需求的初步依据,因此这部分内容可以根据自身条件结合招聘单位的招聘要求填写。

(8)“求职意向”:应简短清晰,主要表明本人对哪些行业、哪类岗位感兴趣及相关要求,也可以直接有针对性填写心仪的单位里的某一个职位,这也是招聘单位了解你是否符合他们的招聘要求的重要参考因素。

(9)“联系方式”:尽量留常用的联系方式,如手机号码、电子邮箱、MSN 号码、QQ 号码等,以便招聘单位在需要时能够迅速地联系到你。考虑到隐私安全,可以不留家里的固定号码。在求职期间,为了确保每一个手机来电都能获悉,可以申请手机来电提醒。

3. 注意事项

(1)准确定位。求职简历必须用最精练的语言让用人单位在最短的时间内了解你是什么样的人、会做什么样的事情、是否是他们所需要的人才等主要内容,因此求职简历一定要既有针对性又符合自身条件。

(2)简明扼要。HR 面对一大堆的简历,通常会用扫视的方法来进行初步筛选,因此尽量让所有的内容分布在一张 A4 纸上。一张 A4 纸实在容纳不下的话,也不要让第二页只有一点点内容,尽量让两张 A4 纸的布局大体相同。

(3)突出重点。为了让 HR 能够快速地捕捉到有效信息,不妨将你的优点、经验、长处、技能等关键词采用适当的方式突出出来。例如:你要应聘对外联络类职位,那么就要着重强调你的沟通协调能力和人际交往能力。

(4)注意用词。求职简历中千万不要出现不贴切的不文雅的词语,更不要出现错别字。类似的低级错误一旦出现,你在 HR 心目中的整体形象就会大打折扣。

(5)明确意向。在求职意向一项里不必讲太空太大的话,如“成为对社会有用的人”、“为国家做出应有的贡献”等,HR 希望看到的是你具体想从事哪一类的工作或者想谋求哪一类职位。还有一点需要注意的是不要应聘同一个招聘单位里的多个职位,这样会让 HR 觉得你自我定位不清。

(6)不谈薪资。在求职过程中,薪资待遇是比较敏感的话题,不管什么类型的单位一般给予新人的薪资都不会太高的,通常情况下都很难与求职者的期望薪资相吻合。因此,除非招聘单位明确要求,否则完全没有必要在简历中写出期望薪资。

(7)格式统一。整齐的东西让人看起来总是会增添几分好感,而凌乱的东西总是容易让人联想到不太好的东西,因此求职简历在格式上要尽量保持统一。

(二)网络简历制作技巧

最近几年人才网站如雨后春笋般地快速发展,很多考试例如公务员考试、事业单位招聘、村干部选聘、三支一扶等通常也要求考生通过网络报名,因此,网络已经逐渐成为很多大学生求职的重要工具之一,而通过网络求职首先需要做的就是注册账号,填写求职简历。

在网上填写求职简历时通常网站会提供固定的格式供求职者填写,有些网站可能还会要求求职者上传证件照、学历证书、学位证书或者在读证明等,求职者只需提前拍摄或扫描在电脑或者存储在邮箱里,求职时如实地填写相应的信息、上传符合要求的材料就可以了。

当然,求职者要想把网上简历制作得精巧和完美也是需要一定的技巧的。网络简历主要的制作技巧和注意事项如下:

1. 需要填写的内容

网络简历的基本要素与DIY简历差不多,但是需要填写的内容会更多更细一些。例如前程无忧网站的网络简历主要包含个人信息、教育经历、学生信息(学生奖励、学生职务、实践经验)、工作经验、求职意向、培训经历、语言能力、附加信息(IT技能、项目经验、证书、其他)等要素,可以说分得很细很全,但很多内容都是可以在线选择的。

2. 注意事项

(1)信息真实有效。招聘单位会通过各种渠道(例如有关部门提供的信息查询系统、学校就业办、辅导员、亲戚、同学、朋友等)对求职者的有关信息进行核实。因此,求职者在网上提供的信息资料一定要真实有效,否则很容易功亏一篑。

(2)尽量填写完整。由于网络一般都会提供固定的简历格式,因此,如果一份简历里有很多地方没有填写的话,招聘单位看到的简历就会有很多空白的地方,这样一方面会降低简历的可信度,另一方面也招聘单位很难发现有价值的信息。

(3)便于快速检索。招聘单位在网上检索符合基本条件的求职者时往往会选择其中某几个要素作为关键词,例如学历、工作经验、语言能力、所获证书、薪资要求、求职意向,因此,在制作网络简历时一定要尽量从选项中选择合适的项目,并把相应的信息填到恰当的项目里,如果没有完全一致的项目,可以选择比较接近的项目填写,例如,计算机水平可以在IT技能里填写,如果获得了相应的等级证书的话也可以在证书里填写,为了保险起见,也可以同时在两个地方填写,以便于招聘单位快速检索到你的有效信息。

(4)记得英文简历。很多外企或者对外语能力要求比较高的企业都希望看到求职者的英文简历,因此为了争取更多的面试机会,在网络上填写简历时千万要记得把英文简历也填写完整。

(5)经常上网刷新。HR在网络检索简历的时间通常可以分为最近一天内、最近三天内、最近一周内、最近半个月内、最近一个月内、最近两个月内。最近一周内的简历是HR最为关注的,因此,求职者一定要经常上网刷新,以确保简历永远“新鲜”不过期。

(6)尽量添加附件。空口无凭,附件为证。在虚拟的网络空间里,各种证书附件将有利于HR对你所填写的内容进行更加快速地验证,如果能把个人创作的作品作为附件上传到网上的话,相信一定会大大增加你获得面试的概率。

【课堂阅读】

世界500强企业HR最想看什么样的简历

世界500强企业,在财富和势力方面取得了令人翘首的成功,在用人方面自然也是值得推崇的。无人不以能进入500强企业工作而自豪,然而,怎样才能获得这样的机会了?除过自身条件和能力特别优秀被邀请以外,参加招聘与面试也是不可豁免的,所以,投递简历,然后参加一轮轮的面试和考核,也是大多数人进入500强企业工作的途径。下面从HR的角度来谈谈如何写简历,希望对求职者有所参考。

关键点

简历最重要的是要有针对性,有两层含义:一是要针对你所应聘的公司和职位;二是要针对你自己,写出自己在大学和社会工作中的亮点。

首先,将自己在大学的学习、社会工作和生活仔细回想一遍,写下有亮点的事情。如成绩优秀,获得过奖学金或者什么竞赛奖励等;如参加过学生会工作、学生社团工作,到哪些单位实习过,组织过什么活动等;如在大学里做过什么有意义的事等。找出能反映自己良好素质的成绩或实践活动,显示出与众不同的一面。

然后,根据所应聘的岗位和公司进行一定的筛选和修改。如果是应聘技术型的工作,重点是要突出你的专业成绩、实践能力、团队精神等,简历上应该体现你的专业成绩,曾经做过的与应聘岗位有关的项目及所取得的成绩,或在专业刊物上发表的论文等。如果是应聘销售类的工作,重点要突出你的沟通能力、人际交往能力和不服输的精神,简历上应体现你的社会活动业绩,你曾经做过的兼职及取得的成绩等。

主要内容

HR 在筛选简历时一般会重点注意几项内容:应聘者的期望,公司招聘岗位所需素质相关的表现,教育背景及应聘者的一些基本信息等。因此,一份简历至少要包括以下几个方面的内容:

1. 应聘的岗位或求职希望。

2. 基本信息:姓名、性别、联系方式(邮寄地址和邮编,联系电话,电子邮件)。

3. 教育背景:最高学历,毕业院校,专业。

4. 与应聘岗位需求素质有关的表现、经历和业绩等,最好主题突出。

5. 最后,可以附上有关证明材料的复印件,如获得奖学金、优秀干部、专业资格证书和发表过的论文复印件等。

形式整洁美观

简历有没有封面无关紧要,很多 HR 并不喜欢有封面和塑封的简历,看起来比较费时间。

一般岗位的简历不需要太花哨,整洁美观即可,关键要有内容。对于一些特殊的岗位,如设计类、公关类、策划类等,简历形式可以做得别出心裁,与众不同。

总之,简历的重点是内容和自己的亮点,在写简历的时候不要忘记简历是展示自己特点获得面试机会的重要工具。同时也要结合各个行业的不同特点。

谈了简历的关键点、内容和形式后,再说说 HR 不希望看到的几种简历,以便在写简历时避免:

1. 空洞、缺乏事实和数字支持的简历

做事认真,能吃苦耐劳,具有团队精神、创新精神,适应能力强……这些空洞的词句,HR 是比较反感的。与其写这些,还不如写你做过什么学生工作,组织了什么活动,兼职做过什么。

2. 花了很多笔墨介绍学校、专业,列出专业课而没有成绩,很少写到个人。

这样的简历只适合从来没有招过大学生的单位,对于绝大多数 HR 而言,他们关心的是应聘者个人的特点和能力。

3. 散文式的简历

简历象一篇散文或记叙文，诗情画意、表示态度的词很多，而事实和数字很少，条理不清楚，找不出重点，看起来很费力。

4. 装帧精美但内容毫无新意

精美的印刷可以让人从一堆简历中拿出来看一眼，但如果内容不合要求，还是扔到一边，并让人觉得应聘者名不副实。

5. 千篇一律、比较模糊的复印件

让人觉得对应聘企业和岗位并不重视，你的简历也很难得到HR的重视。①

【课堂思考】

◇　简历不是简单的经历。

◇　简历只需要一个版本。

三、自荐信撰写技巧

自荐信是指求职者用陈述性的语言简要地、有针对性地向招聘单位推荐自我的信函。在求职过程中，自荐信并不是一定要写的。在有简历的情况下，它可以作为简历的辅助说明，但绝不是求职简历的简单复述。在没有简历的情况下，求职者可以单独使用它来毛遂自荐。

（一）自荐信的内容

一份完整的自荐信通常应当包含以下内容：

1. 对招聘单位相关负责人的问候语；

2. 介绍自己的基本情况如姓名、性别、出生年月、籍贯、学历、专业、政治面貌等；

3. 谈一谈自己获取招聘信息的渠道以及对招聘单位和拟应聘职位的认识；

4. 罗列出自己胜任拟谋求职务的理由，可以从专业、特长、能力、社会工作经验、人际交往情况等方面有针对性地概括性地进行阐述；

5. 留下联络方式如手机号码、E-mail、MSN等；

6. 表达祝福和期望。

（二）注意事项

自荐信一旦要写就要把它写好，写得不好的话不仅收不到预期的效果，还可能会适得其反，所以下列事项一定要注意。

1. 尽量手写。现代社会随着电脑的普及，人们越来越难看到手写的信件了，相比之下，手写的东西总是能给予陌生的阅读者带来更多的信任感。因此，自荐信如果不是通过网络发送的话，尽量使用手写的。当然，如果求职者的字不是很工整、很美观的话，那也不要勉强。

2. 有针对性。自荐信最好是专门针对拟应聘的职位来写，让招聘单位知道你的目标的

---

① 硕博招聘网 http://www.shuobozhaopin.com/News/102012109114617.html

很明确的。另外，在介绍自己的专业、能力、兴趣、爱好、特长等方面内容时，不要简单地复述简历上的内容，更不要写太多无关的内容。

例如：招聘单位青睐书法不错的人，那么你可以充分展示书法水平；招聘单位希望招到文笔不错的人，那么你可以充分展示你的文采、介绍你的文学成果；招聘单位希望招到沉着稳重的人，那么你可以通过介绍自己的人生体验和感悟引起单位的兴趣；招聘单位希望招到形象较好的人可以在心中贴上自己最满意的生活照，等等，这些都是撰写一份有针对性的自荐信的诀窍。

撰写之前可以详细阅读一下招聘单位列出的条件和要求，也可以通过各种渠道深入了解一下招聘聘单位的基本信息如：注册资本、发展领域、主要产品、企业文化、发展定位、重大事件等，如果有可能的话，还可以了解一下具体职务的工作特点、工作职责和工作内容。如果招聘单位发现求职者对拟应聘的单位和职位有很深入的了解甚至发现求职者的求职动机与企业文化相融合的话，相信一定会增添很多好感的。

3. 言简意赅。现代人已经越来越不习惯阅读用冗长的文字撰写的材料了，何况招聘单位 HR 每天都要面对大量的求职材料，通常不会在某一位求职者的材料上花费太多的时间，所以简历应当言简意赅，条理清晰，尽量控制在一到两页纸之内。

4. 注意用语。自荐信不仅展示你的语言能力和性格特点，而且也能展示出你的思路是否清晰、见解是否独到，因此，在撰写的时候一定要注意措辞和用语，同时要注重逻辑性和条理性，写完之后可以检查几遍，及时修改错字、别字、病句及文理欠通顺和有歧义的地方。

5. 客观实际。自荐信应客观实际地介绍自己的情况和能力，要自信但不要自负，尽量不要有自己的主观判断性和评论性的话语，可以适当地使用一些他人对你的评价来介绍自己。

6. 不谈薪资。自荐信也是一种求职材料，同制作简历一样，除非招聘单位有明确要求，否则千万不要在信中谈论薪资。

【课堂阅读】

自荐信参考范文①

尊敬的 xxx 公司领导：

您好！

首先感谢您抽出时间阅读我的自荐信！

我出生并成长于 xx 省 xx 市，2005 年如愿进入 xx 大学 xx 学院学习，目前就读大四，在接受着国际关系方面系统教育和计算机、英语口语语音等方面培训的同时，有大三修经济双学位的强烈意愿，并于 2006 年获 xx 奖学金。

在 2005—2008 连续三年担任班团组织委员；同时是校青年志愿者协会组织组副部长的我参加过多种多样的课外活动：热心组织、参与志愿者活动，包括学校各大型活动、院庆、社会公益活动，如学院十周年院庆、少儿英语项目，并报名参与奥运志愿者项目；积极参加学校、院系组织的各种参观活动及讲座，如纪念长征 70 周年时参观国家博物

---

① 应届毕业生网 http://qiuzhixin.yjbys.com/zijianshu/zijianshufanwen/195904.html

馆、入选参加 Junior Achievement 全球商业道德课程等等;活跃于多个感兴趣的社团机构中,如青年志愿者协会、团委综合办公室、街舞风雷、青年外交协会、红十字爱心协会、手语社等等。在这些社团机构中既体会到与大家齐心协作完成任务的乐趣,结交了志趣相投的朋友;也锻炼了自己组织、领导的才干,受益匪浅。

在努力利用好在学校的时间的同时,也充分寻找着接触社会、增加社会经验的机会:大一时先后做过两份家教;大二上学期参加 xx 计划,做过阶段性校园销售;2006—2007 年寒假在 xx 日报社都市新闻部实习,口才得到极大加强的同时,采访—写稿—排版的三位一体增强了自己工作的独立性、主动性;从以前只是信息的被动接受者到信息的发掘、传递者的身份的转变大大开阔了我的眼界、改变了我的思维方式,也加深对我的家乡社会的真正了解。

在必备技能方面,熟练使用 Excel、PowerPoint 等软件;英语达到国家六级水平,并仍在学习 TOEFL、IELTS 等课程。爱好排球、旅游、画漫画——均有多年基础,还时常演奏些口琴、竖笛等小乐器。

个性上,属于勤于学习、希望不断得到成长的类型,喜欢参与,喜欢协作;天秤座的我善于与人沟通交流,渴望成功而又虚心从失败中吸取教训;既崇尚团队精神又在某些时候需要得到锻炼成为团队领导者角色的机会;做任何事都会全力以赴,期待拥有可以表现和磨砺自己的舞台。

只有 20 岁的我也许太过于年轻,但却有着不输于任何人的才智。期望领导您在仔细地评判、全面地考虑后给我这个机会,我会用我投入的演出来证明你们的选择没有错。谢谢!

祝您身体健康、工作顺利!祝贵公司兴旺发达!

此致

敬礼!

【课堂讨论】

◇ 求职过程中如何把握机会毛遂自荐。

第二节　职位申请技巧

一、职位信息收集和处理技巧

大学生收集职位信息的渠道是相当广泛的,但每一种渠道都有自身的特点,这就要求大学生在收集职位信息时必须要掌握一定的技巧,只有这样才能及时地收到有效的职位信息。

(一)职位信息收集技巧

要想找到工作首先要掌握职位信息,只有掌握了大量的职位信息才有可能找到比较理想的工作,而要想掌握大量的职位信息就必须了解职位信息的发布渠道。常见的渠道主要有:

1. 网络

大学生完全可以通过搜索引擎如新浪、搜狐、雅虎、中华网、21cn等网站分类搜索，也可以通过网址导航类网站搜索；还可以通过网站里的友情链接、媒体报道、朋友推荐等渠道收索相关的网站，只有这样才可以确保获得足够的招聘信息。

我们认为，至少应定期浏览以下几类网站：

(1)专业招聘信息发布网站，包括全国性的和有地方性的，综合类的和行业类的。

(2)各级国家机关门户网站、职能部门网站尤其是人力资源和社会保障部门网站。

(3)各级政府职能部门创办的公共服务类网站，例如全国大学生就业公共服务立体化平台、各地人才网、人事网、公务员考试网、公共招聘网、职业介绍所、高校毕业生就业信息网(指导网、服务网)等等。

(4)行业类人才网站，如上海市教育人才交流服务中心、上海教育人才网、中国法律人才网、法律英才网、中国律师人才网、中国财务人才网，等等。

(5)所在高校毕业生就业指导网站。高校就业指导网除了会提供从公共渠道收集的职位信息之外，还有一些招聘单位直接委托发布的信息，通常具有较大针对性，应当重点关注。

(6)求职者如果对某一家单位比较感兴趣的话也可以直接密切关注其网站。很多大型公司尤其是外企，例如四大会计师事务所都会要求求职者在其网站上申请职位。

2. 招聘会

(1)现场招聘会，各地政府、社会机构、各个高校每年都会举办多场招聘会。

(2)网络招聘会，它其实是现场招聘会的网络展示版，可以分为综合招聘会，也可以根据不同求职者和不同行业、不同需求的招聘单位举办各种类型的网络招聘会，举办时间通常比较长，一般是1～3个月。

3. 宣讲会

很多招聘单位为了在特定学校、特定的专业群体里招人会选择到高校举办宣讲会，也有的单位会邀请学生到单位去参加宣讲会。大学生参加宣讲会不仅可以通过倾听介绍了解招聘单位在招聘用人等方面的情况，还可以通过互动的方式增进与招聘单位的相互了解。

4. 学校就业指导中心

学校就业指导中心是专门负责毕业生就业工作的职能部门，它除了有专人从网上搜集有针对性的信息外，招聘单位有需求时也会主动与就业中心的老师联系并请其帮忙推荐。所以，经常浏览学校就业指导中心的网站、公告栏，相信一定能获得很多职位信息的。

5. 学校老师

(1)学校就业指导中心的老师。他们往往是直接接触第一手就业信息的老师。

(2)辅导员或班主任。当外面的招聘单位需要学校推荐合适学生的时候，学校往往会请相关专业的辅导员或班主任予以协助，而且辅导员或班主任也要对所带班级的学生负责，所以通常他们也会通过各种渠道收集信息并及时告知学生的。

(3)专业教师。很多专业教师要么桃李满天下，要么拥有广泛的人脉，因此专业教师也是大学生们获取职位信息的重要渠道之一。

6. 亲朋好友

到了大四求职阶段，父母、亲人、亲戚以及他们的朋友、自己的同学和朋友都可能向你提供有价值的职位信息，因此，当你开始求职时别忘了告诉所有的亲朋好友。

7. 报纸

除了招聘类报纸如《前程无忧》、《职场指南》、《精英之选》等，一些政府部门机关报、行业类报纸、生活娱乐类报纸等都会有各种各种的招聘信息，因此报纸也是收集职位信息的重要渠道之一。

8. 其他

除了上述渠道之外，电视、广播等也可能会有职位信息发布，有时通过参加社会实践活动也可能会了解有关的职位信息。因此，到了求职阶段，大学生一定要尽量做到眼观六路耳听八方，只有这样才有可能收集到尽可能多的职位信息。

(二)职位信息处理技巧

收集到的职位信息往往是纷繁复杂的，但从大体上来看，主要可以分为两大类：一是招聘信息，二是招考信息，对于不同的职位信息，需要采取不同的处理方法。

1. 招聘信息

对于公司企业发布的招聘信息，求职者需要做的工作主要有：

(1)甄别信息的真实性和可信度。可以从招聘单位的主体资格、招聘数量、招聘模式、工作内容、上岗模式等方面加以甄别。主要的技巧有：到工商部门网站查询公司企业的注册登记信息、在网上搜索相关的评论、了解一下招聘单位是否在很长一段时间内一直都在招聘同一职位人才、是否需要交纳报名费、手续费、培训费、押金等各种名义的费用，等等。

(2)分析自身条件与职位的匹配度。收集到职位信息以后，大学生需要仔细分析一下自己各方面条件是否符合招聘单位所列出的要求，招聘职位的工作地点、薪资待遇和工作模式等是否可以接受。如果差距太大就不必浪费时间了。

2. 招考信息

招考信息通常是由国家机关事业单位或者负责实施国家或地方特殊就业项目的组织发布的，常见的招考信息主要有有公务员招考公告、事业单位招聘公告、储备人才招考公告、村干部招考公告，大学生志愿服务西部计划实施方案等等。对于招考信息，其真实性和可信度通常都不用怀疑，大学生求职者需要做的工作主要有：

(1)筛选出合适的报考职位。这类招聘单位招考的职位一般都比较多，每一种职位通常都会列出详细的职位描述和报名要求，而且通常要求只能报一个职位，因此需要根据自身的综合条件和竞争力挑选出最贴切的职位进行填报。

(2)准备一张电子版一寸彩照。现在随着网络技术的发展，很多单位通常都会要求报考人员在网上报名，填写报名材料，上传电子照片，以便于招考单位制作电子准考证。

(3)开通银行卡网上支付功能。如果采用网络报名的方式的话，通常报名费和考试费也是在网上支付的，通常情况下只要是开通了网上支付功能的银联卡都是可以的。

(4)尽快准备好报名材料并提交学校审核和推荐。发布这类信息的招考单位通常都会要求报考学生获得学校的推荐或审核，例如某省省委组织部某年在选拔应届优秀大学毕业生到基层工作公告中规定：通过资格审查的考生可直接从网上下载申请表，并送所在院校党组织审核盖章。“省优生”资格的有关荣誉证书复印件由本人签名后，送院校学生工作处审核盖章。考生将申请表复印件及时邮寄或传真省委组织部干部六处。学校审核和推荐通常

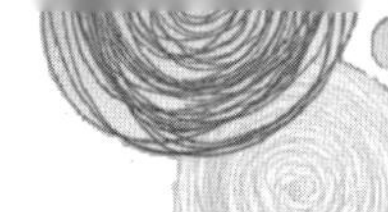

都要经过辅导员、学院(系)、学校等多道程序,而且成绩单复印件需要经过教务处审核,有时可能还需要保卫处出具在校期间遵纪守法的证明,要跑那么多的部门如果不及时办理又刚好遇到周末相关部门不上班的话就很可能会错过报名的时间,这种低级的错误是没必要的。

【课堂阅读】

女大学生轻信网上招聘误入传销陷阱①

小薇今年大四,在xx大学读书,3月初,小薇在xx网站上看到一则招聘信息,招聘方打着"北京xx有限公司"的名号,招聘幕墙工程师、建筑工程师、给排水/制冷/暖通、施工现场负责人、工程预算员等职位,工作地点在烟台。因为姐姐安家在烟台,小薇在看到信息中正好有和她专业对口的工作,就毫不犹豫地投了简历。

3月7日,小薇收到了署名为"陈先生"的邮件,邮件中第一句开场白就是"欢迎您来到xx",随后简单介绍了xx集团,称"我们认为您基本具备我公司旗下分公司相关岗位要求的能力。请仔细阅读邮件并在收到通知的2日内联系招聘负责人陈先生(附有电话:13146971097)咨询报到、培训及试用的相关事宜"。邮件附件里还有员工入职登记表。

随后的相关介绍中,提到了给新入职人员福利、工作待遇、员工保障等,以及办理报到所需要的身份证、毕业证资料,并说明需要近3个月内有关乙肝五项的体检报告一份。找工作心切的小薇3月8日来到烟台后打电话给"陈先生","陈先生"说需要先去体检才能面试。小薇就在姐姐的带领下进行乙肝五项检查,医院说体检报告需要13日下午才能拿到。

企业负责人不露面遥控招聘

体检之后,小薇提出要去公司看看,"陈先生"以招聘人员太多太忙、在外地出差、正在开会等多种理由推脱,让小薇等他电话。13日下午,小薇拿到体检报告,再次拨通"陈先生"的电话,这次说话的是"陈先生"的助理,他说"陈先生"开会去了,稍晚点以后回话。13日傍晚,"陈先生"回话说:既然体检已经过关,看你的简历也没有问题,这次电话面试通过了。随后让小薇坐车去河南信阳参加公司举办的培训班,培训半个月之后视情况再分配至公司的各个项目所在地上班。

小薇回家后跟姐姐一说,姐姐发现了问题的端倪,这个"陈先生"一直不露面,会不会有什么问题?随即去查阅相关资料。在邮箱里,小薇姐姐发现"陈先生"同时给13位同学发了邮件"员工入职登记表",通过这些同学的邮箱信息,小薇姐姐给他们发去了"紧急求助,请回复"等字样的询问信,咨询这些公司靠不靠谱。很快,有两位同学林鹏(化名)和李夏(化名)发来信息,李夏直接回信说:"同学千万别信,那是传销。我给他们打过电话,先叫你去某个地方培训,说合格后再调回你想去的项目部,典型的传销手段,千万别去。"

小薇姐姐登录该公司网站,发现该公司网站里只有项目经理、房地产管理部高级经理、城市运营部高级经理、财务经理、高级文秘等五个职位的招聘,而在另一招聘网站的

---

① 大众网 http://www.dzwww.com/shandong/sdnews/201503/t20150324_12093772.htm

招聘职位一栏里清楚地写着"该公司暂无招聘职位"。

3月16日,"陈先生"再次打电话给小薇,催促其乘车去河南信阳培训,并承诺往返车票报销,小薇让其告知公司人事部门电话,"陈先生"随即挂掉了电话。

卧龙派出所金勇表示,传销组织抓住青年学生急于就业、渴望成功的心理,以帮助找工作为幌子,以高待遇为诱饵,采用各种欺诈手段蒙骗大学生。新型传销披上了"找工作"等外衣,其活动愈发隐蔽化、信息化,令人防不胜防。大学生在选择公司时,要看对方是否有正规执照或者正规固定电话,并对公司做全面的了解,谨防上当受骗。

【课堂讨论】

◇ 求职与人脉有联系吗?

二、职位申请技巧

对已经收集到的职位信息进行合理消化处理以后,就可以着手申请有意向的职位了,对于公司企业以及部分事业单位招聘的职位只需投递简历就可以了,对于国家机关以及事业单位招考的职位则需要及时报名并参加考试。

(一)简历投递技巧

简历投递有两种方式:一种是投递书面简历,另一种是投递电子简历或者提交电子登记信息。

1. 投递书面简历的技巧

投递书面简历通常会发生招聘会现场或者是招聘单位要求以邮寄的方式投递。

(1)招聘会上投递书面简历的技巧

A. 尽量早点到达会场。

B. 准备足够多的简历。

C. 提前了解心仪单位所在的方位。

D. 招聘单位有一定意向的才投。

(2)邮寄书面简历的技巧

A. 内装材料不宜过多。

B. 尽量邮寄双挂号信。

C. 信封上注明所要应聘的岗位,这样便于招聘单位分类并转给负责人。

2. 投递电子简历的技巧

在网上求职时,如果是通过专业的招聘类网站搜索职位的,只需点击申请职位,网站就会自动把你的简历以恰当的方式发送给招聘单位的HR了,为了确保你的简历能够排在比较靠前的地方,你可以尽可能地经常上网刷新你的简;如果是在招聘单位或者主办单位的网站上求职,它们通常会提供固定的格式供求职者填写,填写完整无误后提交就可以了。

当招聘单位只是提供了电子邮箱让求职者发送电子简历时,就有很多技巧需要掌握了。

(1)使用私人邮箱。

(2)确认邮箱发件人"姓名"是本人的真名。这里所说的邮箱"姓名"指的是邮件发送到对象邮箱的时候,对方邮箱里所显示的发件人,不是指电子邮箱的用户名。很多大学生在申请电子邮箱时为了防止泄露个人隐私，往往会给自己的电子邮箱取一些有个性的“姓名”，尽管HR看到有个性的邮箱“姓名”之后的感觉是好是坏我们是不得而知的，但是使用真名作为邮箱“姓名”通常是不会给HR带来不好的感觉的，至少不会让人觉得你不成熟不稳重。

(3)邮件标题尽量用中文填写。除非招聘单位要求用英文填写标题，否则尽量用纯中文填写，尤其是尽量不要使用标点符号或者特殊字符，以免被系统当作垃圾或者病毒邮件处理。

(4)标题上注明应聘的职位。很多招聘单位通常都会对邮件的标题格式做出详细的规定，例如邮件标题格式：XXX学校＋姓名＋专业＋学历＋应聘＋职位名称，只需照做就可以了。如果招聘单位没有明确规定的话，我们也建议尽量参照这一格式填写标题，至少应在标题上注明应聘的职位，因为招聘单位HR每天可能都会接到无数封求职邮件，只写了“应聘、求职或简历”甚至是无主题邮件的受关注度往往会比较低。

(5)尽量不要以附件的形式发送邮件。采用附件的形式主要有以下几个缺点：一是附件容易让别人怀疑有病毒，二是下载简历会浪费HR宝贵的时间，三是直接贴在正文里那样显得一目了然，四是有时由于版本或格式等方面的原因，招聘单位不一定能打得开附件。所以最好是直接把Word文档排好版的简历粘贴到邮件正文里，然后排版一下，最好带照片，可以同时在附件里附上你的Word文档简历以方便HR需要时打印。

(6)可以设置希望对方发送回执的请求。

(7)邮件正文里尽量写一些开场白和结束语。

(8)不要贪图方便。在发送求职邮件的时候，一是不要谋求一家招聘单位里的多个职位，二是不要同时发送或者抄送给其他的招聘单位，以免让招聘单位觉得你不专心不可靠。

(二)考试报名技巧

在公务员或其他一些招考中，有些职位报名的人非常多，有的职位则因为报名人数太少而被取消的。因此，要想顺利这类考试除了要会考试、有实力之外，还得会报名。

1. 不宜过早报名。
2. 尽量用足自身所有的优势。
3. 条件有些不符不妨咨询一下。
4. 理性规避竞争激烈的单位。
5. 合理估量自身的实力。

(三)等待和争取面试机会的技巧

求职申请发出去以后，除了需要考试或者招聘单位设定了求职材料接收截止时间之外，通常一周之内就会有面试通知了。招聘单位通知求职面试的方式主要两种方式：一是电话通知，二是信函通知(通常以E-mail为主)。如果一周之内没有收到面试通知那就要考虑主动争取了。

1. 等待面试机会的技巧

(1)确保手机畅通。

(2)确保通话效果良好。

(3)及时回复确认。

2. 争取面试机会的技巧

如果一直没有回音的话,原因可能会有很多种:可能是招聘单位已经找到合适人才了,也可能是招聘单位还没有收到足够多的简历,还可能是你不符合招聘单位的基本要求,甚至还有可能是因为其他方面的原因。可以在适当的时间主动发 E-mail 或者打电话给招聘单位 HR,一方面向表明诚意,另一方面也可以在询问的时候简要介绍一下自己的专业特长和工作经验,这样至少可以增加 HR 对你的印象,但是千万不要纠缠不休,以防留下不好的印象。

【课堂阅读】

如何让网投简历的命中率更高?①

网投简历石沉大海是很多求职者时常会遇到的问题,其中有很多的因素或是自身或是外在不能控制的。例如:用人单位觉得你的背景与他们的要求不相符合;你的简历并没有把你的特长突出,以至对方忽略了;用人单位已经招到他们想要的人,你的简历他们并没有看到;对方并不真的想现在招人,而是储备人才等等。总之,原因有很多种。所以,求职者千万不要因此而对自己失去信心,一方面要分析原因,另一方面继续努力,只有这样,才能找到心仪的职位。

那怎样才是一种正确的简历投递方式?如何让简历的投递效用最大化?xx 网用问答方式为大家解答。

求职者问:简历投递网撒得越大越好,真的是这样吗?

xx 网答:这个观点是片面的。确实,你需要去寻找各种渠道,了解更多的信息,以便你可以抓住合适的机会。但是,这并不表示你要没有目标地胡乱投递。明明学的是管理,偏要去投递高技术类的工作;明明只达到助理的水平,看见有主管的职位,想也不想就去投了;明明想做文职,偏去投递销售类的职位;还有在同一个公司投了不同岗位性质和职级的两三个职位,像这样的情况举不胜举。这种没有目标性地胡乱投递,哪怕你的网撒得再大,你也是在做无用功,不会有真正的实效。

求职者问:我投了很多简历,可都是石沉大海了,我该怎么办呢?

xx 网答:其实这种简历的石沉大海,和上面所说的盲目投递是直接相关的。当然,简历没有回复会有很多的因素在里面。例如:用人单位觉得你的背景与他们的要求不相符合;你的简历并没有把你的特长突出,以至对方忽略了;用人单位已经招到他们想要的人,你的简历他们并没有看到;对方并不真的想现在招人,而是储备人才等等。总之,简历没有回音的原因有很多种,有些也是你所不能够控制的。所以,千万不要因此而对自己失去信心,一方面分析原因,一方面继续努力,只有这样,才能找到心仪的职位。

求职者问:那怎样才是一种正确的简历投递方式呢?

xx 网答:首先,你要明确你想做哪些类的工作,根据需要撰写完相应的简历以后,再去通过招聘会、招聘类报纸和招聘网站寻找相应的职位。在这个过程中,有两点最为

① 中国教育在线 http://career.eol.cn/zhi_zuo_ji_qiao_4349/20140703/t20140703_1145993.shtml

关键。

其一，学会去分析公司。目前的整个人才市场，相对来说也是鱼龙混杂的，好的公司不少，但也不乏对你的职业成长根本不利的皮包公司。看到中意的公司，不妨先通过网络、人脉了解一下该公司背景、经营情况、企业文化、有无负面报道等等。如果各方面显示都还不错，那你就要仔细去阅读它们的职位描述。

其二，找到自我能力和企业需求的结合点。分析一下，这个职位主要的工作职责，他们对这个职位的基本要求，你达到他们的条件了吗？你怎样在给这家公司的简历中，突出他们的需求点？记住，千万不要用同一份简历去投递所有的公司；也不要每天花个十分钟就浏览好所有招聘类网站的新职位，并完成投递。不经过分析思考的盲目行为，是你的简历投递无效的最主要原因！

【课堂讨论】

◇　找工作时可以普遍撒网、海投简历吗？

第三节　求职面试技巧

一、面试的作用与程序

招聘单位收到求职者的相关材料以后，会通过一定的标准进行筛选，然后确定参加面试人员名单，接下来择期进行面试。面试主要有三方面的作用：一是核实求职材料上相关信息是否可信；二是观察求职者的言行举止；三是了解求职者的知识、才能、智力、性格、职业生涯规划等方面的情况。

无论面试过程中采用什么样的形式，通常来说都有一套基本的程序。首先由主试官向应试者介绍面试的基本程序；接着由应试者接受面试，可能采用的形式主要有问答、座谈、会议、主题讨论、角色扮演等，面试官进行观察和评分；最后由所有面试官根据所有应试者的表现进行评议，确定拟聘用或录用人选。当然，不同的用人单位往往会根据自己的招聘特点和招聘风格采用不同的面试方式。

二、面试的基本分类

（一）根据面试双方参与的形式分

1. 一对一面试

一对一面试即一名面试官面对一名应试者。在企业招聘中的初期阶段或者是在规模较小的单位录用较低职位人员时常常会采用这种形式，其优点在于可以让面试双方比较深入地展开交流。

2. 多对一面试

多对一面试即多名面试官面对一名应试者，面试官少则两三名，多则五名、七名、九名。在公务员考试的面试阶段、事业单位招聘以及企业招聘录用较高职位人员时比较常见。这种方式对于应试者来说有比较大的压力，当几位面试官一起发问甚至是追问时，思维不敏捷、思路不清晰的应试者往往会因招架不住而被淘汰，只有那些沉着冷静、应答自如的应试者才有可能获得通过。

3. 小组讨论

小组讨论就是以让应试者通过参与讨论的形式来了解其语言表达能力、组织能力、思辨能力、应变能力、沟通协调能力等多方面能力的一种面试形式。这是一种比较复杂的面试形式。它还可以细分为以下几种形式：

(1)由数名应试者与一名或者数名面试官针对某一主题展开讨论；

(2)由数名应试者针对某一主题展开讨论，应试者轮流担任领导主持会议，发表演说，面试官在一旁观察、倾听、打分；

(二)根据面试官的提问模式分

1. 非结构化面试

非结构化面试是指面试官在面试中所提的问题以及谈话时所采用的方式都是由面试官自由决定，具有很大偶然性的面试方式。富有经验的面试官通常都会采用这种灵活、简便的面试方式，在企业招聘中比较常见。

2. 结构化面试

结构化面试是指面试官在面试中严格依照预先确定的程序和题目进行提问，应试者针对问题进行回答的面试方式，这在近些年来公务员录用考试中相当常见，很多企事业单位也正逐渐采取这种规范化的面试方式。

(三)根据应试者的行为表现模式分

1. 问答面试

这是最常见的面试形式，由面试官针对需要了解和考察的要素直截了当地提出问题，应试者根据提问做出回答，以展示自己的综合素质。在这种面试条件下，面试官会根据应试者对问题的回答以及应试者的仪表仪态、身体语言、情绪反应等对应试者的综合素质状况做出评价；应试者一般是被动应答的姿态，当然根据情况也可能主动提问。

2. 情景模拟面试

情景面试突破了常规面试即主考官和应试者一问一答的模式，而是引入了一些提前设置好的模拟情景，让应试者针对情景中的问题、状况、要求等提出解决方案甚至是现场演示，让应试者在公文处理、角色扮演、案例分析等行为过程中展示出自我的面试形式。这种面试形式方法灵活多样，情景逼真性强，有利于面试官全面、深入、细致地了解应试者各方面的综合素质。应试者应学会自我调适，从容镇定、自然和谐、形象逼真地进入模拟情景，灵活地展示自我，只有这样才能取得较好的效果。

(四)根据面试环节的整体进度分

1. 一次性面试

一次性面试指的是招聘单位在面试环节仅组织一次面试便决定应试者是否通过的面试形式。这种方式在由国家机关或者事业单位所组织的招考招聘活动中比较常见，有些小企业通常一次较长时间的面试之后，如果觉得合适的话也会直接通知应试者可以去上班。

2. 分阶段面试

分阶段面试指的是招聘单位在面试环节需要组织多次面试才能决定应试者是否通过的面试形式。这种面试在大型企业或者学校的招聘活动中比较常见。求职者通常需要经过人力资源部门的初次面试，主要考察应试者的基本任职资格是否与其要求相符；通过者才有可能进入拟应聘职位所属部门的第二次面试，主要考察应试者的专业知识和业务技能；第二次面试通过者才有可能进入由拟应聘职位所属部门的分管领导组织的第三次面试，主要对任职资格、专业背景、业务技能、薪资要求、职业规划等方面的情况进行全方位的考察。

【课堂阅读】

◇　结构化面试流程：

(一)面试报到抽签

考生一般需要提前10～30分钟到达指定地点报到，考试工作人员核对考生身份证和面试通知书等相关证件。之后，考生抽签确定分组和进场顺序，有的地区是先抽分组签，再抽顺序签，有的地区是一次抽取确定分组和顺序，如：三(1)，表示第三组第1个进场。个别地区，如中央国家机关公务员考试部分部委会事先安排好考生的考场号和进场顺序。

(二)候考

考生抽签完毕后进入候考区等待考试，考试未结束不许随便离开，有考场工作人员监督，上卫生间需要工作人员陪同。如排在下午考试，午饭也由工作人员送到候考室，防止泄题。

(三)进入考场

按照顺序，轮到某考生入场时，引导员将到候考室宣布："请×××号考生入场"。考生随同引导员到达考场门口后自行进入考场。引导员不许直接叫考生名字，否则算严重违反考试纪律，一般引导员也只知道考生顺序编号。

(四)答题

考生进入考场后，直接走到考生席，站定后向考官问好，得到"请坐"的指令后，考生可以落座。落座后，考生一般需要报自己的考试顺序号，等考官宣布导入语后，考试开始。要特别注意，考生不能自报姓名，如在考场内自报姓名，考生会被当场取消面试资格。

面试中一般有题本和考官读题两种形式。国家公务员考试时间一般是20～30分钟左右，题目一般是4～5道。

(五)退场

考生回答完所有题目后，主考官一般要问考生是否还有其他补充，考生此时一般回答无补充。主考官宣布考生退场，考生到候分室等候分数。

(六)公布成绩

记分员收集各考官对该名考生的评分表，核算分数。核算完毕，交给监督员审核，监督员和主考官签字后交给工作人员到候分室对考生宣布，也有的在候分室张贴。有个别地区是考生当场等待分数公布后再离开考场，这种情况适用于招考人数比较少的情况，大部分地区实行候分室制度。另外，中央国家机关公务员部分单位的面试分数一般不当场公布。

（七）面试结束

考生得到分数后一般被要求尽快离开候分室，不得逗留和随意走动。考生回家等待，网站将公布入围和体检名单。[①]

【课堂讨论】

◇ 面试主要考察应聘者哪些要素？

三、面试前的准备技巧

（一）充分了解招聘单位以及招聘职位的相关情况

在面试过程中，通常面试官都会让求职者回答这样的问题：请谈一谈你对所应聘职位的认识？你为什么要到我们单位来应聘？你为什么要应聘这一职位？如果你被聘用了，你将会如何开展工作？这类问题其实都是在考察求职者对拟应聘职位是否真的感兴趣以及是否有足够的诚意，只有在充分了解了招聘单位以及招聘职位的相关情况并且充分地领悟了其中内涵的前提下，才有可能对上述的问题做出很好的回答。

求职者在参加面试之前，需要了解的情况主要包括：

1. 招聘单位的准确全称、单位性质、所属行业、隶属关系等方面的信息；
2. 招聘单位的业务范围、规模、定位、理念等方面的信息；
3. 拟招聘职位的任职要求、工作模式等方面的信息。
4. 面试的时间和地点、周边交通状况等情况也应当提前了解清楚。

（二）提前考虑一下如何回答下列几类问题

1. 关于个人基本情况方面的问题

（1）请简要介绍你一下你。

（2）请简要介绍一下你的家庭

（3）你有什么特长和爱好？

（4）你有什么优缺点？

2. 关于个人社会阅历方面的问题

（1）你为什么修读现在的专业？是否辅修过别的什么专业？

（2）你对自己的学习成绩是否满意，为什么？

（3）你如何评价你的大学生活？

（4）大学期间你参加过哪些社会实践？

3. 关于招聘单位和招聘职位方面的问题

（1）你是通过什么渠道了解我们单位的？

（2）为什么想应聘这个职位？

（3）是否应聘过其他单位或其他职位？

---

① 华图网校 http://v.huatu.com/beikao/20141209/135866.html

(4)如果你被录用了将会怎样开展工作？

(5)如果经常需要加班，你能接受吗？

4. 人际关系处理方面的问题

(1)与领导之间的关系，例如当你的想法和领导的指示不一致时怎么处理？

(2)与同事之间的关系，例如你负责考勤，有要好同事经常不按时上下班，如何处理？

(3)与工作对象之间的关系，例如有客户纠缠不清，无理取闹时如何应对？

5. 关于职业生涯规划方面的问题

(1)你对自己的人生有什么样的规划？

(2)你认为你最适合做什么样的工作？

(3)如果工作安排与你的专业无关，你会怎么考虑？

(三)准备好所需的材料

面试前所需准备的材料通常包括：

1. 各种相关证书复印件备查；

2. 几份最新的简历以备发放给到场的面试官；

3. 钢笔或圆珠笔以防需要考试或者需要记录什么东西时可用。

4. 半旧的记事本以备记录并且表明你一直有记录的习惯

5. 杂志一本以备长时间等候

6. 干净的公文包用来放置上述物品。

(四)塑造良好的形象

“形象”指的是个人仪容、仪表、言语、行为举止等外显因素直接作用于他人感官而产生的总体印象。个人形象是最先进入主考官范围的评价要素，会极大影响主考官的第一感觉，对形成良好的第一印象起着至关重要的作用。根据有关研究，第一印象由55%穿着和化妆、38%行为举止和7%谈话内容构成。而哈佛大学有关专家表明，与陌生人交往，一般在30秒就会将不合格的人淘汰掉。

1. 塑造良好形象的基本原则

(1)整洁清新。

(2)大方得体。

(3)自然协调。

2. 男生面试着装要求及注意事项

男生参加面试时最好是西装革履，配上硬领衬衫，系上挺括领带，显得洒脱笔挺，夏天比较热的时候可以不穿西装上衣，可穿短袖衬衣。注意事项如下：

(1)注意颜色。

(2)注意身份。

(3)注意细节。

3. 女生面试着装要求及注意事项

女生在着装方面相对比较灵活，但是为了给面试官留下稳重、自信、大方、干练的职业女性的印象，一般以西装、套裙为宜，这是最通用最稳妥的着装。具体注意事项如下：

(1)注意长度。

(2)注意颜色。

(3)注意高度。

(4)注意饰物。

(5)注意浓淡。

(6)注意发型。

4. 形象塑造的例外原则

上述原则要求和注意事项主要是针对一般的职位,例如公务员、事业单位工作人员、管理人员等而提出的,现代社会随着人们思想观念和思维方式的转变,有些职位例如服务性职位、创意性职位等在形象塑造的要求方面就有所不同了。

(1)参加营销和服务类职位,如各种中介、销售、餐饮、护理、社会工作、中小学教育与幼儿教育等的面试时,由于这类职位更加强调的是亲和力,因此男生可以西装革履,但是颜色可以淡一些,色彩可以多样化一些,从而展现出亲切和蔼、便于沟通。女生则可以穿着设计上较偏向女性化的套装,适度增加一些软性装饰如蕾丝、蝴蝶结、绣花、皱褶或圆弧形边角等设计,色彩可以采用柔和一点的,从而展现温柔体贴的特质。

(2)参加创意性类职位,如企业策划、版面设计等职位的面试时,也可以穿一些可以展现出独特气质和时尚感的衣服,虽然在面试时仍须保持一定的正式度,但不必穿得太庄重,否则很难在外表上想象出你是一个有创意的人。

(五)出发前的注意事项

1. 注意休息。
2. 注意时间。
3. 注意饮食。
4. 注意检查。

(六)等候面试时的注意事项

在面试环节,等候是很常见的事情,但无论需要等候多长时间,求职者一定要按照招聘单位通知的时间提前到达面试地点,以免错过抽签时间。在等候的时候,需要注意:

1. 调整情绪。
2. 控制声音。
3. 收集信息。
4. 注意细节。

【课堂阅读】

"面试穿着"六大禁忌[①]

社会新鲜人若能得到面试的机会,可千万不可马虎,谨守"社会新鲜人衣着的六大禁忌",就能通过最后一首关卡,成功踏入职场。

禁忌1:脏污和皱褶

---

① (笨鸟网 http://www.beniao.com/news/2007-10/1037.htm)

肮脏、破旧、皱得像酸菜干的服装，也许很“酷”，但绝对不适合穿去面试，如此装扮会让人觉得你个性吊儿郎当，没有诚意。此外，时下流行仿脏污、故意抓皱褶的前卫风服装，也不适合。

禁忌2:装可爱或太花哨

你无法忍受一成不变、特爱“与众不同”，疯狂迷恋粉红色系的娃娃装……忍下来，这场面试决定你的一生，暂时把内心里的“粉红狂”收起来，把身上的粉红娃娃、缤纷花朵、绒毛玩具、公主发夹一一取下，乖乖去面试吧！

禁忌3:浑身名牌

参加面试，衣着装扮的确要花钱打点，但不代表就得要浑身名牌。浑身名牌，常会给人“败家”“个性娇纵”“不肯吃苦耐劳”的负面印象，就算是应征精品业的工作，也不必如此。不过，拎一只材质好一点的名牌包，是被许可的，但最好品牌的Logo不要太明显。

禁忌4:太过性感或裸露

你的身材可能非常性感火辣，但在面试时，最好还是包紧一点，以免火辣的身材，蒙蔽了面试官的眼睛，只看见你的身材，没看到你的才华。

禁忌5:不化妆或过度浓妆艳抹

也许你是自然主义者，不爱化妆，但面试时，最好还是上点妆，适当遮住黑斑、雀斑和黑眼圈，让自己的气色好一点。不过太过浓烈的浓妆艳抹也不合适，会让你显得太过匠气，也要避免。

禁忌6:露趾鞋

流行的“露趾鞋”，一直是时尚圈争议的焦点。虽然很多人认为露趾鞋已可登大雅之堂，国外女星甚至还穿去赴宴呢！不过，专家还是建议能免得免。

【课堂讨论】

◇　面试时穿知名品牌的服装更有利于塑造良好的形象？

四、面试中的应对技巧

面试是求职过程中最重要的环节，很多人尽管通过完美的简历或者优异的成绩获得了面试的机会，尽管基本条件符合招聘职位的要求而且也有才气有能力，但是却因为在面试中没有良好的表现而没能获得offer，那么怎样才能在面试中取得好成绩呢？

（一）树立良好第一印象的技巧

1. 彬彬有礼。

(1)进门时记得先敲门，获得允许后才能进去；

(2)进去以后轻轻地随手关上门，然后微笑着向所有面试官问好；

(3)站定后挺胸抬头，当面试官指示你坐下时才能坐下，如果面试官没有请你坐下的话，看到他们对面放着椅子，也可以主动询问是否可以坐下，获得允许后才能坐下；

(4)如果有可能的话也可以与面试官握手，但握手一是要把握时机，对方没有主动伸手时尽量不要主动伸手；二是要有一定的力度，太轻容易显得不自信，太用力又容易给人带来不好的感觉；三是握手时要注视着对方，没有眼神交流的握手很难让对方感到你的诚意和自信，也很难赢得对方的好感。

2. 从容不迫

进入面试室以后看到一排严肃的面试官，千万不能紧张，不慌不忙地走到面试官前面或者其指定的位置，站定或者坐定以后如果确实有些紧张可以深吸一口气。坐下以后不要紧贴着椅背坐，一般以坐满椅子的三分之二为宜。坐定以后身体要略向前倾，两脚并拢，双手搭在膝盖之上，不乱摸乱动，挺胸抬头，目视前方，等待面试官发问。如果不止一位面试官在场，可以用目光扫视一下其他人，以示尊重和平等。随身携带的物品可以放在膝盖上面或者放在椅子旁边，千万不要放在桌上。

3. 神态亲和

在面试过程中尽量做到和颜悦色，面带微笑，如沐春风，这是最受欢迎的神态，而面无表情、皱眉、撇嘴、斜视、瞟眼等神态都是容易给人留下不好的印象的。

4. 不卑不亢

参加面试时，无论招聘单位多么大，多么好，多么有名，多么令人羡慕；抑或是规模多么小，待遇多么差，面试官素质多么差，应试者都应该始终保持平和的态度，不卑不亢，既不显得很卑微，很不自信，也不过于骄傲自满。

（二）自我介绍技巧

自我介绍一般是少不了的，时间一般 2～3 分钟。自我介绍其实就是把简历上的内容用连贯精练的语言在规定的时间里简明扼要地复述一遍，这部分内容可以在参加面试前提前做演练。在面试时由于时间有限，而且面试官手里通常都会拿着应试者的简历，因此基本情况可以忽略不计，要有针对性介绍教育经历、实践经验和能力、特长，最好可以陈述一下应聘此职位的理由，表达一下意愿。

例如，“各位考官好，我叫＊＊＊，今年＊＊岁，＊＊省＊＊市人，中共党员，主修＊＊＊专业，在大学期间，曾担任＊＊＊＊＊＊等职务，组织过＊＊＊＊＊＊等活动，曾参加＊＊＊＊＊＊等社会实践活动，积累了＊＊＊＊＊等方面的能力，曾获得＊＊＊＊＊＊等奖励和荣誉称号。在＊＊＊＊＊＊等方面有一定的特长，曾参加＊＊＊＊＊＊等比赛并获得＊＊＊＊＊＊等奖励。通过＊＊＊（渠道）了解到贵单位需要招聘＊＊职位，特此前来应聘。我申请这一职位的原因主要有以下几个方面：一、＊＊＊，二、＊＊＊，三、＊＊＊，如果我能获得这一职位，我将＊＊＊＊＊＊。”

（三）听题答题技巧

1. 认真倾听。

2. 理性应答。

（1）稍作考虑。

（2）清晰流利。

（3）富有条理。

（4）简明扼要。

（5）诚实以对。

（6）注意用语。

(7)符合逻辑。

(四)应对特殊情形的技巧

在面试过程中既有可能遇到热情、真诚、友善的面试官,也可能会遇到一些深沉老练、狡诈狡猾、盛气凌人的面试官,既有可能遇到面试过程进展很顺利的情形,也可能遇到冷场、尴尬等情形。常见的情形及其应对技巧如下:

1. 面试官故意为难。在面试时面试官可能会针对应试者的弱点提出一些特别尖锐的问题来为难应试者或者让其觉得尴尬,例如,你的形象并不太好,为什么要来应聘这个职位?你的学习成绩一直不太好,你觉得以后能胜任这一职位吗?这类问题既揭应试者的"伤疤",又让应试者难以回答,如果没有一定技巧的话就很容易陷入尴尬。但面试官的真实用意是要考察应试者情绪自控的能力、承受挫折的能力、心胸开阔的程度和排解危机的技巧。因此,应试者一定要牢记自己此时的身份是应试者,保持应有的风度和礼貌,可以微笑一下以表明你并不在意面试官如此为难你,接着可以从你的这些弱点并不会影响今后工作的开展的角度进行阐述,如果确实会有所影响的话,既然通知你去面试了,肯定是有他们看重的地方,因此也可以重点谈一谈你的优势和特长。

2. 面试官态度散漫。面试时有些面试官可能会有意无意地做出漫不经心态度散漫的样子甚至提一些貌似不着边际的问题,例如打呵欠、接电话、交头接耳、问你人有几条腿?这种表现其实也是在考验应试者的耐性和脾气或者是故意扰乱你的心绪,这种情况也是要巧妙应对。如果面试官只有一个人,那么你可以稍作停顿,等他忙完了或者调整好了提示你继续的时候你再继续,或者可以礼貌地问他是否需要休息一下,如果面试官不止一人,只要有人在听你看你回答,那么你就可以按照原先的思路回答下去,如果发现自己前面说错了话,可以适当解释一下或者是自圆其说。

3. 面试氛围太宽松。这种情况下应试者需要保持清醒,继续保持谦虚谨慎、稳重端庄和高度警惕,以免因为放松而露出原形或者是掉入陷阱里,千万不要因为面试官的一句表扬而变得洋洋自得,也不要面试官的幽默而变得随意,把不该说的话都说出来,更不要因为面试官把薪资待遇说得很优厚而流露出迫切的心情。

4. 面试官有意诱导。有些面试官为了了解到应试者真实的情况和想法,可能会采用投射测验或者旁敲侧击的方法,应试者也要学会巧妙应对。例如当面试官问你对于经常加班这个问题是怎么看的,而你没有完全说出自己的想法时,可能会问你"周围人对这个问题是怎么看的?"这种时候尽量还是巧妙地说一些面试官愿意听到的话,毕竟加班在所有单位里都是很正常的事情,面试官也清楚经常加班会对职工产生什么样的影响,因此应试者没有必要把不中听的话从嘴里说出来。当面试官让你看图说话的时候,尽量往健康、积极、向上、美好的方向去考虑,因为面试官会当然的认为你对图画的理解里已经融入了你真实的心理想法。

5. 认识某一面试官。面试时在一群面试官里很可能会有应试者认识的,他可能会与你寒暄几句或者鼓励你一下,也可能会因为怕引起别的面试官的误会而不搭理你甚至提问题为难你,千万不要因此而喜出望外或者怒火中烧,更不要刻意与其亲热地打招呼,一是容易引起其他面试官的反感,二是容易让人产生误会。

6. 与面试官意见相左。在面试中,面试官可能会当面指出你回答的观点不对,你也可能会对面试官的意见有不同看法，当出现第一种情况时，可以谦虚地请教他的观点，如果确实觉得他的观点有明显错误时，也可以实事求是地委婉地表达你的观点，但是千万不要一味反驳，更不要因此而争论起来以免延误面试时间。

7. 面试官喋喋不休。有些面试官可能会口若悬河地谈论单位、职工、未来发展计划等方面的情况，或者是对细枝末节详加追问甚至对同一话题反复提问，这种情况下尽量做一下耐心专注地聆听着，时不时地点头或者适当地做出诸如“哦！”“是嘛！”之类的回应，但是尽量不要插话，不要表现出不耐烦。

8. 面试官冷漠傲慢。在面试过程中，可能会遇到面试官面无表情、寡言少语甚至是一言不发、不理不睬的情形，出现这种情形的原因是多种多样的，可能是因为所有人都在等待领导发言，而领导还没到或者还没准备发言，也可能是因为这是他们设置的情境，所以应试者一定要注意察言观色，当进入面试室以后没人说话时主动打开话匣问好、请示、提醒，例如坐定以后面试官还是一直不说话，可以告诉面试官你已经准备好了，请面试官提问；每次回答结束后不妨加个“回答完毕”。

（五）面试收尾阶段的技巧

1. 注意面试官的反应。在面试时如果谈笑风生，兴趣正浓，不妨多谈一会，如果面试官尤其是主试官一直有意地看手表、频繁地改变坐姿、左顾右盼或者是明确说“好的”等言行时，这就表明面试官希望结束面试了，应试者就应该知趣地及时总结主要观点尽快收尾，但是不要主动做出结束面试的决定，也不要急着收拾和整理随身物品，而是要等待面试官发出指示以后再收拾好随身物品自然离席。

2. 适时提醒面试官。当应试者将主要观点基本阐述出来以后，可以用“总之”“因此”“总而言之”“所以”等词语巧妙提醒面试官你即将总结你的主要观点，并且你的回答即将完毕，这样既可以让面试官更加清楚和完整地了解你所表达的主要意思，也可以让其做好准备。如果当面试官还沉浸在倾听状态下的时候就匆忙结束的话可能会让面试官一时不知所措，印象也不好。

3. 巧妙应对最后提问。面试即将结束时，面试官通常都会最后提问一下，内容主要有可能涉及以下几个方面：

(1)薪资要求方面的问题。这说明通过前面的面试他们已经觉得你的综合素质和工作能力基本上是可以接受的，关键就要看你的薪资要求是否是在他们可以接受的范围内了。因此，这是一个很敏感的问题，如果面试官没有要求你说出确切数字的话，则可以灵活地回答，让单位根据你的情况来决定你的薪资，如果面试官要求你说出确切数字的话，则可以根据你在面试之前已经大致了解的情况结合自身的愿望给出一个双方都能够接受的数字，这里需要说明的是机关事业单位的薪资待遇一般是按照国家规定来确定的，说得太高容易让面试官觉得无法满足你的要求；公司企业的薪资待遇则是可以根据个人能力和贡献灵活调整的，刚开始一般不会给很高的工资，而且一般都会比应试者提出的薪资要求低。

(2)试探性方面的问题。例如“觉得你不太符合他们的要求”、“如果没有被录用的话有什么想法”，这类问题一般都是为了试探你的心理承受能力的，因为如果面试官觉得你不合适的话一般不会当面说出来的，面试过后不通知你参加进一步的考察或者不通知你上班就可以了。对于这类问题，应试者如果能够以积极、乐观、自信、谦虚的态度来应对的话相信一定会取得良好的效果的。

(3)职位调整方面的问题。如果面试官问你"是否愿意从事与专业无关的工作"时，这有两种可能，一种是所应聘的职位已经有合适人选了，但是考虑到应试者综合素质也不错仍然有意聘用，另一种是聘用以后需要到基层锻炼或者是需要帮忙做一些应聘职位自责范围之外的事务。但不管是由于什么方面的原因，应试者不妨先答应下来，面试结束后再等待招聘单位的进一步通知或者是等到经过仔细考虑以后再给予答复。

(4)给予应试者提问的机会。如果面试官问你"有什么问题需要提问吗?"这种情况下最后是适当提问一下，因为不问的话，面试官会觉得你对招聘单位或者职位并不是很感兴趣，当然，也不要问太多，问太多容易耽误面试官的时间甚至引起他们的反感。所提的问题尽量是从公共渠道了解不到的问题，但也不要问一些涉及保密方面的问题。

4. 注意聆听面试官最后说的话。面试即将结束时，从面试官所说的话里一般都可以感觉到他们对你是否真的感兴趣。例如，当面试官尤其是主试官说"有消息的话我们会通知你的""感谢你能来我们单位参加面试""那就这样吧，再见"之类的话时，面试通过的可能性通常都比较小，如果面试官尤其是主试官说"两周之内我们会通知你面试结果的""等通知吧""再联系"之类的话时，面试通过的可能性通常都比较大。因此，道别时面试官所说的话一定要注意听清楚，这样至少可以更加主动一些。

5. 不要忘了礼节。面试结束时，记得将自己随身携带的物品整理好，面试发放的材料在确认可以带走的情况下才可以带走，椅子如果是挪动过了的话要放回原位，如果面试官有意向的话可以一一握手道别，无论如何跟每一位面试官都要有眼神交流、示意道别，出门之前可以问一下是否需要你帮忙通知下一位进场，出门后将门轻轻地关上，尽量不要在门外大声喧哗。

【课堂阅读】

应届生面试十大常见问题答题思路①

1. 请你自我介绍一下你自己

回答提示：一般人回答这个问题过于平常，只说姓名、年龄、爱好、工作经验，这些在简历上都有。其实，企业最希望知道的是求职者能否胜任工作，包括：最强的技能、最深入研究的知识领域、个性中最积极的部分、做过的最成功的事，主要的成就等，这些都可以和学习无关，也可以和学习有关，但要突出积极的个性和做事的能力，说得合情合理企业才会相信。企业很重视一个人的礼貌，求职者要尊重考官，在回答每个问题之后都说一句"谢谢"，企业喜欢有礼貌的求职者。

2. 为什么想进本公司

这通常是面试官最先问到的问题。此时面试官就开始评断录用与否了，建议大家先判断自己去应征的工作性质，是专业能力导向呢，或是需要沟通能力，其实现在市场多以服务为方向，所以口才被视为基本能力之一，所以在此时就要好好表现自己的口才，而口才较差者就务必表现出自己的专业能力即诚意，弥补口才不足的部帧?

---

① 百大应届生求职网 http://yjs.baidajob.com/qzkx/201012/1425.html

3. **你觉得你个性上最大的优点是什么**

回答提示：沉着冷静、条理清楚、立场坚定、顽强向上、乐于助人和关心他人、适应能力和幽默感、乐观和友爱。我在经过一到两年的培训及项目实战，加上实习工作，使我适合这份工作。

4. **喜欢这份工作的哪一点**

相信其实大家心中一定都有答案了吧！每个人的价值观不同，自然评断的标准也会不同，但是，在回答面试官这个问题时可不能太直接就把自己心理的话说出来，尤其是薪资方面的问题，不过一些无伤大雅的回答是不错的考虑，如交通方便，工作性质及内容颇能符合自己的兴趣等等都是不错的答案，不过如果这时自己能仔细思考出这份工作的与众不同之处，相信在面试上会大大加分。

5. **对公司的了解有多少**

这时准备的功夫就派上用场，将你之前所吸收的信息发挥出来吧！至少也要知道公司的产品是哪些，提供哪些服务等等，不然面试官一问当场傻在那儿就糗大了，所以一定要事前准备！

6. **对工作的期望与目标何在**

这是面试者用来评断求职者是否对自己有一定程度的期望、对这份工作是否了解的问题。对于工作有确实学习目标的人通常学习较快，对于新工作自然较容易进入状态，这时建议你，最好针对工作的性质找出一个确实的答案，如业务员的工作可以这样回答："我的目标是能成为一个超级业务员，将公司的产品广泛的推销出去，达到最好的业绩成效；为了达到这个目标，我一定会努力学习，而我相信以我认真负责的态度，一定可以达到这个目标。"其他类的工作也可以比照，只要在目标方面稍微修改一下就可以了？

7. **为什么要离职**

回答这个问题时一定要小心，就算在前一个工作受到在大的委屈，对公司有多少的怨言，都千万不要表现出来，尤其要避免对公司本身主管的批评，避免面试官的负面情绪及印象；建议此时最好的回答方式是将问题归咎在自己身上，例如觉得工作没有学习发展的空间，自己想在面试工作的相关产业中多加学习，或是前一份工作与自己的生涯规划不合等等，回答的答案最好是积极正面的。

在五年的时间内，你的职业规划

回答提示：这是每一个应聘者都不希望被问到的问题，但是几乎每个人都会被问道，比较多的答案是"管理者"。但是近几年来，许多公司都已经建立了专门的技术途径。这些工作地位往往被称作"顾问""参议技师"或"高级软件工程师"等等。当然，说出其他一些你感兴趣的职位也是可以的，比如产品销售部经理，生产部经理等一些与你的专业有相关背景的工作。要知道，考官总是喜欢有进取心的应聘者，此时如果说"不知道"，或许就会使你丧失一个好机会。最普通的回答应该是"我准备在技术领域有所作为"或"我希望能按照公司的管理思路发展"。

8. **你朋友对你的评价**

回答提示：想从侧面了解一下你的性格及与人相处的问题。

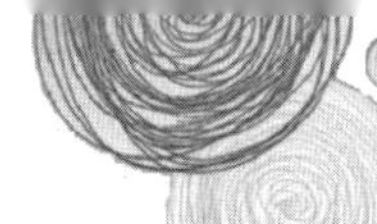

回答样本一：我的朋友都说我是一个可以信赖的人。因为，我一旦答应别人的事情，就一定会做到。如果我做不到，我就不会轻易许诺。

回答样本二：我觉得我是一个比较随和的人，与不同的人都可以友好相处。在我与人相处时，我总是能站在别人的角度考虑问题。

9. **你希望的待遇为多少**

这是一个非常敏感的问题，其实在目前，一般大型企业在招聘时就会事先说明基本底薪等等薪资待遇为何，而一般中小型企业有许多仍以个人能力，面试评价作为议薪的标准，所以建议求职者可以利用现在网络科技查询薪资定位的相关资料，配合个人的价值观，经验，能力等等条件，做出最基本的薪资底线，这时建议无工作经验者应采取保守的态度为准，以客观资料作为最主要考量重点，"依公司规定"的回答是不被建议的，这样不但表示出自己对于工作的自信程度不高，在薪资无法符合个人要求时更会造成许多困扰。

10. **你还有什么问题要问吗**

回答提示：企业的这个问题看上去可有可无，其实很关键，企业不喜欢说"没问题"的人，因为其很注重员工的个性和创新能力。企业不喜欢求职者问个人福利之类的问题，如果有人这样问：贵公司对新入公司的员工有没有什么培训项目，我可以参加吗？或者说贵公司的晋升机制是什么样的？企业将很欢迎，因为体现出你对学习的热情和对公司的忠诚度以及你的上进心。

【课堂讨论】

◇　面试时绝对不能说出自己的缺点？

五、面试后的跟踪技巧

很多求职者都比较关注面试前的准备工作和面试时应对技巧，而对于面试后的工作却很少有人会去做。其实，除了那些承诺会在网上公布结果或者会在一段时间之内给予求职者答复的招聘单位之外，有些招聘单位对求职者的考察并不是在面试之后就结束了。求职者如果通过面试感觉到希望还是不小的，完全可以进一步跟踪以便增加招聘单位对你的印象乃至被录用聘用的可能性，就算是没有获得通过，也可以了解一下失败的原因，从而作为今后参加面试的教训。面试后求职者可以做的工作主要有：

1. 写感谢信

面试后的两三天内，求职者最好给招聘单位的 HR 写封信表示感谢。主要内容可以包括：

(1)开头部分可以提及自己的姓名、基本情况、参加面试的时间和地点，并对招聘单位的 HR 和面试官表示感谢；

(2)中间部分可以再次表达对招聘单位的印象、对所应聘职位的浓厚兴趣以及自己的任职条件；

(3)结尾部分可以表达一下自己如果获得职位的愿望和以后的决心。

2. 打电话了解情况

预计信件差不多到达 HR 手中以后一两天，可以打电话了解一下情况，但是尽量不要在上午打，一般情况下上午都是上班族比较忙碌的时间，下午三点以后比较合适。接通以后可以先表达一下打扰的歉意，接着可以问一下信件收到没有，看过了没有，即使没有收到没有看过也不要浪费别人太多时间以免引起反感，可以简要表达一下谢意和对单位的印象以及获得职位的愿望即可。如果 HR 告诉你面试没有通过，也可以顺便询问一下原因。

3. 总结经验教训

无论成功与否，都应当总结一下参加面试的经验和教训，成功了不要自满，失败了不要气馁，毕竟人生还有很长的路要走，今后可以参加的面试还有很多，这些经验和教训都可以作为今后参加面试的借鉴和指导。

【课堂讨论】

为什么面试后雇主不给回音[①]

你提前研究了心仪公司的各种背景资料，穿上自己最时髦得体的衣服，并且为面试精心准备了一番。你机智地回答了面试官提出的所有问题，甚至一些奇怪的问题，诸如“如果你是一个 pizza 外送员，剪刀对你有什么用。”你绝对为了这份工作面试倾注了很大心血。但之后却为什么没有收到任何回音呢？

1. 他们对你不感兴趣

原因：我们拆穿点来讲，即使你认为你求职面试表现很精彩，但其他求职者却赢取了人事经理的欢心。与其告诉你没有录用不是你的原因，而是我的错，面试官宁愿选择什么都不说。

2. 用人者担心沾染上一些法律问题

原因：在守候了数周的电话后，你依然没等到任何回音。你只是想结束这种杳无音信而已。尽管你极力想知道为什么你被拒绝了，但你却得不到任何消息。许多公司担心公开求职者被拒的原因会带来一些潜在的法律诉讼。（如被告歧视女性、歧视乙肝病菌携带者）

3. 用人单位仍在面试或者商讨

原因：也许在二十多个面试者中你是第 3 个被面的。也可能他们正在和另一个面试者洽谈合作事宜，但还没敲定下来。

4. 这个岗位招聘被取消或暂停了

原因：你可能不知道，在你面试后这家公司的经费减少了，所以要削减职位。招聘可能因此冻结。另一种情形是，这家公司出现了一些意外的影响基础运营的情形（如经理离职，或者公司正在探索一条改革新路并且在捉摸其中的细节）。

5. 他们不懂礼貌

原因：工作是很珍贵的，不幸的是求职者又太多。公司可能会吆喝所有求职者来参加面试，但是之后却没时间或不愿意去给每个面试者回音。

【课堂思考】

◇　面试后 HR 没有回音肯定没戏了？

---

① 第一招聘网 http://www.01job.cn/cgi/news38180.html

课后练习

1. 求职简历一般包含哪些基本要素?
2. 自荐信通常包含哪些主要内容?
3. 请结合自身目前的实际情况准备一份3分钟的中文自我介绍。
4. 结构化面试有什么特点?
5. 面试时如何树立良好的第一印象?

第九章　阶段调控

【引导案例】

一个刚刚毕业的大学生与我们分享了她的求职活动和上班第一天的经历。特蕾西学习的是管理信息系统专业，她在求职的激烈竞争中表现优异，收到了好几家公司的聘用意向，通过沟通协商，她最终成功地拿到了一份报酬丰厚的聘用通知，并在上班的第一天准时报到了。到公司之后，她惊讶地得知，之前跟她就薪金事宜进行谈判的那个人已经离开了公司。事情显得毫无头绪。实际上，公司里的人看起来似乎并不欢迎她的到来，连任命书都没有准备好，更别说她的办公室了。以至于她甚至开始怀疑是不是自己搞错了。幸运的是，公司的人事安排迅速得到了调整，特蕾西也很快适应了自己的工作环境。①

后来特蕾西嫁给了罗博，而且有了两个年幼的女儿。罗博和特蕾西都很热爱工作，也都很关心家庭，但他们大部分时间都感到疲惫不堪。应付工作会议、举办生日宴会和带孩子看儿科医生，令他们身心俱疲。此外，他们还得为女儿们所在幼儿园的质量操心。罗博和特蕾西偶尔会有一种犯罪的痛苦感。有时，特蕾西怀疑，与自己那身为家庭主妇的母亲相比，她究竟是不是一个好妈妈。而罗博固然为特蕾西的职场成就感到骄傲，但也暗地里担心可能没在过多久特蕾西的薪水会超过自己。罗博和特蕾西有时因不能投入足够的时间去工作而有负罪感，有时又为不能投入所希望的那么多时间陪伴孩子而有罪恶感。罗博和特蕾西都担心他们这么多的家庭责任是否会妨害他们的职业生涯，而他们也清楚，在平衡工作和家庭生活关系上，雇主帮不了他们什么忙。②

生涯是一个不断出现问题、解决问题、制定决策的过程。当你从大学毕业后的第一年，你立马可以感受到问题将接踵而来。爱德·霍尔顿(Ed Holton)曾指出，第一年的工作者不再是大学生，但也并非真正意义上的工作者，他们处于一个特别的转换阶段。在这个生涯转换的阶段，有些人还保留着读书时期所习得的书生气的态度和行为，但他们没有意识到，要想成为一名羽翼丰满的专业人士，他们首先需要花些时间来调整和适应。本章首先阐述了职业生涯发展的三个阶段及其特征和问题，接着论述了阶段发展中四个重要的议题，即职业适应性管理、职业停滞期管理、工作与家庭平衡以及体面的退休生活。

---

① 罗伯特·C.里尔登等:《职业生涯发展与规划》，中国人民大学出版社 2010 年版，第 251 页。

② 杰弗里·H. 格林豪斯等:《职业生涯管理》，清华大学出版社 2014 年版，第 207 页。

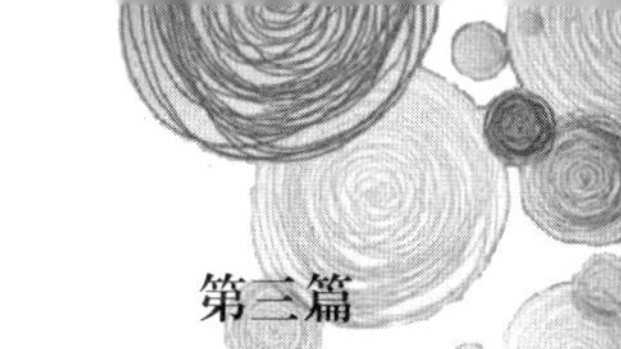

第一节　阶段特征与问题[①]

一、三个阶段的划分

职业生涯早期阶段：是指一个人由学校进入社会与组织并逐步"社会化、组织化、职业化"，适应社会并为组织所接纳的过程，一般发生在20～30岁之间。这是一个人由学校走向社会，由学生变成雇员，由单身生活变成家庭生活的过程。

职业生涯中期阶段：是指从立业到退休的一段时期，或从30岁到60岁的职业生涯时期。时间上的划分是相对的，并不是绝对的，因为个人的职业发展情况不同。如果一个人在职业生涯早期，职业探索时间很长，职业转换太频繁，可能40岁左右还没找到自己终生努力的职业方向和目标，那么他的中期职业生涯时间就会推迟。

职业生涯后期阶段：在西方一般是指45至60岁之间的一段时间，在我国是指退休前后的5至10年左右的时间。在这个阶段，少部分比较优秀的人可能还没有达到事业的顶点，还有发展的空间，而大部分人都已经达到了顶点，在50岁以后呈现逐步下降的趋势。因此，综合各方面考虑，我们将职业生涯后期划定在退休前的5～10年时间。

【课堂阅读】

茫一代

茫一代指35岁左右，在事业上还没有一定成就，或者是还没有明确职业方向的一群中青年人。这是"压力山大"的一代人，严重透支身体，恨不得能每周7*24小时地工作，在跻身上层、功成名就的路上狂奔。他们的不安全感、焦虑感从某种程度上远远超过了父辈。在发达国家，焦虑、无措、迷茫等终年职场危机的表现通常发生在45～55岁，但是在现在的中国，却提前了近10年。

二、三个阶段的特征

1. 职业生涯早期的特点

从职业发展来看，这个阶段主要是新手或学徒，缺乏经验。个人在这个阶段将开始接触职业生涯领域的知识和技能，并逐步尝试在所确立的职业生涯领域积累经验。如果进入组织，除了对工作岗位缺乏经验外，对组织的文化也比较陌生，对周围的工作环境也不熟悉，需要逐步适应大环境（社会）、小环境（工作小组）、上司等的工作和交往方式。此外，仍然需要进行职业探索，如果觉得现有工作不合适，就需要调整和变更。

从生理方面看，个人一般都是精力充沛，家庭负担较轻，有足够的精力来应对可能出现的工作困难。从心理方面看，个人主要解决依赖与独立的矛盾。刚开始参加工作，独立承担

① 杜林致：《职业生涯管理》，上海交通大学出版社2006年版，第135～237页。

某些工作的机会比较少，常常是支持和配合别人的工作，需要经过一段时间的学习和积累，工作经验和能力发展到一定程度，才能逐步成为“独当一面”的职场人。

2. 职业生涯中期的特点

在职业生涯中期，每个人的职业发展情况和能力状况千差万别、各不相同，但也存在这一些共同的特征。例如：职业能力稳步提高，并逐步成熟；创造力旺盛，工作业绩突出；职业发展轨迹呈现倒“U”形。职业生涯中期是一个长达 20 多年的时间段，职业发展轨迹将呈现逐步上升、到达高峰、逐步下降的趋势，其顶峰多出现在职业生涯中期。事业成功的人，其职业发展曲线峰高，峰顶平而长。

施恩认为人有三条生命线，即职业线、家庭和生命周期。在一个人的生涯中期，其职业生涯处于发展和提升时期，并逐步达到顶峰；其家庭周期由组建到生育、培养子女到子女离家自立；生命周期则由精力旺盛到逐步衰弱。这三个周期重叠时间较长，这是一个人一生中生命运行任务最繁重的阶段，且不同生命周期的相互作用最强。

这一阶段个人的心理特质表现在：职业认同感受到冲击，青春期的心理冲突复活；家庭结构和内部关系改变；承认时间有限和生命有限的事实，从而产生心理变化；意识到职业机会有限而产生焦虑。职业生涯中期将会面临很多冲突和变化，危机重重。例如个人梦想与现实成就之间的不一致、与子女的代沟日渐加深、与妻子或丈夫的感情变化、下属提出的挑战和怀疑、对父母长期压制的感情会再现出来，还有社会攀比所带来的压力等等。

【课堂阅读】

中年危机

中年危机，也称“灰色中年”，一般高发在 39～50 岁，在 40～65 岁之间的男性身上，还被称为“男人四十综合征”。从广义上来讲，是指这个人生阶段可能经历的事业、健康、家庭婚姻等各种关卡和危机。处于中年危机的男人，大都是这样的状况：事业稍有成就，家庭稳定，但是想在事业上有大的突破非常困难，在生活又相对安逸的情况下产生的一种对人生的焦虑，这些焦虑导致有些男人会通过一些极端的方式去寻求突破。

事业危机、家庭危机、身体与心理的危机……中年真是人生的一个瓶颈，是一个非常严酷的阶段。中年危机的主要特征有以下六个方面：体力和精力都在逐渐走下坡路；工作岗位和家庭中的责任加重；由于工作上的不如意等而丧失自信心和希望；由于孩子的自立而导致家庭状况的变化；对于自己老年以后的生活感到担忧；照顾老人等问题。

还有，不可忽视的一点是，男人遭遇中年事业危机的时刻，正是女人 40 多岁的下岗期——如果，她没有专业的话。有位研究妇女问题的专家说：“女人没有专业，是一个致命伤。年轻时无所谓，给年轻姑娘的工作岗位很多：公关、文秘、打字员、售货员等等，干什么都可以。然而女人到了中年，只有专业过硬，才能有个稳定的职业。”中年危机时，家庭可能要经过一个非常困难的时期，比如做丈夫的收入暂时下降，比如创业不顺、甚至入不敷出……这时候，男人最需要什么？就需要妻子有一个稳定的工作，有一份稳定的薪水，做丈夫的才能全无后顾之忧地创业。尤其这个阶段，孩子也正在升学考学的关键期，教育的开销、为孩子投入的精力都很大……能支撑起家庭，给丈夫一个喘息机会的妻子，一定是个有良好职业的女人。

3. 职业生涯晚期的特点

职业生涯晚期阶段，个人职业、生活和心理状态都发生了与以前不同的变化，呈现出某些明显的特点(表 9-1)。在职场上，个人的进取心、竞争力和职业能力显著下降；权力、责任和地位下降，在组织中的核心骨干、中心的地位和作用逐步丧失；但仍可发挥余热和特有的作用，例如处理工作中各种复杂的人与事、人与人之间矛盾的能力和经验，可担当良师的角色。

这个阶段的个人家庭出现空巢现象，老夫老妻相依为命，产生了对家庭的依赖感，温馨的家庭和天伦之乐成为个人的一大需求。再者，自我意识上升，怀旧、念友心重，开始安于现状，淡泊人生。可能有人觉得干了一辈子，现在应该是从事个人活动、实现个人兴趣的时候了；也有人强烈地意识到健康的重要性，自我保健意识极大增强；也有人渴望与过去的社会关系交往，回到过去的岁月，以满足精神上的要求。

表 9-1　职业生涯三个阶段的特征、问题与任务

阶段	时间	特征	问题	主要任务
1. 职业生涯早期	20～30 岁	①职业特点：新手或学徒，缺乏经验 ②生理特点：精力充沛，家庭负担较轻 ③心理特点：克服依赖，寻求独立	①选择适合自己的职业 ②确立职业生涯目标 ③适应组织文化	职业适应性管理
2. 职业生涯中期	30～60 岁	①职业、家庭、生物三个生命周期重叠且相互作用，生命运行任务繁重 ②人到中年的心态变化 ③职业能力稳步提高，工作业绩突出，职业发展轨迹呈现倒“U”形	①职业生涯发展的瓶颈问题 ②职业生涯发展中期危机 ③职业“停滞期” ④工作与家庭的冲突 ⑤精神压力过大，健康状况不佳	职业生涯三维管理——个人、职业和家庭
3. 职业生涯晚期	退休前的5～10 年	①家庭出现空巢现象，产生对家庭的依赖感。 ②自我意识上升，怀旧心重，开始安于现状，淡泊人生 ③进取心显著下降，权力、责任和地位下降，但仍可发挥余热和特有的作用	①面临职业生涯的终结 ②不安全感增加，如收入减少、子孙冷落与歧视、疾病增多、不适应退休生活等	退休管理

三、三个阶段的问题

1. 职业生涯早期的问题

首先是择业和确立初步目标。在青少年时期，个人的好奇心居于主导地位，但认识能力较低，对职业的认同或喜好完全是情境性的，缺乏稳定性。随着大学生进入社会和职场，经验和认知能力得到了提高，兴趣和能力的作用开始加大，进入了以职业自我心理特点为中心选择职业的时期。如何综合考虑个人的理想、职业价值观与人格特质、自身及家庭条件、社会现实等做出合理的选择，成为职业生涯早期的一大难题。在择业的基础上，对这个阶段的经济目标、职务目标、能力目标等有比较清晰的规划，也是一大难题。

其次是适应组织文化。每个组织都有自己的文化，这个文化一旦形成就比较难以改变，而且对身处其中的雇员影响很大。如果组织强调团队协作，而你喜欢自扫门前雪，就会与组织要求格格不入。如果你看重工作环境，而组织奉行"关系网"文化，你就很难在组织中有所发展。如果你发现自己很难融入组织文化，那就要进行工作调适，个人的容忍度、灵活性和坚持性对调适成效有决定性的影响。如果调适失败，个人可能就要离开组织。

2. 职业生涯中期的问题

职业生涯中期正值复杂人生的关键时期。你的职业发展可能会碰到瓶颈，导致这个瓶颈的原因可能是个人能力不足、性格缺陷，也可能是形势不佳、时机不对，还有可能是组织结构与成熟度的制约等。例如：在组织的开拓期，事业发展很快，需要很多人才，个人发展机会就很多，一旦事业走向成熟，晋升和发展的机会就不多了。

这个阶段最大的问题是"中期危机"，主要表现在三个方面：缺乏明确的组织认同和个人职业认同；现实与职业理想不一致；职业发生急剧转折或下滑。根据职业锚理论，管理型和安全型职业锚的人，其成功主要依赖于组织，取决于组织的奖酬和予以的机会，他们一般不会轻易减少工作参与或者重新设计职业方向和抱负。创造型和自主型职业锚的人，遇到了个人理想与现实的矛盾时，一般会重新定义自己的职业目标，容易转移到其他新的职业追求，受外部约束会少些。技术型职业锚的人，适应性较强，能够进行多样性选择，他们可以继续在组织中干下去，也可以从事咨询、教育等其他工作。

职业生涯中期，是家庭、工作、生物生命周期相互作用最强烈的时间段，各方压力及之间的冲突往往也导致个人精神压力过大，健康状况不佳。组织中的许多工作都落在经验丰富的中年人身上，其工作负担比较重，再加上孩子也处于求学阶段，为了孩子的未来也需要投入一定的时间、精力和金钱，此外家里还有日渐年迈的父母要照顾。可见，中年人是最劳累的阶段，如果无法妥善地处理各种事务，往往容易出现身心疾病，甚至死亡或自杀。

【课堂讨论】

◇ 有调查研究表明，现在许多老年人疾病都已经提前了，如高血压、高血脂、心律不齐、冠心病、偏头痛等等都在35～40岁人身上发现。有专家研究发现，35岁以前是健康期，35～45岁为疾病形成期，45岁～55岁为疾病暴发期，而65岁以后则为相对安全期。

3. 职业生涯晚期的问题

进入该阶段的个人首先要面临的就是职业生涯的终结。随着组织发展的规范化以及竞争日趋激烈化，组织中新老员工的交替和工作衔接可能会越来越早。很多行业在个人过了50岁以后，就应该考虑从重要的岗位上逐步离开，而将重担交给年轻的员工。许多人不愿意从重要的岗位退下来，害怕"人走茶凉"，于是不管是组织还是个人都会产生一定的问题。

即将退休的人，不安全感很多，包括经济上的不安全感、心理上的不安全感、疾病增多、不适应退休后的生活等。由于退休，收入急剧减少，很多人会担心这样的收入能否保证退休后的生活。其次，害怕被社会、家庭、子孙们冷落，加上老伴、老友陆续离世，使老年人感到恐惧和孤独。另外，身体机能衰退和老化，抵抗力降低，疾病会显著增多。因此，如何适应退休后的生活是这个阶段的一大难题。

第二节　职业适应性管理

一、学校和工作的对比

佛罗里达大学管理学教授丹尼尔·费德曼(Daniel Feldman，1987)分享了，对于初入职场的大学生所经历的“入职冲击”的一些观察。对于即将毕业的大学生，他提出的忠告是，他们将要踏入的世界是与他们将要离开的世界是截然不同的，这些差异如表 9-2 所示。该表格一针见血地指出了为什么有些大学毕业生在适应自己的第一份工作时困难重重。问题的出现主要围绕着时间的利用、任务的模糊性、组织文化的适应和更为复杂的人际关系。

表 9-2　大学环境与工作环境的比较①

工作文化	校园文化
1. 更固定的时间安排。 2. 你不能缺勤。 3. 得到的反馈既无规律又很少。 4. 没有暑假，节假日也很少。 5. 很少有问题的正确答案。 6. 任务模糊、不清楚。 7. 根据团队表现进行评估。 8. 工作循环周期更长，持续数月或数年。 9. 奖励通常以主观标准和个人判断为基础。	1. 弹性的时间安排。 2. 你可以逃课。 3. 得到的反馈既规律又具体。 4. 充足的假期和自由的节假日。 5. 问题总有正确答案。 6. 教学大纲提供明确的任务。 7. 分数上的个人竞争。 8. 工作循环周期短，每周班级会面 1～3 次，每学期 17 周。 9. 奖励以客观标准和优点为基础。
你的老板	**你的老师**
1. 通常对讨论不感兴趣。 2. 分派紧急的工作，交付周期很短。 3. 有时很独断，并不总是公平的。 4. 以结果(利益)为导向。	1. 鼓励讨论。 2. 规定完成任务的交付时间。 3. 被期待是公平的。 4. 以知识为导向。
学习的过程	**学习的过程**
1. 具体的问题解决和决策制定。 2. 以工作中的临时性时间和具体、真实的生活为基础。 3. 社会化、共享型的学习。	1. 抽象性、理论性的原则。 2. 正规的、结构性的和象征性的学习。 3. 个人化的学习

菲利普·加德纳和刘文英指出，雇主们认为大学生在新的、变化的工作方面缺乏准备。

---

① 罗伯特·C.里尔登等:《职业生涯发展与规划》，中国人民大学出版社 2010 年版，第 254 页。

“毕业生们苦于应付的问题更可能是人际关系或个人胜任能力的问题——这些技能在课堂上并没有被直接传授”。加德纳还指出，出勤率低、不服从领导和缺乏主动性是大学毕业生被解雇的最常见原因。而这些行为在课堂上是屡有发生的，学校并不会因此就开除学生，但纠正这些行为对于日后的职业行为却是至关重要的。

从大学向全职专业工作的转变过程中会涉及哪些具体问题呢？生活风格和日常习惯都会发生很多变化，但哪些特定领域最可能出现问题？作为一名新员工，你原有的学生生活方式将发生什么样的变化？你期待建立何种新的人际关系？作为一个即将完成学业的大学生，为了迎接第一天的工作，你应该采取哪些准备措施？显而易见，问题的核心在于学生需要发展自我管理和人际关系策略，这样才能较为顺利地完成从“学校人”到“职业人”、“社会人”的转变。

二、实现职业人角色转换①

1. 角色认知

(1)角色的概念

在学生时代，大学生对自己的学生角色都比较熟悉，但参加工作后对雇员角色就比较陌生了。从校园走向社会，意味着大学生从学生角色向职业人角色的转变。学生角色与职业人有很大的差异，因此大学毕业生能否做好角色适应和转换，是职业生涯早期适应性管理的首要任务。角色认知能帮助我们迅速适应新的环境，但也可能造成我们行为的固化。

每个人每天都在扮演着不同的角色，不同的角色有不同的要求和期待，即“干什么活就要像什么样”。我们扮演的每个不同的角色都有不同的角色权力、角色义务和角色行为规范，为了演好这场戏，我们就要扮演好不同的角色。而人生不可能只扮演一种角色，于是就面临着从一个角色到另一角色的适应和转换问题。在角色转换的过程中，必然伴随着角色冲突、角色学习和角色协调等一系列困难。

(2)学生角色和职业人角色的差异

第一，社会角色不同。学生角色是受教育，储备知识，接受经济供给和资助，逐步完善自己的过程；职业人角色则是用自己掌握的本领，通过具体工作为社会付出，具有一定的权利和义务，以自己的行为承担责任的过程。

第二，人际关系不同。学生的主要任务是学习，因此其人际关系是比较简单的；职业人的人际关系则复杂得多，甚至存在很多的竞争关系和尔虞我诈的地方。

第三，生活管理方式不同。学生的学习生活是一种集体生活，有统一的生活作息制度，职业人在工作时间内接受组织的管理，其他时间则由员工自行支配。

第四，对社会认识的内容和途径不同。学生对社会的认知主要是通过书本和与他人的交流，是间接的和理论性的，他们对社会的期望值很高，充满浪漫的色彩；职业人则主要通过亲身经历来认识社会，是直接的和实践性的。

【课堂讨论】

◇ 周永亮在《我是职业人》中提出职业人的十项行为准则，包括：结果证明价值；责任

① 尹忠泽：《大学生职业生涯规划》，吉林大学出版社 2007 年版，第 192～198 页。

造就人品；能力解决问题；重视日常细节；耐心对待客户；遵守公司规范；团队利益为重；精确时间观念；沟通解决一切；行为始终如一。

2. 角色转换

(1)角色转换的方法

第一，心理方面的转换。大学生初涉职场，情绪波动会很明显，前后总会经历迷惑、自我否定、挫折、烦恼、沮丧等负面情绪，以及忽好忽坏、时喜时忧的情绪波动。所以，首先应该先学会控制情绪，减少不良情绪的出现，同时要有受挫的心理准备，以免在愤世嫉俗的言行中泯灭了自己的才华。其次是平衡心态，逐步建立信心。涉世之初，大学生要把自己定位为一位学习者，没有经验、资本和人脉，他人不会高看自己也很正常，但绝不能因为这样就丧失信心。

第二，工作方面的转换。要想尽快适应新角色，融入新环境，就必须注意以下几点：即来自则安之，渐渐培养职业兴趣，全身心地投入到工作岗位中去；善于观察、勤于思考，主动发现问题；以积极态度做好领导交办的每件事，同时虚心请教以赢得同事认可；勇挑工作重担，乐于无私奉献，不要太计较个人得失；拿出勇气和热情完成每一件事情，哪怕这件事情是违背自己的兴趣的；重视培训，不断学习，避免工作中的差错和失误；主动沟通，学习和累积良好的沟通和工作习惯。

(2)影响角色转换的因素

第一，自身因素，包括心理、身体、素质、观念、性格等。理想与现实的差距、期望与实际的不平衡使毕业生走向社会后，产生依赖、自我否定、失望、寻求理解、攀比与嫉妒等不良心理。每个人都要学会当自己的心理医生，同时增强对自我个性特征的认识，保持乐观的心态、以长远的眼光来看待刚入职场的各种不适应。

第二，环境因素，包括工作、生活和人际关系等。毕业后的工作和生活条件，很多地方可能都不尽如人意，再加上期望值过高，往往难以安心工作，甚至会反抗职业角色。人际关系可能也会很复杂，这种复杂性甚至会让你感叹“有时候花在做人的时间，比花在做事的时间要长”，对此如果没有很好的心理准备和心态调整的话，就会极大地影响工作热情。

三、在组织内实现社会化[①]

1. 社会化的含义和内容

社会化指的是个人由旧角色转到现在的组织雇员这种新角色的学习过程。社会化也是角色转换的一种表现。职业人的角色转换强调学生与职业人身份的不同，而需要毕业生做出调适，以适应工作、适应职场。社会化则强调学生进入了社会后，需要适应环境和组织所需做出的行动，以适应社会、适应组织。

所谓的组织内社会化，可以定义为：人们根据自己在组织中的角色，学会举止得体并掌握必要的知识的过程。雇员在融入组织的过程中，了解组织的职能和等级制，接受了组织文化的灌输，因此那些能够融入组织的人，就更容易长期干下去，并且能发展其职业生涯。

---

① 杰弗里·H. 格林豪斯等：《职业生涯管理》，清华大学出版社2014年版，第134～137页。

乔治亚·T.曹及其同事提出了社会化的六方面内容,包括:(1)业务熟练:个体通过学习,成功掌握所从事工作的程度;(2)人:个体与组织其他成员建立起活跃的人际关系的程度;(3)政策:个体成功地了解正式或非正式工作关系及组织内部权力结构的程度;(4)语言:个体掌握专业术语及本组织特有的缩略语、俚语和行话的程度;(5)组织目标和价值观:个体对组织文化的了解程度,包括非正式的目标,以及组织成员,特别各级领导所信奉的价值观;(6)历史:个人对组织的传统、习惯、"神话"和仪式的理解和赞赏程度,包括了解组织中重要成员或有影响力的成员的个人背景和工作经历。

社会化过程能够从正面影响个人的动机、工作满意度、收入、对工作参与度和对组织的承诺,因此个人在组织内实现社会化对组织和个人都非常重要,也需要组织和个人的共同努力。个人通过主动学习和对他人的观察,也有助于成功实现社会化。

【课堂思考】

◇ 在经历中学习。

2. 社会化的阶段和对策

第 1 阶段:初期社会化。非正式的社会化进程其实在雇员全职加入组织之前就开始了。人们最初选择职业时,心里只有一种想干哪些职业的粗略想法。他们读书、看电视或上网搜索,又或通过与他人交谈,收集了有关的信息。求职者们带着对于组织内生活以及未来职业生涯的种种预期加入组织。为了防备现实冲击,学生应该形成比较现实的期望,才不会仅仅只是因为落差太差就放弃。组织也应通过招聘、培训等方法把个人期望确定在更适合的水平。

第 2 阶段:进入角色,面对现实。对于新人来说,也的确有很多东西需要去学习:他们要学会做新的工作,要培养新的人际关系,要进入新的工作团队,要掌握新的工作流程。这些学习可以是正式的,也可是非正式的。组织除了对新人进行培训、锻炼外,应该对新人做出他所希望的全面评价,以及提供具体的发展机会,不然很容易让新人感到"我的工作无人指导,做得好不好也没有人给予反馈",结果仅是因为无法适应他就会很快离职。

第 3 阶段:调整和改变。有研究指出改变和成功的调整可以有多种形式:(1)雇员学会如何工作了吗?(2)雇员融入了工作团队吗?(3)雇员对本职角色认识得够清楚吗?(4)雇员学会了如何在系统内工作吗?(5)雇员了解并接受组织的价值观吗?新人面对新的环境,应该着手从上述几个方面去做改变和调整,以期快速地实现社会化。换句话说,这些方面也可以用来评估新人的社会化是否成功。

【课堂阅读】

组织内的两种价值观

埃德加·舍因区分了组织内的两种价值观:一种是关键性的或本质的价值观,如有关自由组织的信念、承认下级服从上级的制度;另一种是与此相关但不要求雇员必须接受的价值观,如着装习惯。雇员如果拒绝接受组织所有的价值观,无论是本质的还是相关的,那其社会化就是不大成功的。舍因还提出,盲目地接受所有价值观将导致过于顺从和思想贫乏,而这会给组织和个人带来灾难性的后果。举个例子,全盘接受组织价值观的新雇员会受到整个系统的太多束缚,以至于将来他们掌握一定权力,而又需要做出变革时,却无能为力了。还有一种社会化的结果,舍因称为"创造性个人主义",这是最令人满意的社会化结果。这是指个人会接受重要的价值观和规则,而可能拒绝那些次要的价值观和原则。由于保留了自己的部分个性,这种具有创造性的雇员会随着时间推移为组织做出最原创性的贡献。他们在接受组织的核心目标和价值观时,还会对组织中用处不大的规矩提出疑问,等他们的影响力增大后,就会对去改变这些规矩。

3. 更为积极的一些行动

信息和帮助并不是总能在最需要的时候出现,因此,新人一般需要采用一些更为积极主动的行动。以下是一些行动建议:

(1)就本职工作和上司作初步讨论,请教增强工作的挑战性、责任和多样化的办法。

(2)与上司讨论自己最近的工作表现。如果上级答复不够细致或确切,要礼貌而执着地请求更详细的解答。

(3)分析上司的需要并与其进行讨论,以考察自己能以何种方式提供帮助,使其更有效地工作。

(4)从负责观察你表现的那些同事中听取意见。

(5)参加正式活动以尽可能了解组织的情况。

(6)阅读有关组织的文献,寻找问题答案。

(7)与组织中能给你提供信息,帮你开阔眼界,或具有丰富的组织经验的同事建立非正式关系。

(8)准备与他人分享你的感受和想法。相互分享比只听不说的交流更能维持关系。

(9)试着了解组织的发展方向,学习将来可能需要的技能。

(10)再次检查个人价值观、兴趣、才能与组织价值观、要求和机会是否兼容。

【课堂阅读】

员工网络

员工网络是实施上述行动的有效途径。员工网络是由员工组织而成的正式或非正式的团体,为其个体成员提供有关公司的信息,允许员工向公司反馈信息,并鼓励他们的职业生涯管理行为。埃万制造公司就成立了正式的员工网络。埃万认为,修一条林荫道供员工休闲,是本公司社会责任的一部分。埃万致力于创造一种文化,以支持其雇员摆平工作和个人责任之间的各种关系。该公司内部的网站包罗万象,包括父母网、拉美裔网、黑人专业协会网、亚裔网以及同性恋网。这些网站像联络员一样上传下达,供雇员和管理者讨论对组织和市场有重大影响的问题。对处于职业生涯早期的雇员来说,加入这样的网络对个人及专业都是有好处的。

四、工作第一年的生涯策略

罗伯特·C.里尔登提出,大学毕业生可以采取一些策略来提高自己在工作第一年的表现,以增强对职场和社会的适应,成功实现职业化和社会化。

1. 在职培训

作为一名大学毕业生,你可能以为一旦踏上工作岗位,你的教育和培训生涯就结束了,但事实绝不是如此。作为一个刚刚参加工作的新员工,希望在培训上多花些时间的想法很重要。事实上,你应该以一种积极的态度和热情对待这些培训机会。一些权威人士认为,一个员工对组织唯一理智的期望是获得能使员工在市场上变得更具生产力和竞争力的持续训练。因此,你要做好在新工作中(尤其是第一年)学习许多新知识的准备。

除了由组织提供的培训,你还可以加入专业协会或商贸团体,从而与该领域的变化趋势保持同步,保持联系并获得就业机会。通过协会名录、在线资源、大部分的图书馆和职业中心,你可以找到这些信息。

你还可以从人际网络中受益。理查德森和图尔干(Richardson & Tulgan,1997)建议你应该为建立一些长期关系进行投资,而可能意味着向那些你所尊敬的人发出邀请,从而提高自己的工作效率。组织产生新工作机会通常都是由于工作者已达不到工作的要求所致(例如,工作产出要求增加,超过了他们的生产能力),而你就可以利用这一知识来与那些富有成效的工作者进行联系,并改善你的生涯处境。

2. 沟通技能

普拉特(Pratt,1996)认为,在工作的前 6 个月内改善你的沟通技能尤其重要。他指出,表达能力的发展尤为重要,并建议你参加一些特殊的演讲课程或类似国际演讲协会(Toastmaster International)这样的组织。他还认为,你在面对面交流、员工会议、大型团体演示中呈现自己观点的能力将依赖于个体有效表达的能力。

普拉特还指出了改善沟通技能的另一个方面——电话。尽管你可能已经在打电话方面花费了大量的时间,但并不一定是出于工作需要。普拉特建议用一个事先准备好的议程表来帮助我们把通电话的过程变得尽可能简明有效,可以先准备一个纲要,并记录下电话中的重要信息或决定,同时利用一只手表来为自己打电话计时。另外需要提到的是,你应该寻找培训机会来学习利用你办公室中的通信系统(比如停车电话、呼叫等待、会议电话、口信、远程控制、"办公室网络礼节"(office netiquette)等)。

3. 做你自己的公关顾问

出色完成工作固然重要,但如果你的工作不为人知,就不会得到认可。阿舍(Asher,1998)建议你应花一些时间与人交流,让人们知道你在做什么,让他人获悉你的工作进度,在恰当的时候,通过电子邮件分享你的观点及时更新你的简历,或学习新的技能,维护和更新你的个人网页或履历表。

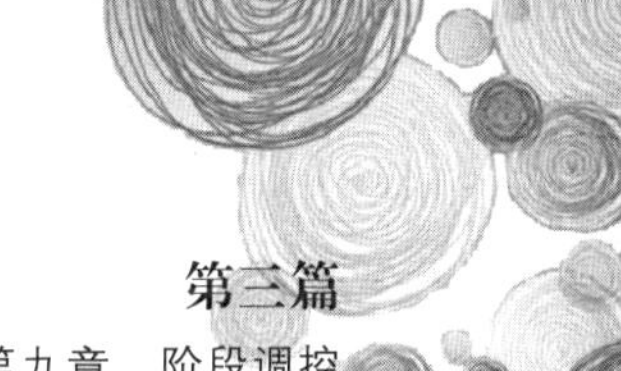

第三节　职业停滞期管理①②

一、停滞期的含义与特点

1. 停滞期的含义

"停滞"是一个自然现象。职业停滞期通常是针对那些受到领导和组织重视却又没有升迁发展前景的管理者而言的。尽管停滞期在职业生涯的任何时期都有可能发生，但在经验丰富的老员工中发生的概率更高。因此，职业停滞期是职业生涯中期阶段的核心问题。

职业停滞被学者形象地比喻为"职业高原"。他们认为员工的职业生涯发展轨迹是一个倒"U"形曲线，员工的职业发展从早期逐步上升的趋势，在中期日渐趋于平缓，形成一个"高原"，经过这个阶段后，职业轨迹开始呈现下降趋势。在进入"职业高原"阶段后，员工将无法再沿着企业的管理层级向上晋升，工作责任与挑战相对终止，个体的职业生涯发展进入停滞状态。

2. 停滞期的特点

正确地理解职业停滞期的含义和特点，是成功应对停滞期危机的前提。职业停滞期具有以下特点：

(1)停滞期是无法避免的。

(2)停滞期是一个描述自然现象的中性词，本身并没有褒贬色彩。

(3)停滞期每个人都会遇到，不同的是人们对待它的态度。

(4)停滞期是人生事业历程中的正常阶段，不正常的是个人的感受。

(5)停滞期的年龄有日益年轻化的趋势。

(6)停滞人口的比例决定于全体人口的素质和经济因素，个人无法改变。

二、停滞期的原因和类型

1. 停滞期的原因

员工走上职业高原的原因主要有两个：企业把员工挤上了这个高原，或员工自己走上了这个高原。企业这样做的原因主要有两个。第一个原因是组织自身存在着种种限制，无法提拔雇员，或者没有更多的事情让他来管。这些限制可能是组织的"庙"太小、经营不景气、组织在"瘦身"、招聘和培训的不恰当，或者同一岗位的竞争增大了等。

第二个原因是组织对雇员做出了负面的评价，从而把他高原化了。某个雇员得不到提拔，可能是因为管理者认为他缺乏高一级岗位所必需的经验、人际关系能力、职业道德、责任感不足、高度不够等。或者这个雇员"没准备好""应付不了"，或者说没那个意愿或技能。

有些员工出于个人原因，会故意选择把自己高原化，特别是一些资深的员工。很多双职

---

① 杜林致：《职业生涯管理》，上海交通大学出版社 2006 年版，第 183～186 页。

② 杰弗里・H.格林豪斯等：《职业生涯管理》，清华大学出版社 2014 年版，第 160～171 页。

工家庭的雇员就是选择待在本岗位，而不去追求额外的权责。新的压力，还有各种干扰。以及个人对旅游、业余生活的热爱等，可能超过新职位所能带来的额外报酬和权力。

以下是一些具体的原因：

（1）大部分公司存在金字塔式的结构：等级越高，可提供的职位就越少。如果这个金字塔较为扁平化，就更没有多少可供人们向上爬的管理阶梯。

（2）对于少数高级职位的竞争越来越激烈。

（3）在那些成长缓慢的、毫无发展或要缩减经营规模并裁员的公司中，雇员高原化的程度就尤其严重。把工作外包出去，或者公司经营战略调整，都会使某些职业生涯进程出现高原化的态势。

（4）技术上的变革可能会终止某些职业生涯的发展途径，后者开辟出一些新发展途径，而员工对此毫无准备。

（5）有些员工缺乏晋升所需的技术或管理技能，或者是缺乏制定灵活导向策略的职业生涯管理技能，又或者只是因为组织太看重他们在现有职位上的作用，他们就更容易达到职业生涯高原。

（6）有许多因素会引起雇员掉队，止步于其职业生涯高原。这些因素包括：人际关系问题、未达到经营目标、在建立和领导团队上失败、在人生的转变时期不能与时俱进或无法适应。

（7）出于对更均衡的生活模式的需要，越来越多的雇员让组织意识到，他们并不希望得到晋升，因为这会和家庭以及他们的闲暇生活发生冲突。

2. 停滞期的类型

（1）结构型停滞：由组织的阶层或结构所造成的，表现为晋升的停止。

（2）满足型停滞：多表现在技术人员身上，尤其是业务熟练的具有专家水准的资深员工，他们通常觉得没什么好学的了，因此感到非常乏味。

（3）事业型停滞：通常是那些事业有成的人，虽然身家上亿，但一点也没有感到愉快轻松，反而经常感到紧张焦虑。

（4）生活型停滞：这种类型不容易定义和描述，但却很容易理解。它与一个人的感受有关，它是一种生活状态。当人们陷入生活型停滞时，一切他所做的事、交往的人都不再令他欢悦或振奋了。生活毫无变化，生活的全部意义就是履行承诺，承担一系列的责任。

三、停滞期的影响和对策

1. 停滞期的影响

大多数人都把高原心理与负面结果相联系。处于停滞期的员工，很容易产生无法掩盖的失望、沮丧、厌倦和痛苦的感觉。有研究指出，那些认为自己已达到职业生涯高原的人，往往表现出较低的工作满意度和公司认同感，感受到更大的压力，更容易离开组织。对个人而言，停滞期的员工可能会产生很多有害的心理反应，例如自暴自弃、自称无能、抱怨上级和同事不认可等。停滞期的职业心理问题主要集中在以下方面：

（1）职业方向感：一旦晋升无望，不知道下一步该怎么办。

（2）职业倦怠感：对工作的前景丧失信心，为工作而工作，对于工作内容和成果缺乏热情，工作效率和产出显著降低。

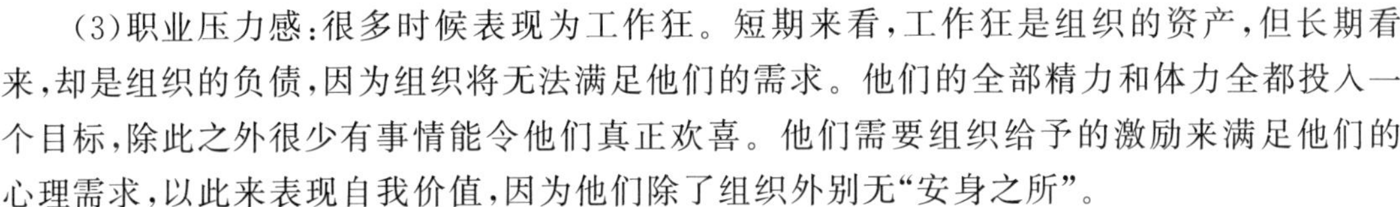

(3)职业压力感:很多时候表现为工作狂。短期来看,工作狂是组织的资产,但长期看来,却是组织的负债,因为组织将无法满足他们的需求。他们的全部精力和体力全都投入一个目标,除此之外很少有事情能令他们真正欢喜。他们需要组织给予的激励来满足他们的心理需求,以此来表现自我价值,因为他们除了组织外别无“安身之所”。

(4)人际关系感:主要是与上司、同事和下属的关系。必须学会如何保护自己,与同事保持距离并处理好各种关系,平衡好工作与家庭的冲突。

(5)组织归属感:误以为自己已经付出努力却依旧原地踏步,结果对组织、上司心生怨恨。他们怨恨组织,因为没有受到重用;他们怨恨上司,因为没有受到赏识;更可悲的是他们也怨恨自己,恨自己陷于被动,怨自己运气太差,经常产生离职的念头等;或是画地为牢,变得极其认命。

【课堂讨论】

◇ 有证据表明,许多达到职业生涯高原的男性有失败感,因为他们把阳刚之气和事业成功相提并论。对于许多男性来说,这种失败感多少有点儿愧疚的味道,因为他们为了追求事业的成功,几乎没有时间和家人在一起。而对于一些女性来说,如果她们甩开婚姻和家庭,集中精力去追求事业,最后却是一场空,就容易产生被出卖的感觉。

2. 停滞期的对策

首先,可以用一个更为轻松的态度来看待停滞期。随着知识快速更新和组织结构日益扁平化,每个组织都或多或少地存在一些晋升停滞的员工。停滞期是人人都无法避免的,你的工作和生活总会在某个阶段停下来,有时候只是你没有意识到或不愿承认而已。其实,职业停滞期或职业高原是一个相对普遍的现象,因此也没必要太过于惊慌失措。

另外,也有研究表明:长期不提拔,对于个人发展和成熟来说,也是有积极的作用的。原因在于,职业生涯高原代表着一段相对稳定的时期,个人趁此机会可以掌握新的技能,追求一种更易把握的家庭和个人生活,而且可以修身养性。他们还可以利用这段时间,重新审视自己的现状,数一数自己的成就。他们可以对自己在工作以外的使命更感兴趣,付出更多的心思,并且从中获得幸福。

有些人可以顺利度过停滞期,而有些人则更容易变得情绪低落、绩效降低。所以,虽然停滞期不可避免,但不同人不同情况却又有不同的后果。格林豪斯引用了一个职业生涯管理模型(详见表9-3)来说明,公司应该注意防止把高原期那些可靠的员工变成公司的累赘。“可靠的员工”在现有的岗位上仍然工作出色;“没用的员工”的工作绩效已不合标准。

表9-3 职业生涯管理模型

	未来晋升的可能性	
现在的绩效	低	高
高	可靠的员工 (有效的职业生涯高原期员工)	明星
低	“没用”的员工 (无效的职业生涯高原期员工)	初学者 (有望成功)

对于个人而言，首先必须认识到停滞期的到来，在大多数情况下是不可避免的，所以一方面要欣然接受，另一方面还是尽最大可能把现有工作做好。其次要区分造成停滞期的原因，适当的针对具体情况采取一定的措施，例如工作轮换、平级调动、转换跑道、参加培训、回到学校、寻找新的兴趣和挑战等。

停滞期可能会让人感到紧张和压力，想换工作但对前途仍感渺茫，而且你肯定会质疑为什么要放弃耕耘已久、收入颇丰的现有工作呢？一段时间之后，可能你就开始接受这种职业生涯高原状态了。当你认识到不必为了更高的职位、更好的报酬去竞争时，你就可以把更多的时间放在家庭和其他感兴趣的事情上来，甚至有了重新学习新技能的时间，这可能会导致更好的结局。

第四节　平衡工作与家庭[①]

一、工作与家庭冲突的性质

1. 普遍而又显著的冲突

想想你的工作责任是怎样影响你的家庭和个人生活的，想想一个良好的工作日是如何影响你在家时的情绪的？或者，想想你有多少次是因为工作而错过孩子的音乐独奏会或自己去健身房锻炼的机会的？也想想你的家庭责任是怎样影响你的职业生涯的，比如：你到底愿意把数不清的夜晚和周末花费在办公室，还是和家人、朋友一起度过？如果搬家会妨碍你配偶的工作，会损害你的孩子的友谊，你还能否接受因为工作需要而搬家？

工作与家庭生活在很多方面相互交叉，但很多人仍然没有把家庭关系与生涯规划联系在一起。因此，工作与家庭的冲突是普遍而客观存在的，而且随着更多的女性参加工作，工作与家庭角色的冲突将更加突出。很多资料都显示，女性的就业率、女性占就业人口的比率、女性在组织中担任重要岗位的比例，都有逐年提高的趋势。另据一些调查，在美国每10对配偶中就有将近6对是双职工，世界上很多国家也在出现这样的趋势。

此外，使得工作与家庭冲突普遍而突出的因素还包括：更多的人既要追求事业有成，又要对家庭关系负责；越来越多的男性主动或被迫地需要去协调工作和家庭生活；生活成本居高不下，生活压力越来越大；单亲、离婚、再婚、晚婚的人数正在增加，家庭结构正在发生变化；移动通信和互联网的发展使得很多雇员过上了随时都要投入工作的状态；经济日益全球化的趋势也要求很多雇员与世界各地的伙伴要随时保持通话联系等等。

【课堂阅读】

◇ 根据一些调查，美国劳动力中的女性占女性总数的59%，而男性则比女性高13%；男性和女性在劳动力中所占的比重分别为51%和49%；对于成家的男女，男性比以前多花1个小时在家务事上，女性则在家务上减少了相应的时间，当然女性还是

---

① 杰弗里・H．格林豪斯等：《职业生涯管理》，清华大学出版社2014年版，第200～212页。

干得比男性多；男性每天会比女性多工作差不多一个小时，但工作的女性每天会比男性多花一个小时在家务事和照顾家庭成员上；大概有1/5的工作者会在家做部分工作或全部工作。以上数据可能存在偏差，但能在一定程度上说明家庭与工作中的性别问题。

【课堂讨论】

◇　双性特质。男性特质常常与社会权力、团队领导、健壮的身体、缺少亲密感、逻辑严谨的思维以及雄心抱负联系在一起。而女性特质常常与顺从、意志薄弱、情感丰富、善于照料以及柔弱无力联系在一起。然而，这种两极性在现代生活中正在被打破，双性特质或者说一个人身上同时表现出男性特质和女性特质，使得男性和女性都有机会超越传统的性别刻板印象。由于具有双性特质，对女性特质的恐惧为那些发现自己不再是家庭中主要的养家糊口的男性带来了许多问题。做一个有双性特质的男性，特别不能被一些男人所接受，对他们来说，把照看儿童及料理家务放进他们的生活/生涯角色中是非常困难的。

【课堂思考】

◇　女性要比男性遇到更多的工作与家庭的冲突。

2. 冲突的程度因人而异

不同的年代、不同的人对工作与家庭的态度和价值观是不同的。基于你对工作和家庭的态度和价值观，你可以选择以工作为中心、以家庭为中心或者工作与家庭并重。不同选择下的父母，其所面临的工作与家庭的冲突程度就不同。例如，有些父母为了兼顾工作和家庭，或许会选择弹性工作时间、非全职工作、改变职业路径、在一段时期内放弃工作或者自己创业开公司等。

人们所能感受和承受的压力，取决于他们的角色在自己心目中占有多么重要、显著的地位。以工作为中心的人会要求自己全力以赴地投入并胜任工作者角色，从而加剧了冲突的程度。对那些即高度投入工作又高度投入家庭的人，这种冲突可能会更为严重。他们希望在工作中有高效率，同时做一个良好的伴侣和父母，如果他们不能始终同时做好这两者，他们就会有犯罪感。

每个人对工作的重要性的看法还是不一样的。有些人会选择以牺牲家庭关系为代价，换取事业上的成功；有些人则会选择以家庭生活为主，但却必须接受缺乏重大的职业成就的事实；有些人想同时扮演好工作和家庭角色，但最终可能一事无成。人们必须明白，哪种价值对他们来说最重要，如果追求这些价值，那会付出什么代价和风险。虽然，任何人都会经历工作和家庭两种角色之间的冲突或干扰，但程度大小以及后果如何却是因人而异的。

【课堂阅读】

情况各不相同的三个人

比尔是一位辛勤工作的律师。他30多岁，已婚，有两个孩子。工作占据了他的生活，他长时间工作、频繁出差，并且很多晚上和周末都把工作带回家里做。尽管工作压力很大,他的家人都还年轻,比尔并没有感到会有严重的工作和家庭的冲突。他是如此潜心于工作,以至于没有注意到围绕着他的家庭压力。因为他经常能说服妻子,在时间和感情上不能对他要求太多,所以他甚至看不到工作对家庭的影响;或者他虽然看到了这种影响,但并不感到太为难。这并不是说他认为家庭不重要,只不过他把家庭的重要性排在工作后面而已。

马利克是一位行政官员,已婚,有两个孩子,从事的也是那种很费时间的工作。但是不像比尔,马利克非常注意与家人共度时光,把工作中的事情告诉家人。他的工作重要,但家庭也同样重要。尽管马利克尽力在工作和家庭之间搞平衡,他还是总感到工作——家庭的冲突和强烈。既然他对两种角色都非常关注,因此他在时间和情感上都很吃力,这是不可避免的。

拉詹的情况略有不同。他在州政府机关做会计。尽管拉詹喜欢他的工作,但他的职业生涯并不是他生活中的重要内容。他工作主要是为了挣足钱给妻子和孩子使用。他每周工作 40 个小时,总是设法避开出差,几乎从不把工作带回家去做。他把热情放在家人以及他的业余爱好上。拉詹并不感到工作与家庭有什么强烈的冲突。他的工作留给她充足的时间,使他能够追求真正的爱好,而且不会榨干他的精力。

二、工作与家庭冲突的形式

当来自工作和家庭这两个角色的压力不能相容时,即执行一种角色会影响到执行另一种角色时,就会产生工作与家庭的冲突。这种冲突可能是“工作对家庭的冲突”,也可能是“家庭对工作的冲突”。格林豪斯根据有关研究,提出工作与家庭冲突的三种主要形式。

1. 时间上的冲突

时间是一种稀缺资源,用在一种角色上的时间,通常不可能再用于另一角色,谁都不可能有“分身术”。出差开会或在办公室加班,就与在家吃晚餐和给孩子开家长会相冲突。那些连着工作很长时间、频繁出差、经常加班以及工作日程难以调整的员工,最容易发生这种时间上的工作对家庭的冲突。家庭与工作冲突最频繁的雇员往往是那些已婚、有小孩、家庭人口多而伴侣有工作的人。

2. 情绪紧张的冲突

工作上的压力会产生诸如紧张、不安、易怒、疲劳、沮丧和冷漠等症状,而且一个沮丧或易怒的人很难成为专注的伴侣、充满爱心的父母或善解人意的朋友。紧张造成的工作对家庭的冲突多发生在这些员工身上,他们在工作角色中遇到冲突或不确定性,或者工作要求付出较多的体力、情感或脑力,工作环境不断变化,或者工作重复和乏味。所有这些压力会使他们把在本职工作内的负面情绪带到工作以外,成为负面情绪外溢。那些与伴侣、孩子关系紧张的人,或者从家人那里得不到什么支持和帮助的人,可能会发现,家庭的压力已经侵入了自己的工作之中,过多操心家庭环境压力的人是很难全力投入工作的。

3. 行为上的冲突

对一种角色有效的行为,对另一种角色可能根本不适用。例如:人们一直认为,管理人员就应该是有主见、有闯劲、公正而又客观。另一方面,他的家人则可能期望他在家时是热

情、慈爱和周到的。如果人们在进入不同角色时不能“换挡”，他们很可能就会在不同角色之间发生行为上的冲突。员工在面对家人时，如果拿出工作中表现出来的行为风格(讲究逻辑、客观、权力)，就可能达不到其伴侣和孩子们对他的期望，伴侣和孩子们可不愿意当他的下属。

三、工作与家庭冲突的原因

1. 工作原因

比如，工作时间过长、经常加班、无规律的轮班、工作时间表没有弹性等，可能引起时间性冲突。工作角色模糊、角色负担过重、缺乏领导支持等可能引起紧张性冲突。此外，工作环境的变化、频繁出差、交往中的压力、工作要求思想集中的程度、工作的性质等都与工作和家庭冲突有关。总体而言，工作具有挑战性、多样性、重要性和自主性的人更容易产生工作家庭冲突。

2. 家庭原因

家庭的规模与结构、婚姻状态、父母身份、孩子的年龄和数量、配偶的工作类型、家庭成员的支持等等，这都会影响工作和家庭冲突的程度。与工作领域中一样，占用过多时间的家庭角色也可能直接或间接地产生工作与家庭之间关系紧张。比如已婚的人比未婚的人感到有更多的冲突；做了父母可能比未做父母的经受更多的冲突；年幼儿童的父母比年长儿童的父母感到更多的冲突；大家庭比小家庭要投入更多的时间。高度地投入职业的丈夫花在家庭的时间极少，因此更增加了妻子身上本来已经很重的家庭负担。女性的工作家庭冲突水平与丈夫每周的工作时数直接相关。在管理或专业职位上工作的女性将较长的时间用于工作中，从而使丈夫产生了更多地参与家庭活动的强烈压力，这种压力反过来可能与他的工作责任相冲突。

四、双职工家庭

1. 双职工家庭的含义

工作与家庭的冲突所造成的后果，在双职工家庭中特别显著。双职工家庭是指：共享同一种生活方式，包括持续的爱情关系、同住一个屋檐下和都有工作的两个人组成的家庭。双职工伴侣中任何一方的工作都不必是专业性或管理性的，但如果双方都拥有专业的、管理的或技术的工作，我们就称他们为双生涯(dual-career)家庭或双薪(dual-earner)家庭。双生涯家庭的两人都长期在外忙于工作，并把承担工作看作一种有目的的生活类型。

传统的家庭模式——丈夫在外工作、妻子主持家务、有两个或更多的孩子——现在只代表着一小部分的家庭。其实，还有很多种其他的生活方式，包括单亲家庭、丁克夫妇、“家庭妇男”、双职工家庭等。在生活压力变大、女性追求独立、电子商务发达等背景下，双职工家庭日益令人青睐，且有着不可逆转的趋势。相比较传统的家庭模式，双职工家庭是一种更加复杂的生涯状态。

2. 双职工家庭能改善生活

双职工家庭的收入会增加，而且生活质量会得到改善。从女性的角度来看，就业能够满足成就、挑战、多样性和权力的需求，而这些需求是家庭妇女的角色所不能满足的。女性就业可以提高她的自尊和情感健全程度，以及独立性和自力更生的能力，能带来更多的社会联系、更高的收入和更丰富的生活，特别是如果她的职业提供了富有挑战的、有趣的工作机会。从男性的角度来看，双职工关系通常带来更多的家庭责任。

男性如果更多地参与照料孩子，可以形成与孩子更紧密的纽带，拓展生活的乐趣。由于在双职工关系中，丈夫并非独立对家庭的经济条件负责，他就会感到成功的压力不那么大，如果工作不满意，也有更大的辞职自由。双职工关系提供了机会，使双方能更平等分享对家庭角色的参与机会。伴侣双方都就业，会提高以平等为基础的相互尊重，使他们关系更亲密，使他们对对方更感兴趣，也因共同进步而更加般配。

【课堂讨论】

◇ 有研究显示，双职工家庭的双方疲倦而有压力，但同时健康而又快乐。抑郁和焦虑的女性比例减少，男性比他们的父亲更多地参与到孩子的生活中。

3. 双职工家庭的冲突和压力

第一，过多的工作要求和家庭要求会造成工作与家庭的冲突。挑战性的工作、频繁的出差和长时间的工作，这些都容易跟参与家庭活动的时间相互冲突。简单举例，就家务活的分配就常常是双职工家庭争吵的内容。尽管女性有了工作，但她们并没有在多大程度上放弃照顾家庭和孩子的角色，家务活成为她们的“第二个班”；即使丈夫越来越多地干起了家务活，但他们往往被认为是“帮一把手”，而不是主要挑起这些责任。

对双职工家庭来说，工作与家庭的冲突是经常发生的。这种冲突及其所造成的压力将威胁到家庭关系。首先，家长可能会因为没有足够的时间陪伴孩子而有负罪感。其次，伴侣可能没有时间培养他们之间的关系，工作要求和孩子的需求几乎没有留给他们用于彼此的时间，不能共度时光会危及浪漫关系和感情，令双方彼此疏离。再次，家庭和工作责任使他们几乎没有留给自己的时间，他们要找点时间来放松、反思和休闲就算有可能，也太不容易了。

第二，职业生涯成就会受到限制。双职工的生活方式可能会限制人们的职业生涯成就，或者减慢步伐，尤其是女性就更可能如此。双职工家庭中的女性，或者高度介入家庭生活男性，常常“自愿”减少对工作的投入，例如缩减工作时间、放弃会与家庭责任冲突的发展机会、谢绝需要搬家的晋升机会，或者暂时离开工作一段时间。当然，也有研究指出女性对母亲这一角色的认同，是与她们更高水平的工作业绩相联系的；而比起没有孩子的男性，做父亲的男性能挣更多的钱，在组织中有更高的职位，对工作也更加满意。

在双职工家庭中，职业生涯成就会受到多大的约束，一方面取决于某一特定职业要求投入的时间；另一方面取决于伴侣双方对各自以及彼此时间的管理。在要求长时间工作、工作时间不灵活的职业领域，人们的工作业绩和职业发展可能就会受到伤害。另外，以下因素也起重要作用：伴侣双方对家庭承担多少义务，是否有其他人帮助照看孩子，能否得到伴侣的支持，以及你的雇主有没有灵活性的工作制度等。

还有重要的一点，即双职工伴侣必须经常及时决定，在某一特定时期谁的工作应该更为优先。传统上，男性的职业总是优先于家庭责任，而女性的家庭责任被认为应该优先于工作。但这样的认知可能已经不合时宜了。在双职工关系中双方工作的相对优先性是变化

的，变化取决于双方职业生涯的需要和发展阶段。通过沟通和协调，双方必须对彼此事业的相对优先性达成一致，否则就有造成婚姻关系紧张的危险。

第三，伴侣在职业生涯上的成就对另一方可能带来竞争和嫉妒。在传统家庭中，男性在工作世界里取得成就，女性则操持家务，因此不可能对他们各自事业进行比较。然而，当双方都就业时，很可能一方最终会比另一方更成功，这就会给双方关系带来微妙的变化。已经有研究表明，如果妻子的职业成就超过丈夫，丈夫可能就会觉得受到威胁，甚至会招致丈夫的不信任或怨恨。当然并不是所有人都会有同样的感受，这可能取决于伴侣双方的人生追求。如果双方都把自己的职业生涯成就看得非常重要，那么就会产生最强烈的竞争心和嫉妒心。

【课堂思考】

◇ 一项研究发现，女性的工作成就越高，她的婚姻满意度就越低。

【课堂讨论】

◇ “三明治一代”，这个词用来形容那些既要照顾年迈的父母，又要抚养孩子的中年人。以下因素导致人们更加关注这种现象：更多中年人的父母都健在；父母都在远方居住；女性生孩子的年龄更晚了；小孩需要抚养和资助的时间比以前增加了；女性外出工作；女性是双重抚养者。

第四，双职工状态对孩子的影响。与女性就业有关的家庭方面的最大难题是儿童照管的问题。双职工家庭的双方，都需要在工作上付出更多的时间，因此用于子女和双亲照顾的时间就会减少。而陪伴时间和关注的缺失，自然会对孩子的成长造成不好的影响。但其实，父母双方都上班对孩子的影响有好有坏，不能说有绝对有利或绝对不利的影响。例如有研究指出，孩子由于有就业的双亲做榜样而受益。双职工生活方式对孩子的影响如何，很可能最终要取决于父母及孩子的关系是否融洽、照顾孩子是否周到，以及父母双方的个人满意度等因素。

五、平衡工作与家庭的策略

我们的工作可能会要求我们付出大量时间和精力，直到筋疲力尽；与此同时，我们的家庭——配偶、孩子和父母——又要求我们给予关照和支持。我们每天的决策会影响我们生活的平衡与否。我们无法对这样的冲突和压力视而不见，职业生涯管理作为积极解决工作与生活问题的方式，可以帮助人们做出适合自己以及自己所希望的生活方式的决策。

1. 沟通和互相支持

在成功的双职工关系中，沟通和互相支持是最基本的因素。首先，来自家庭成员情感上的支持是非常重要的，因为伴侣双方是在一种需要互相妥协的方式中生活的，并且会产生身份认知问题、嫉妒心和罪恶感等。支持必须是相互的，伴侣双方必须既接受支持，也支持对方。其次，家务的分担也是重要的支持，尽管请家政服务可以减少家务负担，但它不可能完全代替那种双方都愿意的、公平的、平等的分担责任的方式。再次，正确的、建设性的反馈能够肯定伴侣双方的努力，也能及时地调整和修正行为。

【课堂讨论】

◇ 伴侣之间压力最大、相互支持最少的家庭,也许就是那种双方都高度沉迷于工作,很少介入家庭事务,但又都想过上满意的家庭生活的家庭。这种被弗朗辛和道格拉斯·霍尔称作"冤家"的关系,可能会因为职业生涯优先性和家务分派上的持续冲突而受到威胁。按照他们的说法,这种家庭的伴侣任何一方都"不愿意也不可能牺牲职业生涯,来成全对方的职业生涯或是满足家庭角色的需要"。

2. 创造共渡难关的氛围

工作与家庭的冲突是属于男女双方的,并不仅仅是任何一方的问题。在共同面对和应对问题时,应该从以"我"为主(利己主义、逼人就范、压制矛盾)转为以"我们"为主(共同目标、相互鼓励、求同存异)。对某一对伴侣有用的策略不一定对另一对伴侣有用,谁都不可能拿出一套成功的"菜谱"。但也有在各种环境下都适用的办法,那就是需要建立交流和解决问题的氛围。可以通过以下做法创造这种氛围:定期讨论问题、倾听伴侣的想法并谈出自己的看法、讨论各自的目标、找出各自的期望、着手解决问题以及通过协商达成一致。

3. 澄清和限定角色与关系

当双职工家庭的成员对于家庭生活没有共同的计划或看法时就会出现问题。例如:一方认为另一方应该把对工作的热情和努力放在第二位。在澄清双职工家庭的角色和关系的过程中,夫妻双方应该回顾他们自己的角色和关系,如孩子、学生、工作者、配偶或伴侣、持家者、公民等(职业生涯彩虹图),并分享在他们的双生涯关系中哪些角色是最基本的,以此来澄清和达成对角色与关系的共识。

很多要求我们做好工作或在家庭中尽力的压力,是来自老板、同事、伴侣和孩子,然而最主要的是来自我们自己。人们给自己施加多大的压力,取决于他们的角色在自己心目中占多么重要、显著的地位。以工作为中心的人会要求自己全力以投入并胜任这一角色,从而加剧了冲突的程度。对那些高度投入工作又高度投入家庭的人,这种冲突可能会最为严重。因此,可以通过降低人们对性别、工作或家庭角色的期望,或改变人们的自我要求以重新定位,从而减少冲突。

4. 发展社会支持系统

那些能有意识地通过协商谁将做什么、什么时候做以及怎样做来重新确定他们的生活角色的人最有可能成功。对双职工家庭的支持系统包括各种各样的形式,家庭成员、朋友、邻居和同事等社会网络中的人会相互交换时间,帮忙提供照料服务。有人认为工作与家庭的平衡是个人问题,更是社会问题,应该由组织和政府从社会的角度解决。国家应该制定有关休假和儿童照管的政策,以便于女性生育和哺乳、照顾健康不佳的父母等。

为了留住有价值的员工,有些组织会提供各种形式的家庭支持,例如提供儿童养育和老人看护的帮助或安排;提供弹性工作时间、工作共享、远程办公、居家办公、压缩工作周、周期性休息等多种工作形式;提供休闲与健身的支持和安排;通过创造一些较短工作时间的岗位、提供弹性工作日、变换终身工作年限和合作状态、改变人们认为休假不好的看法、提供老人或儿童照管的渠道、培养女性的进取心等这样的做法吸引女性回到职场。

第五节 体面的退休生活

一、退休意味着什么

1. 退休是职场终点

万物都有终点，退休可能就是职业生涯的终点。退休被定义为中年以后，人们离开某个职位或职业生涯道路，此后个人对工作不再承担或只承担很少的心理承诺。所以，退休首先意味着你年龄大了，以及职场生活的终结。

但有时候我们也很难确定一个人何时才算真正退休。有些人可能因为技术落伍、身患疾病、有其他人生理想或已经实现了财务自由等，在40岁中期或50岁后期就选择提前退休；也有另外一些人，则在退休后选择各种形式的兼职工作。

2. 退休是生涯转变

对于大多数人而言，退休是一个重大的生涯转变。对许多人来讲，退休意味着放弃权力、声望和地位，他们将与自己充满激情并为之长期奋斗的事业断绝联系。而另外一些人则终于有了自己的时间，去开展梦想已久的活动，对这些人而言，退休意味着另一种生涯的开始，他们也可能在退休岁月中铸就第二或第三个职业生涯。例如，从首席执行官角色转而从事教育管理继而又担任某公共服务机构的主席；从财务工作转而从事野生摄影。

因个人个性和需求的不同，退休对每个人的冲击是有区别的。有些人可能发现退休是从厌烦的工作和压力中解脱出来，而其他一些曾专注于工作的人认为退休是一种剥夺。但不管是谁，当人们走进这一时刻的确需要处理许多事务，如果可以主动管理好退休生活，也是可以在退休后过上诗意化的人生的。成功的退休源于自我理解、自我价值的感觉以及有激情地活着的意愿和能力。

二、退休后失去了什么

退休只是个时间问题，几乎没有人可以避免这一人生阶段。退休对个人的经济、人际和心理都有重大影响。然而，退休给人们造成的更多是心理上的问题，经济收入下降、人际关系变冷、空闲时间变多等都会对心理产生负面影响。放弃以前的工作关系网和工作职责并不是件轻而易举的事，特别是当放弃的是自己创办的公司时，这将尤其困难。很多退休的人都感到“退休时期的每一天都像星期六的下午”，走向退休通常被认为是伴随着无用和沮丧的感觉。很多退休的人感到被孤立，而且不愿做任何事情。

组织生活能够满足人们许多基本的心理需求，退休之后这些满足感的丢失如果不被有效地调解或替代，那么心理上的失落将非常严重。利兰·布莱德福德[①]根据自己的亲身经历，认为退休后我们将失去以下几个重要的方面。

---

① 哈里·莱文森：《职业生涯的设计和管理》，商务印书馆2010年版，第437～448页。

1. 接纳与社会化

在组织生活中，人们可以和其他人分享一切，可以接受有挑战性的工作，因此可以获得一种归属感，以及生活的动力。工作为心理财富的积累起到了极其重要的作用，否则的话，就无法纠正知觉的扭曲，无法应对孤独。突然有一天，你将不再朝九晚五地去工作，就会感觉自己好像离开了这个世界一样。

2. 目标、成就与肯定

组织提供了必须完成的目标和任务，对于中年人来说，这些是与个人的财务目标和家庭责任联系在一起的。目标使得成就成为可能，成就带来从别人那里得到的肯定以及自我的肯定。退休后，你早上起床毫无理由，没有了目标和必须完成的事情，没有了阶段性的肯定，自尊以及自我价值都会消失，退休迅速地夺去了你的成就感。

3. 权力和影响力

公司为大多数雇员提供了一定程度的权力和影响力。权力肯定了一个人的重要性，特别是那些在职期间拥有相当大权力的领导，退休之后突然失去这一切可能会使他们产生非常强烈的被剥夺感。许多人对此的震惊不仅是巨大的，而且是不知所措的。事情已经不在自己的控制下了，由权力所带来的在别人眼中的重要性已经消失。

4. 支持体系

人们在心理和精神健康方面需要不同的支持体系。同事、朋友、邻居、俱乐部、社区责任、家庭以及其他类似的东西，可以作为支持体系来提供信誉、赞赏、能力的保证、现实的测试、行为的反馈以及鼓励。一旦退休，特别是如果还搬离了自己熟悉的城市，那么许多支持体系就会随之消失。

5. 常规和时间

职场人都很忙，他们很少意识到常规事务的平衡力量——公司例会、日常安排、每天午餐、有组织的旅行、事先安排好的社交等。一旦退休，大多数的这些常规活动也就结束了。起初这看起来十分迷人：没有时间表控制你，不用再做计划好的事情、早餐不再匆匆忙忙。但是不久以后，你就会觉得不对劲了，因为习惯的力量是很强大的。这是退休过渡期所发生的一个微小的但却十分重要的变化。

【课堂阅读】

退休的感受

“第一年的退休生活很糟糕。我曾经所在的公司在我离开之后继续发展。我以前所做的重大决定已经被彻底改变了。没有人征求我的意见。就我亲眼所见的，没有人再关心我。我甚至感觉我的名声扫地了。”

“我感觉打高尔夫球无法打发一天的时间。从事咨询以及志愿者的工作并未能使我满足，并且其他的兴趣与以前我所接受的挑战相比显得苍白无力。我感觉到了生活的空虚。我并不老，只是年级比以前大了一点而已，我还有充沛的精力，并且我感觉自己还和以前一样能干。”

“退休之后，一切都颠倒过来，而一切又都是如此地真实。莫名其妙地打发了一天的时间。过多的时间能够引导人们陷入空虚和危险的境地之中，此时，任何的兴趣和欲

望都毫无目的。假若空虚每天都会出现，那么培养新兴趣的意愿和动力就会减弱。无聊会与对于生活乐趣减少的冷漠同时出现，会加速不是身体的就是心理的恶化。昨日的辉煌会变成今天的空虚，从而会产生一些很快的影响。”

【课堂思考】

◇　退休：失业的同义词。

◇　有一份研究报告显示，许多人在退休之后的四五年内就去世了，似乎是死于无用之感。并且据一名著名的法国内科医生介绍，人们确实是死于无聊。

◇　调查研究表明：65 岁的人希望生命能够平均再增加 15 年——相当于人一生寿命的五分之一。这段时间很长，如何才能够不会被浪费或者不会毫无目的或者无意义地虚度着。

三、制定退休计划

1. 何时退休

我们花了很多年的时间去准备进入职场，但却没有为离开职场做任何准备。为退休做准备包括：决定何时退休，以及退休后能过上充实、满意的生活做出计划。国家有关于退休年龄的规定，公司也有对老年员工及其退休的不同举措，不同的行业和工种也存在差异，所以退休决策变得复杂了。但也有很多人坚持认为，何时退休是个人的自愿选择。

【课堂阅读】

延迟退休的最新规定

2015 延迟退休年龄最新规定：渐进式延迟退休年龄。“关于渐进式延迟退休年龄，党的十八届三中全会决定作了明确要求，但社会上分歧很大，认识并不统一。”日前，国务院副总理马凯在接受全国人大常委会联组审议国务院关于统筹推进城乡社会保障体系建设工作情况的报告专题询问时坦言，“退休年龄是推迟到 63 岁还是 65 岁？还有时机选择、节奏掌握、配套措施以及监督实施的问题等等，都需要深入研究。”业内人士普遍认为，目前我国城镇人均预期寿命达 75 岁以上；加上劳动条件改善，平均劳动强度比以前大大降低。如果继续维持较低的退休年龄，一方面不利于调动中青年人劳动的积极性；另一方面退休人员的养老金待遇也得不到持续、合理提高。与此同时，尽管我国目前的养老金充裕，尚有结余，但未来支付压力却不小。

2. 退休形式

在不同的政策环境中，退休可能存在不同的形式。多数人可以按照传统在 65 岁时退休，但也有些人可以更早或更晚一些，具体要看他们所处的环境，特别是公司对老员工的态度及对退休问题的规定。例如：有些公司为了减少劳动力数量，鼓励员工提前退休；有些公司允许老员工逐步减少工作行为，以实现分阶段退休的政策。

【课堂阅读】

就业桥

雇主为了吸引老年员工,越来越多地提供“就业桥”。它使已退休的员工可以从职业导向的工作改为一种过渡性的工作岗位,这样就在长期职业生涯中,从完全工作到完全退休之间架起一座“桥梁”。工作桥一种组合,通常包括:工时减少,工作压力和责任都减轻,工作更加灵活,体力要求降低。从员工的角度看,就业桥可以给老年人提供额外收入,提供经济上的安全,而且促进身心健康。从这个意义上说,工作桥被视为在人的一生中既能做点有意义的事,又能控制工作角色的一个机会。此外,工作桥能让雇员集中于工作的有意义的方面,而无须考虑提拔或与工作安全、流动等有关的其他事情。

3. 转变态度

尽管有许多员工喜欢退休,盼望过上那种没有压力的生活,既不用害怕工期将近,也没有上司监督和长时间工作。但与毕生的职业做永久的告别,要比想象中的难很多。需要花费一段时间和经历一段痛苦的时期去找到一个适合的解决办法。

退休能否使人满意与许多因素有关,包括在职期间为退休做了什么程度的财务准备、一笔可观的退休金、良好的健康状况、希望发展自己的爱好或期待已久的旅行、对工作缺乏激情、规划日常生活的能力、积极参与义工以及自视清高等。总之,退休计划必须包含经济因素和心理因素。人们可能会担心养老金的问题,但却低估了心理方面的问题。

理解退休后的心理变化很重要。由于工作使人类实现了如此多的功能,并且成为个人自身的一个重要组成部分,以至于离开工作就好像一个人丢掉了他的自我概念一样。工作向人们提供了一种合适的社会地位,使人觉得自己对社会有用,生活也有目标;使人有机会去满足自己的一些基本需要,如融入社会、取得成就、获得权力以及名气。工作还能向人们提供金钱方面的报酬,帮助人们按部就班地安排日常生活。对于许多人来说,要放弃这些有形或无形的利益并不是那么容易。

对待退休的态度也很重要。人们对待退休的态度很可能是来源于他们对待工作的态度,但退休之后人们就需要转变态度。一个即将退休的人通常会感到自己是难以对付的、不必要的和不中用的,而且自己也非常容易接受这种态度。很多年轻人也会认为,退休就意味着老了,而老了就会莫名其妙地讨人厌。因此,一方面,退休的人需要花费努力和意愿去拒绝这种态度并且设计一种真实的画面——对于别人和自己——大多数的退休人员还是十分有精力和竞争力的。另一方面,人们必须改变对自己的态度,同时意识到特殊的心理和情感上的需要:以前工作能够令人满意,而现在他们必须使自己满意。

【课堂讨论】

◇ “老了,就莫名其妙地讨人厌。”

4. 合理建议

退休计划能帮助人们顺利度过从工作到退休的转变时期。具体说来,退休计划要解决诸多问题,如退休给健康和安全、住房、时间管理、法律问题以及理财计划等带来的一系列挑

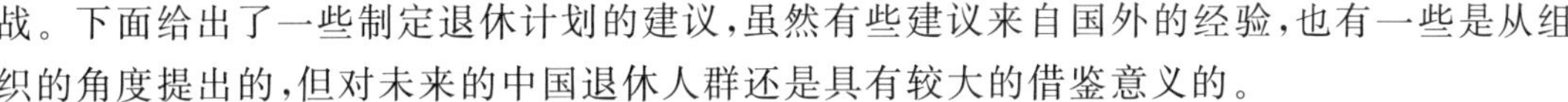

战。下面给出了一些制定退休计划的建议，虽然有些建议来自国外的经验，也有一些是从组织的角度提出的，但对未来的中国退休人群还是具有较大的借鉴意义的。

(1)退休计划应该关注退休的内在因素和外在因素两方面。外在因素有财物安全、住房调整以及法律问题。内在因素则包括由于不再工作而产生的心理问题。

(2)在制定退休计划的时候，要对自己到目前为止的家庭资产、现金流、职业发展状况、家庭成员的结构变化等进行一下评估。

(3)退休金和退休理财计划，可能需要向专业人士咨询。但个人和家庭的自我评估，以及选择适合自己的投资理财计划才是关键。

(4)在讨论退休计划时，可以请已退休人员提供信息，充当榜样，也可以向一些亲友或专业机构寻求帮助，合理安排自己的退休生活。

(5)需要特别关注健康问题，定期体检、科学饮食、适度运动等都必须纳入计划中。一些退休人员，特别是一些失去了老伴的，会选择放纵自己而影响了身体健康。

(6)夫妻共同参与制定退休计划的效果更好。退休之后，夫妻生活会更为靠近，可能会因为各自领地的丢失与侵犯带来干扰和控制问题，可能突然发现很少有共同语言而无法进行交流。因此，应该鼓励夫妻双方彼此尊重、有充分的理解能力、公开地给出并且非防御性的接受反馈意见。

(7)支持孩子事业发展、照顾孙子等问题，可能是中国人退休计划中难以避免又需要特殊考虑的问题。

(8)退休计划应该先在小范围内实施，鼓励劳资双方之间的交流并提供有关咨询。这样，就能用一种更坦诚的方式，来讨论退休会给人们带来哪些社会和心理上的影响。

(9)理想的做法是至少在预期退休之前五年，就让员工参与退休计划的讨论，一遍有充分的时间来探讨所有的问题。咨询活动在退休以后也应持续一段时间。

针对那些有特别强烈工作愿望的员工，组织以及员工个人应该有特殊的退休计划。

(10)对于组织而言，退休计划既要有助于将要退休的员工保持积极的工作态度和绩效，又能使组织留住想留下的老员工，并教育这些老员工如何选择退休方案。

【体验活动】

生涯人物访谈

生涯人物访谈是一种职业探索活动，是一次间接的、快速的生涯体验。它是通过与一定数量的职场人士会谈而获取一个行业、职业和单位的信息，以及了解某一个职业发展阶段的问题与任务。通过访谈，了解该职业岗位的实际工作情况，获取相关职业领域的信息，进而判断你是否真的对该工作感兴趣。通过访谈，也可以了解访谈对象所处的生涯发展阶段，以及他或她所面临的问题和内心感受，并获得他们对自己职业生涯发展的相关建议。

从自己的亲友或你感兴趣的行业或职业中，分别选择三个位于职业生涯早期、中期和晚期的人物，对他们一一进行访谈。首先是访谈前的准备，包括拟定访谈提纲、事先预约等。事先了解该行业、职业或该人物的相关信息，结合职业生涯发展阶段的相关知识，围绕以下要点拟定访谈提纲：行业、单位、职业、职位；工作性质、内容、职责、强度、时间、地点、环境;任职资格、所需技能;工作感受、满意程度、成就感、问题与难点等。

其次是访谈过程的实施。访谈方式可以是面谈、电话、邮件、QQ或微信等,最好是面谈。访谈时注意礼貌、守时,不浪费他人时间,尊重个人隐私,注意信息安全。访谈时要做好记录,并针对自己想了解的问题,适度深入探讨,避免引导对方,而是尽让让访谈对象畅所欲言。访谈结束后,应迅速地整理访谈内容,并补记在访谈现场没有记录的内容,同时注意通过适当的方式表示感谢。

最后,对访谈结果的分析是最重要的环节。根据访谈记录,与自己对该职业的认知和教材中对生涯阶段的描述相对比,找出主观认知与现实之间的偏差,确定自己是否适合这一行业、职业或工作岗位,确定自己是否具备所需的专业、能力、知识等,确定该人物是否具有每个生涯阶段所面临的困惑,接着进一步探寻如何解决自己和该人物所面临的问题。最最重要的是,要形成书面报告。

课后练习

1. 25、35、45岁各处于职业生涯的哪个阶段,分别会面临哪些问题?

2. 试解释“职业化、社会化”的概念,及其如何帮助大学毕业生度过职业适应期?

3. 跟自己的亲友就职业停滞期的问题做一个访谈,并总结一些有效的对策?

4. 有人说“孩子是双职工关系的受害者”,也有人说“职业生涯成功会不可避免地损害家庭生活”,对于这两种说法,请问你是支持还是反对,为什么?

5. 请观察周边退休人员的生活,记录他们在每项活动上所花费的时间,并和他们谈谈退休后的心情,然后这些资料一一进行分析,看能否得出一些有趣的结论。

第十章　自我管理

【引导案例】

有位女大学生，找了一个好老公，大学刚毕业，她的老公就去了美国攻读博士学位。由于他学习成绩优异，在美国获得了奖学金，同时又给网络公司编制程序，有相当可观的额外收入，所以，在她老公到美国不到一年的时间里，就把她调到美国陪读。

去美国之前是兴奋的，刚到美国看什么都新奇。可是，没过多长时间她就感到寂寞，这种寂寞与日俱增，任何人在语言不通、无事可做的情况下，都不能忍耐两个月以上的绝对寂寞。

人在最寂寞的时候，往往一遍又一遍地扫描自己的过去，最容易记起的是自己的成功经验和失败教训。这位女同学很小的时候就被邻居们誉为聪颖，她的姥姥教她做布娃娃、布老鼠、布老虎……姥姥做一遍，她就能学会，学做两遍就能超过她姥姥，所以，做布娃娃就成了她最古老的经验。

人不能闲着，劳动是人的第一本性。她开始在自己的卧室里用破布做布娃娃，做好后放在窗台上，一个多星期的工夫，窗台上的布娃娃就列成了长队。

一天，突然"哗啦"一声巨响，窗户的玻璃被打碎了，她吓了一跳，以为是歹徒来了，趴在床底下不敢露头，不敢出声。过了片刻，窗口有金属拖动的声音，一会儿，一个布娃娃掉到床下，一会儿，又听到两个小孩说话的声音。她试着挪动一下身子，从隐蔽的角度看了看窗口，原来几个美国的小孩正在偷她的布娃娃。

这时她才敢出来，小孩们发现家里有人，快速跑远了，警惕地向窗口张望。

她很生气，也很兴奋。生气的是仅仅因为几个布娃娃却葬送了满窗的玻璃；她又很兴奋，兴奋的是这是她第一次被美国认可，"原来，姥姥教我的布娃娃课程比在大学里学的课程还有价值"。她拾起布娃娃向那几个美国小孩挥动着，做出友好的示意，小孩们跑过来每人分享了一个布娃娃。

这情境被对面街上的超市老板约翰逊看到了。约翰逊走过来，比画着说："我给你修窗户"。这时，她老公回来了，通过与约翰逊交谈得知，原来约翰逊认为小孩子的行为恰恰是一个难得的商机，希望把这些布娃娃摆到卖场里，与日常商品捆绑起来买，让小孩子动员他们的父母，买超市的商品，才能获得布娃娃。

就这样，一个超市的需求带动了其他超市，需求越来越大，两年后，她的收入超出了她的老公。[①]

著名管理学大师彼得·德鲁克曾经说过：管理并不是管理别人，最重要的是管理自

① 蒋龙成：《自我管理——生涯规划》，电子科技大学出版社 2011 年版，第 2 页.

己。当你不能管理自己的时候，你便失去了领导别人的资格和能力。你要成功，首先在于管理自己；你要管理别人，首先也要有效地管理好自我。“政者，正也；子帅以正，孰敢不正？”（《论语·颜回》）但，人的一生发展过程中，最难、最辛苦的事也莫过于自我管理。历史上的伟人如拿破仑、达·芬奇、莫扎特都很善于自我管理，生活中有很多人也不缺乏天赋，为什么一生当中的际遇与成就却不是很好，其中一个很重要的原因是不善于自我管理。因此，我们必须要学会自我发展与自我管理，才能做出最大的成绩。

第一节　自我概念

一、自我及自我概念的构成

1. 什么是自我

心理学中对自我加以阐述的学者甚多。法国哲学家笛卡儿把“自我”规定为心灵、理智、理性，并认为人的身心是彼此独立的。罗杰斯认为“自我”涵盖一切具有“我”的特性、意义的知觉、价值判断及思维，当然也包括了对“我是怎样的人”与“我究竟有哪些能力”的了解。

我们可以把日常生活中一切以自我为中心或和自己有关的概念、事物，都认定为“自我”的一部分。例如：“在这件事上，我会……”这是一种自我的表露；“我喜欢红色的、流线型的跑车”又是另一个自我表露。

2. 自我概念的构成

当我们认为自己是个怎样的人时，例如“我的能力是不错的，只是恒心不够罢了”，此时我们就为自己制造出了“自我概念”。简单说，自我概念就是自己对自己的看法。

(1)生理自我

“生理自我”简称“生理我”，是指一个人对自己的身体、健康状况、外貌、动作技能及性方面的感受。“生理我”是非常基本的一种自我概念，它对个人的适应能力与未来的发展都有极深远的影响。因为我们每个人每天都必须与人、环境接触，如果有正面积极的生理自我，一个人将能坦然并充满信心地寻求发展；反之，如果一个人不喜欢、不接纳自己，他就无法面对他人和环境。

(2)道德伦理自我

“道德伦理自我”简称“道德伦理我”，是指一个人对自己的道德价值、人生观的看法。站在心理卫生的角度来看，拥有一个健康、合适的“道德伦理我”是十分重要的，因为如果一个人觉得自己道德恶劣，往往会引发“罪恶”的感受，从而不断自我控告、自我批判，形成对自信心、能力表现的伤害，当然也不太可能有成功的生涯发展。

(3)心理自我

“心理自我”简称“心理我”，是指一个人对个人价值与能力的评价。在日常生活经验中，透过尝试错误与成功的经验，人们会逐渐对自己的能力高低、擅长的范围形成一个固定印象，进而认为自己很强、中等或很弱。站在生涯规划的角度来说，拥有一个良好的“心理我”是相当重要的，因为许多实验，特别是目标设定研究都显示：个人对自我能力的评估会影响

其所设定的目标水准，进而导致截然不同的绩效表现。

【课堂阅读】

目标不同导致的结局不同

三个建筑工人在共同砌一堵墙。这时，有人问他们："你们在干什么呀?"第一个头也没抬，没好气地说："你没看见吗？在垒墙。"第二个人抬起头来说："我们当然是要盖一间房子。"第三个人边干活边唱歌，脸上满是笑容地说："我在盖一间非常漂亮的房子，不久的将来，这里将变成一个美丽的花园，人们会在这里幸福的生活。"十年以后，第一个人仍是一名建筑工人；第二个人成了建筑队的带班队长；第三个人成了他们的总经理。

这个故事流传很广，想必很多同学已经听过。这个故事形象地说明：有良好的心理，目标设定就比较高，最终的绩效也会相对较高。即：如果你瞄准太阳，可能射中的是月亮；如果你瞄准的是月亮，你最终只能射中石头。

(4)家庭自我

"家庭自我"简称"家庭我"，是指一个人对于自己成长的感受与作为家中一分子的价值感与胜任感。许多心理学家发现早期的成长经验对于个人以后的行为发展具有重大的影响。具有良好"家庭我"的人，其安全感、自信心及自我强度比较高，对环境、对他人比较会采取一种正面积极的态度，进而使得他在许多挑战或打击中能坚定不移、对前途充满信心。

虽然我们无法选择自己的父母和家庭环境，但是了解"家庭我"之后，至少可以帮助我们在分析自己的性格时，有意识地找出哪些特点属于"家庭我"的范畴，并且自觉地扩大正面因素的影响，减少负面因素的影响。更重要的是，了解"家庭我"的重要性，可以使我们将来成为父母时，自觉营造有利的家庭氛围。

(5)社会自我

"社会自我"简称"社会我"，是指一个人在与他人交往中对自己的能力、价值的一种看法。对大多数人来讲，"社会我"是天天都会影响自己的一种自我概念，因为我们每天必须和他人交往。

"社会我"影响一个人的人际关系发展，发展的结果也会反过来影响一个人的"社会我"，于是形成了良性循环或恶性循环。例如，某人感觉良好，相信别人基本上是喜欢他的，于是他会持一种开朗、积极争取友谊、愿意为朋友付出及充满信心的态度来面对他人，结果是：在这种主动出击的情形下，他顺利争取到友谊，对自己充满肯定、信心，于是更好的"社会我"概念又形成了。

良好的自我概念，可以使我们在人生的起跑线上能与人平等，并且在以后的竞技中，充分表现自己的能力，从而为自己生命的发展、生涯的成就，谱出欢乐的乐章。因此，良好而合适的自我概念对生涯是极其重要的。

【课堂阅读】

自己最可靠

某人在屋檐下躲雨，看见观音正撑着伞走过。这人说："观音菩萨，普度一下众生吧，带我一段如何？"观音说："我在雨里，你在檐下，而檐下无雨，你不需要我度。"这人立刻跳出檐下，站在雨中："现在我也在雨中了，该度我了吧？"观音说："你在雨中我也在雨中，我不被淋湿因为有伞；你被淋湿因为没伞，所以不是我度自己，而是伞度我，你要想度，不必找我，请自己找伞去！"说完便走了。

第二天，这人遇到了难事，便去寺里求观音。走进庙里，才发现观音的像前还有一个人在拜，那人长得和观音一模一样，丝毫不差，这人问："你是观音吗？"那人回答道："我正是观音。"这人又问："那你为何还拜自己呢？"观音笑道："我也遇到难事，但我知道，求人不如求己。"

这两个故事说明了：靠山，山会倒；靠人，人会跑；只有靠自己，才是最可靠；成功人士善于自救。

二、自我概念的影响因素

1. 早期的生活经验

当我们小的时候，"我"的观念非常模糊，很多价值取向都处在一个摸索未定的状况，因此这个时候，生活中的经验和一些重要的人对我们的影响较大。心理学家发现，自我概念在生命早期就基本定型，大约在儿童中期，也就是10岁左右，一个人对自己的看法已经相当稳定，环境只会导致自我评价的短暂改变，很快，一切都会回到原来的自我概念。

例如：受儒家传统思想的影响，中国人习惯持一种"敬天法祖"的宿命观，在传统的教育方式上，往往不鼓励人们具有强烈的自我意识，要求人要谦逊、内敛、不露声色。在家庭教育、学校教育甚至在整个社会体系中，我们常常吝于赞美和鼓励，而以批评、贬低为主，在这样的环境下长大的人，往往形成一种外控的性格，对人生保持一种经过刻意压抑下的消极和被动的态度。

(2)年龄与阅历

一般来说，一个人年龄越大，心理越趋于成熟，自我概念也会逐渐地变得客观。研究发现，小学六年级学生的自我评价比小学三年级学生更接近老师和同学对他的评价。总的来说，年龄越大，越能"自我知觉"，对环境越具有主导性和客观性判断，不至于随波逐流，莫衷一是。同时，早熟的孩子比普通的孩子更有自信，适应能力也更好，比较能够获得好感和正面评价。生理和心理上的成熟可以帮助一个人在自我概念的发展上取得正面效应。

(3)文化背景和社会地位

环境对一个人的自我认知有着很重要的影响作用，这里的环境主要指家庭环境、社区环境、社会环境等。一个人成长环境的整体文化水平会明显影响一个人对自己的评价。来自总体文化水平比较高的地方的人们，通常表现出一种"安全、自信乃至优越"的自我评价。而来自总体文化水平偏低地方的人们，通常会对环境表现出一种不安全感。

【课堂阅读】

三天三次一样的考核

A同学应聘一家独资公司。该公司把前来应聘的人安排在会议室分三天做三次考核。第一次考试,A同学便以99分的好成绩排在第一。一位叫小米的女孩以95分的成绩排在第二。第二次考试试卷一发下来,A同学感到纳闷,当天的试题和第一次的试题完全一样。开始A同学认为发错了试卷。但监考人员一再强调,试卷没有发错。既然试卷没有发错,A同学也懒得去想,自信地把笔一挥,还不到考试规定时间的一半,试卷便全填满了。A同学把试卷一交,其他应聘的考生也陆陆续续地把试卷交了上去。人人脸上都春风得意,显然,个个都认为自己胜券在握。第二次考试考分一出来,A同学仍以99分不动摇的成绩在第一。而那位交卷最晚的女孩小米以98分的成绩排在第二。

第三天准时进行第三次考试。"这次该不会拿同样的题目给我们考吧?"进考场前,应聘的考生们议论纷纷。试卷一发下来,考场上顿时开了锅,因为试卷竟和前两次完全一样!"安静,安静,大家听我说,这次考题和前两次一样,都是公司的安排。公司怎么安排,我们就怎么执行,如有谁觉得这种考核办法不合理你可以放下试卷,我们随时放你出考场。"监考人员把桌子拍得"啪啪"响。众人一看招聘人员发怒了,只好老老实实地低下头去答卷。这次考试更省事儿,绝大部分考生和A同学一样,根本用不着看考题,"刷刷刷"就直接把前两次的答案给搬上去。不到半个钟头,整个考场都空了。只有那位叫小米的考生仍托腮拍脑,冥思苦想。时而修改,时而补充,直到收卷铃响才把答卷交了上去。第三次考分出来,A同学长长舒了一口气。她仍以99分的成绩排在第一。不过这次没有独占鳌头。考生小米这次也以99分的好成绩和她并列第一。但A同学一点也不担心被她挤下来。

第四天录用榜一公布,A同学傻眼了:上面只有小米的名字,自己落选了。A同学当时就找到总经理办公室,理直气壮地质问:"我三次都考了99分,为什么不录用我,而录用了前两次考分都低于我的考生呢?你们这种考核公平吗?"总经理笑呵呵地凝视A同学,直到她心平气和才开口说话了:"小姐,我们的确很注重考分。但我们公司并没向外许诺,谁考了最高分录用谁。考分的高低对我们来说只是录用职员的依据,并非最终结果。你次次都考了最高分,可惜你每次的答案都一样,一成未变。如果我们公司也像你答题一样,总用同一种思维模式去经营,能摆脱被淘汰的命运吗?我们需要的职员不单单要有才华,他更应该懂得反思,善于反思,善于发现错漏的人才能有进步,职员有进步公司才能有发展。我们公司之所以分三次用同一张试卷对你们进行考核,不仅仅是考你们的知识,也考你们的反思能力。这次你未能被录用,我实在抱歉。"

从这个故事中可以知道:才华固然重要,但是如果面对眼前的错误一而再、再而三地放任,不做任何反思,那么有一天,你会被身后的人迎头赶上。

第二节　有效的自我管理

一、时间管理——要事第一

彼得·德鲁克认为，不能管理时间的人，便什么也不能管理。我们常说“人生苦短”，时间不等人，逝者如斯夫！时间给予每个人都是能计算的固定量，用一秒少一秒。但是，时间可以被支配和管理。不同的人在相同的时间长度和环境下，其效能相差很大，这就说明，时间可以被更好地管理。通过对时间的管理，可以提高单位时间的效率，做更多的事情，做更重要的事情。高效率的做事，也就相对延长了生命长度。

在日常生活和工作中，我们可以按事情的紧急程度和重要程度将日常要做的事情和工作分成两大类：第一类是按工作紧急程度的不同；第二类是按工作重要程度的不同。根据这个维度，我们可以将工作分成四类：第一类：紧急又重要的工作（第一象限）；第二类：重要但不紧急的工作（第二象限）；第三类：紧急但不重要的工作（第三象限）；第四类：不紧急也不重要的工作（第四象限），如图 10-1。

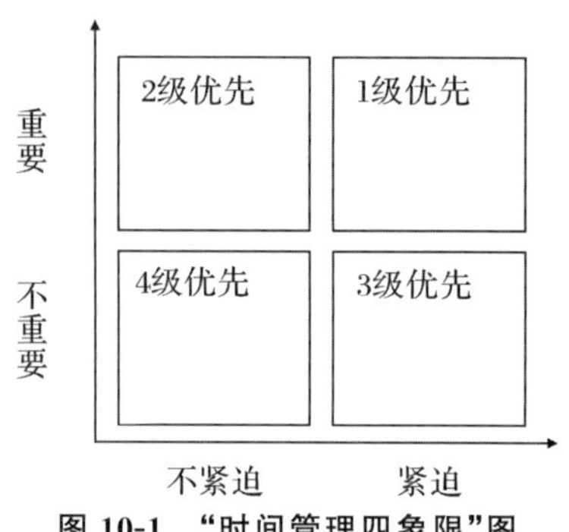

图 10-1　“时间管理四象限”图

1. 第一象限是重要又急迫的事

诸如应付难缠的客户、准时完成工作、住院开刀等。这是考验一个人的经验、判断力的时刻，也是可以用心耕耘的园地。如果荒废了，我们很可能变成行尸走肉。但我们也不能忘记，很多重要的事都是因为一拖再拖或事前准备不足，而变成迫在眉睫。该象限的本质是缺乏有效的工作计划，导致本处于“重要但不紧急”第二象限的事情发生转变，这也是传统思维状态下的管理者的通常状况，就是“忙”。

2. 第二象限是重要但不紧急的事

主要是与生活品质有关的活动，包括长期的规划、问题的发掘与预防、参加培训、向上级提出问题处理的建议等事项。荒废这个领域将使第一象限日益扩大，使我们陷入更大的压力，在危机中疲于应付。反之，多投入一些时间在这个领域有利于提高实践能力，缩小第一象限的范围。做好事先的规划、准备与预防措施，能避免很多急事的产生。这个领域的事情不会对我们造成催促力量，所以必须主动去做，这是发挥个人领导力的领域。同时，这更是传统低效管理者与高效卓越管理者的重要区别标志，建议管理者把 80%的精力投入到该象

限的工作，以使第一象限的"急"事无限变少，不再瞎"忙"。

3. 第三象限是紧急但不重要的事

电话、会议、突来访客都属于这一类。这类活动表面看似第一象限，因为迫切的呼叫会让我们产生"这件事很重要"的错觉——实际上就算重要也是对别人而言。我们花很多时间在这里打转，自以为是在第一象限，其实不过是在满足别人的期望与标准。

4. 第四象限属于不紧急也不重要的事

例如阅读令人上瘾的无聊小说、毫无内容的电视节目、聊天等。简而言之，就是浪费生命，所以根本不值得花半点时间在这个象限。但我们往往在第一、三象限来回奔走，忙得焦头烂额，不得不到第四象限去疗养一番再出发。这部分范围倒不见得都是休闲活动，因为真正有创造意义的休闲活动是很有价值的。然而像阅读令人上瘾的无聊小说、毫无内容的电视节目、办公室聊天等，这样的休息不但不是为了走更长的路，反而是对身心的毁损，刚开始时也许有滋有味，到后来你会发现其实是很空虚的。

【课堂测评】

请根据自己在日常学习与生活中对待时间的方式与态度，选择最适合于自己的一项答案。

1. 星期天，你早晨醒来时发现外面正在下雨而且天气阴沉，你会怎么办？（　　）
   A. 接着再睡　　B. 仍在床上逗留　　C. 按照一贯的生活规律，穿衣起床
2. 吃完早饭后，在上课之前，你还有一段自由时间，你怎么利用？（　　）
   A. 无所事事，根本没有考虑学习，不知不觉地过去了
   B. 准备学点什么，但又不知道学什么好
   C. 按照预先订好的学习计划进行，充分利用这一段自由时间
3. 除每天上课外，对所学的各门课程，在课余时间里怎样安排？（　　）
   A. 没有任何学习计划，高兴学什么就学什么
   B. 按照自己最大的能量来安排复习、作业、预习，并紧张地学习
   C. 按照当天所学的课程和明天要学的内容制订计划，严格有序地学习
4. 你每天晚上怎样安排第二天的学习时间？（　　）
   A. 不考虑　　B. 心中和口头作些安排　　C. 书面写出第二天的学习计划
5. 为自己拟定了"每日学习计划表"，并严格执行。（　　）
   A. 很少如此　　B. 有时如此　　C. 经常如此
6. 我每天的休息时间表有一定的灵活性，以使自己有一定时间去应付预想不到的事情。（　　）
   A. 很少如此　　B. 有时如此　　C. 经常如此
7. 当你发现自己近来浪费时间比较严重时，你有何感受？（　　）
   A. 无所谓　　B. 感到很痛心　　C. 感到应该从现在起尽量抓紧时间
8. 当你学习忙得不可开交，又感到有点力不从心时，你怎样处理？（　　）
   A. 开始有些泄气，认为自己脑袋笨，自暴自弃
   B. 有干劲，有用不完的精力，但又感到时间太少，仍然拼命学习
   C. 开始分析检查自己的学习时间分配是否合理，找出合理安排学习时间的方法，在有限的时间里提高学习效率。

9. 在学习时,常常被人干扰打断,你会怎么办?(　　)

A. 听之任之　　B. 抱怨,但又毫无办法　　C. 采取措施防止外界干扰

10. 当你学习效率不高时,你怎么办?(　　)

A. 强打精神,坚持学习

B. 休息一下,活动活动,轻松轻松,以便再战

C. 把学习暂停下来,转换一下兴奋中心,待效率最佳的时刻到来再高效率地学习

11. 阅读课外书籍,怎样进行?(　　)

A. 无明确目的,见什么看什么,并经常读出声来

B. 能一面阅读一面选择

C. 有明确目的地进行阅读,运用快速阅读法加强自己的阅读能力

12. 你喜欢什么样的生活?(　　)

A. 按部就班,平静如水的生活　　B. 急急忙忙,精神紧张的生活

C. 轻松愉快,节奏明显的生活

13. 你的手表或书房的闹钟经常处于什么状态?(　　)

A. 常常慢　　B. 比较准确　　C. 经常比标准时间快一些

14. 你的书桌井然有序吗?(　　)

A. 很少如此　　B. 偶尔如此　　C. 常常如此

15. 你经常反省自己处理时间的方法吗?(　　)

A. 很少如此　　B. 偶尔如此　　C. 常常如此

[评分方法]

选择A,得1分;选择B,得2分;选择C,得3分。将各题的得分加起来,然根据下面的评析判断出自己的时间管理能力和水平。

35~45分,有很强的时间管理能力。在时间管理上,你是一个成功者,不仅时间观念强,而且还能有目的、有计划、合理有效地安排学习和生活时间,时间的利用率高,学习效果良好。

25~34分,较善于对时间进行自我管理,时间管理能力较强,有较强的时间观念,但是在时间的安排和使用方法上还有待进一步提高。

15~24分,时间自我管理能力一般,在时间的安排和使用上缺乏明确的目的性,计划性较差,时间观念较淡薄。

14分以下,时间自我管理的能力很差,在时间的自我管理上是一个失败者,不仅时间观念淡薄,而且也不会合理地安排和支配自己的学习、生活时间,需要好好地训练自己,逐步掌握时间管理的技巧。

二、目标管理——确定清晰而准确的目标

目标对人生具有重大的导向作用。我们通常说的目标管理,有三大步骤。

第一步,对目标的数量进行控制。有人说:"两个以上的目标就等于没有目标。"的确,当人们发现自己面对众多没有轻重缓急可言的目标时,往往会不知所措,当然执行起来也就无

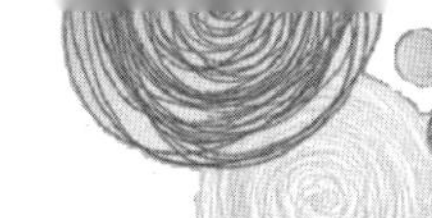

从下手。集中的目标一点即明，让人心中有数；分散的目标则不切要害，让人难以执行。一般而言，年度计划中最多有三至五项目标，只要将这些目标理顺了，其他目标随之可以完成。

【课堂阅读】

不要"期待太多"

1796 年的意大利战役中，拿破仑率装备极差的 3 万部队，同反法联军进行了 14 次会战、70 次战斗，全部获胜，歼敌 25 万余人。在谈到这一系列胜利的时候，他说："其实欧洲有很多优秀的将领，只是他们期待太多，而我心目中只有一个，那就是——敌人的兵力。"功成名就的人从来都不是"期待太多"的人，反之，是大都拥有坚定目标的人，他们总会坚定信念，乘风破浪，不达目标誓不罢休。

第二步，对目标进行完美表达。有些人在制定目标时，往往很注重其内容的科学性，却拙于目标的表达。文牍案海似的目标铺天盖地而来，自然让人无法喘息，严重的信息超载使人们丧失了辨别轻重缓急的能力。优秀的目标表达必须是清楚而流畅的，它们不仅仅是使事情保持简单，而且进行了高度的概括与人性化的设计，从而做事处处显得游刃有余。

【课堂阅读】

一分钟目标

目前，西方正在兴起"一分钟目标"。所谓"一分钟目标"，就是"写在一页纸上，最多不超过 250 字"，"任何人都可以在一分钟内看完"。这要求目标的表达要简明、集中。很难想象一项目标隐藏在洋洋万言，甚至数万言的文字海洋中，却指望自己或别人能深刻而透彻地领悟。表达形式繁琐的目标只能使自己或别人茫茫如在云雾中，不得要领。

第三步，对目标进行科学分解。将总目标具体化和精细化，称为目标分解。总目标往往是笼统而抽象的，不便于测量与操作，这就需要把笼统的总目标分解为具体、精确的小目标。在现实中能够有效运转的目标并不是单一的，而是一个由不同层次、不同性质的目标组成的目标体系，它来源于总目标的分解。

【课堂阅读】

用智慧战胜对手①

1984 年，在东京国际马拉松邀请赛中，名不见经传的日本选手山田本出人意外地夺得了第一名。记者围拢过来，最渴望知道的一点是，他凭什么取得如此卓越的成绩。山田本一的回答简短得只有一句话："用智慧战胜对手。"参加马拉松赛，运动员之间比的是意志和耐力，与智慧到底有什么关系，让人如堕五里雾中。1986 年又一场国际大赛在意大利米兰举行，山田本一再次代表日本参加比赛，结果又是独占鳌头。面对记者伸过来的话筒，山田本一的回答还是那句话："用智慧战胜对手。"运动员在赛场上，看上

---

① 郑一群：《德鲁克的管理秘诀》，湖南科学技术出版社，2013 年版，第 31 页。

去是斗勇，实际上也是在斗智。记者们猜测，山田本一之所以这么说，肯定有他的道理。至于怎样运用智慧，仍是叫人摸不着头脑。1996 年山田本一过了运动高峰期，在自传中他披露了个中奥秘："每次参赛之前，我都要乘车把比赛路线仔细看一遍，并将沿途醒目的标志画下来，比如说第一个标志是一家银行，第二个标志是一棵大树，第三个标志是一座红房子，就这样一直画到终点。比赛开始后，我就以短跑的心态奋力奔向第一个目标，跑到第一个目标后，又以同样心态奔向第二个目标。整个路程被我分解成几十个小目标，比较轻松地就跑完了。开始我没有认识到这一点，就把目标定在 42 公里外的终点线上，结果跑到十几公里就已经疲惫不堪了，因为我被前面那段遥远的路程吓倒了。"

三、学会理财——做最好的财务管理者

当今的大学生经济越来越独立，越来越追求潮流时尚和优质生活，对钱财的要求也越来越高。未来的社会必将要求大学生懂得如何理财、投资，为将来的生活努力。因此，我们要做自己财务的最好的管理者。要想成为理财达人，我们可以借鉴最优秀的成功人士和投资专家的经验。虽然这些经验和他们自身所处的社会环境有密切的关系，但是学习他们的成功经验，可以加深我们对理财的理解。

1. 李嘉诚投资理财三大法则

李嘉诚理财有三个秘诀：

(1)30 岁以后看重理财。20 岁以前，所有的钱都是靠双手勤劳换来；20～30 岁是努力赚钱和存钱的时候；30 岁以后，投资理财的重要性逐渐提高。到中年时，赚钱已经不再重要，这时候反而是管钱比较重要。

(2)要有足够的耐心。理财必须花费长久的时间，短期内是看不出效果的，一个人想要利用理财而快速致富是根本不可能的。理财者必须了解理财活动是"马拉松竞赛"，而非"百米冲刺"，比的是耐力而不是爆发力。

(3)先难后易。如果每年年底存 1.4 万元，平均投资回报率 20%，即使经过了 20 年后，资产也只累积到 261 万元，此时仍然距离亿元相当遥远。只有继续奋斗到 40 年后，才能登上亿万富翁的台阶，拥有 1 亿零 281 万元，但赚第 2 个一千万要比第一个 100 万简单容易得多。

2. 巴菲特理财法："三要三不要"

(1)要投资那些始终把股东利益放在首位的企业。巴菲特总是青睐那些经营稳健、讲究诚信、分红回报高的企业，以最大限度地避免股价波动，确保投资的保值与增值。而对于总想利用配股、增发等途径榨取投资者血汗的企业，巴菲特一概将其拒之门外。

(2)要投资资源垄断型行业。从巴菲特的投资构成来看，道路、桥梁、煤炭、电力等资源垄断型企业占了相当份额，这类企业一般是外资人士购并的首选，同时独特的行业优势也能确保效益的平稳。

(3)要投资易了解、前景好的企业。巴菲特认为凡是投资的股票必须是自己了如指掌，并且具有较好行业前景的企业。不熟悉、前途莫测的企业即使被说得天花乱坠也不要动心。

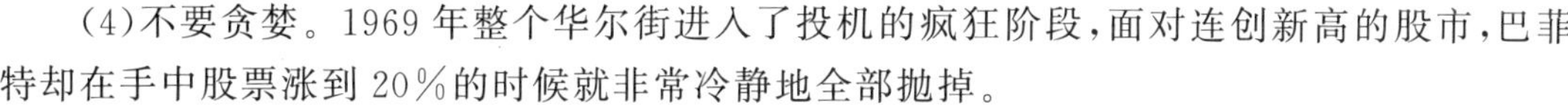

(4)不要贪婪。1969 年整个华尔街进入了投机的疯狂阶段，面对连创新高的股市，巴菲特却在手中股票涨到 20%的时候就非常冷静地全部抛掉。

(5)不要跟风。2000 年，全世界股市出现了所谓的网络概念股，巴菲特却称自己不懂高科技，没法投资。一年后全球出现了高科技网络股灾。

(6)不要投机。巴菲特常说的一句口头禅是：拥有一只股票，期待它下个早晨就上涨是十分愚蠢的。

【课堂阅读】

犹太家庭财富教育时间表

犹太家庭财富教育时间表：3 岁，父母开始教孩子辨认硬币和纸币；4 岁，孩子要学会简单的计算；5 岁，让孩子知道钱币可以购买的东西、钱是怎样来的；7 岁，看懂价格标签，培养“钱能换物”的观念；8 岁，教他们去打工赚钱，把钱储存在银行里；9 岁，孩子要能制定一周的支出计划，购物时知道要比较价格；10 岁，懂得每周省下一点钱，以备大笔开支之需；12 岁，看懂广告包装的假象，设定并执行 2 周以上的开销计划，懂得正确使用银行业务的术语。

3. 个人理财策略

(1)学会记账

通过记账可以发现自己的收入与支出的合理以及不合理项目。记账是一种很好的习惯，但现在大学生有记账习惯的人实在是凤毛麟角。

案例：小谢花钱向来是“今朝有酒今朝醉”，每月 5 日(父母发薪，他拿生活费)一贯是他的欢乐日，邀朋友吃饭、买衣服，出手好阔绰；但这样的好日子维持不了几天，通常是每个月不到一半，钱包就见底了，后半个月只能以方便面为主食。小谢也想改掉这个毛病，但是钱放在口袋里就没有节制，为了制约自己，他办过好几张银行卡，可是从来就没搞清过哪张卡里有钱，哪张卡里没钱，时间一长甚至连几张卡的密码都忘了，只好再到银行去查。

(2)学会储蓄

储蓄是一种习惯，必须日积月累才能形成。大学生不能因为收入少，也不能因为不是自己赚的钱即放弃储蓄。可以尝试着打工赚钱，然后从小数额到大数额开始储蓄。

案例：小李在班级里是班干部，交友广泛，又参加了许多社会活动，因此平日里同学、朋友之间的聚会总是少不了。各种聚会往往是在餐厅、KTV 等场所举行，通常实行 AA 制。他虽然不太富裕，但由于聚会时有许多他相熟或不相熟的朋友在场，碍于情面，他花钱的手脚自然也是水涨船高。一个月聚会多那么几次，他的账本上就亮起了“红灯”。后来，他总结经验，他把自己一个学期全部的钱做了分类，特别针对聚会进行了数额的限定，剩下的钱就存在银行，慢慢地，他发现很多聚会真的没必要参加，银行的数额也就慢慢增加起来了。

(3)学会管理信用卡

信用卡是一种非现金交易付款的方式。信用卡一般由银行或信用卡公司发给持卡人，依照用户的信用状况授予其一定的信用额度。持卡人可持信用卡在信用额度内消费，无须支付现金，待还款日再行偿付。与借记卡不同，信用卡可以透支消费，让持卡人能先消费后还款，还具有一定的免息期。这一方面可以帮助大学生进行理财，另一方面也可能存在风险。

(4)学会投资

死钱不如活钱，如果你身边有一大笔现金，放在身边还不如让它们钱生钱。因此，在学校里，大学生应该懂得学有所用，选择一些短线投资，利用自己的专业知识为自己创造财富；非经济专业的学生，有兴趣也可以学些理财方面的知识，投资一些理财产品。

案例：小陈是某名牌大学经济系学生，2011 年参加了一个风行一时的模拟炒股大赛，结果两个月内收益率达到 180%，一举夺冠。于是 2012 年初，他向父母借款一万元正式进入股市，入市第一年收益率为 40%，把一学年的学费赚到了手。2001 年下半年大盘持续下跌，好在他懂得止损，损失不大。

(5)尽可能获得奖学金

学生的天职就是学习，学习获得奖学金是一项非常有回报率的投资。一是可以为你的未来投资，学到强硬的专业知识，那是未来闪亮求职简历的法宝；二是这种投资方法既能赚钱，又能实现对功名的自我追求，不失为一种好方法。

案例：小周是老师和同学们眼中"好学生"。从大一到现在大三，他一直将主要精力扑在了学习上。在过去的两年多时间里，他先后获得了三次一等奖学金(1500 元/学期)、一次二等奖学金(1000 元/学期)。此外，他还获得了校内的"光华自立奖"(4000 元/年)、校外的"董氏奖学金"(4000 元/年)以及"香港人士赞助奖学金"(4000 元/年)各一次。这样，截止到目前，他获得奖学金的总额为 17500 元。

【课堂测评】

第一题：如果你口袋里只有 100 元，给你如下四种方案，你会选择哪一种？

A. 花 50 元买一套衣服，10 元吃一顿饭，20 元买彩票，20 元节余。

B. 花 90 元买彩票，10 元吃一顿饭。

C. 花 10 元吃一顿饭，90 元节余。

D. 花 10 元给男/女朋友买生日礼物，10 元吃一顿饭，80 元节余。

第二题：你站在阳台上望着街道，看见了一辆高级轿车停下，车里走出来一位美女(或者美男)，3 分钟后，一个歹徒冲过来，抢走了美女的钱包。以下四种情况，哪一种最接近于你可能的反映？

A. 3 分钟打量轿车，1 分钟欣赏美女，1 分钟注意突发事件。

B. 有 2 分钟在打量轿车，1 分钟欣赏美女，另外 2 分钟在琢磨被抢走钱包里会不会有很多钱。

C. 有 1 分钟在打量轿车，3 分钟欣赏美女，1 分钟注意突发事件，被抢走钱包里会不会有很多钱这个念头一闪而过。

D. 基本没有打量轿车，4 分钟欣赏美女，1 分钟注意突发事件。

第三题：有四个人向你借钱，你会最优先考虑哪一个人的借钱要求？

A. 是你最好的朋友，说："我现在很困难，你若不借钱给我，我可能就会露宿街头。"

B. 是你的一名熟人，说："我将如期归还，并付你超过银行利率 20%的报酬。"

C. 是你正在追求的女(男)孩子的父亲，说："我向你借钱买车，还期暂时不能确定。"

D. 是你的仇人，说："我有一个好项目，我俩化敌为友合作开发它吧，你我各投资一半，风险与利润均摊，但你必须额外借我点钱，因为我的资金不足。"

第四题：在你的婚礼上有四种服装供你选穿，

A. 是你对象要求你穿，如果你听从了，你一辈子感情会很如意。

B. 是朋友要求你穿，如果你听从，你一辈子走到任何地方都不缺朋友，有困难时一定会有朋友出来热情地帮忙。

C. 是你自己想穿，如果穿了，一辈子有尊严有权威。

D. 是巫师给你选的，不伦不类，如果你穿了，在婚礼上肯定要出洋相，你对象必定数落你，你朋友弃你而去，但是，你一辈子会财运亨通，富甲一方。

第五题：如果你看到地上有一元硬币，以下四种表现哪一种最接近于你可能做出的表现？

A. 旁若无人，将硬币拣起，揣进口袋。

B. 左右张望，如果有人就算了；如果没有人注意，就将硬币拣起，揣进口袋。

C. 不理睬，从硬币上跨过去。

D. 将硬币拣起，揣进口袋，然后四处搜寻一阵，看看是否丢钱人在附近，在附近其他地方也散落了硬币。

【评定标准如下】

计分：

第一题：A. 12 分　B. 8 分　C. 4 分　D. 16 分

第二题：A. 6 分　B. 16 分　C. 8 分　D. 4 分

第三题：A. 4 分　B. 8 分　C. 4 分　D. 16 分

第四题：A. 8 分　B. 10 分　C. 4 分　D. 16 分

第五题：A. 16 分　B. 10 分　C. 4 分　D. 4 分

【参考答案】

1. 总得分低于 26 分：欠一屁股债。
2. 26～40 分：注定受穷终生。
3. 41～50 分：收入一般。
4. 51～60 分：生活富裕。
5. 61～65 分：将成为百万富翁。
6. 66～70 分：将成为千万富翁。
7. 71～75 分：将成为亿万富翁。
8. 76～80 分：将成为世界级富豪。

四、压力管理——凡事适度最好

林语堂先生说过，人生就像爬坡，刚开始时是父母拉着你；当你长大了，便开始自己拉车，车上原来是空的，后来装上老婆、孩子、事业以及你想要的一切，这时，你会感觉车子越来越重。这便是压力，当你有了欲望或者出现紧迫感的时候，压力就随之而来。压力会成为一种负担,也可以成为一种驱动力,通过了解压力,可以帮助你更好地利用压力。

1. 压力的产生、类型与反应

(1)压力的产生

压力的产生与个体内心需求或体验有关,没有需求或体验的欲望就没有压力,需求越大,想体验的东西越多,压力就会越大。压力源可以是生活事件,也可以是一些不构成事件的日常烦恼,还可以是个人的习惯或观念。内心需求的满足程度与个人能力、阅历以及环境有密切的关系,产生的压力大小也不一样,因此,不同的压力源下个体的反应不同,相同的压力源下不同个体的反应也不同。

(2)压力的类型

心理学上,根据压力的强度,把压力分为以下三大类:

第一类:一般单一性生活压力

一般单一性生活压力主要体现在日常生活当中一些没法避免的遭遇、体验,如:人际交往、就业、生活、学习、恋爱等。一般人都能很好地处理、缓解这些压力,而这些压力的承受与处理,也正是成长的见证。如,刚上大学的大一新生,从没有住过集体宿舍,通过一段时间的调整与适应,便能很好地融入集体生活。

第二类:叠加性压力

叠加性压力有两类。第一类是同时性叠加压力。在同一时间里,有若干构成压力的事件发生,这时当事者体验到的压力称为同时性叠加压力,俗称"四面楚歌"。第二类是继时性叠加压力。两个以上能构成压力的事件相继发生,这时当事者体验到的压力称为继时性叠加压力,俗称"祸不单行"。

第三类:破坏性压力

破坏性压力又称极端压力,包括战争、大地震、空难、遭受攻击、被绑架等,破坏性压力带来的情感、情绪体验也是最强烈的。当事人需要借助一定的帮助才能缓解或消除这些压力带来的焦虑、恐惧、孤独等一系列心理体验,严重者需要寻求心理医生的帮助。

(3)压力反应

面对压力,一般人通常会采取两种态度——消极反应与积极反应。

第一类:消极的反应

当受压之后无法恢复正常状态,这时的压力就变成了一种消极的因素,它会影响到人的生理和心理。一个人的身体受到影响,并长期处于"亚健康"状态,就会变得易怒、暴躁。

第二类:积极的反应

对压力有良好反应能力的人往往饮食习惯良好,经常锻炼身体,有多种爱好和兴趣,能得到家庭强有力的支持并拥有良好的人际关系。一定的压力会使人感到精力充沛,如果压力很好地保持在一定可控制的水平,它将激励一个人在较长的时间里完成高质量的工作。

2. 当代大学生的压力

(1)时代压力

当代大学生是处于成熟与不成熟、独立与不独立之间的特殊群体,特定的时代背景使他们承受更加尖锐的挑战。首先,他们必须努力完成在校学业,同时还要关心所学知识能否适应未来需要;其次,必须掌握最基本的专业知识,同时还应具备信息时代获取新知识的基本

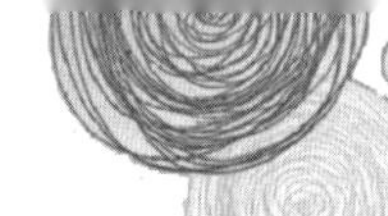

素质；最后，必须拥有创新意识和创新能力，同时还必须塑造能够融入社会的健全人格。诸如此类的高期望值，必然给他们带来心理的紧张和压力。

(2)人际交往压力

据调查，在大学校园里有良好人际关系的大学生，总体上会乐观、情绪饱满、充满信心，拥有一定的安全感、归属感，更容易在人际关系中成长、成才。但是也有数据显示，当今很多大学生存在人际交往的问题，他们缺乏交往的经验，更普遍缺乏交往的技巧，或者交往的欲望很强烈却无从下手，久而久之，干脆逃避人际交往或者听之任之，或者干脆把现实生活中人际交往转移到虚拟网络中。

(3)生活压力

主要来自两个方面：一是经济压力。学生在上学的费用一般来自家庭，一些贫困地区甚至出现了“高中生拖累全家，大学生拖垮全家”的现象。这对尚未自食其力的贫困生造成更大的压力。二是自理自律能力。目前大学生多数是独生子女，不少人缺乏自理和自律能力，很多人不会或不善于独立生活和为人处世。面对挫折和新的环境，往往缺乏相应的自我调节能力，因而也就形成这部分大学生的压力源。

(4)学习压力

很多大学生为了适应社会激烈竞争的需要，必须进一步创造条件，还要做出进一步努力。他们或是拼搏于考研、出国、公务员，或是不断参加各种技能培训，考取更多证书。过多的学习任务，给大学生带来了巨大的压力。

(5)就业压力

残酷的现实令部分大学生忧心忡忡。有的毕业生期望值过高，不能正确评价自己，我行我素，与社会需求产生明显反差，难以找准自己的定位；有的毕业生心浮气躁、精神不振、自卑恐慌、无所适从。

3. 学会管理自己的压力

在当今日趋激烈竞争的社会，压力无处不在，只要想做成自己的一些事情，就必须面临着压力的考验。管理培训大师余世维告诉我们，压力的减轻和排除是可以做到的，不要将压力硬挺，一个人遇到压力，要想办法减轻。

(1)自我激励法

德国专家斯普林格在其所著的《激励的神话》一书中写道：“强烈的自我激励是成功的先决条件。”人的一切行为都是受激励产生的，通过不断的自我激励，就会使人产生一股内在的动力，朝其所期望的目标前进，最终达到成功的顶峰。自我激励是一个人迈向成功的引擎。

如果你发现自己过度担心，请用下面的话来帮助自己建立一个更加乐观的景象。

“我是一个乐观主义者。我会关注生活中积极的事情。”

“担心一件事情并不能改变这件事情，这只会浪费我宝贵的时间和精力。”

“担心自己无法控制的事件是毫无意义的。”

“我越担心，我感觉就越差，因此，我会马上停止担心”。

“无论发生什么，我知道我能处理它。”

“我最好在吃饭之前完成这项工作，但没有完成也不是世界末日。”

“我已经做得最好，对我来说已经足够好了。”

"金无足赤,人无完人。"

"即使我不时地失败,人们仍会喜欢我。"

"犯错误并不意味着做人的失败。"

(2)尽量避免法

尽量避免参加一些不必要的、过于繁杂的活动,以免因占用过多的时间或精力而感到焦虑;同时尽量调整自己应对压力的方法。如:避免消极,如"我怎么做什么事情都不行,真是一无是处";避免给自己下达"必须"的信息,如"我必须始终面面俱到"或"我必须再工作中永不犯错";避免将情绪的反应作为对某种情形的解释,如"我觉得害怕,因此这里一定很危险"。

(3)环境治疗法

心旷神怡的空气、淅淅沥沥的小雨、古香古色的小街道,没有熙熙攘攘的人群,这些舒适自然的环境让人心情宽绰,忘却烦恼。所以,有时候适当"逃离",亲近自然,定期到人流少、空气好的地方去郊游、旅游,过几天"采菊东篱下,悠然见南山"的田园生活。

(4)运动释压法

运动是一种很好的解压方法。阳光、新鲜空气和运动会增加体内令情绪快乐的物质的分泌,使心情放松。现在很多大学生精力无处释放,堆积久了自然会出毛病,因此要经常加强运动,把多余的精力释放出去,让心情晒晒阳光、杀杀毒。

(5)深呼吸减压法

深呼吸减压法是放松心情最便捷的方法,适合每个人随时随地进行。基本方法:①坐或站在一个放松的位置;②缓慢地从鼻子吸气,默数 5 下,每秒 1 下,感觉新鲜的气充满腹腔和胸腔,鼓起肚子,张开胸膛;③屏气,默数 5 下,感觉新鲜的空气注入全身;④将肺中陈旧的气从鼻子或嘴慢慢呼出,默数 5 下;⑤重复数次或数分钟,直至感到心情平静。

【课堂思考】

◇ 一位高科技公司的主管,他在一天当中遭遇了这些事情:早上爱人开着家中唯一的一辆车上班,途中与别人的车辆发生了碰撞。他立刻到场帮助爱人解决这个问题。当他赶到出事现场解决了事故,把车开走之后,很不幸,车子又碰到了路边的铁杆,造成了轮胎破裂。这位主管又必须赶快换轮胎,而且必须赶在下午两点之前回到办公室,因为要出席由总经理主持的会议。时间上的迫切、意外事故的遭遇,都给了这位经理人很大的压力。可是他处变不惊,用平常心和正向态度看待事情,他说:"我帮助我的爱人解决了她面临的一个困难。在大家情绪都不好的时候,我能控制自己的态度化解了大家的压力,我让周遭的人在面对不幸的时候还觉得比较缓和,这就是我的成功之处。"当这位经理人这样去思考自己面临的压力事件时,他并没有像一般人那样,将遭遇的状况想象得那么严重。

【课堂测评】

测试你的压力,有如下情况,请打"√"

(1)你觉得事情太多,压得你受不了。

(2)你觉得生活中充满着"挫折"或"冲突"。

(3)你觉得自己每天都在做同样的事情,觉得生活无趣。

(4)你觉得整天忙,但是不知为何而忙。

(5)你觉得整天没事干而觉得生活茫茫然。

(6)你"经常"心情不佳。

(7)你常常为了一些小事而发脾气,事后又后悔。

(8)你常常觉得自己为了一些小事紧张。

(9)你因为过于烦恼而经常失眠。

(10)你的肠胃经常出问题(拉肚子、胃溃疡等)。

(11)你的呼吸系统出问题(长期咳嗽等)。

(12)你有其他身体或免疫系统功能下降的问题。

【测评结果参考】

如果打"√"超过10条,说明你目前压力已趋于极限,应当马上减压;

如果打"√"5～9条,说明你承受了一定的压力,这时候应该注意调节自身的学习工作节奏,适当放松;

如果打"√"2～4条,说明这是正常的,现代人总是在承受一定的压力,注意要把压力转化为动力;

如果打"√"少于2条,说明你还没有感受到学习和工作的紧迫感。

五、情绪管理——勿伤人伤己

情绪是指人们对客观事物是否符合自己的需要而内心所产生的心理体验及相应的行为反应。情绪的产生和变化不是毫无缘由的,而是受自身需要、生理因素、认知因素、早期生活经历等影响和制约。

1. 大学生常见的情绪困扰

(1)焦虑

焦虑是人类生存适应过程必然会产生的基本情绪,主要体现在个体在预料将会有某种不良后果或模糊的威胁出现时产生的一种不安情绪。被焦虑困扰的大学生常表现出烦躁不安、紧张着急、惶恐害怕、注意力难以集中、思维迟钝、记忆力减退、动作不敏捷,同时伴有头痛、心律不齐、失眠、食欲不振及胃肠不适等身体反应。适度的焦虑具有一定的积极意义,可以充分调动身体各器官的功能,提高大脑的反应速度和警觉性,使其集中注意力,激发斗志。高度的焦虑会影响则会人们的学习和生活,对身心健康不利。

(2)抑郁

抑郁是一种以情绪异常低落为表现的、不愉快的情绪反应,是普遍存在于人类生活中的负性情绪问题。有时候,一个人会闷闷不乐,对任何事情不感兴趣,对自己和生活缺乏信心,不想与任何人交往,伴随着沮丧、灰心、自卑、自责等心理。一般而言,这种体验比较短暂,会随着时间的流逝恢复正常。如果长期抑郁,除了带来更多的痛苦体验外,还会引起愤怒、敌意、恐惧、羞愧和负罪感等情绪,则是异常情绪。一般来说,抑郁情绪多发生在性格内向、孤僻、敏感多疑、依赖性强、不爱交际、生活遭遇挫折、长期努力得不到报偿的个人身上。那些不喜欢所学专业,或面临人际关系处理不当、失恋等问题的大学生也会产生抑郁情绪。抑郁导致个人产生回避行为及自我困扰，从而极度消沉。

(3)冷漠

冷漠是一种对外界刺激漠不关心、冷淡、退让的消极情绪状态。冷漠是一种对环境和现实的自我逃避的退缩性心理反应，本身虽然带有心理防御的性质，但是会使当事者萎靡不振、退缩躲避和自我封闭，并严重影响一个人的身心健康。情绪冷漠的学生，对外界刺激缺乏相应的情感反应，对学习应付了事、缺乏兴趣，对成绩好坏也无所谓，对集体和同学冷淡，对亲人朋友和生活中的悲欢离合无动于衷，面部表情较少，内心孤独、压抑。冷漠者生活平淡无味，缺乏创造性，难以建立正常的人际关系，难以适应社会生活。情感冷漠的形成一般与儿童时期缺乏父母的爱有关，也可能与后天的习得性无助有关。

(4)愤怒

愤怒是由于客观事物与人的主观愿望相违背，或因愿望无法实现时，个体内心产生的一种激烈的情绪反应。研究表明，当愤怒发生时，可能导致个体心跳加快、心律失常、高血压等躯体性疾病，同时还会使人的自制力减弱，甚至丧失自制，引起思维受阻、行为冲动，甚至做出一些事后后悔不已的蠢事或造成不可挽回的损失。愤怒的情绪会给人带来巨大的伤害。

(5)嫉妒

嫉妒是指因他人在某些方面胜过自己而引起的不快甚至是痛苦的情绪体验。英国科学家培根说："在人类的一切情欲中，嫉妒之情恐怕要算作最顽强、最持久了。"嫉妒是人在本质上的疵点，如果长期嫉妒，极容易产生压抑感，引起忧愁、消沉、怀疑、痛苦、自卑等消极情绪，严重损害身心健康，因此嫉妒心强的人容易得心身疾病。嫉妒是自尊心的一种异常表现，在大学生中普遍存在。具体表现为当看到他人学识能力、品行荣誉甚至穿着打扮超过自己时内心产生不平、痛苦、愤怒等感觉；当别人身陷不幸或处于困境时则幸灾乐祸，甚至落井下石。

(6)自卑

自卑是个体由于某种生理或心理上的缺陷或其他原因所产生的对自我认识的态度体验，表现为对自己的能力或品质评价过低，轻视自己或看不起自己，担心失去他人尊重的心理状态。大学生自卑感产生的原因多种多样，不同的经历、文化差异、能力差异以及理想与现实的冲突带来的挫折是常见的原因，归根结底是因为大学生自我意识发展和自我评价不当。具有自卑感的大学生常回避与他人的交往，以避免别人发现自己的缺陷而瞧不起自己，从而产生孤独、怨艾的体验，容易形成内向闭锁的人格特征。

(7)恐惧

恐惧是当一个人面对危险境地或巨大灾难时而产生的一种极度的恐慌和畏惧感。恐惧的情绪会使人感到呼吸急促、紧张、心悸、全身战栗，甚至使人本能地产生想逃离的心理。恐惧在一定程度上对人的自身产生保护作用，但是如果过于强烈或者过于持久，则会影响个体的身心健康。大学生恐惧症的产生，一般认为是与以前生活中的经历有关，或者是通过条件反射作用而建立的一种不适应的行为。患有恐惧症的大学生也常常表现出一定的人格特点，如胆小、孤僻、敏感、退缩和依赖等。常见的大学生恐惧症主要表现为社交恐惧。社交恐惧症作为焦虑症的一种，称之为社交焦虑症。随着社交恐惧症症状的加重，恐惧对象还会从某一具体的事物(异性)或情境(演讲)泛化到其他无关的事物或情境。

(8)羞怯

羞怯是一种常见的心理现象,主要表现心跳加速、脸红、思维混乱、语无伦次、举止失常等。羞怯是人们情感的隐含流露,但不适当和习惯性的羞怯会阻挠人们进行积极的交往,妨碍友情的发展,还会影响个人才智的发挥。羞怯还会导致压抑、焦虑、孤僻、自卑等不良心态。羞怯是大学生中较为普遍存在的一种情绪。大学生正处于这种自我意识高度发展时期,他们渴望得到别人的理解和尊重,但同时又经常担心、怀疑自己能否得到承认和尊重。这种心理状态在不熟悉的环境中,表现为怕被人耻笑而表现不自然、心跳加快、脸红、腼腆甚至怯场,久而久之他们就羞于交往,羞于在公开场合讲话。另外,羞怯也可能是因为生活中受到了挫折而自暴自弃,感到再也抬不起头来,羞于与人交往,实际上是丧失自信的结果。

(9)情绪失控

美国著名心理学家艾利斯于20世纪50年代提出了著名的情绪失控理论"ABC理论"。在这个理论中,A代表诱发事件;B代表当事人对事件的看法、解释、评价和信念;C代表在这一事件后,当事人的情绪反应和行为结果。通常情况下,人们会认为是外部事件(A)直接引起了情绪和行为结果(C)。实际上,人们忽略了当事人的内心活动这个重要因素,忽视了当事人对事件的解释和评价,正是这一部分(B)导致了不同的情绪和行为状态。比如说,焦虑症、沮丧、敌意等不良情绪产生时,并不是由于某个刺激引发的,而是源于其对那个刺激的看法。一般说来,观念B有合理与不合理之分。合理的观念可以引起人对事物适当的情绪及行为反应,不合理的观念则会导致不适当的情绪及行为反应。若一个人固守某些不合理的观念时,就会陷入不良的情绪之中,甚至导致心理障碍的产生。情绪失控是大学生常见的一种消极情绪反应。处于精力充沛、血气方刚的青年时期的大学生,在情绪情感发展上往往带有好激动、易动怒的特点。如有的大学生因一句刺耳的话或一件不顺心的小事而暴跳如雷;有的因人际交往受阻而怒不可遏,恶语伤人,甚至因此走上违法犯罪的道路;有的因别人的观点或意见与自己相左而恼羞成怒;有的因一时的成功得意而忘乎所以;有的因暂时的挫折或失败而悲观失望、痛不欲生。

【课堂测评】

完成下面的句子:哪些事件会引起你生气、难过、焦虑、害怕、丢人、无助的感觉呢?

我最生气的一件事:________________

我最难过的一件事:________________

我最焦虑的一件事:________________

我最害怕的一件事:________________

我最丢人的一件事:________________

我最无助的一件事:________________

2. 情绪对大学生的影响

(1)影响身心健康

现代医学研究证明,人们生理疾病中,70%同时伴有心理上的病因。尤其是现代社会中的高血压、心脏病、癌症等直接威胁人类的重大病症,都与人的情绪状态有着直接的关系。一些学生出现失眠、紧张、神经性头痛、消化系统疾病等,大都是因为情绪状态没能得到很好的调整。

(2)影响学习

对于大学生来讲,情绪状态对学业有着举足轻重的影响。不少大学生都有这样的体验:当自己的情绪积极乐观时,学习的效率倍增;而当自己的情绪处于低迷、忧郁或是烦躁不安时,学习往往也是一团糟。一个人再聪明,但如果没有好的心态,他的能力也是无法发挥的。而良好的心态正是一个人最大限度地发挥自己的能力的基础和前提。

(3)影响人际关系

大学生不同的情绪状态会直接影响人际关系状况。积极健康的情绪有助于人际交往;相反,情绪焦虑、抑郁、冷漠,或者处在应激状态都会影响社会行为,从而影响人际交往和人际关系。

(4)影响潜能发挥和职业发展

良好的情绪不仅对大学生的身心健康至关重要,而且对人格的形成与发展具有同样重要的作用。弗洛伊德精神分析理论和埃里克森的心理社会发展阶段理论中,都强调了情绪在人格形成和发展中的核心作用。良好的情绪有助于增强学习兴趣,提高学习效率,促进潜能开发,并有助于自信心的建立。

3. 学会管理自己的情绪

(1)寻找奋斗目标

“一位百发百中的神箭手,如果他漫无目标地乱射,也不能射中一只野兔。”许多大学生感到郁闷、无聊,找不到生活的方向,逃课游玩打游戏,甚至上网成瘾,这些都是缺乏人生目标的表现。目标是航向,没有目标的人生是无趣和空洞的。大学生应该客观地认识与评价自己,有生涯规划的意识和能力,为自己制定正确的奋斗目标。有了适合的奋斗目标,就有了克服困难和应对挫折的勇气;有了前进的动力,才能使人保持积极愉快的精神状态。

(2)学会幽默

当一个人发现一种不调和的或对自己不利的现象时,为了不使自己陷入激动状态和被动的局面,最好的办法是以超然洒脱的态度去应付。幽默往往可以使本来紧张的情况变得比较轻松,使窘迫的场面在笑语中消逝,使愤怒、不安的情绪得以缓解。幽默的人不开庸俗的玩笑,更不随便拿别人开心,而是以机智的头脑、渊博的学识,巧妙诙谐地揭露事物的不合理成分,一语中的,又使人容易接受。在一些非原则问题上,宁可自我解嘲,也不可去刺激对方、激化矛盾。

(3)扩大自己的活动圈

对于精力比较充沛的大学生来说,缓解情绪还有一个非常重要的方法就是积极参加学校活动。学校活动多彩多样,大学生可以根据自己的兴趣爱好、锻炼需求等积极主动参加学校的社团活动。主动扩大自己的交往圈子,结交一些密友,与他们分享感受、快乐和忧虑。发展、保持和拓展你的社会支持网络,在一定程度上能帮助我们维护情绪健康。

(4)善于控制负性情绪

在各种负性情绪中,冲动和愤怒是大学生最常见的负性情绪。在日常生活中,虽然我们不能选择何时生气,但是可以控制自己生多大的气、生多久的气以及生气时我们该怎么办。因此,生气是可以选择的,愤怒也是可以掌控的。当出现愤怒的情绪时,你可以选择适当的处理愤怒的方式。

【课堂阅读】

难以弥补的疤痕

有一个男孩脾气很坏，于是他的父亲就给了他一袋钉子，并且告诉他，当他想发脾气的时候，就钉一枚钉子在后院的围篱上。第一天，这个男孩钉下了40枚钉子。慢慢地，男孩可以控制他的情绪，不再乱发脾气，所以每天钉下的钉子也跟着减少了，他发现控制自己的脾气比钉下那些钉子来得容易一些。后来，父亲告诉他，每当他能控制自己的脾气的时候，就拔出一枚钉子。一天天过去了，最后男孩告诉他的父亲，他终于把所有的钉子都拔出来了。这时，父亲牵着他的手来到后院，告诉他："孩子，你做得很好。但看看那些围篱上的坑坑洞洞，这些围篱将永远不能回复从前的样子了，当你生气时所说的话就像这些钉子一样，会留下很难弥补的疤痕，有些是难以磨灭的呀！"从此，男孩终于懂得管理情绪的重要性。

(5)解决情绪认知问题

人的心理有两个层面，一个是情绪层面，一个是认知层面。宣泄法是通过心理宣泄解决情绪层面的问题，情绪层面的问题解决了，人的理智就会逐渐恢复。但是，有时人的认知层面的问题不解决，情绪层面问题的解决也是暂时的，以后遇到问题仍然会受挫。因此，解决认知层面的问题对于调控情绪是非常必要的。

①合理的自我期望。俗话说：希望越大，失望越大。在现实生活中，不少人的挫折感均来源于对自己的期望值过高，苛求自己。因此，我们要学会以平和的心态待人处世，学会给自己留下一定的空间，把目标锁定在能力所及的范围之内，而不是好高骛远，四处出击，要求自己事事都超过别人。同时，对任何人、任何事都不必期望过高，这样，当事物没有朝着自己期望的方向进展时，就不会产生强烈的挫败感。

②学会取舍。人的一生会有许多愿望和追求，但由于主客观条件的限制，不可能一一得以实现。这样就需要学会放弃和妥协，否则就会被这些目标和欲望所累，而失去了人生的洒脱和生活的乐趣。如果一个登山者，一心想登上顶峰而急于赶路，结果忘了欣赏沿途的风景，那么，登山的乐趣也无从体现。即使站在山顶，想想自己的付出与所得，也会有不平衡的感觉。

③学会自我开导。自我开导指个体遭受挫折后，为了维护自尊，减少焦虑，就找出种种理由为自己辩解，增加自己行为的合理性和可接受性，以起到减轻心理压力的作用。有时候，自我开导也是一种有效的自我防卫方法。其实，只要有坚定的奋斗目标，并且每天都朝着这个目标前进，哪怕遇到一时的挫折、困难，告诉自己坚持再坚持、努力再努力，不愉快的情绪很快就会消失。

【课堂讨论】

控制不住的情绪

刚上大学时，我有些不习惯，但不觉得生疏，与同学相处比较好。但总觉得压力很大，没有精神，情绪很不稳定。我经常一个人单独行动(习惯了独处)，上课、自习、吃饭、逛街,感觉一个人自在,不受约束。当情绪不好的时候,就吃东西。常常是在这个食堂吃完,又跑到另一个食堂去吃,然后再到超市买一大堆饼干或者其他东西回宿舍吃。我觉得我近乎疯狂,不可理喻,就想让胃撑满,有时近于疼痛,好像这样我才能得到快感和满足。买东西的次数越来越多,也越来越贵,家里承受不起,我觉得对不起父母,因而自责。越是这样,就越想放松自己。好像是有两个我在做斗争,一个让我恢复理智,另一个在让我奢侈、放纵,而我总是屈服于后者。我觉得生活学习一团糟,对什么都没信心,也许这就是我情绪不稳定、对什么都没兴趣的原因。我对不起很多人,对不起所有对我有期望的人,可是我控制不了自己的情绪,我觉得好像有两种人格在厮杀。我很害怕,但是不知该如何做……

【课堂讨论】

六只狐狸的命运

一个炎热的夏天,六只口干舌燥的狐狸,来到一个葡萄架下。抬头仰望,晶莹剔透的大个葡萄挂满枝头,狐狸的口水就流下来了。

第一只狐狸开始跳,够不着;咬牙、跺脚、使劲再跳,还是够不着;再使劲,再跳,葡萄还是高高挂在上面;去周围找找,梯子、板凳、砖头、瓦片、竹竿等,什么都没有。“这葡萄肯定是酸的,不好吃。走吧,捉只鸡,喝杯可乐、矿泉水,什么不行嘛!”于是乎,这只狐狸心安理得,哼着小曲,高高兴兴地走了。

第二只狐狸使劲跳,同样也是够不着葡萄,心想:“我吃不着葡萄,死不瞑目。”于是从天亮跳到天黑,又从天黑跳到天亮,结果呢,这只狐狸累死在葡萄架下,两眼圆睁,望着高高挂在枝头上的葡萄。

第三只狐狸吃不着葡萄,开始大骂:“谁这么缺德,把葡萄栽在这么高的地方,让我吃不着!”结果骂出了老农。老农说:“怎么着,这葡萄是我栽的,你骂什么,偏不让你吃。再骂,再骂就打死你。”于是老农抡起锄头打狐狸,狐狸含恨而死。

第四只狐狸也没有办法吃到葡萄,它挺内向,憋在心里,就这样整天压抑、愁眉苦脸,结果抑郁而死。

第五只狐狸心想:“想吃葡萄都吃不着,真没用,还活着干吗,活着还有什么意思呀?”于是乎,找颗歪脖树,上吊而死。

第六只狐狸跳了几下,吃不着葡萄,一气之下就精神分裂了,整天蓬头垢面,满大街转悠,口中念念有词:“吃葡萄不吐葡萄皮,不吃葡萄倒吐葡萄皮。”

请思考,在现实生活中,你是哪一只狐狸?你愿意做哪一只狐狸?为什么?

第三节　终身学习的习惯

一、终身学习的概念

终身学习是指通过一个不断支持的过程来发挥人类的潜能,它激励并使人们有权力去获得他们终身所需要的全部知识、价值、技能与理解，并在任何情况和环境中有信心、有创造性和愉快地应用它们。[①]

在人类社会发展进程中，人们总是终身不断地学习和训练自己。随着知识经济时代的到来，当今世界已经是一个全民学习的学习型社会，我们只有不断学习，才能更好地适应日新月异的社会的发展。在信息化的社会，大学生吸收信息的途径越来越多，所用到的教育工具也层出不穷。在这个过程中，引导学生树立终身学习的理念，更好地发挥个体的潜能，才能尊重个体的价值实现。

二、树立终身学习观

1. 终身学习是一种生存概念

终身学习观与传统意义上的学习观不一样，首先体现在它是一种生存观。学习主体在自己活着的一生当中，总是不断浸染周围环境，环境的反馈让学习者自觉地获取自己生存所需要的全部知识和生存技能，从而有信心、创造性地应用于与生存相关的一系列行为中去。

2. 终身学习强调的是学习的自主性

终身学习打破了传统的教育者向受教育者灌输的学习模式，更加强调学习的自主性特征。在学习过程中，学习者本身的兴趣爱好、性格特质、价值取向、能力发挥等得到了充分的展现，学习者可以选择自己感兴趣的，或者更能发挥自己才能的知识学习。

3. 终身学习具有终身性

当今社会，资源有限，人才之间的竞争日益激烈，人不应该也不能在社会发展面前停滞不进，这样只会让自己落后于时代，甚至被社会淘汰。人应该在生命中的每一个阶段都坚持学习，活到老，学到老。

4. 终身学习是一种全面性的学习

德智体美劳是终身学习的终极目标。全球化发展的当今社会，对人才提出的条件越来越高，综合能力强的人，智商、情商均衡发展的人越来越受欢迎，也更容易成就事业，创造人生价值。因此，终身学习提倡的是一种全面性、多元化、多层次、多方位、多领域的学习。

三、养成终身学习习惯

终身学习不仅仅是一种理念，更是一种学习方法和学习能力的培养。对于大学生而言，学会如何学习，leaning how to learn，是终身学习理念最好的践行者。

1. 培养兴趣

“知之者不如好知者，好知者不如乐之者”，“兴趣是最好的老师，它将永远胜于责任感”。人在面对自己感兴趣的事物时，总是伴随着积极的、愉快的心理体验，遇到困难挑战，凭着对该事物的热爱，大多会选择坚持下去。因此，在校大学生要勇于、乐于培养自己的兴趣，可从自己的性格特质、价值观入手，通过校园这个平台，发掘自己的兴趣爱好，或者尝试寻找一些团队，在其中通过一些人脉带着自己寻找兴趣点。

---

① 1994 年 11 月在意大利罗马召开的首届世界终身学习会议。

2. 主动学习

主动学习的对立面是被动学习。主动学习是一种很好的学习习惯，是学习者自己对知识的一种迫切需要和愿望，并坚持不懈地进行自主学习、自我评价、自我监督。主动学习者把学习永远当作自己的事情，不需要别人提醒，也是自我管理成功的一个重要体现。

3. 善于总结

善于总结经验或教训是一种增强自我认知能力的方式。俗话说：他山之石，可以攻玉。总结别人的经验为我所用，往往费力小而收获大。温家宝总理也说过这么一句话："一个聪明的民族，一定会善于总结实践中的经验教训。一个人立身于世，成就事业，要总结；一个民族生生不息，轻声繁荣，要总结。无论是做事还是做人，无论是成功还是失败，都要用眼'察'，学会总结；用心'思'，善于总结。"

4. 有效的学习方法

一套行之有效的学习方法将贯穿整个人生的学习过程。有效的学习方法需要学习者自己摸索总结出来，是学习过程的副产品。我国著名教育家孔子提倡的"学而不思则罔，思而不学则殆"就是一种行之有效的学习方法，要求在学习的时候避免死记硬背，要思考消化，抓住事物的要领与本质。

【课堂阅读】

问出来的知识

西汉时期，有位名叫胜之的人，他在关中地区任主管农业生产的官员时，有一次发现一位老农种的瓠瓜特别大。胜之心想，瓠的外壳可以做瓢，瓤可以喂猪，种子能榨油点灯，是一种很好的经济作物。让老百姓种好瓠瓜，百姓也许能发点小财。于是胜之不耻下问，老农也毫无保留地介绍出种"大瓠瓜"的经验：在一个坑里播下 10 粒瓠种，等 10 棵苗子分别长到 60 厘米长时，将它们的藤部轻轻划破，捆扎在一起，用泥土堆壅起来。然后留下最茁壮的一根苗，掐去其余的 9 根苗。结瓜时，摘除最初结的 3 个瓜，保留第 4 个、第 5 个、第 6 个瓜。10 根苗的根所吸收的养分，集中到一根藤上所留的瓜，瓜自然就长得特别大了。胜之总结了这位老农的种瓠经验，并加以推广，果然不少农户人家因种瓠而获得收益。他还将这位老农的经验，写进了他的著作《胜之书》当中。

四、学会做人做事

1. 学会做人

终身学习理念下的学会做人，在新的历史条件下主要体现为学会关心、学会承担和学会合作三方面。

第一，学会关心。关心的立足点首先是关心自己，这也是"人本位"的深刻体现。唯有爱自己的人，才能更好地爱别人。同时，还要学会关心他人，学会关心我们所生存的这个自然环境，学会关心一切有生命体的动植物。

第二，学会承担。学会承担也即意味着学会负责。负责是要对己对人负责。每个人都要学会对自己的言行举止、自己的人生、自己的理想负责，同时还要对集体、家庭、社会、国家

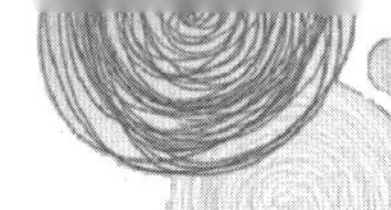

负责。尝试着做一些事情，在尝试中学会承担，把自己锻炼成有担当的新时代大学生。

第三，学会合作。合作是平等的一种体现。在合作中，不同的人朝着一个共同的目标，执行团队的计划，这就要求大学生不仅要学会寻找适当机会展现自己才干，还要学会欣赏他人，消除分歧，化解冲突，为团队的发展做出自己的努力。

2. 学会做事

终身学习理念下的学会做事，同样体现为敢于做事、乐于做事、善于做事三方面。

第一，敢于做事。如果一个人不敢做事情，就会缩手缩脚，一旦失败了就会颓废不振。很多大学生脸皮薄，自尊心强，害怕失败，害怕别人的眼光与评论，因此不敢做自己想做的事情，这样，再好的想法都永远只是想法，只是空中楼阁，最终导致一事无成。如果一个人什么事情都不敢去做，甚至有事情也要逃避去做，这样的人注定一生平庸。

第二，乐于做事。乐于做事是人生的一种追求、一种乐趣。我们知道很多的成功人士都会在有限的时间里做很多的事情。一个人在做事情的过程中，总是表现得情绪高昂、愉快而有归属感，呈现出一种积极向上的精神面貌。比尔·盖茨说："想做事的人永远在找方法，不想做事的人永远在找理由。"因此，我们要学会把做事情当成人生的一种乐趣。

第三，善于做事。事情的成败就在于是否善于做事。事有大小难易，但凡是对自己、对他人、对社会有益的，都是好事，值得去做。善于发现问题的所在，从而解决问题。善于做事的人明白自己在做或者将要做什么，懂得处理事情的轻重缓急，懂得利用时间与借助一定的人脉。

【课外阅读】

您只是没找到问题所在

一名传教士初到某地，当地人给他配备了一辆旧车。车子有点小毛病——停火后很难启动，传教士绞尽脑汁，最后终于想出一个妙招：他请信徒们给他推了第一次，而后每次停车都找一个斜坡停在坡顶，倘若地势平坦则干脆不熄火。这个方法他沿用了两年，从来没有失误过。

后来一名新的传教士来接替任务，先来者十分自豪地向后来者讲授了自己的独家妙法，对自己的"斜坡战术"津津乐道。谁知新传教士边听他说边打开车盖，观察过后用手轻轻地拧紧了一颗螺丝，随后坐进驾驶座。只听一声轰鸣，车子顺利地启动了。先来者瞠目结舌，新人诚实地解释："其实不必那么夸张，只是一根发动机连线松了，用手拧紧螺丝就行了，您只是没有找到问题所在。"

课后练习

1. 影响自我概念的因素有哪些？

2. 有些同学说，大学的主要任务是学习，不要光想着赚钱，所以不需要学会理财。你同意这种说法吗，为什么？

3. 有些同学认为，现在这个社会，谁都信不过，因此，没有必要跟人掏心掏肺地相交，自己遇到压力，负面情绪自己找办法解决，找不到人没关系，其实也没必要跟别人倾诉，靠自己是最保险的。你同意这些观点吗？大学生该如何学会与人交往？

【本篇·阅读思考】

35岁，黄金时期的职业危机

大学毕业后工作七八年，顺利的话，应该就能够做到部门经理一类的位置；再在部门经理的位置待上五六年，如果没有升迁，看不到40岁以后的发展，人生的坐标点不再上升跳动，就会产生困惑，面临选择。

我在读MBA时的一些同学，现在就到了这个年龄阶段。这是他们其中几个的故事，他们的机遇或许不同，但面临的问题带有普遍性。

无法跳出自己的圈子

A最早在一家合资的灯具公司工作，负责上海地区的销售业务。他读在职MBA的事情，在快毕业的时候被老板知道了。老板其实蛮嫉妒他的，因为上海的销售业务主要靠他。老板要他做出选择，要么读书，要么辞职。结果他辞职了，继续读书。那时候他大概只有三十一二岁。

辞职以后的经历并不太顺利。开始是自己开公司，但公司只开了一个月就没有做下来。他想做一个代理品牌在上海的负责人，但也没有成功，因为类似的职务大多不是外方直接派人过来，就是合资方这边上级任命的。没办法，他只能继续求职，把求职的职位降低，还是做销售经理。结果一家欧洲的公司和一家美国的公司都录用了他，他接受了美国公司的职位，到国外进修了两年，还是做销售经理，负责南方区域，经常出差，对原来的客户重新拜访了一遍。这样做了一年多，他就产生厌倦情绪，因为他做的工作跟原来的没有多大差别，而且许多事情还是做不了主，因为上面还有客户总监。

他说过，如果跳槽，职位还是跟过去一样。因为人家要他，还是基于他的工作经验。他现在最大的问题就是在职务上没法出头，在这样的工作上，他已经做到顶了。他很清楚再做五六年自己还是销售经理。而他希望做一个外资企业驻沪办事处的首席代表，或是一个完全独立的代理人。

换个更大的缸

B读MBA的境遇比较好，单位不仅同意，而且还承担了学费。他快毕业的时候，从销售经理升到了人事经理的位置。公司让他读书自然是想培养他，包括让他做人事工作，也是有考虑的，想让他再去下面的子公司任职。而一般在职再去读MBA，总是期望能够在职业上有新的转机，就像一条鱼在一个缸里待久了，总有换一个更大的缸的期望。读书期间，外面的猎头公司找过他，他回绝了，因为觉得自己的公司对他不错。但一圈下来，不知道什么原因，他就在人事经理的位置上不动了。

他觉得这样下去就会趋于平庸，于是想从一个缸换到另一个大缸。这不完全是自己可以决定的，还有很多外部的因素，他一度还产生了移民的想法，毕竟在公司里干了十几年，自己没有多少发展，也要为小孩的将来做些打算。但他思来想去，觉得还是国

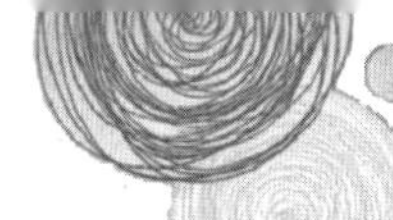

内发展机会较多。去年，他要求到外地的分公司工作，迫使自己再去开辟一块新的境地。他现在干得还是比较开心的。

追求喜欢做的事情

C是个比较活泼的人。他最早在外资企业里做行政方面的部门经理，待了七八年就离开了。他那时只有30岁，也正值互联网比较热的时候，通过猎头公司进入一家网络公司当副总裁。做了不久，这一波的网络热过去后，境外资金停止投入，他的CEO待在国外也不常来，整个公司就由他来维持运作。这家网络公司规模还不小，尽管没人继续投入，但公司本身还有不少现金，要再撑五年没有太大问题。他认为这只是在帮别人撑而已，对自己的发展比较不利。这时候也有猎头公司找上门，但因为整个网络公司热已经冷下来，所有提供的都是部门经理一类的职位，他不满意。

去年，34岁的他下了决心：跳槽到一家民营企业工作。类似他这种情况，一般总是从外资企业再流到外资企业，而且他最早待的公司规模很大，那家网络公司在业界也属于中上级的，他一下子去了一家并不很有名的民营企业做副总，而且是在外地，当时让许多人觉得很吃惊。

而他感觉不错，觉得才能得到了发挥。公司虽然只有一百多人，但老板给了他股份，他在那儿工作带有点合伙人的性质。他的这种情况带有一定的普遍性，很多人就是想追求这种感觉：工作就是追求自己喜欢的事情。

阅读以上材料，思考以下问题：

(1)35岁处于职业生涯的哪个阶段？这个阶段的问题和任务是什么？

(2)这三个人是不是都面临职业停滞期？为什么及其原因是什么？

(3)试着想想这三个人的工作和家庭可能会存在哪些冲突？

中国退休老人乐于为自己花钱

网易新闻摘录英媒的一篇报道，并提出了一些调查问题，全文如下：

英国《金融时报》网站5月11日报道：中国老年人的阔气退休（记者帕蒂·沃尔德迈尔发自上海）

不久前，60岁在西方已经成为新的40岁——但我从未想过自己会在中国看到这样一天。

中国60岁左右的人生活得比其他国家“二战”后婴儿潮时期出生的人要痛苦。在他们小的时候，他们经历了大跃进和一场饥荒；在他们的青年时期他们又经历了“文革”。

但在中国经济经过30年的繁荣发展后，中国的老年人似乎已准备好重温他们从未拥有过的青年时期——并在这方面消费。并非所有人都像传统看法所认为的那样，会把钱存起来然后无所事事，并对他们子女的生活指手画脚。城市里的中产阶级老年人正在从事体育活动，比如徒步、骑自行车以及跳“广场舞”，除此以外，还有较为传统的娱乐活动，比如打太极拳、打麻将以及管其他人的闲事。

居住在城市里的中国居民的退休时间很早（男性最早在55岁退休，女性最早在45

岁退休),他们享有充足的退休金(在农村里的同龄人不同),并拥有值钱的住房,这些住房是中国在上世纪末私有化城市房屋时实际分给他们的。

这被形容为史上最大的一次性财富转移,受益的正是现在60多岁的徒步、自行车以及广场舞的爱好者们——比如在上海的一个自行车俱乐部里精神矍铄的老年人们。他们身穿紧身衣,在周末骑车出游,每次活动骑行的距离每天大约100公里。

5年前,这个俱乐部的成员一路骑行至内蒙古,这场向北部边境地区的骑行活动为期29天。最年长的一位骑行者当时74岁,他为自己70多岁的老伴儿购买了一辆价值4000元人民币的自行车以参加此次骑行活动,而他自己只骑了一辆普通自行车,完成了全长1700公里的骑行路途。

我正好符合这个俱乐部的年龄段,我也骑一辆普通自行车,但当我和《金融时报》一位20多岁的同事在今年春天的一个周末加入这些老年人的外出骑行活动时,他们不得不将骑行距离缩短至微不足道的15公里,为的是我们不会在路上累得趴下。

周日的早晨7点,我们在往一个郊区公园骑行的路上遇到的每个人似乎都上了年纪,而且都精力充沛:有些人在打太极拳;有些人在户外健身器材上锻炼,你可以在上海的每个社区中都看到这些健身器材;甚至有些人拎着鸟笼子散步。相比之下,年轻人则显得较为懒惰。

这些老年人十分开心:看上去他们用了一辈子的时间“吃苦”,现在正准备好将苦“吐”出来。

71岁的杨建华(音)之前是一名工人,她目前有很多生活乐趣:她列出了中国老年人能做的所有事情,包括唱歌、跳舞以及弹钢琴等,以便让自己保持忙碌。66岁的林学军(音)是她的一个骑行伙伴:他之前是一家国企的高管,在5年前退休时,他感到自己拥有了大量时间。但现在,他每个周末都会骑自行车,每天都会游泳一个小时,并且每天都会散步两次。他说:“我们更喜欢在自行车装备上花钱,而不是在药物上花钱。”

明特尔市场调查公司的零售分析师马修·克拉布称,目前,这些老年人是中国经济的一股强大力量。他说,他们拥有可随意支配的收入,他们喜欢尝试新的事物,而且他们不只是想要尿布和婴儿食品。

现在中国有一整代坚强的老年人正乐于在自己身上花钱。

问题1

A. 至少在上海已经是这样了

B. 没觉得今天的60岁人群跟上一辈有什么不同

问题2

A. 所以到了该享受生活的时候了

B. 经历了这些,我已经不习惯去享受了

问题3

A. 说得轻巧,谁能不为小辈打算

B. 就算我想指手画脚,子女也不会听我的

C. 这一点是该向外国老人学习

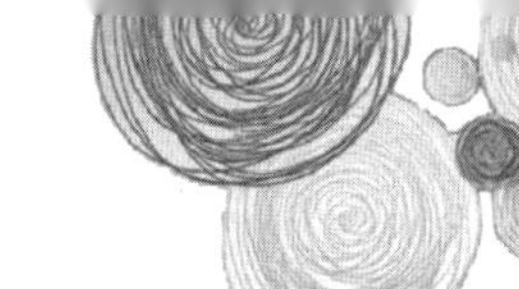

问题 4

A. 这些都太老套了，我玩得更新潮

B. 还是传统娱乐活动适合我

C. 玩什么不重要，关键是有 WUF 一起玩

问题 5

A. 就该这么潇洒

B. 不反对，但我不会大手大脚

问题 6

A. 骑 15 公里？让我再年轻 10 岁还差不多

B. 别说骑了，跑个 15 公里都不在话下

问题 7

A. 我的活动更丰富，自由时间更多

B. 退休后反而更被家务套牢

问题 8

A. 说得容易，做不到的

B. 儿孙自有儿孙福，我不想再像上一代那样

阅读上述材料，思考以下问题：

(1)根据你的观察，报道中关于中国人退休生活的描述是否准确？

(2)请自己上网搜一下调查结论，看看跟你预期的是否一致？

(3)描绘一下自己想过的退休生活。

附　录

附录一

大学生职业生涯规划书及其具体要求

一、自我探索

(一)价值观探索
(二)性格探索
(三)兴趣探索
(四)能力探索
(五)生活方式及其他方面探索

具体要求:

1. 可以像写日记一样描述自己的个性特征。
2. 回顾你的过去,澄清你的价值观;与亲友交谈,明确你的性格。
3. 识别并确认你的价值观、性格、兴趣和能力类型。

二、环境探索

(一)社会环境探索
(二)家庭环境探索
(三)目标职业认知

具体要求:

1. 社会环境探索主要包括:大学生就业形势、目标职业或专业方向就业前景等。
2. 家庭环境探索主要包括:家人的期望、需求和支持等。
3. 目标职业认知主要包括:入门门槛、工作性质、工作岗位、职责要求、发展道路等。

三、目标与计划

(一)拟定目标
(二)开发计划

具体要求:

1. 描述理想工作的工作性质、环境与技能要求等;
2. 在人职匹配分析的基础上进行目标定位;
3. 择业并选择有效的职业发展路径;
3. 拟定 10 年三期目标与人生目标,包括物质与非物质目标;
4. 开发为实现三期目标的计划方案,即如何获取求职与职业发展所需技能与资源等。

四、调整与评估

具体要求：

1. 在实现上述目标和职业路径的过程中可能会碰到哪些问题？

2. 在这些问题和情景发生时，我该怎么办？只需要做一些小调整或是需要转换跑道？

3. 择业和职业发展的其他可能性，这些可能性来源于社会机会、家庭支持、自我个性特征等，对这些可能性进行一定的明确和规划。

格式要求：

1. 五号字，1.5 倍行距，宋体。

2. 提交打印稿，左侧两钉装订。

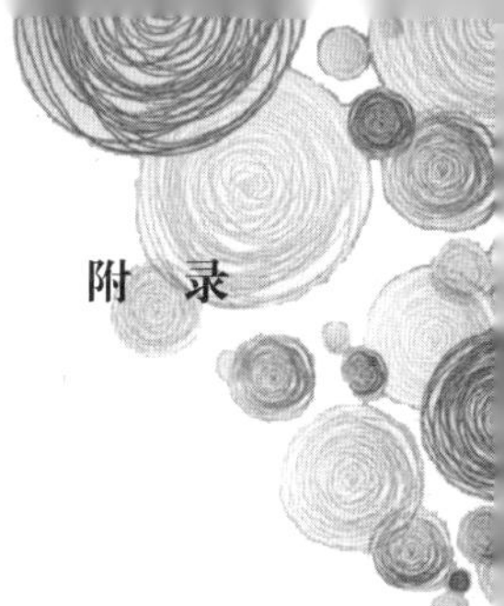

附录二

大学生职业生涯规划书实例与点评

实例一：管理系，大一学生。

大学生职业生涯规划书

一、自我分析

1. 价值观

家庭幸福和谐，家人健康；自己创业，自由型，非工资生活，不喜欢受控于人、听命于人，不想过单调乏味的上班族的生活，想在自己擅长的领域施展才华和本领。

2. 性格

稳重与活泼并存，自尊，自强，自信，乐观

交际方面不够主动，比较自我，但如果别人主动交好，也能与之成为朋友，给对方留下较好印象

做事情想得太多，不果断

讲原则，比较固执

有计划，但实施情况不好，常常被打乱

不喜欢一直做一个职业

3. 兴趣

阅读，上网，音乐，运动，旅游

4. 能力

从小学到高中当了10来年班长，有一定的组织和领导能力，在组织和领导能力方面还需要得到进一步培养和提高。

二、环境探索

1. 社会环境

经济和科技发展，人才济济，社会和企业对人才的要求大大提高。

大学生就业率下降，工作难寻

2. 家庭状况

爸爸妈妈在家经商，生活小康。因为从小几乎所有事情都是爸爸妈妈做主，所以我很没主见，不会自己决定很多事情。不过上大学后，这点已经得到改善，我发现自己越来越有主

见了,算一大进步吧!因为从小受家人和亲人、老师和朋友的宠爱,一路走来一帆风顺,没有经历过什么风浪,受过什么大的挫折,造成心理承受能力很低,不够坚强,想法还比较单纯和天真。

3. 目标职业

创建一个独具特色的"农家乐"主题农场。

三、目标与计划

1. 理想工作描述

工作性质:管理。

技能:领导和管理,人际沟通能力。

福利待遇:视企业发展状况及社会整体经济水平而定。

工作环境与地点:环境舒适优美,适合旅游休闲的农场;面向学生、上班族及从政人员等特殊群体及普通人群;目前暂定在漳州开发区。

2. 目标

短期:大学四年里,努力学习,掌握必备知识和能力,毕业时除了以优异的成绩和优秀的毕业论文拿到厦门大学嘉庚学院本科毕业文凭外,同时通过英语四六级考试、计算机二级考试普通话测试等,获得各种证书;同时利用空余时间积极参加社团活动以及学校组织的各项活动,丰富自己的知识,提高自己各方面的能力,提高人际沟通能力,扩大交际圈。

中期:在大企业工作,从低层做起,不怕累、不怕苦、多做事,并且不断更换工作,了解市场,了解各种企业运作方式;积累创业资金,扩大人脉,寻找最佳创业伙伴。

长期:经过一段时间的工作,熟悉市场,积累工作经验,有较大的交际圈,有自己的合作伙伴,有足够的资金。资金是越多越好,但为了尽快达成这个长期的目标,可能会选择跟其他人合资。

3. 人生目标

家庭和谐幸福,家人健康,给爸爸妈妈最幸福安康的晚年。

事业有成,做一个事业型女性。

凭借自己的能力,拥有大量财富,帮助贫困、疾病等弱势群体。

4. 计划

(1)短期计划

大一:脚踏实地地学习基础课程,打下扎实基础;利用空余时间积极参加社团活动以及学校组织的各项活动,丰富自己的知识,扩大交际圈。通过大学英语四级考试,走在别人前面。

大二:既要稳抓基础,又要做好由基础课向专业课过渡的准备,并要把一些重要的高年级课程逐一浏览,以便向大三平稳过渡。大二里有两次重要的考试:英语六级和计算机二级考试。

大三:在巩固学习的基础上,走向市场已经成为一个迫切需要解决的问题,这关系到大四时的求职之路。应提高求职技能,搜集公司信息。

大四:交出一篇优秀的毕业论文;开始毕业后工作的申请,积极参加招聘活动,在实践中

校验自己的积累和准备;积极利用学校提供的条件,了解就业指导中心提供的用人公司资料信息,强化求职技巧,进行模拟面试。

(2)中期计划

在大企业工作,从低层做起,不怕累、不怕苦、多做事,并且不断更换工作,了解市场,了解企业运作方式;积累创业资金,扩大人脉,寻找最佳的创业伙伴。

(3)长期计划

创建一个独具特色的“农家乐”主题农场,并且打出品牌,名扬福建,甚至全国、全世界。

四、调整与评估

其实,我不想就业,不想考研,很希望能在大学期间就开始创业,但又担心学业受到影响,毕竟以后找工作还是要求较高的专业素养。

【点评】

1. 在自我分析方面,某些概念不清,比如对职业兴趣的探索。需要进一步明确职业价值观、职业兴趣、性格、能力等个性特征类型。

2. 在环境探索方面,缺乏对自身专业和目标职业的认知,信息不足。

3. 在目标与计划方面,有梦想是好事,但梦想不会自动实现,必须落实为可以具体操作的目标与行动计划,并加入时间坐标才能美梦成真。该学生有个很好的理想,但按照这样的计划是很难实现的。再者,短中长期目标与计划必须具有连续性和有效性,这些目标与方案还是停留在一般认知的基础上,泛泛而谈,缺乏针对性,有些甚至是不利于实现理想的。

4. 规划书中有几个关键的词语,如“事业型的女性”、“开办农家乐”,这些都是需要进一步进行分析和评估的。总体而言,这是一份仅仅表述了自己梦想的规划书,在科学性、可操作性方面远远不够。

实例二:中文系,大三学生。

大学生职业生涯规划书

一、自我分析

六岁之前,我还是一个生活在父母臂弯中的乖巧小孩,那时的我性格温顺开朗,是个天生的乐天派。那时的我喜欢看书、写字、画画、听听故事,喜欢新奇的东西,喜欢静静地思考。性格中并没有什么瑕疵,即使老师们经常批评我,拿我和别人做比较,但那些东西当时在我看来是很无谓的。我从不觉得自己比别人差。

但六岁之后我的生活发生了变化,性格也随之改变。父母出外打拼,而我和弟弟也被放在了爷爷奶奶家寄养。当然爷爷奶奶对我们很好,以致我的性格中便有了跋扈的一面,不再是那个柔柔顺顺的女孩，而是一个飞扬跋扈、有脾气的女孩。小学时也没少受老师的批评，经常在上课的时候画画被老师逮个正着。由于父母不在身边管着，奶奶又顺着我，加上身边小伙伴的推崇，我的性格中便充满了叛逆、桀骜不驯。父母不在身边难免就会受人欺负，记忆中最深刻的是被狗追咬事件，深刻地记得那时站在旁边看热闹的一群大人，那一声声的嘲笑刺痛人心，第一次明白了什么叫做尊严，什么叫做生不如死。那时开始自尊心变得很强，也是从那时开始渐渐在心里筑墙，开始害怕受到伤害。而那些被人比较、批评的生活也变得令人难堪、愤怒。

上了初中之后，被父母接到城里。由于从小生活在农村，口音和城里不同，相貌也不好看，因此没少受人欺负，同学们大都排斥我，经常恶言相向，嘲笑我的相貌和口音。老师们也不喜欢我。那时的岁月大概是人生中最难熬的了，在那性格成型的高危期，我缺乏关心，缺乏友爱，缺乏宽容。我只是一个孩子，但似乎没有一个人记得。隐去性格中高傲的一面，我变得自卑、唯唯诺诺，整日待在房里，无休无止地哭泣。每天都坐在高高的阳台上，渴望着潇洒的纵身一跃，但心中的牵绊太多，终是坚强地活着。

我愤世嫉俗，但也理性地分析着那些人的丑恶嘴脸。过早地抛却了童真，体验着世态炎凉、人情冷漠。为了得到别人的肯定，我努力地上进，失败了再爬起来，高傲的我绝不允许失败，在“糖衣炮弹”中成长的自尊心异常的坚固。获得了成功的我像是打了一场胜仗，兴奋难耐，第一次体验高高在上的感觉。

但我不知道这一切有什么意义，我思考人生的意义，思考自己为什么而活，不懂，什么都不懂，只是不喜欢这虚情假意的世界。我又开始了浑浑噩噩的生活，开始了被人嘲笑的生活，开始了每天不断接受叹息的生活。我只是需要一点时间来认识自己，来认识是什么导致了现在这样的性格。我每天都在批判自己，不断地鞭挞自己。我迷糊于人生存的意义，不明白人生到底什么才是重要的。不懂为什么大家总是喜欢那些外在的东西，为什么每个人都活在自己的世界，为了突显自己的优越感可以那么无情地伤害他人。我开始怀疑整个世界的真实性。

高中的我活跃起来异常耀眼，冷漠起来亦是异常恐怖。我受人推崇又同时受人不屑，我高傲又同时自卑，我上进又同时堕落。性格朝着各个不同的极端发展，我是一个矛盾的个体，看似水火不相容的性格在我这里却来了个大汇集。但任何一种性格特质在我这里都不能独占鳌位，我理智地压制它们，使之平衡。任谁都无法真正地了解我，他们看到的仅仅只是冰山的一角。

大学的我更是明白什么样的性格才能在这个世界穿梭自如，我不断地武装自己，压抑所有的情感。我不发火，即使很生气也不轻易地流露出来，我明白强碰强受伤的终究是自己，有些东西是要靠智慧去解决的；我不去争夺，即使那东西我有多想要，但我明白盲目地使自己陷入表意的战争中是极不理智的，我需要做得就是等待时机。我不会去羡慕别人的成功，因为我坚信只要我愿意，我甚至可以比他做得更好；我安于现状，却又极度渴望去闯荡世界，但又怯于现实；我有一整套的人生计划，却又无从下手；我渴望创造不朽的人生，却又迷茫于人生的意义中，我始终还是一个矛盾的综合体。

在大学中接触了很多新的事物，我的兴趣也是多样的。因为性格中有霸道的一面，所以我喜爱武力，喜欢征服，像跆拳道、剑道、射击等都是我的最爱。但性格中安静的一面，又使

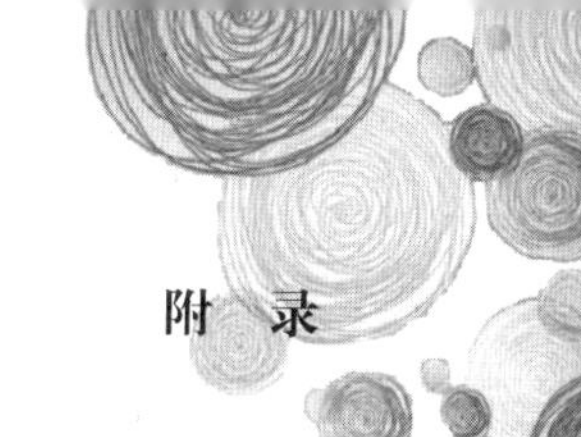

我喜欢能沉淀心灵杂质的事物,我喜欢阅读,喜欢写作,尤其是喜欢绘画设计。我在绘画方面有一定的天赋,至少我自己是这么相信的。我的理想就是成为一个自由设计者,闯荡在世界的每个角落,用自己的眼睛和手描绘下每个令人激动的瞬间,创造出无数个永恒,用自己的想象混合现实不断地去创造神话,创造属于整个人类的服装品牌。我的价值观其实也并不复杂,毕竟从初中开始我就已经在思考人生的意义了。我要做自己,为自己而活,用人类的智慧去探索世界,并把自己看到的精彩世界告知全人类。做一只有追求的大鹏,无风我亦能逍遥游。

二、环境探索

1. 社会环境

首先先来说下大学生就业形势。不可否认,现在的就业形势很严峻,但我认为无论什么时期都是这样的,这不能成为大学生找不到工作的借口。主要原因还是现在的绝大多数大学生实力不够,网络的急速发达,物质诱惑充斥人心。大学生们的消遣异常多,但书籍也随之被丢弃一旁。大学生们不再喜爱阅读,不再喜欢学习探索。网络的功能导致大学生的大脑机能退化,记忆知识变得不再重要,认为有了电脑就不需要去刻意地记忆。这些都成了大学生不断进步的障碍。较之古昔,大学生也相当于以前的“前进士”了,但能写一手好字、一手美文、能知晓天文地理古今中外、能有一身技艺的大学生是少之又少。有些人甚至毕业后就心甘情愿地当起了“啃老族”,这确实让我费解。我们的青春激情都去了哪里?为什么没努力过就直接放弃呢?我们的父辈当初不也是白手起家的吗?他们甚至没有接受过教育,但他们不卑不亢,永不妥协的优良品质到了我们这一代,究竟又被丢在哪儿了?

其次来说下我的目标职业。我打算毕业后去酒店打拼几年,积累经验能力。等时机成熟后就出国闯荡,游遍世界,创造属于自己的文字和服饰王国。我会创办自己的杂志社,刊登自己的作品。这算是我的终极职业目标了,当然这很不容易,甚至需要十几或几十年的前期准备,但年龄在我看来从来就不是问题。我不相信别人说的上帝只给了人类四十年的寿命,剩下的都是各种动物不要的那些年岁。我坚信我们所拥有的每分每秒都值得认真对待。

最后来谈谈我的专业方向的就业前景。说实话,刚开始我不是很喜欢自己的专业,不过当时也是被潮流所迫,把学习知识看成今后追逐名利的工具。不过幸好我理智地认识到这一点,现在我爱我的专业,它将是协助我今后实现理想的最好武器。中文系这个专业的就业前景虽不是很好,但是个“万金油”专业,几乎什么领域都需要。虽然起点会比较低,但就像老师说的重点还是学习能力,每个人都是从低层做起的,只要学习能力强什么都不是问题,人贵在迎难为上,永不妥协。

2. 家庭环境

对于这个问题我已经和父母谈过很多次了,我也很明确地告诉了他们我的想法。虽然他们没有支持我的决定但也不反对,只是希望我自己能考虑周全后再顺着自己的心走。

3. 目标职业认知

这点我倒不是很担心,虽然是做散兵,但我并不觉得有何不可。这可以减少很多不必要的时间,当然也要从基层做起。工作性质主要是管理酒店正常运营,扩建酒店的运营范围,协调酒店与顾客的纠纷与矛盾等。工作岗位当然是从基层做起,最后目标是高级领导层。

内容现在还不是很清楚,但发展道路绝对是好的。不仅可以锻炼领导能力、协调能力,还能拓展社交圈,锻炼外语使用能力。这些都可以为以后的目标打下坚实的基础。

三、目标与计划

1. 理想工作描述

我选择的酒店大致在北京或是上海,在这里才能更广泛地接触和认识世界,才能有更好的发展。我选择五星级以上的大酒店,并且以外国人居多的大酒店,酒店的业务也不是单一的。福利待遇方面我没有很多的要求,希望酒店能有比较多的出国考察机会。

2. 目标

在三年内当上酒店主管,六年内成为酒店的中级股东。

3. 计划

大学期间学习语言、沟通和管理能力,英语和日语为两门必备外语能力,必需熟练掌握。法语和韩语为选修外语能力。除此之外,必要的金融和法律知识要熟知。

在工作的前三年要脚踏实地地工作,积累丰厚的经验和人际资源。继续外语学习,越强的外语能力就能有更好的发展。在大学中学到的金融知识在这三年里也要充分地利用,要节省开支来进行理财投资,努力赚取资金。

三年后要成功跻身领导阶层,用赚取的资金来购进酒店股份,以此来进行长远投资。并积极争取出国考察的机会,积极拓展上流社会的交际圈。

【点评】

1. 该生能够通过回忆过去经历进行自我探索,特别是提到了自己成长过程中的几次转折和一些细节,关注这些经历和感受是自我认知的有效方法。

2. 在自我分析部分,该生提得最多的是自己矛盾的性格,高傲与自卑、想追求又自甘堕落、安于现状又不甘寂寞、愤世嫉俗又渴望融入社会……性格较为多元的人适应能力一般都较好,但矛盾的性格的确会在决策时面临较大的冲突。加强自我探索,明确个性特征类型。

3. 该生应该更多地去探索自身个性特征方面的优势,而不是一直在“忏悔”。可以看出该生还有一定的成长需求,也懂得反思,如果可以激发自己的动机,应该会有比较好的发展。另外,如果该生真的认为自己的个性“十分不好”,那可以通过一定的方法改正性格缺陷,甚至可以寻求心理医生的帮助做一些行为修正。

4. 在环境探索方面,显然十分不足。该生只是简单地认为自己想从事酒店工作,但对酒店业的工作性质、岗位特性、个性要求等缺乏足够的信息,即使把酒店工作当作一份临时的职业,也应该更多地去考察它是否真的有利于实现未来的目标。

5. 对自我和环境有一定的了解,但没有理性的人职匹配分析,更没有将择业建立在这一分析的基础上。该生的终极职业目标是“出国闯荡,游遍世界,创造属于自己的文字和服饰王国。我会创办自己的杂志社,刊登自己的作品”,目标较为模糊,虽有一些想法,但不够清晰,也难以开发有效的计划。

6. 总体而言,感性成分充满全篇,信息不足,投入不够,难以有效地指导人生发展。应加强探索,理性分析差距,制定科学有效的行动计划。另外,也缺乏调整与评估部分。

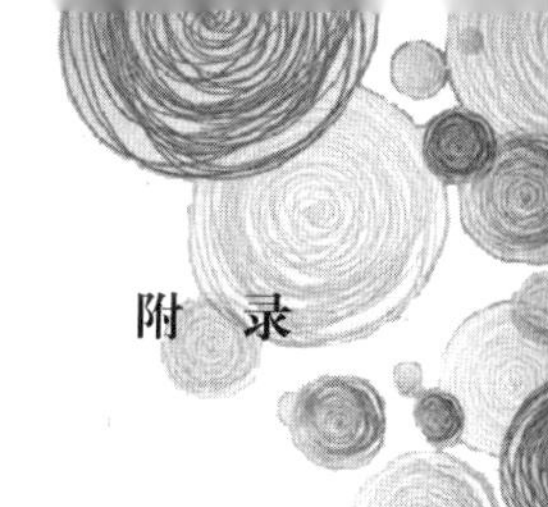

实例三：中文系，大三学生。

心灵报告——大学生职业生涯规划书

很多人都喜欢一句话：当上帝为你关上一扇门的时候，一定会给你打开另一扇窗。

可是，很久以来我都觉得这句话只是太浪漫而已。它积极地告诉人们不要放弃，但是理由很脆弱，也很虚渺。

直到第一次课上听到另一句话，我才被它的魅力打动。就像人生里的许多人、许多事，我们换一个角度解读，才会找到自己心领神会的认同。因为老师说的是："上帝的门有那么多，总有一扇适合你。"

只是换了一下角度，却把它的嫌隙摒除：上帝只有一个，苦难的我们那么多，上帝其实很忙的，哪有那么多时间为你一个人开窗？他只是开了很多的门窗，要不要出去、怎么出去、从哪里出去，那都是你的事，他管不着、也不会管你。众生平等，别人是，你也是。

我不知道这是不是老师随口一说的想法，但是不可否认，有时候生活中最不可理喻的事就是契合，所以才有那么多人相信缘分，或者说：对味。

考虑这份"心灵报告"很久了，一开始是因为每节课都有很多想法，思潮泛滥也就难于成文；后来课上多了，思想又开始庞杂，收拢不来，又不愿意顾此失彼；而且，从报告本身来说尺度稍难把握，虽然很想透彻地分析自己，但是毕竟"日光浴"是一回事，"曝晒"又是另外一回事。

思虑良久，不想死板地用步骤来阐述，就选取一些课上所见、所闻、所想的东西作为分类来穿连我的光线好了。

一、对苦难的解读，影响着幸福与我们的距离

我能记得的话语，许多是因为它们也曾经是我的想法。而有另一个人在另一个地方说出了这句话，有另一些人在传播它们，最终它们也总能落到等待共鸣的那些人的怀抱。

曾经我用行动在实现这句话，到好几年后才让我知道，原来自己一直在坚持的不是一个前无古人的试验，而是很多人都已经证实"苦难""幸福""我们"之间有着微妙的关系，只是那时我不懂。那时只是一种天性的本能而已。

在我得到第二次生命的时候，我的人生没有经过我的同意，至少连一个预知也没有给我，就将写过的那些篇章揉成团，在空中划了一个完美的弧线——然后命中垃圾桶。

那么难得却丝毫不被我期望的，一切从白纸再开始。

于是，几乎所有曾让我引以为傲的东西都不再属于我。它们来过我的世界，我却只是一个过客。

也是到后来，我才看懂自己，因为那个时候没有人了解，至少没有人指导或理解我的做法。当所有人都觉得我应该一改劣习，不再是一个"神经症多动"孩子的时候，我只是在回到正常生活中安静了半年而已，然后依旧还是那么淘气、爱玩、活泼过度。我想那些大人都觉得这个孩子是没得改了，都死了一次又落得如此，怎么还这么不懂事、不成熟、不美好——内敛、娴静、乖巧、努力。

可是,谁都不知道那个时候我在想什么。我不敢说那个我是有多么成熟、多么有远见,但是不过十岁的小孩,我却告诉自己:我不要让生活改头换面,天翻地覆,我不想看到所有爱我、不爱我的人脸上都有那丝复杂到让我窒息的可惜。我的生活是不一样了,可是旁人的生活还在继续,虽然那时候的我一贯喜欢做出头鸟,喜欢"哗众取宠",喜欢用自己的方式让身边的人一展笑容,但是我不希望让自己这么突兀地出现在所有人的世界里。

所以我选择让自己的变化降到最低,让所有爱我的人看到那个"依旧的我"而不至于觉得悲伤;让所有不那么爱我的人看到一个"匪夷所思的我"。让他们对"变化"的忽略是让我最有成就感的事了。也许这只是我一厢情愿,不过是掩耳盗铃,或许我已做鸵鸟很多年了。

其实,那个时候我只是感觉到,所有人都觉得我还是十分乐观。但是所有人都不知道,我的乐观已大打折扣,若不是曾经的我拥有 20 分的热情抵去这 10 分的苦难,才会还有10 分的阳光让我不被悲观折磨到谷底。有时让我挺相信星座这回事的原因是——射手座真的拥有难以匹敌的开朗。

就算我无法带给所有人幸福的感觉,至少不要平添一道苍白。

我几乎从来没有跟人说过,就连跟自己也只是想想而已,日记本都没这个机会。不是因为这是心底的东西,也不是因为好像我在保护自己的秘密一样。只是在几年后,看到过一篇文章,让我认识到自己原来选择了一个还不算差的做法。同时,也得到了我生活中未曾得到的教导:"苦难变成财富是有条件的,这个条件就是,你战胜了苦难并不再受苦——受苦中的人,没有权利诉苦。"

十年来,我一直都在做一个快乐的人。这话不假,但也有些许苍凉。因为曾经也许本就是一个快乐的人,可是这十几年要学会"做"。人工的东西总不那么完美,也才会给人疲惫感。就好像有很多人明明就不喜欢什么却要装得还不错,这样苦的不是对手戏的两个角色,而是局外人——快乐的人和看到快乐的人都很愉悦,难过的是真正在制造快乐的人。可是,没有人不会不快乐,所以我乐于接受。

每个人都有一个不快乐的方式,这很正常。

我有自己的方式解读苦难,做了一个不被自己厌恶的人。这不是我的成就,而是每个人都应该做的事情。世上百年,尘事过往,唯独可以陪伴此生的就是自己。学会跟每一个人相处,学会从分析中欣赏每一件事,而最要学会的是跟自己相处,学会欣赏自己的人生,幸福才会无处不在。

二、谋生是人一辈子的事业——不是谋求生存,就是谋划生活

这是课上的一个问题,最后我是这么总结的。原来我们一直说:生活什么什么样,生活怎么怎么样。可是当我看到有人说这么一句话的时候,被震撼了:"对于社会上的很多人来说,他们没有在考虑生活,他们只是在试图生存。"

生活本来是每个人的必属品,可是眼前它却成了奢侈品,让绝大部分人望而却步又翘首期盼。社会的不公平是一件不需我们去评定对错的事情,它的存在是每个人眼中的肉:吃到嘴里了它是味美鲜肥,吃不到嘴里它是牙缝里的丝——不剔出来不爽,提出来再吃也索然无味——与肉无关。

小孩子都很直接,所以对公平看得泾渭分明,自然愤恨颇多。我原来对这个也是看得很

重,中学时可谓愤世嫉俗。可其实,那些时候能看到的一些不公平都是无关生存、无关生死的事,不过是生活的花纹,别扭的只是自己的心而已。

到大学了,看得就轻多了,越发愿意相信“存在即合理”。有些事情不是它存在的不合理,只是有时候它的出现让我们觉得它是突兀的,所以主观地迫切将它排除。而事实是:不是林子里的鸟多,而是你也只是其中一只而已。管中窥豹、白驹过隙,总而言之,突兀的是我们的心。

对于我的事业,没有人给什么压力,无非能够自给自足就可以了,没有更多的负担也没有一个安逸的摇篮。而我自己对于金钱也没什么过多的渴望,没有丰富的物质要求,只要手有余钱,生存无忧就可以。

但是,我算是一个比较喜欢经营生活的人吧。很多东西不会刻意去追求,但是掌握在手里的东西就不喜欢让它一成不变。小时候很喜欢做手工,直到现在这也是一强项,很多东西看一遍就可以记下来步骤。兴趣对于我来说是一个最好的老师,所以因为喜欢可以自学很多电脑软件,可是却考不过计算机等级考试;喜欢美术,对色彩有天然的感觉(这是遗传的,我爸有两样手艺:绘画和厨艺),但是曾经最讨厌的就是背着画板去培训班;热爱文学,却不喜欢写作文……可以经久不忘道路和方位,却记不住看过无数次的英语单词。

喜欢生活,不喜欢生存,因为生活很自然,生存很刻意。

所以,这样看来,我的谋生没有压力,却又任重道远。

三、士别三日,当刮目相看——看的是本事,不变的是本性

越长大越觉得自己变得很弹性,极限之间的宽度变得很广,界线也越发清晰。原来自己的脾性很大,现在则只要在原则内的,可也行,不可也凑合;原来绝不退让的感觉,现在则是能担待就担待。但是,最令我有感触的是界线的分明:曾经野牛乱撞,而现在一般很随和,什么都可以,但是一旦到了极限或者触犯原则就会坚持到底,绝没有转回的余地。所谓不轻易,意不轻。

所以对于处理人际关系复杂的工作环境,现在的我也就不是那么抗拒。而且我自知在审视人性(品性)上有一些直觉。小时候不懂,也不确定自己的眼力,但是这些年越发觉得这不是成见的问题。往往一个人在初交的时候,短期内就会对他有一个感觉,不确定在什么时候,但是灵感来的时候自己会非常清晰地感觉到。原来自己不太相信这种感觉,但是曾经特意地试验过,事实上在更多的交往和深入的了解之后,直接经验证明当初的感觉是对的。

这个听起来挺虚幻的,可是我会用比较辨证的眼光去看待。因为随着人的长大,交际圈也会随之扩大和繁复,有时候与很多人都不过是泛泛浅交,很难去深入也没有时间去看清一个人,要知道一个人适不适合自己等到知道的时候再去判断就晚了。对于我来说,交友用“日久见人心”这句话是人生最大的赌博之一。可惜,我最不爱的事中就有赌博。

我接受排位,我拒绝竞争。我欣赏为了自己而努力,我不喜欢为了输赢你死我活。踩在别人身上和被人踩在脚底都是太不善良。

我只为“值得”,生生死死。

老师说,应该试着跟每个人、每种人去交流,学会与他们相处,每个人都有其闪光处。可是不能忽略生活中难免会遇到“极品”的时候,不是所有人都有这个机会,但是不能忽视这个

可能的存在。

人懂得的最值得骄傲的事和最愚蠢的事之一就是自欺欺人。

我曾经总是认为“士别三日，当刮目相看”这句话很谬。但是自从在课上对这句话做了一番思考后，我知道了，只是自己原来的定义错了。

四、性格改不了，但是行为可以改善

一次文学课上，老师问我们什么是文学。当时，大家虽然都没说话，我想应该每个人都有自己的想法。老师说：文学，就是一种品性，是一种品格，要的是一种品德。而我想说的是：吾欲养吾浩然之气。

我相信在每个人的心中都豢养着两只“动物”：一只叫邪恶，一只叫善良。曾经在不懂得这个道理的时候，它们是放养的，自生自长。后来，我学会去“喂养”它们：你给哪只喂食，它就会成长，不断地给它喂食，它就不断地长大；而另一只，至少会保持垂死挣扎的状态，但也不会消亡，因为一旦你喂给它食物，它就会重新开始生长。

所谓相由心生，我相信信仰，人是需要有信仰的，不是自我信仰也不是偏激。信仰是辨证的，是积极的。信仰是为自己的灵魂找一个方向，不至于在生命的长途中走偏。

前段时间做过一个心理测试，本来看了自己的测试结果没有太多想法，可是后来让好友也来做测试后，比较之下我心有惊讶。

大约从初中开始一直到现在，我在朋友圈里常常是一个倾听者的身份。他们往往会跟我讲一些心里话，有些问题也喜欢让我帮忙审度。我也算是比较喜欢做这种角色，需要在适时的时候让倾诉者得到强烈的共鸣以及能够给予比较适合的建议和办法，并且需要绝对保密。

我可以读懂一些人的一些心思，却从未找到一个可以读懂我的人，没有人可以像我那样，在我情绪跌宕、思绪混乱的时候为我分析、解说、指点，让我醍醐灌顶。或许是身边的良师益友没办法了解我这个人，亦或许没有人像我这样愿意单纯地去解读与己无关的心情。

经过初中三年，我并没有很好地处理自己在这个角色里的方式。不假掩饰地说，当时很累。因为我不懂得让自己跳出吐槽的旋涡，自己无法很好地把握心情的状态，往往被别人的情绪带走。而且要一个人保密比较容易，几个人也还行，但是当他们的关系是熟悉的、亲密的，或是交叉的对立的，我就不仅是要能够调和自己在他们之间的角色，同时还要让自己有绝对的可信度。

之后的生活，到现在，我已经学会如何去改变自己这种“只入不出”的状态，学会让自己仅仅是一个观察者，从他们的情绪中看到他们看不到的客观因素，引导他们用自己的方式做自己的决定，给予我的建议，但是尽量不“误导”他们使用我的思维（我常常在最后都会跟他们说：这只是我略带主观的建议，你自己要再考虑考虑。所以，老师第一次提问我对于朋友出国、考研、工作三种选择给予什么样的态度时，我也是这么说的，并不是不关心朋友的将来，而是不希望一个人失去了思考自己人生的权利和一份自主选择的责任心）。然后，从他们的这些事情中获得我的间接经验。

有句话说：读万卷书，不如行万里路；行万里路，不如阅人无数；阅人无数，不如名师指路；名师指路，不如自己领悟！

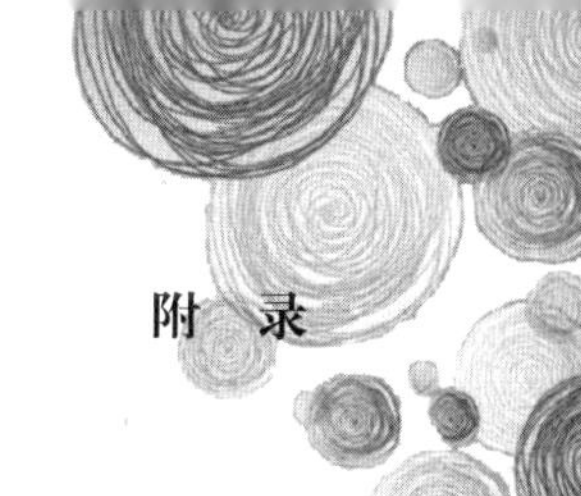

有时候，想是一回事，做是一回事；知道是一回事，亲为又是另外一回事。

测试内容是对比心理年龄和实际年龄的差距。我的结果是42岁，比实际多出了20岁，比我自己预计的也多出了10岁左右。测试不准，这情况常有，可是让我惊讶的是，跟我平时有神交的好友却只是30多岁而已。我原想这是思想上有共通的又是熟知的朋友，有误差也应该是相同的，没想到，这样看来我真的是"未老先衰"了！本想再做一次确认自己应该没到那么成熟的地步，结果竟是45！

我也开始反思，为什么老是觉得我妈做事冲动，有时还幼稚。

五、一门精湛的技艺＋一张免费旅游世界的机票

在一次拍卖环节，我拍到的是一门精湛的技艺。我不揣测为什么其他人不努力去争取它，每个人都有自己的选择权，都有自己的价值观。但是不可否认，很多人此生是不希望用自己的双手去创造生活的。而我比较喜欢亲力亲为。

自从我进入中文系，可以用期望来形容。因为我的人生从第二次开始，基本都是我自己做主，可能是弥补最不尊重我意见的那次意外吧。但是，自从我彻底投入文学的怀抱时，我就懂得一个道理了：兴趣这东西，最好是放在专业之外。换句话说，不要让最靠近自己灵魂的东西跟现实挨得太近，这样心灵就缺少了一个依赖。

其实这话也有偏颇，事情都不那么绝对。我希望拥有的这门精湛的技艺，我想如果不是自己对它有兴趣，它也无法达到精湛的地步。不过，幸好没规定说是要什么技艺。

有人说：知识不能给我们什么财富，它只是给了我们很多获得财富的机会。

也许现在已经不是"一技在手，吃喝不愁"的年代，但是现在能够纯熟地掌握一门技术的人也不多。曾经，缺的是技术；现在，缺的是人才。

我拍不到梦想的那张机票，从我相中它的那一刻我就知道，它一定很热，因为每个人都有一个飞翔的梦。

而我渴望它的原因是一种骨子里对自由的渴望，对未知的渴望，对飞翔的渴望，并且还有自己引以为傲的方向感。我喜欢自己筹划自助旅行，了解一个陌生的城市，在一个不属于自己的地方看它包容下我的身躯，让它的街道灯火迅速地印在我的脑海里，仿佛那是我成长的地方。即便我是一个名副其实的过客，但我知道它不会拒我于千里之外，而千里之外有一个属于我的地方随时准备着让我投入的怀抱。

我一直没有发现，或者可能是自己一直忽略了，其实我是一个非常没有安全感的人。我一直以来都在观察身边的人、身边的朋友，哪一个是缺乏安全感的，哪一个在什么时候什么情况下会害怕、会恐惧。可是，我都忘记了自己是一个没有安全感的人。这也许是矫枉过正的结果，因为我老是关注着怎么去保护身边的朋友不受伤害，老是希望让别人在我这体会到安全感——因为我知道，这个世界上，最多的是孤寂，最少的是安心。

"很多时候很多事情我喜欢坐同一个地方；喜欢看电影，常常看别人的人生中看到自己生命的方向和触及不到的世界；会理想但是不太相信爱情；吃很多或者不吃；很念旧，喜欢抱臂，小时候极其怕黑现在倒还好，偶尔莫名其妙的孤单；喜欢有口袋的衣服，倒不是需要给手找个放的地方，不过我是用包包来解决手的尴尬，所

以我基本上需要随身带包包；喜欢抱着东西睡觉，失眠的时候，如果可以睡着一定是蜷缩地入梦；可以不说话的时候不爱说话，但是倒算是很能说；喜欢窗口；冷战，一般不打，打起来不一般；晚睡，绝对；欢写字和阅读；不在人前流泪，也很难流泪；喜欢笑；最喜欢的颜色是白色；心事放在心里最温柔的地方，最全面的那个自己活在自己的世界里。"

最近才知道，二十几个没有安全感的表现我占了一大半。但是，我自己没发现，身边也从没有人用它来定义过我。看来，我比较成功地懂得了人最值得骄傲的事和最愚蠢的事：自欺欺人。

六、衡外情，量己力

这一段是后补的，如果风格和情感有异于前后文，实属一时之情绪。因为我再看全文的时候，发现自己没有很明确地谈及工作，也就是职业这方面的内容。

一直以来，家里的长辈都希望我做老师，他们传统的眼光中认为这是一个踏实又稳定的工作，有气质有地位。爸妈对此，也算是抱很支持的态度，他们应该是希望我以后能比较安定。可是对我自己来讲，越来越不喜欢做老师这一行，因为在我看来，做老师是一个义务远远超出权利的工作，我回想从小到大的老师们，让我看到的是老师这个职业的重要性，对自己、对学生、对社会都应有不可亵玩的态度。我曾经跟朋友说过，在我不确定自己有足够的物质条件和精神条件下我不想养育小孩，因为我不想在自己都对人生没有一个肯定的认识就让另一个生命来世上，我要对自己的行为和他的生命负责。

同样的道理，如果我不确定自己有足够的能力去正确指导学生的思想，能够让自己任何细微的言行对他们日后的成长至少不会产生消极的影响之前，我不会选择做老师。

除了这个看起来比较冠冕堂皇的理由，我不接受这个职业的另外一个原因是社会现实。现在的小孩越来越难教，其症结是他们成长的过程、家庭教育、社会风气等人力所不及的东西。我目前还没有那么强烈的热情和肯定的理想用自己的"杯水"去救"车薪"。

但是，我对于特殊教育有一定的向往，虽然我不熟稔手语，但在这方面的学习能力却是比较强的。而且曾做过"MBTI 性格测试"，很满意但很出乎意料的是我的结果是教导型的，而且第一个推荐职业就是特殊教育。只是从现实状态来看，这条路似乎已经不能成为我的一项承继大学之后的职业道路，我想应该可以在有较稳定生活的时候作为一种社会实践经历吧。

朋友对于我的建议，是觉得我应该去做心理咨询师。可是，对于这个问题我早在中学的时候就想清楚了：每个人都希望有人懂他，但是每个人都害怕被人看穿的时候。所以，人通常只是希望在情绪不佳、思想困惑的时候有个人可以跟他达到心灵上最贴切的共鸣，同时给予明智而温暖的帮助。在我看来，能够想其所想是温暖的，能够想其不能想则是明智的。如果给自己标榜上一个职业身份，是自己的痛苦，也是身边人的尴尬吧。

我自己最向往的工作应该来说眼前是到出版社工作。以前为了应付家里人和亲朋好友对中文专业的工作质疑，我都随口说将来做编辑。但直到我后来有认真想过这个问题的时候，发现不论是到报社还是电视台这种传媒单位，都跟我理想上有些许差距。后来，总结看

来觉得比较想去出版社，特别是自己比较青睐于"三联"的发展历程以及它的一些出版物。而且自己除了对文字有掌握外，对美术这方面也有认识，也在大学期间自学电脑设计，目前来说算是谙熟一点，文编以及美编都有兴趣。

但是，就此而言，以我的学力和工作竞争力应该无法充分地让我去从事这个职业。也是在写这份报告的思考中，我渐渐下定了自己考研的决心。在大学生四个发展方向中，我是徘徊于工作和考研二者之间的，在考虑延缓"毕业＝失业"的社会竞争的同时，我本身也在挖掘自己对于自己专业的研究兴趣。并且为了可以达到自己的职业理想，好像这个选择也是必需的吧。

然而我的目标矛盾在于，考研的一大难关是英语。平时考试能否迈过 60 分这个门槛，我没有什么把握。

我基本把自己目前的情况介绍得差不多了，也是第一次这样全面、深刻地将自己写成文字。但是，我觉得有更多该说的东西此刻了无踪迹，无从捕捉。

我不知道这份报告是否会达到它被要求的层次，也不知道是否真正将我自己阐述清楚了，我只是很庆幸有这个机会理顺了自己过去的二十年，曾经我无数次地想过要怎么才能把我纠结的记忆给记录下来。十几岁的我曾交给二十几岁的我一个任务，要在人生的另一个起点开始之前，画下一个句号。

不用完美，只求完整。

最后，写一段给老师的话吧——

也许有些人觉得这种课很无聊，没什么意思，也没多大实际意义；虽然老师上课也常说职业规划的重要性，人职匹配的重要性。但是，我觉得这都不是最重要的，包括在大学里，很多人认为它有意义，有的人觉得它没作用，可是再放开来讲，生活又有意义吗？莫不也是仁者见仁智者见智。

其实最重要的是我们在做什么，我们想过什么。

这门课是我的一个思想上的世外桃源，因为我在每周四下午两点半到四点是思想最自由的时候，我可以思考一直以来最想去想的东西。它给了我思想放风的机会，不用去考虑很多繁杂的事情，也不用担心没听到老师刚刚讲的一个知识点是什么。每当刮过一阵头脑风暴，我就会对眼前的事情充满激情和动力。

一开始，我也有过一个想法，我臆测这门课是一个多么大的资源，等到有机会的时候，可以用我们这些人生"半成品"的思想报告来对一个庞大的群体做个研究课题。嘿嘿嘿，这是玩笑，可以忽略。

【点评】

1. 这是一份比较特殊，也比较有意思的职业规划书。全篇零零散散，就像在写散文和随笔，充满了感性认识和专业特色。虽然，该生基本认同人职匹配的职业规划的理念和方法，但难以理性地去探索和施行。

2. 职业规划的目的之一就是希望学生能够通过回忆过去探索自我，在这一方面，该生完成得比较好，而且从她的叙述中，可以看出她还是一个比较有特质的学生。

3. 规划书中有些语句值得关注，如"喜欢生活，不喜欢生存"、"对自由的渴望"以及提到的三类职业，"特殊教育"、"心理咨询师"和"出版社编辑"。可以根据这些信息，对该生提供指导。另外,教师职业虽然压力比较大,但不能因此而拒绝这一职业,反而因为该生高度的责任感,再加上专业比较对口,因此是可以往教师这个职业发展的。

4. 显然,正如该生所担心的,这篇职业规划并没有达到要求,但可喜的是通过这份规划书,她进一步探索了自己,并做出了一个决定——"在写这份报告的思考中,我渐渐下定了自己考研的决心"。这也是职业规划的目的之一。

5. 这篇算不上职业规划书的"心灵报告"仅仅只是个开始,是个很好的开始。接下来应该鼓励该生去了解尽量多的信息,特别是考研与目标职业的情况,更理性地制定一份有效的计划。最终希望她能找到一份符合她的个人特质的职业、工作环境和发展道路。

实例四:国贸系,大三学生。

大学生职业生涯规划书

一、自我分析

1. 价值观

(1)我所看重的职业价值类型(重要性依次递减)

①稳定性

稳定性对于我而言是最为重要的,我渴望拥有一份具有稳定的工作地点与环境,稳定的收入与福利待遇的工作。我并不害怕工作单调,也不介意被领导与管理,但是我无法接受的是频繁的跳槽,因为这样会使我没有安全感,更确切地说我讨厌高风险的东西,而频繁的跳槽正意味着我的失业风险很高,也预示我生活中的不确定因素增加。这足以使我陷入不安、忧虑、急躁甚至恐惧的状态,所以稳定对于我极其关键,这也是我会将稳定性摆在首位的原因。

②经济收入

这里的经济收入主要指工资,我认为物质生活的质量主要来源于工资的多少。我并不是一个贪财的人,但是面对着将来上有老下有小的压力,我自然希望有一份工资待遇好的工作。而且我也不希望将来变成一个成天为了柴米油盐酱醋茶而省吃俭用、斤斤计较的黄脸婆,不希望自己过多地被财务束缚。因此我渴望一份收入稳定且让我衣食无忧的工作,以避免被沉重的经济压力累得喘不过气来。

③社会地位

我是个比较在乎别人看法的人,希望拥有一份至少受人尊重的工作。我希望自己的工作能被家人、朋友所认可。我是一个需要激励的人,良好的社会地位在一定程度上会对我起到鼓励的作用。因此社会地位对我而言也比较重要。

④人际关系

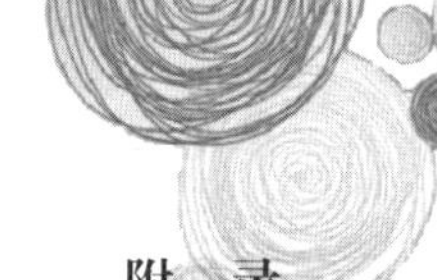

我不希望与过于复杂的人群交往，我希望有较为固定的朋友圈。我看中友情与亲情，身为天秤座的我相信良好的人际关系有助于我的人生。我生性善良，希望自己的人际交往圈和谐稳定，为了生活的安宁，我将人际交往摆在重要的位置。

⑤生活方式

我喜欢有规律的生活，要有比较固定的作息时间，无法忍受没有双休日的工作，不希望自己的生活节奏太快，因为那样会让我感觉压抑，会有种窒息感，适时的休息才能让我精力充沛。我就像是块太阳能电池，总要让我有时间晒晒太阳充充电，不然就不能发挥出原有的水平。而且我也希望有时间做自己感兴趣的事，学一些想学的东西。因此我渴望一份符合我生活方式的工作。

(2)我的职业价值观的类型(根据课件的心理测试所得，并按分数由高到低排列)

①小康型

特点：较为虚荣，优越感也很强，渴望能有社会地位和名誉。当欲望得不到满足时，由于过于强烈的自我意识，有时反而很自卑。

②技术型

特点：性格沉稳，做事组织严密，井井有条，并且对未来充满平常心态。

③合作型

特点：人际关系较好，认为朋友是最大的财富。

④志愿型

特点：富有同情心，把他人的痛苦视为自己的痛苦，不愿做表面上哗众取宠的事，把默默地帮助不幸的人视作无比快乐。

⑤自我实现型

特点：不关心平常的幸福，一心一意想发挥个性，追求真理。不考虑收入、地位及他人对自己的看法，尽力挖掘自己的潜力，施展自己的本领，并视此为有意义的生活。

2. 性格

(1)我的性格特征

①态度特征：我关心社会时事，比较热爱集体，对于需要帮助的人一般都会伸出援助之手。我对工作和学习一直保持严肃认真的态度，并且有信心持之以恒。

②气质特征：我属于黏液质和抑郁质

黏液质的人可能稳重、坚毅、扎实，也可能冷淡、固执、知错难改。缄默安静型。

抑郁质的人可能办事细致、严守纪律、独立思考，也可能多疑、多愁善感、缺乏自信。呆板羞涩型。

③理性特征：我的理解能力、记忆力和知识联想能力不错，但是空间想象力有限，对于代数、法律、会计、绘画方面的感知与敏感度相对较好。逻辑思维较好。

④情绪特征：我的情绪较为稳定，一般不会大起大落，处于比较温和的状态；但是如果遇到我在乎的事，可能会变得较为急躁、紧张、不够镇定。当他人使用过激的语言刺激我，我的忍耐往往很有限，显得比较阴沉与暴躁。不过不高兴的事情我不会在意很久，能够比较迅速地恢复平静的状态。

⑤意志特征：我认为自己是一个意志力、自我控制力较强的人，能够持之以恒。我以前

学画画的时候，总是可以坐着画一个下午，去图书馆自习，也可以一坐就是一整天。对于自己拟定的学习计划，也可以较好地坚持下来。

(2)我的性格类型

①内倾型：关注的对象和兴趣集中于内部世界，富有想象，比较孤僻。

②独立型：自尊、自信、自立、自强，独立思考、自主决策、应变能力强，喜欢让别人接受自己的观点。

③思考型：严谨，有计划，求稳妥，严守信誉和规则，专心致志、持之以恒是其优点，但处事常犹豫不决，行动迟缓。

④意志型：目标明确，主动积极，敢作敢为，坚忍不拔。

就总体而言，我在心理学上被归为思考型。善于思考，逻辑思维发达，有比较成熟的观点，一切以事实为依据，已经做出决定就能够持之以恒，生活、工作有规律，爱整洁，时间观念强，但有时思想僵化，纠缠细节，缺乏灵活性。

3. 兴趣

(1)我的职业兴趣(根据霍兰德职业兴趣测验所得)

事务型职业：爱做室内有规律的具体工作，宁愿被别人管，不愿管别人。

(2)我的好恶调查表

喜　好	厌　恶
喜欢美食	不喜欢出差
喜欢住在安静的地方	不愿在大城市
喜欢住在中小型城市	讨厌整天对着电脑工作
喜欢做事有步骤、有计划	不喜欢穿高跟鞋
喜欢整理归纳资料	不喜欢剧烈运动
爱看动漫、小说	不喜欢加班
喜爱绘画	不喜欢太过杂乱的工作环境

4. 能力

(1)我的专业知识背景

国际经济与贸易专业，具有较为扎实的国际贸易理论、国际贸易实务、国际金融、国际商务、国际商法相关的专业知识。已经通过计算机二级 Access 的考试及会计从业资格的考试。

(2)我的学习能力情况

对于理论性强的学科理解与吸收能力相对较好。

2007～2008 学年第一学期获得一等奖学金，第二学期获得三等奖学金，并在此学年获得“优秀三好学生”的荣誉称号。

2008～2009 学年第一学期获得一等奖学金、“数学之星”称号，第二学期获得一等奖学金，并在此学年获得“优秀三好学生”的荣誉称号。

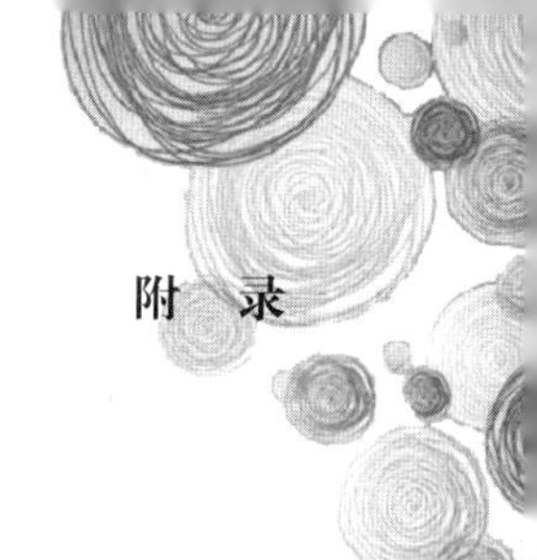

三、目标与计划

1. 理想工作描述

南平市国税局公务员(税收征管或财务管理相关职位)

①工作性质

国家公务员,中央直属单位工作人员。

②技能/能力

税收征管相关职位:税收相关的具体规定及相关的法律知识;经济学、工商管理相关知识;较好的沟通能力、语言表达能力;相关的计算机运用能力。

财务管理相关职位:税收相关的具体规定,税收计算方法及相关的法律知识;统计学、会计学、审计学相关知识;相关的从业资格证书如会计从业资格证;较好的论文报告水平及语言组织能力;相关的计算机运用能力(如会计电算化相关运用能力)。

③福利待遇

工资 2000~3000 元,还有季度奖金上千元,年终奖金 3000~4000 元,以及其他较为优厚的福利水平。

④工作环境与地点

一般是在国税局的办公大楼,征税时则可能需到企业了解情况之类的。

⑤入职匹配分析

A. 理想工作与价值观吻合程度

我所看重的职业价值类型	理想工作的相关评价	两者吻合程度
稳定性	公务员的工作稳定性高	吻合程度高
经济收入	公务员工资及福利待遇水平不错	吻合程度高
社会地位	公务员的社会地位较高	吻合程度高
人际关系	人际网络不会过于复杂,多是政府机构或是相关企业的人	吻合程度高
生活方式	有双休日,工作有规律,不乱加班,有自我提升的时间	吻合程度高

综上,可以看出,我的理想工作与我的价值观的吻合程度高,在价值观方面达到了人职匹配。

B. 理想工作与性格的吻合程度

理想工作职位:南平市国税局公务员(税收征管或财务管理相关职位)		
我的性格类型	与职务的吻合程度	
	税收征管	财务管理
内倾型	不太吻合	基本吻合
独立型	基本吻合	基本吻合
思考型	基本吻合	吻合程度高
意志型	吻合程度高	吻合程度高

从以上表格可以看出，我的理想工作与我的性格也较为吻合，在这方面达到了人职匹配。

C. 理想工作与兴趣的匹配程度

我的职业兴趣(根据霍兰德职业兴趣测验所得)为事务型职业：爱做室内有规律的具体工作，宁愿被别人管，不愿管别人。这与财务管理的相关职位较为匹配，因为这类职务一般是在办公室工作，且有一定的有规律的流程及操作规范。而税收征管在办公室或办税厅的有关工作与我的职业兴趣较为一致，原因同财务管理的相关职位的理由类似。由此可以看出，我的理想工作在职业兴趣上基本达到了人职匹配。

理想工作与我的喜好的吻合程度：

我喜好的	理想工作相关情况	吻合程度
喜欢美食	南平市有不少小吃，且与我家乡的饮食习惯一致，符合我对饮食的要求	基本吻合
喜欢住在安静的地方	南平市可以找到环境较安静的房子，且相对租金较低	基本符合
喜欢住在中小型城市	南平市属于中小型	完全吻合
喜欢做事有步骤、有计划	税务部门每年都有严格的工作规划及工作量，工作有规律	吻合程度高
喜欢整理归纳资料	办公室的工作会有比较多的整理归纳资料的工作，特别是财务管理的相关职务	基本吻合
爱看动漫、小说	税务局不乱加班，有双休日，有时间让我看漫画与小说	基本吻合
喜爱绘画	税务局不乱加班，有双休日，有时间让我学习绘画	基本吻合

理想工作与我的厌恶的吻合程度：

我厌恶的	理想工作相关情况	吻合程度
不喜欢出差	税务局的工作一般不用出差	吻合程度高
不愿在大城市	南平市为中小型城市	完全吻合
讨厌整天对着电脑工作	税收征管或财务管理相关职位一般不需要整天对着电脑	基本吻合
不喜欢穿高跟鞋	虽然税务局有统一的着装要求，也要求穿高跟鞋，但是高度不会太高，也可选择坡跟的，还是在我的接受范围内的	基本吻合
不喜欢剧烈运动	办公室的工作没有较大的走动量	基本吻合
不喜欢加班	公务员不会乱加班	基本吻合
不喜欢太过杂乱的工作环境	国税局的办公大楼一般条件都不错，环境也很干净整洁	基本吻合

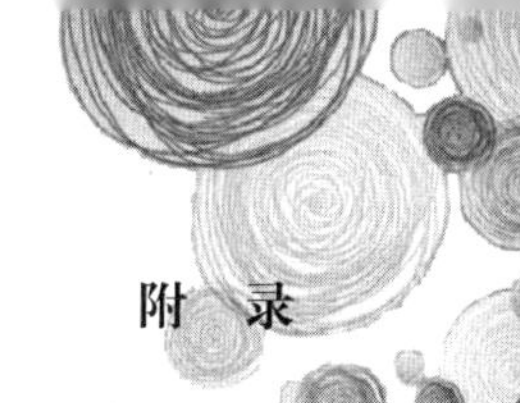

由以上表格可以看出，我的理想工作与我的好恶相一致，也从另一个方面体现在兴趣方面，我的理想工作达到的人职匹配。

D. 理想工作与能力的匹配程度

税务征收职位与能力的匹配程度：

税收征收职位要求的技能/能力	我的能力是否能达到	预期匹配程度
税收相关的具体规定，及相关的法律知识	已经学习了相关的知识，下学期还会修读税法的课程	基本匹配
经济学、工商管理相关知识	我是国贸专业，已经具有相关的经济学的知识	匹配程度较高
较好的沟通能力、语言表达能力	我经常给不同的同学讲解题目，自认为表达能力还不错	基本匹配
相关的计算机运用能力	已经拿到了计算机二级证书，准备下学期考计算机三级	基本匹配

财务管理职位与能力的匹配程度：

财务管理职位要求的技能/能力	我的能力是否能达到	预期匹配程度
税收相关的具体规定，税收计算方法及相关的法律知识	已经学习了相关的知识，下学期还会修读税法的课程	基本匹配
统计学、会计学、审计学相关知识，相关的从业资格证书如会计从业资格证	已经拥有会计的基本知识，并在今年参加了厦门会计从业资格考试，成绩虽未出来，但我认为应该可以通过	基本匹配
较好的论文报告水平，语言组织能力	我的论文都是自己写的，且分数还不错	基本匹配
相关的计算机运用能力（如会计电算化相关运用能力）	已经拿到了计算机二级证书，准备下学期考电算化	基本匹配

从以上分析可以看出，我的理想工作与我的能力也基本匹配，在这方面也达到人职匹配。

E. 小结

从我的理想工作与我的价值观、性格、兴趣、能力的匹配程度分析可以看出，我的理想工作在总体上是达到了人职匹配的。这个职业是很适合我的，而我也有能力做好这个工作。

2. 目标

(1)目标定位

我的职业锚：安全/稳定型职业锚。我始终不可放弃的是稳定的或终身雇佣的职位，关注财务安全和就业安全。政府部门和事业单位对这些人很有吸引力，他们会对自己的组织感到自豪，对组织忠诚，即使他们没有担任很高的或重要的职位。

(2)职业发展路径：横向发展再向上发展的方式

由于公务员的晋升较为困难，加上我的专业的限制，在开始报考公务员时可能只能先报考关于国税局的有关税收征管的职位。在考上这类的职位后，我想向财务管理的相关职位发展，扩大工作领域，增加工作经验，提升职业宽度和职业综合竞争力，为以后的晋升打下基础。

(3)三期目标

	物质目标	非物质目标
短期目标 2～3 年	考上税务局的公务员 (税收征管类职位)	加强税务方面知识的学习，继续学习英语及相关的计算机技术
中期目标 5～6 年	从税收征管类职位 转向财务管理职务(会计方面)	继续增加税务工作的相关经验，通过会计相关初、中级职称考试
长期目标 10 年	向审计的职务方面发展， 寻求晋升机会，达到科级正职	通过注册会计师考试

(4)人生目标

25～28 岁结婚生子，工作稳定，家庭美满，衣食无忧。不求赚大钱，只希望能不要为钱烦恼，过平静安定的生活。

3. 计划(为实现三期目标)

(1)为实现短期目标的计划

①2010 年 3 月参加计算机三级数据库技术的考试。(利用寒假时间复习)

②2010 年 4 月参加会计电算化的考试。

③2010 年 6 月参加大学英语六级考试。

④2010 年 7～8 月的暑假期间留校开始为公务考试做准备，必要的话可以在厦门报培训班，主要复习行测方面的知识。

⑤2010 年 9～10 月主要复习申论方面的知识，继续巩固行测方面的知识与解题技巧。十月底进行国家公务员考试报名，与家人商量后决定报考职位。

⑥2010 年 11 月底参加国家公务员考试，并在之后开始为面试做准备。

⑦2010 年 2～3 月参加面试，4～5 月会发布录取名单。若考上则大概 6 月报到。

(2)为实现中期目标的计划(在实现短期目标的基础上)

①2010 年 6 月报到之后，积极参加工作，增加有关的工作经验。

②在工作之余抽时间学习会计、税务的知识，可以在双休日上培训班，或是在网上报考相关网络课程。

③若是有可能从税收征管类职位转向财务管理职位者(与会计有关)，则在工作两年后可以考会计初级职称，五年后可以考中级职称考试。

(3)为实现长期目标的计划

①在累计一定的会计、税务的知识经验后，可以开始学习注册会计师要求的知识，为考试做准备。可以在拿到会计初级职称后开始学习相关知识。

②由于注册会计师的考试要求取得大学本科学历，从事会计工作满四年后报考，所以可以在取得中级职称后再开始报考。

③注册会计师考试分为两个阶段：

第一阶段：会计、审计、财务成本管理、公司战略与风险管理、经济法、税法 6 科。

第一阶段的单科合格成绩 5 年有效。对在连续 5 年内取得第一阶段 6 个科目合格成绩的考生，发放专业阶段合格证。

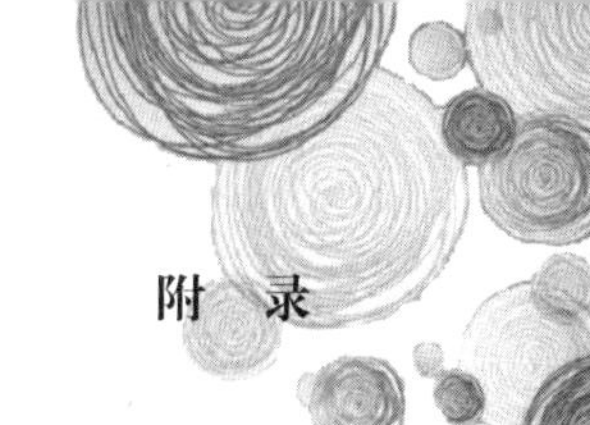

第二阶段:设综合1科。第二阶段考试科目应在取得专业阶段合格证后5年内完成。对取得第二阶段考试合格成绩的考生,发放全科合格证。

我觉得在三年内通过第一阶段比较好,具体如下:

第一年:会计、审计

第二年:财务成本管理、经济法

第三年:公司战略与风险管理、税法

若是没有通过的科目,可以在之后制定具体计划复习通过。

④可以在之后考虑考参加评审会计高级职称,这是要求要在省级刊物上(会计相关的)发表论文2篇(第一作者)。

四、调整与评估

(1)调整理由及方向

由于近些年考公务员的队伍壮大,考公务员的难度加大,再加上国税局是公务员报考的热门,所以一次性考取我的理想目标职业——南平市国税局公务员(税收征管或财务管理相关职位)有一定的难度。为了应对没考上国税局的风险,我将参加2011年福建省的春季地方公务员考试。

(2)具体调整方案

报考2010年福建省春季地方公务员考试

具体有以下两种执行方案:

①报考南平市地税局的相关职位。

②报考光泽县的相关公务员职位(因为我家就在光泽县),这里的公务员考起来相应容易,且地方也较熟悉,可以在考取了这里之后的一到两年内,再报考国家公务员考试考到南平市国税局,这也是所谓的"曲线救国"。

(3)计划

①国家公务员考试结束之后即2010年12月,在准备面试的同时还要继续复习有关笔试的内容,当然这时要针对福建省公务员考试的特点进行复习。

②2010年12月底～2011年1月初在网上报名考福建省公务员考试。

③2011年1月中下旬参加笔试考试。

④2011年4月左右参加面试。

(4)评估

我认为从各个方面综合考虑,公务员是最适合我的,也是最吸引我的工作。我相信只要准备充分,通过努力是可以考上公务员的,并按照我的计划实现我的职业规划目标。我有信心做到,也有信心做好。

【点评】

1. 这是一份比较完整的大学生职业生涯规划书,对自己和职业有较为清晰的认知,并能根据人职匹配的方法进行分析。

2. 需要补充以下几点:首先是加强对公务员工作的认知,分析其利弊,规划书中更多地谈到了有利的方面,而忽略了这个职业的一些弊端。要接受一个职业并与之长期相处,对其弊端没有正确的认知是不行的。其次是开发更为有效的行动计划,作为大三学生，可以做个每周的备考计划。最后是加强调整方案，由于公务员考试风险较大，可以为自己再多留一条后路，当然我们希望该生不会走这条路。

3. 接下去就是去执行计划，这需要较长时间的准备，需要坚强的毅力和一贯的执行力，祝你成功。

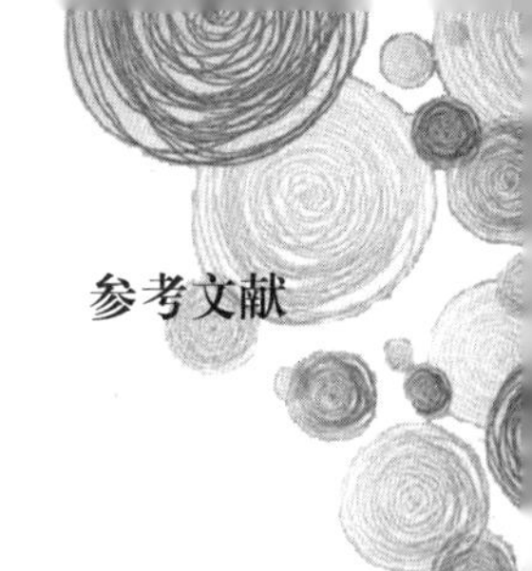

参考文献

1. 李宝元.职业生涯管理:原理 方法 实践[M].北京:北京师范大学出版社,2007.

2. 杜林致.职业生涯管理[M].上海:上海交通大学出版社,2006.

3. 廖泉文.人力资源管理[M].北京:高等教育出版社,2003.

4. 罗伯特·C.里尔登、珍妮特·G.伦兹、小詹姆斯·P.桑普森、加里·W.彼得森著,侯志瑾等译.职业生涯发展与规划[M].北京:中国人民大学出版社,2010.

5. 杰弗里·H.格林豪斯、杰勒德·A.卡拉男、维罗妮卡·M.戈德谢克著,王伟译.职业生涯管理[M].北京:清华大学出版社,2014.

6. 黄天中著.生涯规划:体验式学习[M].北京:高等教育出版社,2009.

7. Robert D.Lock 著.把握你的职业发展方向[M].北京:中国轻工业出版社,2006.

8. Nadene Peterson、Roberto Cortez Gonzalez 著,时勘等译.职业咨询心理学——工作在人们生活中的作用(第二版)[M].北京:中国轻工业出版社,2007.

9. E.H.施恩.职业的有效管理[M].北京:生活·读书·新知三联书店,1992.

10. 哈里·莱文森著,李特郎、侯剑译.职业生涯管理教程[M].北京:商务印书馆,2010.

11. 耶胡迪·巴鲁著,陈涛、孙涛译.职业生涯管理教程[M].北京:经济管理出版社,2011.

12. 成长分子著.好工作是设计出来的[M].长沙:湖南文艺出版社,2012.

13. 埃德尔曼著,黄志强、殷明译.思维改变生活:积极而实用的认知行为疗法[M].上海:华东师范大学出版社,2008.

14. 伊莎贝尔·布里格斯·迈尔斯、彼得·迈尔斯著,张荣建译.天资差异[M].重庆:重庆出版社,2008.

15. 查理德·卡斯维尔. 征途捷径:顶级目标实现的 17 个秘诀[M].北京:中国时代经济出版社,2007.

16. 里斯、特劳特著.定位[M].北京:中国财政经济出版社,2002.

17. 安德鲁·杜布林.心理学与工作[M].北京:中国人民大学出版社,2007.

18. 尹忠泽.大学生职业生涯规划[M].长春:吉林大学出版社,2007.

19. 苟朝莉.走向成功:大学生职业生涯规划与就业指导[M].北京:高等教育出版社,2009.

20. 付嫦娥.大学生职业规划与就业[M].长沙:湖南大学出版社,2009.

21. 程艺.大学生职业发展与就业指导[M].合肥:合肥工业大学出版社,2009.

22. 郭建锋.大学生职业生涯规划[M].北京:科学出版社,2009.

23. 谢守成.大学生职业生涯发展与规划[M].武汉:华中师范大学出版社,2009.

24. 陆红,索桂芝.大学生职业生涯规划与职业素质培养[M].大连:东北财经大学出版社，2009.

25. 夏光.大学生职业生涯规划指南[M].北京：机械工业出版社，2009.

26. 程宏伟、周斌.大学生职业素养开发与职业生涯规划[M].成都：西南财经大学出版社 2008.

27. 张建国.大学生职业生涯规划导论[M].杭州：浙江工商大学出版社，2008.

28. 张乐敏、吴玮、宋丽珍.大学生职业生涯规划与管理[M].上海：复旦大学出版社，2008.

29. 陈洪权.大学生职业规划与成功择业[M].武汉：湖北科学技术出版社，2008.

30. 原毅军、董琨.产业结构的变动与优化：理论解释和定量分析[M].大连：大连理工大学出版社，2008.

31. 杜耿著.重塑职业生涯规划：个性、生活与职业[M].北京：人民邮电出版社，2013.

32. 周永亮著.我是职业人[M].北京：中国机械工业出版社，2007.

33. 史渥林等著，赵海燕译.思维教学——培养聪明的学习者[M].北京：中国轻工业出版社，2008.

34. 方伟.大学生职业生涯规划咨询案例教程[M].北京：北京大学出版社，2008.

35. 彼得·德鲁克著，许是祥译.卓有成效的管理者[M].北京：机械工业出版社，2005.

36. 李开复.做最好的自己[M].北京：人民出版社，2005.

37. 丹尼斯·韦特利著，顾肃、刘森林译.成功心理学——发现工作和生活的意义（第四版）[M].北京：中国人民大学出版社，2009.

38. 郑一群.德鲁克的管理秘诀[M].长沙：湖南科学技术出版社，2013.

39. 蒋龙成.自我管理与生涯规划[M].成都：电子科技大学出版社，2011.

40. 大卫·瑞巴科著，孙涛译.情商：成功的领导绝对不是只靠高智商就能做到[M].北京：经济管理出版社，2002.

41. 卢台生.求职与沟通[M].北京：机械工业出版社，2014.

42. 大街网.90 后求职全攻略[M].上海：上海交通大学出版社，2012.

43. 徐惠鹏.大学生求职面试实务与技巧[M].合肥：安徽人民出版社，2003.

44.. 楚湘、鸿飞.面试真相[M].北京：机械工业出版社，2006.

45. 汤曼莉.职场心经笔记[M].北京：中国海关出版社，2005.

46. 张先勇、张小红.当场打动主考官——求职面试的 128 个成功法则[M].北京：石油工业出版社，2005.

47. 温德顿.轻松赢得面试[M].北京：中国劳动社会保障出版社，2004.

48. 杨毅宏.世界 500 强面试实录[M].北京：机械工业出版社，2010.